PHYSIQUE

CHIMIE

SVT

Annexes

Conception maquette : **Favre & Lhaïk** • *Édition :* **Catherine Rollet** *(mathématiques),* **Julie Drappier** *(physique et chimie),* **Anne Panaget** *(SVT)* • *Relecture :* **Claire-Marie La Sade**
Schémas : **Corredoc, Lasergraphie** *et* **STDI** • *Mise en pages :* **STDI**

FICHES BAC
Tle S

L'intégrale

- **Mathématiques**

Jean-Dominique Picchiottino
Professeur agrégé de mathématiques

- **Physique**

Dominique N. Meneret
Professeur agrégée de physique

- **Chimie**

Nathalie Benguigui
Professeur agrégée de sciences physiques

- **SVT**

Isabelle Bednarek-Maitrepierre
Arnaud Mamique
Bruno Semelin
Professeurs de SVT

Hatier

© Hatier, Paris, 2018 - ISBN 978-2-401-04448-7

SOMMAIRE GÉNÉRAL

MATHÉMATIQUES

Mathématiques

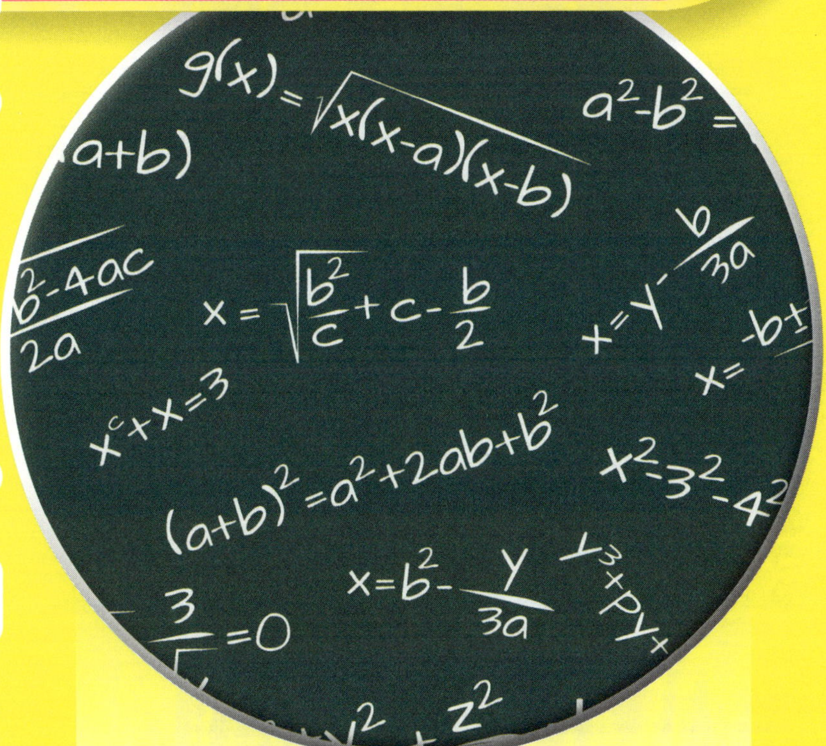

SOMMAIRE
MATHÉMATIQUES

CHECK LIST

Suites numériques

OK ☑

Limites de fonctions

OK ☑

Équation, dérivation et fonctions trigonométriques

OK ☑

Fonction exponentielle

OK ☑

Mener un raisonnement par récurrence

1

MATHS

RAPPELS DE COURS

1 Principe de récurrence

▶ Le but d'un raisonnement par récurrence est de prouver qu'une propriété P_n dépendant d'un entier naturel n est vraie pour tout entier de $\mathbb{N}$.

P_n peut être une égalité, une inégalité ou une phrase.

▶ Pour cela, on démontre le caractère **héréditaire** de P_n, c'est-à-dire : si P_n est vraie, alors P_{n+1} reste vraie.

P_{n+1} est la propriété dépendant du descendant – ou successeur – de n.

▶ Il faut aussi s'assurer de l'existence d'un géniteur à tous ces descendants ! C'est pourquoi on vérifie que P_0 (P_n pour $n = 0$) est vraie. C'est l'**initialisation**.

2 Formalisation du principe de récurrence

Soit P_n une propriété dépendant d'un entier naturel n.

Si : **a.** P_0 est vraie (initialisation)

et **b.** pour tout n de $\mathbb{N}$, P_n est héréditaire, c'est-à-dire :

$$P_n \text{ vraie} \Rightarrow P_{n+1} \text{ vraie}$$

alors : P_n est vraie pour tout n de $\mathbb{N}$.

3 Les étapes d'une démonstration par récurrence

A Initialisation

Si l'on veut démontrer que P_n est vraie pour tout entier naturel au moins égal à 2 par exemple, il suffit de remplacer P_0 par P_2.

B Hérédité

Il faut bien comprendre la démonstration du caractère héréditaire de P_n. C'est l'**implication** « P_n vraie $\Rightarrow P_{n+1}$ vraie » qu'il s'agit de démontrer pour tout entier n.

Pour cela, on choisit un entier naturel n et on suppose que P_n est vraie pour cet entier fixé. On prouve alors que P_n reste vraie lorsqu'on remplace n par $n + 1$, autrement dit que P_{n+1} est vraie.

MÉTHODE

Démontrer par récurrence l'inégalité de Bernoulli

1. Soit a un réel positif. Montrer que, pour tout entier naturel n, $(1+a)^n \geqslant 1+na$.

2. Sans calculatrice, comparer $1{,}001^5$ et $1{,}005$.

Conseils

1. La récurrence porte sur l'entier naturel n. Le nombre a est fixé et ne varie pas lors de la démonstration. N'oubliez pas que, pour tout réel x, on a $x^0 = 1$.

2. Utilisez l'inégalité du **1.** en posant $a = 0{,}001$.

Solution

À NOTER ! On pourrait aussi démontrer l'inégalité en utilisant le développement du binôme de Newton.

1. Nommons P_n l'inégalité « $(1+a)^n \geqslant 1+na$ ».

• Initialisation :

Pour $n = 0$,

d'une part $(1+a)^0 = 1$ et d'autre part $1 + 0 \times a = 1$.

Par conséquent, on a bien $(1+a)^0 \geqslant 1 + 0 \times a$.

Cette inégalité montre que P_0 est vraie.

• Hérédité : Supposons que P_n soit vraie pour un entier naturel n donné et montrons qu'alors P_{n+1} est vraie.

Nous avons $(1+a)^{n+1} = (1+a)(1+a)^n$.

Or, nous avons supposé que $(1+a)^n \geqslant 1+na$; donc

$(1+a)(1+a)^n \geqslant (1+a)(1+na)$ (car $1+a > 0$)

$\Rightarrow (1+a)^{n+1} \geqslant 1+na+a+na^2$.

Puisque $na^2 \geqslant 0$, nous en déduisons après factorisation par a que :

$1+na+a+na^2 \geqslant 1+na+a = 1+(n+1)a$.

Par conséquent, $(1+a)^{n+1} \geqslant 1+(n+1)a$.

Cette inégalité prouve que P_{n+1} est vraie.

Il en résulte que P_n est héréditaire.

• Les deux points précédents montrent par récurrence que l'inégalité P_n est vraie pour tout entier naturel n. Ce qu'il fallait démontrer.

2. En posant $a = 0{,}001$ et $n = 5$, on a $1{,}001^5 = (1+a)^5$ et $1{,}005 = 1+5a$. Donc $1{,}001^5 > 1{,}005$ d'après **1.**

L'inégalité est stricte car $1{,}001^5 \neq 1{,}005$.

Déterminer la limite d'une suite

2

MATHS

RAPPELS DE COURS

1 Suites convergentes

Dire que **u_n tend vers le nombre ℓ** quand n tend vers $+\infty$ signifie que tout intervalle ouvert contenant ℓ contient toutes les valeurs u_n à partir d'un certain rang n_0. On dit alors que la suite **converge** (ou est convergente). On écrit $\lim\limits_{n \to +\infty} u_n = \ell$.

La limite d'une suite se conçoit toujours quand n tend vers $+\infty$.

2 Suites divergentes

▶ Une suite **divergente** est une suite non convergente.
Il y a deux types de suites divergentes : celles qui tendent vers l'infini et celles qui n'ont pas de limite, comme $(-1)^n$.

▶ Dire que **u_n tend vers $+\infty$** quand n tend vers $+\infty$ signifie que tout intervalle de la forme $]A\,;+\infty[$ (où A est un nombre positif quelconque) contient toutes les valeurs u_n à partir d'un certain rang n_0.
On écrit $\lim\limits_{n \to +\infty} u_n = +\infty$. Donc, pour tout $n \geqslant n_0$, on a : $u_n \geqslant A$.

REMARQUE $\lim\limits_{n \to +\infty} u_n = -\infty$ si et seulement si $\lim\limits_{n \to +\infty} (-u_n) = +\infty$.

3 Conséquences et propriétés

▶ La limite d'une suite, lorsqu'elle existe, est unique.

▶ Si une suite est positive et convergente, alors sa limite est positive.

▶ Si une suite (u_n) est **croissante** et converge vers un nombre ℓ, alors $u_n \leqslant \ell$ à partir d'un certain rang n_0.

▶ Si on a $u_n \leqslant v_n$ à partir d'un certain rang n_0 et si $\lim\limits_{n \to +\infty} u_n = +\infty$, alors $\lim\limits_{n \to +\infty} v_n = +\infty$.

4 Limites des suites géométriques de la forme q^n

Soit q un nombre réel différent de 0 et de 1. La suite géométrique q^n :

- converge vers 0 si et seulement si $-1 < q < 1$;
- diverge vers $+\infty$ si et seulement si $q > 1$;
- n'a pas de limite si et seulement si $q \leqslant -1$.

MÉTHODE

Utiliser la limite d'une suite pour déterminer un rang

Montrer qu'il existe un entier naturel n_0 tel que, pour tout $n \geqslant n_0$, $\left(\frac{1}{2}\right)^n < 10^{-6}$ et en donner une valeur.

Conseils

- Pour justifier l'existence de n_0, on utilise la convergence de la suite (q^n).
- Pour trouver une valeur de n_0, utilisez la fonction logarithme.

Solution

- Puisque l'on a $-1 < \frac{1}{2} < 1$, alors $\lim\limits_{n \to +\infty} \left(\frac{1}{2}\right)^n = 0$.

L'intervalle ouvert $]-10^{-6}\,;10^{-6}[$ contient 0. Par conséquent, tous les termes de la suite $\left(\frac{1}{2}\right)^n$ appartiennent à cet intervalle à partir d'un certain rang n_0. C'est pourquoi on a, pour tout $n \geqslant n_0$,

$-10^{-6} < \left(\frac{1}{2}\right)^n < 10^{-6}$ et donc $\left(\frac{1}{2}\right)^n < 10^{-6}$.

- Pour $n \geqslant n_0$, on a $0 < \left(\frac{1}{2}\right)^n < 10^{-6}$,

d'où $n \ln\frac{1}{2} < -6\ln 10$

et $n > \dfrac{-6\ln 10}{\ln\frac{1}{2}}$

ATTENTION ! $\ln\frac{1}{2} < 0$

Puisque $\ln\frac{1}{2} = -\ln 2$, on trouve $n > \dfrac{6\ln 10}{\ln 2}$ $(\simeq 19{,}9)$.

En conséquence, on peut choisir $n_0 = 20$ et donc, pour tout $n \geqslant 20$, on a $\left(\frac{1}{2}\right)^n < 10^{-6}$.

REMARQUE On aurait pu programmer la fonction $0{,}5^x$ à la calculatrice et, avec la table des valeurs, constater que $0{,}5^{19} \approx 1{,}9 \times 10^{-6}$ et $0{,}5^{20} \approx 9{,}5 \times 10^{-7}$ puis conclure.

Appliquer les théorèmes sur les limites

3

MATHS

RAPPELS DE COURS

Pour calculer $\lim\limits_{n \to +\infty} (u_n + v_n)$, $\lim\limits_{n \to +\infty} \frac{u_n}{v_n}$, etc. on utilise les mêmes théorèmes que pour les fonctions, notamment au sujet des formes indéterminées. (→ FICHE 6)

1 *Théorème des gendarmes (ou d'encadrement)*

Soit (u_n), (v_n) et (w_n) trois suites telles que, à partir d'un certain rang, $u_n \leqslant v_n \leqslant w_n$.

▶ Si (u_n) et (w_n) convergent toutes les deux vers le même réel ℓ, alors (v_n) converge aussi vers ℓ.

REMARQUE Si, à partir d'un certain rang, on a $0 \leqslant |u_n - \ell| \leqslant v_n$ et si $\lim\limits_{n \to +\infty} v_n = 0$, alors la suite (u_n) converge et $\lim\limits_{n \to +\infty} u_n = \ell$.
En effet, $\lim\limits_{n \to +\infty} |u_n - \ell| = 0 \Leftrightarrow \lim\limits_{n \to +\infty} u_n = \ell$.

▶ Dans le cas où l'une des suites encadrantes tend vers l'infini ($+\infty$ ou $-\infty$), on se contente d'une seule des deux inégalités :

- Si $\lim\limits_{n \to +\infty} u_n = +\infty$ alors $\lim\limits_{n \to +\infty} v_n = +\infty$.
- Si $\lim\limits_{n \to +\infty} w_n = -\infty$ alors $\lim\limits_{n \to +\infty} v_n = -\infty$.

2 *Théorèmes de convergence monotone*

▶ Dire que (u_n) est **majorée** (resp. minorée) par un réel M (resp. m) signifie que, pour tout n de $\mathbb{N}$, $u_n \leqslant M$ (resp. $m \leqslant u_n$).

▶ Dire que (u_n) est **bornée** signifie que la suite est à la fois majorée et minorée, c'est-à-dire qu'il existe un réel k tel que, pour tout n de $\mathbb{N}$, $|u_n| \leqslant k$.

▶ **Théorèmes de convergence** :

- Toute suite croissante et majorée converge.
- Toute suite décroissante et minorée converge.
- Toute suite monotone et bornée converge.

À NOTER ! Toute suite croissante non majorée tend vers $+\infty$ et toute suite décroissante non minorée tend vers $-\infty$.

MÉTHODE

Étudier la convergence d'une suite

On considère une suite (u_n) définie par $u_0 = 2$ et vérifiant, pour tout n de $\mathbb{N}$, $0 \leqslant u_{n+1} - 1 \leqslant \frac{1}{2}(u_n - 1)$.

Étudier la convergence de (u_n).

CONSEIL

Prouvez par récurrence que $|u_{n+1} - 1| \leqslant \left(\frac{1}{2}\right)^{n+1} \times k$ où $k \in \mathbb{R}^{+*}$.

SOLUTION

- Démontrons par récurrence que, pour tout entier naturel n, $0 \leqslant |u_n - 1| \leqslant \left(\frac{1}{2}\right)^n$, double inégalité notée P_n.

Initialisation : $0 \leqslant |u_0 - 1| \leqslant \left(\frac{1}{2}\right)^0$ puisque $|u_0 - 1| = 1$ et $\left(\frac{1}{2}\right)^0 = 1$. Donc P_0 est vraie.

Hérédité : Soit n un entier naturel fixé.

Supposons que $0 \leqslant |u_n - 1| \leqslant \left(\frac{1}{2}\right)^n$ et montrons qu'alors

$0 \leqslant |u_{n+1} - 1| \leqslant \left(\frac{1}{2}\right)^{n+1}$.

D'après l'énoncé, on a $u_{n+1} - 1 \leqslant \frac{1}{2} \times (u_n - 1)$.

On en déduit que $0 \leqslant |u_{n+1} - 1| \leqslant \frac{1}{2} |u_n - 1| \leqslant \frac{1}{2} \times \left(\frac{1}{2}\right)^n$,

donc $0 \leqslant |u_{n+1} - 1| \leqslant \left(\frac{1}{2}\right)^{n+1}$.

Par conséquent, P_{n+1} est vraie, ce qu'il fallait démontrer.

Conclusion : Pour tout entier naturel n, $0 \leqslant |u_n - 1| \leqslant \left(\frac{1}{2}\right)^n$.

- Puisque $\lim\limits_{n \to +\infty} \left(\frac{1}{2}\right)^n = 0$, on en déduit par le théorème des gendarmes que $\lim\limits_{n \to +\infty} |u_n - 1| = 0$ et donc que $\lim\limits_{n \to +\infty} u_n = 1$.

Il s'ensuit que la suite (u_n) converge vers 1.

MÉTHODES

Calculer la somme des termes d'une suite

On considère l'algorithme suivant où figure une boucle TANT QUE.

```
VARIABLES           k, n et s sont des entiers naturels
ENTRÉE              Demander à l'utilisateur la valeur de n
INITIALISATION      Affecter à s la valeur 0
                    Affecter à k la valeur 1
TRAITEMENT          TANT QUE k ⩽ n
                        Affecter à s la valeur s + k³
                        Affecter à k la valeur k + 1
                    Fin de TANT QUE
SORTIE              Afficher s
```

1. a. Que calcule l'algorithme ?

b. Donner la valeur affichée par l'algorithme lorsque l'utilisateur entre la valeur $n = 3$.

2. Voici les résultats donnés par l'algorithme pour n de 1 à 5.

n	1	2	3	4	5
Sortie	1	9	36	100	225

Que peut-on conjecturer sur la nature de la somme $\sum_{k=1}^{n} k^3$?

CONSEILS

1. Il suffit de suivre pas à pas le cheminement de l'algorithme.

2. Les sorties sont les carrés de nombres entiers.

SOLUTION

1. a. L'algorithme calcule la somme des cubes des entiers de 1 à n.

b. Lorsque l'utilisateur entre la valeur 3, l'algorithme affiche 36 car $1^3 + 2^3 + 3^3 = 36$.

2. On peut conjecturer que $\sum_{k=1}^{n} k^3$ est un carré parfait.

$\left(\sum_{k=1}^{n} k^3 = \left(\frac{n(n+1)}{2}\right)^2\right.$, que l'on démontre par récurrence.$\left.\right)$

Afficher des termes consécutifs d'une suite

L'algorithme suivant permet d'afficher des termes consécutifs d'une suite arithmético-géométrique, c'est-à-dire du type $u_{n+1} = au_n + b$. Il utilise la boucle Pour.

1	Variables	i est un entier naturel
2		u et u_0 sont des nombres réels
3	Entrée	Demander à l'utilisateur la valeur de u_0
4	Initialisation	Affecter à u la valeur u_0
5	Traitement	Pour i variant de 1 à 10
6		Affecter à u la valeur 0,5u – 1
7	Sortie	Afficher u
8		Fin Pour

1. Identifier a et b.
2. Quels sont les termes de la suite affichés par l'algorithme ?
3. Que se passe-t-il si $u_0 = -2$?
4. Que faudrait-il changer pour que l'algorithme affiche aussi u_0 ?

Conseils

Le premier nombre affiché est u_1 car c'est l'utilisateur qui fournit le nombre u_0. La variable u contient successivement les valeurs calculées u_1, u_2, etc. qui sont affichées.

Solution

1. De l'instruction Affecter à u la valeur 0,5u – 1, on déduit que $a = 0{,}5$ et $b = -1$.

2. Comme on a Pour i variant de 1 à 10, l'algorithme affiche les termes de u_1 à u_{10}.

3. Si $u_0 = -2$, alors la suite est constante :
$u_1 = 0{,}5 \times (-2) - 1 = -2 = u_0$, etc.

4. Il suffit d'ajouter la ligne Afficher u entre la ligne 4 et la ligne 5.

Remarque On peut démontrer que si $u_0 < -2$, la suite est décroissante et, si $u_0 > -2$, elle est croissante.

À noter ! **On peut également démontrer par récurrence que, pour tout $n \in \mathbb{N}$,**

$$u_n = (u_0 + 2)\left(\frac{1}{2}\right)^n - 2.$$

Déterminer les limites d'une fonction

5

RAPPELS DE COURS

On étudie les limites des fonctions en x_0, celui-ci pouvant être un nombre réel, $-\infty$ ou $+\infty$.

1 *Limite d'une somme et d'un produit de fonctions*

Valeur de la limite de		Limite éventuelle de	
f	g	$f+g$	$f \times g$
ℓ	ℓ'	$\ell + \ell'$	$\ell \times \ell'$
$\ell \neq 0$	$+\infty$ ou $-\infty$	$+\infty$ ou $-\infty$	$+\infty$ ou $-\infty$ selon la règle des signes*
0	$+\infty$ ou $-\infty$		Forme indéterminée (→ FICHE 6)
$+\infty$ ou $-\infty$	$+\infty$ ou $-\infty$	Forme indéterminée	$+\infty$ ou $-\infty$ selon la règle des signes*

* Par exemple $(-1) \times (+\infty) = -\infty = 3 \times (-\infty)$, $\dfrac{-2}{0^+} = -\infty$, etc.

2 *Limite d'un quotient de fonctions*

Valeur de la limite de		Limite éventuelle de $\dfrac{f}{g}$
f	g	
ℓ	$\ell' \neq 0$	$\dfrac{\ell}{\ell'}$
$\ell \neq 0$	0	$+\infty$ ou $-\infty$ selon la règle des signes*
ℓ	$+\infty$ ou $-\infty$	0
0	0	Forme indéterminée (→ FICHE 6)
$+\infty$ ou $-\infty$	$+\infty$ ou $-\infty$	
$+\infty$ ou $-\infty$ ou $\ell \neq 0$	0	$+\infty$ ou $-\infty$ selon la règle des signes*

REMARQUE Si $f(x) = 1$ et $g(x) = x$, ces formules donnent les limites de la fonction inverse :

$$\lim_{x \to +\infty} \frac{1}{x} = \lim_{x \to -\infty} \frac{1}{x} = 0,\ \lim_{x \to 0^+} \frac{1}{x} = +\infty \text{ et } \lim_{x \to 0^-} \frac{1}{x} = -\infty.$$

3 Composition des limites

- Soit ℓ un nombre réel. Dans des conditions convenables, si $\lim\limits_{x \to x_0} g(x) = \ell$, alors $\lim\limits_{x \to x_0} f \circ g(x) = f(\ell)$.
- Si $\lim\limits_{x \to x_0} g(x) = +\infty$, alors $\lim\limits_{x \to x_0} f \circ g(x) = \lim\limits_{x \to +\infty} f(x)$.
- La même règle s'applique en $-\infty$.

MÉTHODE

Calculer la limite d'une fonction

On considère la fonction f définie par $f(x) = ax + 2 + \dfrac{b}{x-1}$ où a et b sont réels.
Examiner la limite éventuelle de $f(x)$ quand x tend vers 1.

Conseil

Examinez le cas où x tend vers 1^- et le cas où x tend vers 1^+ en considérant $b \neq 0$ et $b = 0$.

Solution

- Si $b > 0$:

Si $x \to 1^-$, alors :

$x - 1 \to 0^- \Rightarrow \dfrac{b}{x-1} \to -\infty$ par quotient ;

et $ax + 2 \to a + 2$.

Donc $\lim\limits_{x \to 1^-} f(x) = -\infty$ par somme.

Si $x \to 1^+$, alors :

$x - 1 \to 0^+ \Rightarrow \dfrac{b}{x-1} \to +\infty$ par quotient ;

et $ax + 2 \to a + 2$.

Donc $\lim\limits_{x \to 1^+} f(x) = +\infty$ par somme.

- Dans le cas $b < 0$, on trouve de la même manière :
$\lim\limits_{x \to 1^-} f(x) = +\infty$ et $\lim\limits_{x \to 1^+} f(x) = -\infty$.
- Si $b = 0$, alors $f(x) = ax + 2 \Rightarrow \lim\limits_{x \to 1} f(x) = a + 2$.

Lever les formes indéterminées 6

RAPPELS DE COURS

1 Formes indéterminées

Dans ce qui suit, $x_0 \in \mathbb{R}$ ou $x_0 = -\infty$ ou $x_0 = +\infty$.

$\lim\limits_{x \to x_0} f(x) =$	$\lim\limits_{x \to x_0} g(x) =$	On ne peut rien savoir sur :
$+\infty$	$-\infty$	$\lim\limits_{x \to x_0} [f(x) + g(x)]$
$+\infty$	$+\infty$ ou $-\infty$	$\lim\limits_{x \to x_0} \dfrac{f(x)}{g(x)}$
0	$+\infty$ ou $-\infty$	$\lim\limits_{x \to x_0} [f(x) \times g(x)]$
0	0	$\lim\limits_{x \to x_0} \dfrac{f(x)}{g(x)}$

On appelle formes indéterminées les expressions « $+\infty + (-\infty)$ » ; « $0 \times \infty$ » ; « $\dfrac{\infty}{\infty}$ » et « $\dfrac{0}{0}$ ». Bien entendu, ces écritures ne sont que des moyens mnémotechniques.

REMARQUE Quand $g(x)$ tend vers 0 et $f(x)$ tend vers $\ell \neq 0$, le quotient $\dfrac{f(x)}{g(x)}$ tend nécessairement vers $+\infty$ ou $-\infty$, même si ℓ est infinie. Ce n'est donc pas une forme indéterminée.

2 Techniques pour lever des indéterminations

- Si $f(x)$ est un polynôme, la limite de $f(x)$ quand x tend vers $+\infty$ ou $-\infty$ (et uniquement dans ce cas) est égale à la limite de son monôme de plus haut degré.
- Si $f(x)$ est une fonction rationnelle (quotient de deux polynômes), la limite de $f(x)$ quand x tend vers $+\infty$ ou $-\infty$ est égale à la limite du quotient des monômes de plus haut degré.
- Dans le cas de quotients, quand x tend vers une valeur « interdite » x_0, il faut souvent étudier les limites quand x tend vers x_0 à gauche (x_0^-) et à droite (x_0^+) du numérateur et du dénominateur.

MÉTHODE

Déterminer les limites d'une fraction rationnelle

Calculer les limites de $f(x) = \dfrac{3x^2 - 5x + 1}{-x^2 + x + 2}$ aux bornes de son ensemble de définition.

CONSEIL

Pour déterminer la limite éventuelle quand x tend vers une valeur interdite x_0, il est nécessaire de déterminer le signe du dénominateur.

SOLUTION

$f(x)$ est définie si et seulement si $-x^2 + x + 2 \neq 0$. Le calcul du discriminant fournit les solutions -1 et 2.

Donc $\mathscr{D}_f = \mathbb{R} - \{-1, 2\} =]-\infty, -1[\cup]-1, 2[\cup]2, +\infty[$.

- $\lim\limits_{x \to -\infty} f(x) = \lim\limits_{x \to -\infty} \dfrac{3x^2}{-x^2} = \lim\limits_{x \to -\infty} (-3) \Rightarrow \lim\limits_{x \to -\infty} f(x) = -3$

De façon analogue : $\lim\limits_{x \to +\infty} f(x) = \lim\limits_{x \to +\infty} (-3) \Rightarrow \lim\limits_{x \to +\infty} f(x) = -3$

- Tableau de signes de $-x^2 + x + 2$:

x	$-\infty$		-1		2		$+\infty$
$-x^2 + x + 2$		$-$	0	$+$	0	$-$	

Quand $x \to (-1)^-$: x est proche de -1 et inférieur à -1, donc $-x^2 + x + 2 < 0$.

$$\left.\begin{array}{l} 3x^2 - 5x + 1 \to 9 \\ -x^2 + x + 2 \to 0^- \end{array}\right\} \Rightarrow \lim_{x \to (-1)^-} f(x) = -\infty \text{ par quotient.}$$

Quand $x \to (-1)^+$: x est proche de -1 et supérieur à -1, alors $-x^2 + x + 2 > 0$.

$$\left.\begin{array}{l} 3x^2 - 5x + 1 \to 9 \\ -x^2 + x + 2 \to 0^+ \end{array}\right\} \Rightarrow \lim_{x \to (-1)^+} f(x) = +\infty \text{ par quotient.}$$

Quand $x \to 2^-$: x est proche de 2 et inférieur à 2, alors $-x^2 + x + 2 > 0$.

$$\left.\begin{array}{l} 3x^2 - 5x + 1 \to 3 \\ -x^2 + x + 2 \to 0^+ \end{array}\right\} \Rightarrow \lim_{x \to 2^-} f(x) = +\infty \text{ par quotient.}$$

De même, on obtient $\lim\limits_{x \to 2^+} f(x) = -\infty$ par quotient.

Déterminer la limite d'une fonction par comparaison

7

MATHS

RAPPELS DE COURS

Dans la suite, x_0 désigne un nombre réel ou $-\infty$ ou $+\infty$.

1 *Signe de la limite*

Si une fonction est positive au voisinage de x_0, alors sa limite quand x tend vers x_0 est aussi positive.

CONSÉQUENCE Si, au voisinage de x_0, on a $f(x) \leqslant g(x)$ alors, si les limites existent et sont finies : $\lim\limits_{x \to x_0} f(x) \leqslant \lim\limits_{x \to x_0} g(x)$.

Démonstration : On utilise ce qui précède avec la fonction $g(x) - f(x)$ qui est positive.

Donc $\lim\limits_{x \to x_0} \left(g(x) - f(x)\right) \geqslant 0 \Rightarrow \lim\limits_{x \to x_0} g(x) \geqslant \lim\limits_{x \to x_0} f(x)$.

REMARQUE Si $g(x) = k$ (constante), alors :

$f(x) \leqslant k \Rightarrow \lim\limits_{x \to x_0} f(x) \leqslant k$.

2 *Théorème des gendarmes*

▶ Trois fonctions f, g, h vérifient $f(x) \leqslant g(x) \leqslant h(x)$ au voisinage de x_0.

Si $\lim\limits_{x \to x_0} f(x) = \lim\limits_{x \to x_0} h(x) = \ell$ ($\ell \in \mathbb{R}$), alors $\lim\limits_{x \to x_0} g(x) = \ell$.

REMARQUE Les fonctions f et h sont les deux gendarmes qui contraignent g à adopter le même comportement qu'elles.

▶ On utilise le théorème précédent dans le cas particulier suivant :
Si $|f(x) - \ell| \leqslant h(x)$ et si $\lim\limits_{x \to x_0} h(x) = 0$, alors $\lim\limits_{x \to x_0} f(x) = \ell$.

3 *Théorème de comparaison*

Deux fonctions f et g vérifient, au voisinage de x_0, $f(x) \leqslant g(x)$.

1. $\lim\limits_{x \to x_0} f(x) = +\infty \Rightarrow \lim\limits_{x \to x_0} g(x) = +\infty$

2. $\lim\limits_{x \to x_0} g(x) = -\infty \Rightarrow \lim\limits_{x \to x_0} f(x) = -\infty$

MÉTHODE

Déterminer la limite d'une fonction en l'encadrant

1. Montrer que $x\cos\left(\dfrac{1}{x}\right)$ a une limite finie quand x tend vers 0.

2. On considère la fonction f définie par $f(x) = x + \sin x$.
A-t-elle une limite quand x tend vers $+\infty$? vers $-\infty$?

CONSEILS

1. Encadrez $\left|x\cos\left(\dfrac{1}{x}\right)\right|$ et utilisez le théorème des gendarmes.

2. Il suffit de minorer et majorer la fonction f.

SOLUTION

1. Pour tout $x \neq 0$, on a :

$$\left|\cos\left(\frac{1}{x}\right)\right| \leqslant 1 \Rightarrow |x|\left|\cos\left(\frac{1}{x}\right)\right| \leqslant |x| \Rightarrow 0 \leqslant \left|x\cos\left(\frac{1}{x}\right)\right| \leqslant |x|$$

Comme $\lim\limits_{x\to 0}|x| = 0$, $\lim\limits_{x\to 0} x\cos\left(\dfrac{1}{x}\right) = 0$ d'après le théorème des gendarmes.

2. On sait que, pour tout $x \in \mathbb{R}$, $-1 \leqslant \sin x \leqslant 1$.

C'est pourquoi $x - 1 \leqslant x + \sin x \leqslant x + 1$.

Puisque $\lim\limits_{x\to+\infty} x - 1 = +\infty$, le théorème de comparaison prouve que $\lim\limits_{x\to+\infty} f(x) = +\infty$.

De même, $\lim\limits_{x\to-\infty} x + 1 = -\infty$ d'où $\lim\limits_{x\to-\infty} f(x) = -\infty$.

La figure ci-contre montre la fonction f ainsi que les deux gendarmes en pointillés.

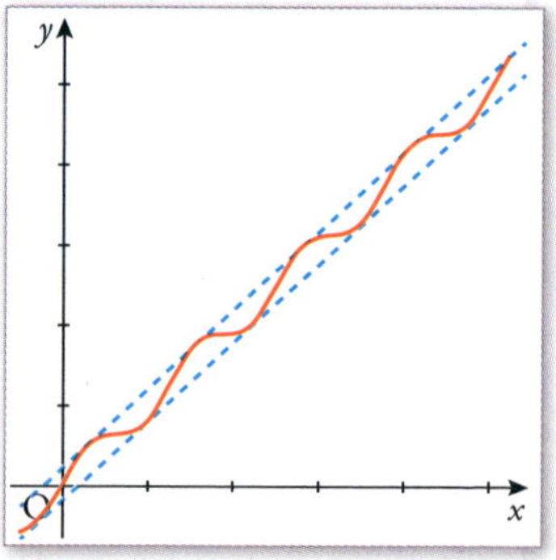

REMARQUES

- L'étude précédente montre que si, quand x tend vers x_0, une fonction g (ici $g(x) = x$) a une limite et h (ici $h(x) = \sin x$) n'en a pas, il est possible que $g + h$ en ait une.
- On montrerait de même que :
$\lim\limits_{x\to+\infty} x + \cos x = +\infty$ et $\lim\limits_{x\to-\infty} x + \cos x = -\infty$.

Étudier le comportement asymptotique

8

MATHS

RAPPELS DE COURS

1 Définition

Dire que la droite $\mathcal{D}$ d'équation $y = ax + b$ est **asymptote** à une courbe $\mathcal{C}_f$ (d'équation $y = f(x)$) en $+\infty$ (ou $-\infty$) signifie que la distance $|f(x) - (ax + b)|$ entre la courbe $\mathcal{C}_f$ et la droite $\mathcal{D}$ tend vers 0 quand x tend vers $+\infty$ (ou $-\infty$).

2 Cas particuliers

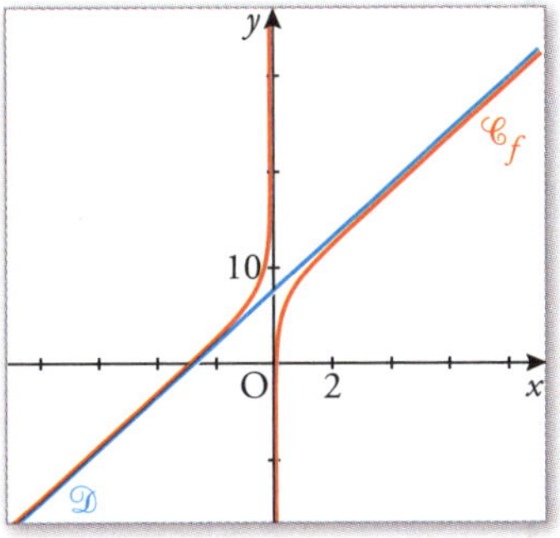

- Dire que la droite d'équation $y = ax + b$ est asymptote à $\mathcal{C}_f$ en $+\infty$ signifie qu'il est possible d'écrire $f(x) = ax + b + g(x)$ où g est une fonction tendant vers 0 quand x tend vers $+\infty$.
Il en est de même en $-\infty$.
- Si $a = 0$, l'asymptote est parallèle à l'axe des abscisses (asymptote horizontale).
- Dire que la droite d'équation $x = x_0$ est asymptote à $\mathcal{C}_f$ signifie que $\lim\limits_{x \to x_0} f(x) = \pm\infty$ ou $\lim\limits_{x \to x_0^+} f(x) = \pm\infty$ ou $\lim\limits_{x \to x_0^-} f(x) = \pm\infty$.
L'asymptote est alors parallèle à l'axe des ordonnées.

3 Asymptotes en $-\infty$, en $+\infty$ et en x_0

▶ Quand x tend vers $-\infty$ ou $+\infty$, il y a trois cas :

1. Si la limite de f est infinie, il est possible que $\mathcal{C}_f$ ait une asymptote oblique (mais ce n'est pas certain : par exemple si $f(x) = x^2$).
2. Si la limite est finie (ℓ), $\mathcal{C}_f$ a une asymptote horizontale dont l'équation est $y = \ell$.
3. Si la limite n'existe pas, $\mathcal{C}_f$ n'a pas d'asymptote.

EXEMPLE Si $f(x) = x \sin x$, $\mathcal{C}_f$ n'a pas d'asymptote car $f(x)$ change constamment de signe quand x tend vers $+\infty$, ou $-\infty$.

▶ Quand x tend vers une valeur « interdite » x_0, la courbe peut avoir une asymptote verticale d'équation $x = x_0$, mais ce n'est pas toujours le cas.

EXEMPLE Pour $f(x) = x \ln x$, $\mathscr{C}_f$ n'a pas d'asymptote en 0 car $\lim\limits_{x \to 0^+} f(x) = 0$.

MÉTHODE

Déterminer l'équation d'une asymptote

1. Trouver l'asymptote oblique à la courbe $\mathscr{C}_f$ d'équation $f(x) = 2x + 4 - \dfrac{\sin x}{x}$.

2. Démontrer que $\mathscr{C}_f$ coupe une infinité de fois son asymptote.

CONSEIL

1. On démontrera notamment que $\lim\limits_{x \to +\infty} \dfrac{\sin x}{x} = \lim\limits_{x \to -\infty} \dfrac{\sin x}{x} = 0$.

SOLUTION

1. Pour tout x, on a $|\sin x| \leqslant 1$. Donc, pour tout $x \neq 0$:
$\left|\dfrac{\sin x}{x}\right| = \dfrac{|\sin x|}{|x|} \leqslant \dfrac{1}{|x|}$. En outre : $\lim\limits_{x \to +\infty} \dfrac{1}{|x|} = 0$, donc, d'après le théorème des gendarmes, $\lim\limits_{x \to +\infty} \dfrac{\sin x}{x} = 0$.
Par ailleurs, $f(x) - (2x + 4) = \dfrac{\sin x}{x}$.
Il en résulte que $\lim\limits_{x \to +\infty} \big(f(x) - (2x + 4)\big) = 0$.
Cela prouve que la droite d'équation $y = 2x + 4$ est asymptote à $\mathscr{C}_f$ en $+\infty$. Un raisonnement analogue montre qu'elle est aussi asymptote à $\mathscr{C}_f$ en $-\infty$.
En conclusion, $\mathscr{C}_f$ a une asymptote oblique en $-\infty$ et en $+\infty$ d'équation $y = 2x + 4$.

2. Les points d'intersection de $\mathscr{C}_f$ et $\mathscr{D}$ sont les solutions de l'équation $f(x) = 2x + 4$, équivalente à $\dfrac{\sin x}{x} = 0$ donc $\sin x = 0$.
Cette équation a une infinité de solutions qui sont les nombres de la forme $k\pi$ où $k \in \mathbb{Z}^*$. Cela prouve que $\mathscr{C}_f$ coupe une infinité de fois son asymptote oblique.

MÉTHODES

Étudier une fonction définie par morceaux

L'algorithme suivant permet d'afficher les valeurs d'une fonction f. Il contient un test conditionnel Si … Alors … Sinon.

```
VARIABLES      x et fdex sont des nombres réels
ENTRÉE         Demander à l'utilisateur la valeur de x
TRAITEMENT     Si x < 2 Alors
                    Affecter à fdex la valeur (x + 2) / x
               Sinon
                    Affecter à fdex la valeur x + 2 / x
               Fin Si
SORTIE         Afficher x
               Afficher fdex
```

1. Déterminer la fonction f.

2. a. Quel est l'ensemble de définition de f ?

b. Calculer $f(2)$.

3. Calculer $\lim\limits_{x \to -\infty} f(x)$ et $\lim\limits_{x \to +\infty} f(x)$.

CONSEILS

1. Prenez bien en compte les parenthèses.

3. Choisissez l'expression de $f(x)$ selon que x tend vers $-\infty$ ou $+\infty$.

SOLUTION

1. Si $x < 2$, alors $f(x) = \dfrac{x+2}{x} = 1 + \dfrac{2}{x}$.

Si $x \geqslant 2$, alors $f(x) = x + \dfrac{2}{x}$.

2. a. D'après la définition de $f(x)$, on trouve $D_f = \mathbb{R}^*$.

b. $f(2) = 2 + \dfrac{2}{2} = 3$. On a utilisé la deuxième expression de $f(x)$.

3. Quand x tend vers $-\infty$, x prend des valeurs inférieures à 2.

Donc $\lim\limits_{x \to -\infty} f(x) = \lim\limits_{x \to -\infty} \left(1 + \dfrac{2}{x}\right) = 1 + \lim\limits_{x \to -\infty} \dfrac{2}{x} = 1$ par somme.

De même, $\lim\limits_{x \to +\infty} f(x) = \lim\limits_{x \to +\infty} x + \dfrac{2}{x} = +\infty$ par somme.

Étudier la limite d'une fonction trigonométrique

La fonction sinus n'a pas de limite quand x tend vers $+\infty$. Pour le prouver, on se donne un nombre $a > 0$ et on utilise l'algorithme suivant. Il affiche le plus petit entier naturel n tel qu'il existe deux suites u_n et v_n vérifiant $u_n > a$, $v_n > a$ et $\sin(u_n) = -\sin(v_n) = 1$.

```
VARIABLES        a et u sont des nombres réels
                 n est un entier naturel
INITIALISATION   Affecter à n la valeur 0
                 Affecter à u la valeur -π/2
ENTRÉE           Demander à l'utilisateur la valeur de a
TRAITEMENT       TANT QUE u ⩽ a
                     Affecter à n la valeur n + 1
                     Affecter à u la valeur u + 2π
                 Fin TANT QUE
SORTIE           Afficher n
                 Afficher u
```

1. a. Montrer que u_n est une suite arithmétique. Quel est son premier terme ?

b. Déterminer u_n en fonction de n.

2. Montrer que $v_n = u_n + \pi$ convient et conclure.

Conseil

2. Vérifiez que l'on a $v_n > a$ et $\sin v_n = -1$.

Solution

1. a. L'instruction Affecter à u la valeur $u + 2\pi$ signifie que la nouvelle valeur de u est égale à l'ancienne augmentée de 2π. La suite (u_n) est donc une suite arithmétique de raison 2π.

L'initialisation montre que $u_0 = -\dfrac{\pi}{2}$.

b. Pour tout $n \in \mathbb{N}$: $u_n = u_0 + 2\pi n = -\dfrac{\pi}{2} + 2n\pi$.

2. Pour la valeur de n affichée : $u_n > a$. Donc $u_n + \pi > a$, c'est-à-dire $v_n > a$. D'autre part, $\sin(v_n) = \sin(u_n + \pi) = -\sin u_n = 1$ car $\sin\left(-\dfrac{\pi}{2} + 2n\pi\right) = -1$.

Ainsi $\lim\limits_{n \to +\infty} u_n = +\infty$, $\lim\limits_{n \to +\infty} v_n = +\infty$

et donc $\sin x$ oscille entre 1 et -1 quand $x \to +\infty$.

Résoudre une équation avec une fonction

10

MATHS

RAPPELS DE COURS

1 Solution exacte et solution approchée d'une équation

▶ Pour résoudre des équations du type $P(x) = 0$ où P est un polynôme de degré 2 (c'est-à-dire de type $ax^2 + bx + c$), on commence par calculer le discriminant Δ. Il permet de déterminer le nombre de solutions et leurs valeurs (si l'équation admet des solutions). (→ ANNEXE, P. 340)

▶ Lorsqu'il s'agit d'équations du type $f(x) = 0$ (ou $f(x) = k$) où f est une fonction quelconque, il n'y a pas de formule donnant les valeurs exactes des solutions. Pour obtenir des valeurs **approchées**, on utilise des méthodes décrites dans l'énoncé de l'exercice.
Cependant, on dispose d'un théorème assurant l'**existence** éventuelle de solutions.

2 Théorème d'existence

A Théorème des valeurs intermédiaires

Soit f une fonction définie et continue sur un intervalle I, et soit a et b deux réels de I. Pour tout réel k compris entre $f(a)$ et $f(b)$, il existe un réel c compris entre a et b tel que $f(c) = k$.
Cela signifie que l'équation $f(x) = k$ admet **au moins une solution** (le nombre c) comprise entre a et b.

B Corollaire (théorème de la bijection)

Si, en plus des hypothèses précédentes, f est strictement monotone (c'est-à-dire strictement croissante ou strictement décroissante), alors le réel c est unique. L'équation $f(x) = k$ admet donc dans ce cas **une et une seule solution**.

3 Utilité d'un tableau de variation

La lecture d'un tableau de variation fournit les éléments permettant d'appliquer le théorème des valeurs intermédiaires ou son corollaire, par des considérations de signe.

MÉTHODE

Déterminer la solution d'une équation du type $f(x) = x$

1. Démontrer que l'équation $\cos x = x$ admet une solution unique sur l'intervalle $I = \left]0\,;\frac{\pi}{2}\right[$.

2. En donner un encadrement du type $\left[\frac{n}{10}\,;\frac{n+1}{10}\right]$ où $n \in \mathbb{N}$.

CONSEILS

1. Posez $f(x) = \cos x - x$ et examinez $f(x) = 0$.
2. Pour l'encadrement demandé, il suffit d'utiliser la touche « SOLVE » de la calculatrice.

SOLUTION

1. Posons $f(x) = \cos x - x$. Alors, pour tout x de $\left[0\,;\frac{\pi}{2}\right]$, on a :

$f'(x) = -\sin x - 1$. Sur $\left[0\,;\frac{\pi}{2}\right]$, $-\sin x \leqslant 0$ et donc $f'(x) \leqslant 0$.

Le tableau de variation de f est le suivant :

x	0	α	$\frac{\pi}{2}$
$f'(x)$		$-$	
f	1 ↘	0 ↘	$-\frac{\pi}{2}$

On peut appliquer le théorème de la bijection. Le tableau de variation montre que f est strictement décroissante sur $\left[0\,;\frac{\pi}{2}\right]$. Comme $f(0) > 0$ et $f\left(\frac{\pi}{2}\right) < 0$, il existe un unique nombre α solution de l'équation $f(x) = 0$ et $0 < \alpha < \frac{\pi}{2}$.

REMARQUE Ce résultat montre que la courbe de la fonction cosinus coupe une et une seule fois la droite d'équation $y = x$ sur I.

2. La calculatrice fournit $\alpha = 0{,}740$ donc $\frac{7}{10} < \alpha < \frac{8}{10}$ $(n = 7)$.

Dériver des fonctions composées

11

MATHS

RAPPELS DE COURS

Les formules de dérivation usuelles sont rappelées dans l'annexe « Dérivées et primitives ». (→ ANNEXE, P. 343)

1 Dérivation des fonctions composées

Soit deux fonctions h et u dérivables. Le tableau ci-dessous montre les dérivées de fonctions f construites à partir de u ou de h.
Le nombre n est un rationnel, c'est-à-dire le quotient de deux entiers (appelé aussi fraction).

	$f(x) =$	$f'(x) =$	Remarques
1	$\sqrt{u(x)}$	$\dfrac{u'(x)}{2\sqrt{u(x)}}$	On doit avoir $u(x) > 0$.
2	$(u(x))^n$	$nu'(x)(u(x))^{n-1}$	Dans le cas où $n < 0$, il est nécessaire que $u(x) \neq 0$.
3	$h(ax+b)$	$ah'(ax+b)$	a et b sont deux réels.

REMARQUE $\sqrt{u(x)}$ peut s'écrire $[u(x)]^{\frac{1}{2}}$. On peut donc utiliser la formule 2 avec $n = \dfrac{1}{2}$.

EXEMPLE Si $n = -1$ et si $f(x) = (u(x))^n$,
alors $f'(x) = (-1)u'(x)(u(x))^{-2}$,
c'est-à-dire $f'(x) = -\dfrac{u'(x)}{u(x)^2}$.

EN RÉSUMÉ
La dérivée de $\dfrac{1}{u}$ est $-\dfrac{u'}{u^2}$.

2 Dérivation des fonctions trigonométriques composées

▶ Si h (du tableau ci-dessus) est la fonction sinus, alors :

$$f(x) = \sin(ax+b) \Rightarrow f'(x) = a\sin'(ax+b)$$
$$\Rightarrow f'(x) = a\cos(ax+b).$$

▶ De même : $f(x) = \cos(ax+b) \Rightarrow f'(x) = -a\sin(ax+b)$.

REMARQUE Il y a des résultats analogues avec les fonctions logarithme et exponentielle. (→ FICHES 16 ET 20)

MÉTHODE

Calculer la dérivée d'une fonction composée

Soit f la fonction définie par $f(x) = \sqrt{\dfrac{1-x}{1+x}}$.

1. Déterminer l'ensemble de définition de f.

2. Démontrer que f est dérivable sur $]-1\,;1[$ et calculer $f'(x)$.

CONSEILS

1. La condition d'existence de $f(x)$ est $1+x \neq 0$ et $\dfrac{1-x}{1+x} \geqslant 0$.

2. Il suffit d'utiliser la formule de dérivation de $\sqrt{u}$ en choisissant convenablement u.

SOLUTION

1. Le signe du quotient $\dfrac{1-x}{1+x}$ est donné par le tableau suivant.

x	$-\infty$		-1		1		$+\infty$
$1-x$		$+$		$+$	0	$-$	
$1+x$		$-$	0	$+$		$+$	
$\dfrac{1-x}{1+x}$		$-$		$+$	0	$-$	

On a $\mathcal{D}_f =]-1\,;1]$.

2. Posons $u(x) = \dfrac{1-x}{1+x}$. Pour tout x tel que $u(x) > 0$, on sait que u est dérivable comme quotient de deux fonctions dérivables.
Donc $\sqrt{u(x)}$ est dérivable sur $]-1, 1[$.

REMARQUE $\mathcal{D}_f$ est **fermé** en 1 alors que f est dérivable sur un intervalle **ouvert** en 1.

Par ailleurs, en dérivant le quotient, on trouve, pour tout $x \in]-1\,;1[$:

$$u'(x) = \frac{-1(1+x)-(1-x)1}{(1+x)^2} = \frac{-1-x-1+x}{(1+x)^2} = -\frac{2}{(1+x)^2}.$$

$$\text{On a donc } f'(x) = \frac{-\dfrac{2}{(1+x)^2}}{2\sqrt{\dfrac{1-x}{1+x}}} = -\frac{1}{(1+x)^2} \times \sqrt{\frac{1+x}{1-x}}.$$

Étudier les fonctions trigonométriques 12

RAPPELS DE COURS

1 Propriétés des fonctions sinus et cosinus

▶ Les fonctions sinus et cosinus sont **continues** sur $\mathbb{R}$.

▶ Pour tout $x \in \mathbb{R}$, $\cos(x)^2 + \sin(x)^2 = 1$;
$-1 \leqslant \cos(x) \leqslant 1$ et $-1 \leqslant \sin(x) \leqslant 1$.

▶ Pour tout réel x, $\sin'(x) = \cos(x)$ et $\cos'(x) = -\sin(x)$.

2 Variations et représentations graphiques (sinusoïdes)

▶ Les fonctions sinus et cosinus sont **périodiques** de période 2π.
Pour tout réel x, $\sin(2\pi + x) = \sin(x)$ et $\cos(2\pi + x) = \cos(x)$ et pour $k \in \mathbb{Z}$, $\sin(2k\pi + x) = \sin(x)$ et $\cos(2k\pi + x) = \cos(x)$.

▶ La fonction **sinus est impaire** et la fonction **cosinus est paire** : pour tout réel x, on a $\sin(-x) = -\sin(x)$ et $\cos(-x) = \cos(x)$.

x	0	π
$\cos'(x)$	$-$	
$\cos(x)$	1 ↘	-1

x	0	$\frac{\pi}{2}$	1
$\sin'(x)$	$+$	0	$-$
$\sin(x)$	0 ↗	1	↘ 0

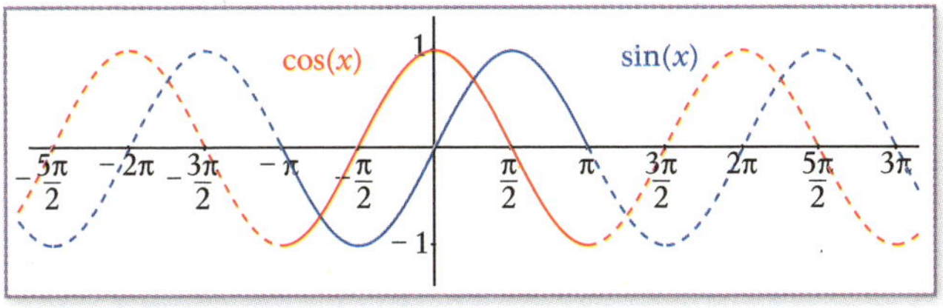

▶ Voici le tableau des valeurs remarquables à connaître.

x	0	$\frac{\pi}{6}$	$\frac{\pi}{4}$	$\frac{\pi}{3}$	$\frac{\pi}{2}$
$\sin x$	0	$\frac{1}{2}$	$\frac{\sqrt{2}}{2}$	$\frac{\sqrt{3}}{2}$	1
$\cos x$	1	$\frac{\sqrt{3}}{2}$	$\frac{\sqrt{2}}{2}$	$\frac{1}{2}$	0

MÉTHODE

Étudier la fonction tangente

Pour tout réel x distinct de $\frac{\pi}{2} + k\pi (k \in \mathbb{Z})$, on définit la fonction tangente par $\tan(x) = \frac{\sin(x)}{\cos(x)}$. Soit $\mathcal{D}_{\tan}$ son ensemble de définition.

1. Montrer que, pour tout $x \in \mathcal{D}_{\tan}$, $\tan(\pi + x) = \tan(x)$ et que la fonction tan est impaire. Étudier les variations de tan sur $\left[0 ; \frac{\pi}{2}\right[$.

2. Déterminer $\lim\limits_{x \to \left(\frac{\pi}{2}\right)^-} \tan x$ et interpréter le résultat.

Conseil

2. On pourra penser à une asymptote verticale. (→ FICHE 8)

Solution

1. Pour tout $x \in \mathcal{D}_{\tan}$,

$$\tan(\pi + x) = \frac{\sin(\pi + x)}{\cos(\pi + x)} = \frac{-\sin(x)}{-\cos(x)} = \tan(x)$$

donc tan est périodique de période π.

Par ailleurs, $\tan(-x) = \frac{\sin(-x)}{\cos(-x)} = -\frac{\sin(x)}{\cos(x)} = -\tan(x)$ donc tan est impaire.

Puisqu'elle est périodique de période π et impaire, on peut étudier tan sur $\left[0 ; \frac{\pi}{2}\right[$. On déduira sa courbe par symétrie et translation.

En dérivant comme un quotient, on obtient, pour tout $x \in \left[0 ; \frac{\pi}{2}\right[$:

$$\tan' x = \frac{\cos x \cos x - \sin x(-\sin x)}{\cos^2 x} = \frac{\cos^2 x + \sin^2 x}{\cos^2 x} = \frac{1}{\cos^2 x}$$

Puisque sa dérivée est positive, tan croît sur $\left[0 ; \frac{\pi}{2}\right[$.

2. Quand $x \to \left(\frac{\pi}{2}\right)^-$, on a : $\sin x \to 1$ et $\cos x \to 0^+$.

C'est pourquoi $\lim\limits_{x \to \left(\frac{\pi}{2}\right)^-} \tan x = +\infty$ par quotient et règle des signes.

Il en résulte que la courbe de la fonction tan a une asymptote verticale d'équation $x = \frac{\pi}{2}$ sur $\left[0 ; \frac{\pi}{2}\right[$.

MÉTHODES

Résoudre une équation trigonométrique

L'algorithme suivant permet de calculer une valeur approchée à 10^{-4} de la solution α de l'équation $\cos x = x$ sur $\left[0\,;\frac{\pi}{2}\right]$, équivalente à $\cos x - x = 0$. Il utilise une boucle TANT QUE.

```
VARIABLES          x et fdex sont des nombres réels
INITIALISATION     Affecter à x la valeur 0
                   Affecter à fdex la valeur 1
TRAITEMENT         TANT QUE fdex > 0
                        Affecter à x la valeur x + 0,0001
                        Affecter à fdex la valeur cos x − x
                   Fin de TANT QUE
SORTIE             Afficher x
                   Afficher fdex
```

1. Quel est le signe de la valeur affichée de *fdex* ? Justifier.
2. Soit x_1 la valeur de x affichée et x_0 la valeur qui la précédait. Montrer que la valeur affichée de x répond à la question.
3. Quelles instructions devrait-on ajouter pour que le programme affiche x_0 ?
4. Comment modifier l'algorithme pour qu'il donne une valeur approchée à 10^{-5} de α ?

CONSEIL

1. La variable *fdex* contient les valeurs de $\cos x - x$. L'algorithme reste dans la boucle TANT QUE aussi longtemps que *fdex* est strictement positif. Dès qu'il est négatif ou nul, l'algorithme sort de la boucle et exécute l'instruction suivante.

SOLUTION

1. L'affichage de *fdex* se produit à la sortie de la boucle. C'est pourquoi la valeur affichée de *fdex* est négative ou nulle.
2. Puisque $x_1 - x_0 = 0{,}0001$, $x_1 - \alpha \leqslant 10^{-4}$. Donc x_1 donne de α une valeur approchée à 10^{-4}.

3. Pour afficher x_0, il suffit d'ajouter, après la ligne 9, les instructions Affecter à x la valeur $x - 0{,}0001$ et Afficher x.

4. Si on veut une valeur de α à 10^{-5} il suffit de modifier la ligne 5 en Affecter à x la valeur $x + 0{,}00001$.

Étudier le signe de cos(*n*) – sin(*n*), *n* ∈ ℕ*

```
VARIABLES         fdex est un nombre réel
                  n, sup, inf sont des nombres entiers
INITIALISATION    Affecter à sup la valeur 0
                  Affecter à inf la valeur 0
TRAITEMENT        POUR n allant de 1 à 1000
                      fdex prend la valeur cos(n) – sin(n)
                      Si fdex ⩾ 0 Alors
                          Affecter à sup la valeur sup + 1
                          Sinon
                          Affecter à inf la valeur inf + 1
                      Fin Si
                  Fin POUR
SORTIE            Afficher sup
                  Afficher inf
```

1. Que représentent les deux valeurs affichées ?

2. Expliquer les affichages suivants, obtenus pour n allant de 0 à 500, puis de 0 à 1 500, puis de 0 à 5 000 et enfin de 0 à 50 000.

252 ; 249 751 ; 750 2 501 ; 2 500 25 001 ; 25 000

3. On choisit un entier n au hasard entre 1 et 50 000. Quelle est la probabilité pour que $\cos(n) \geqslant \sin(n)$?

CONSEIL

2. Interpréter le signe de *f dex*.

SOLUTION

1. *inf* représente le nombre d'entiers positifs n tels que $\cos(n) \leqslant \sin(n)$ et *sup* le nombre de ces entiers tels que $\cos(n) \geqslant \sin(n)$.

2. Le premier couple montre que le nombre d'entiers positifs n compris (au sens large) entre 0 et 500 tels que $\cos(n) \leqslant \sin(n)$ est égal à 252 et qu'il y a 249 entiers positifs n compris (au sens large) entre 1 et 500 tels que $\cos(n) \geqslant \sin(n)$. Même interprétation pour les autres couples. En effet $fdex \geqslant 0 \Leftrightarrow \cos(n) \geqslant \sin(n)$.

3. Il y a à peu près une chance sur deux (en réalité $\dfrac{25\,000}{50\,001}$) pour que $\cos(n) \geqslant \sin(n)$.

Connaître la fonction exponentielle 14

RAPPELS DE COURS

1 Définition

Il existe une unique fonction f définie sur $\mathbb{R}$, dérivable, dont la dérivée est égale à elle–même (c'est-à-dire telle que $f'(x) = f(x)$ pour tout $x \in \mathbb{R}$) et vérifiant $f(0) = 1$.
Cette fonction s'appelle la **fonction exponentielle** et se note **exp**.
Ainsi :

$$\exp'(x) = \exp(x) \quad \text{et} \quad \exp(0) = 1$$

2 Propriétés de la fonction exponentielle

▶ Tableau de variation

x	$-\infty$	0	1	$+\infty$
e^x	0 ↗	1 ↗	e ↗	$+\infty$

▶ Pour tout $x \in \mathbb{R}$,
$\exp(x) > 0$ et $\exp(x) = e^x$.

À NOTER !
$\exp(1) = e \approx 2{,}718$

3 Propriétés algébriques

a, b et n étant trois réels quelconques, on a :

- $\exp(a+b) = \exp(a)\exp(b) \Leftrightarrow e^{a+b} = e^a \times e^b$
- $\exp(a-b) = \dfrac{\exp(a)}{\exp(b)} \Leftrightarrow e^{a-b} = \dfrac{e^a}{e^b}$
- $\exp(-b) = \dfrac{1}{\exp(b)} \Leftrightarrow e^{-b} = \dfrac{1}{e^b}$
- $\exp(na) = (\exp(a))^n \Leftrightarrow e^{na} = (e^a)^n$

REMARQUE En utilisant la dernière formule avec $n = \dfrac{1}{2}$, on trouve :
$e^{\frac{1}{2}a} = (e^a)^{\frac{1}{2}} \Leftrightarrow e^{\frac{1}{2}a} = \sqrt{e^a}$

4 *Équations et inéquations*

▶ La fonction exp est strictement croissante sur $\mathbb{R}$.
C'est pourquoi $\forall a \in \mathbb{R}$,

$$e^x = e^a \Leftrightarrow x = a \quad \text{et} \quad e^x < e^a \Leftrightarrow x < a$$

▶ Si $m \leqslant 0$, alors $e^x = m$ et $e^x \leqslant m$ d'inconnue x n'ont pas de solution car « une exponentielle est toujours positive ».

▶ Si $m > 0$, l'équation $e^x = m$ a une solution unique : $\ln(m)$. L'inéquation $e^x \leqslant m$ a pour ensemble de solutions l'intervalle $]-\infty, \ln(m)]$. (→ FICHE 18)

MÉTHODE

Résoudre une inéquation par changement de variable

Résoudre dans $\mathbb{R}$ l'inéquation $(e^x - 2)(e^{2x} - 3e^x - 4) \geqslant 0$.

CONSEIL

En posant $X = e^x$, on a $X^2 = (e^x)^2 = e^{2x}$.

SOLUTION

Si $X = e^x$, l'inéquation équivaut à $(X-2)(X^2 - 3X - 4) \geqslant 0$.
Les racines de $X^2 - 3X - 4$ sont -1 et 4.
Ainsi $X^2 - 3X - 4 = (X+1)(X-4)$
$\Leftrightarrow e^{2x} - 3e^x - 4 = (e^x + 1)(e^x - 4)$
L'inéquation équivaut donc à $(e^x - 2)(e^x + 1)(e^x - 4) \geqslant 0$.
Pour tout $x \in \mathbb{R}$, $e^x + 1 > 0$; donc le signe de $(e^x - 2)(e^x + 1)(e^x - 4)$ est celui de $(e^x - 2)(e^x - 4)$.
Sachant que $e^x - 2 \geqslant 0 \Leftrightarrow x \geqslant \ln 2$
et $e^x - 4 \geqslant 0 \Leftrightarrow x \geqslant \ln 4$,
le tableau de signes suivant conduit au résultat :

x	$-\infty$		$\ln 2$		$\ln 4$		$+\infty$
$e^x - 2$		$-$	0	$+$		$+$	
$e^x - 4$		$-$		$-$	0	$+$	
Produit		$+$	0	$-$	0	$+$	

L'ensemble des solutions est $]-\infty ; \ln 2] \cup [\ln 4 ; +\infty[$.

Calculer des limites de fonctions exponentielles

15

RAPPELS DE COURS

1 Limites usuelles

▶ $\lim\limits_{x \to -\infty} e^x = 0$ et $\lim\limits_{x \to +\infty} e^x = +\infty$

On en déduit que la courbe de la fonction exponentielle a une **asymptote horizontale**, l'axe des abscisses, en $-\infty$.

▶ Ci-contre est représentée la fonction exponentielle avec les tangentes aux points d'abscisses 0 (d'équation $y = x + 1$) et 1 (d'équation $y = ex$).

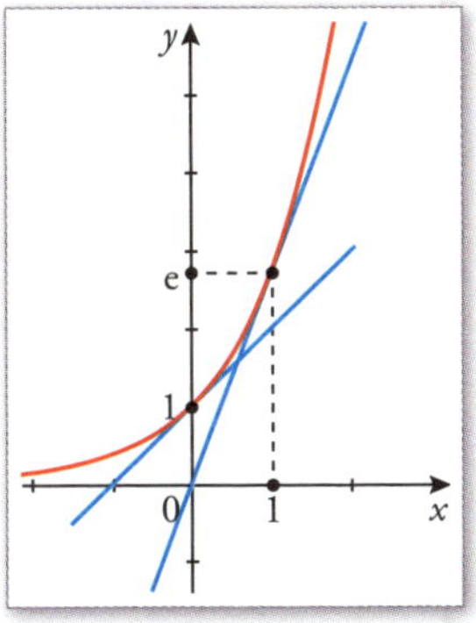

2 Formes indéterminées

▶ Soit α un nombre réel.

$$\lim_{x \to +\infty} \frac{e^x}{x^\alpha} = +\infty \quad \text{et} \quad \lim_{x \to -\infty} x^\alpha e^x = 0$$

En particulier, en posant $\alpha = \frac{1}{2}$, on a $\lim\limits_{x \to +\infty} \frac{e^x}{\sqrt{x}} = +\infty$.

Ces résultats résolvent les formes indéterminées « $\frac{\infty}{\infty}$ » et « $0 \times \infty$ ».

À NOTER ! N'importe quelle puissance de x est négligeable devant e^x en $+\infty$ et en $-\infty$.

▶ $\lim\limits_{x \to 0} \frac{e^x - 1}{x} = 1$ (→ FICHE 16)

3 Limites de fonctions composées avec la fonction exp

Soit u une fonction et x_0 un point ou une borne de $\mathcal{D}_u$.

Pour calculer $\lim\limits_{x \to x_0} e^{u(x)}$, il suffit de trouver $\lim\limits_{x \to x_0} u(x)$.

- Si cette limite est ℓ ($\ell \in \mathbb{R}^{+*}$), alors $\lim\limits_{x \to x_0} e^{u(x)} = e^\ell$.
- $u(x) \to +\infty \Rightarrow e^{u(x)} \to +\infty$
- $u(x) \to -\infty \Rightarrow e^{u(x)} \to 0$

MÉTHODE

Déterminer les limites et une asymptote d'une fonction

Soit f la fonction définie sur $\mathbb{R}$ par $f(x) = x - 1 + (x^2 + 2)e^{-x}$.

1. Trouver les limites de f en $+\infty$ et en $-\infty$.

2. Démontrer que la droite $\mathscr{D}$ d'équation $y = x - 1$ est asymptote à la courbe $\mathscr{C}_f$ en $+\infty$.

CONSEILS

1. En $-\infty$, factorisez x^2 et, en $+\infty$, utilisez les formes indéterminées connues.

2. Calculez $\lim\limits_{x \to +\infty} f(x) - (x - 1)$.

SOLUTION

1. • Quand $x \to -\infty$:

$(x - 1) \to -\infty$ et $(x^2 + 2)e^{-x} \to +\infty$ car $e^{-x} \to +\infty$.

On a donc la forme indéterminée « $(-\infty) + (+\infty)$ ».

Pour tout x non nul : $f(x) = x^2\left(\frac{1}{x} - \frac{1}{x^2} + \left(1 + \frac{2}{x^2}\right)e^{-x}\right)$.

Or $\left(1 + \frac{2}{x^2}\right) \to 1$ et $e^{-x} \to +\infty$ donc $\left(1 + \frac{1}{x^2}\right)e^{-x} \to +\infty$ par produit.

Comme $\frac{1}{x} - \frac{1}{x^2} \to 0$, on a : $\frac{1}{x} - \frac{1}{x^2} + \left(1 + \frac{2}{x^2}\right)e^{-x} \to +\infty$.

Comme $x^2 \to +\infty$, on en déduit que $\lim\limits_{x \to -\infty} f(x) = +\infty$ par produit.

• Quand $x \to +\infty$:

$e^{-x} \to 0$ et $x^2 + 2 \to +\infty$.

On a donc la forme indéterminée « $0 \times (+\infty)$ ».

$(x^2 + 2)e^{-x} = \frac{x^2}{e^x} + 2e^{-x}$ et $\frac{x^2}{e^x} \to 0$ puisque $\frac{e^x}{x^2} \to +\infty$.

On en déduit : $(x^2 + 2)e^{-x} \to 0$ par somme.

De plus, $x - 1 \to +\infty$, donc $\lim\limits_{x \to +\infty} f(x) = +\infty$ par somme.

2. $\lim\limits_{x \to +\infty} [f(x) - (x - 1)] = \lim\limits_{x \to +\infty} \left[(x^2 + 2)e^{-x}\right] = 0$.

La droite $\mathscr{D}$ est donc asymptote à $\mathscr{C}_f$ en $+\infty$.

REMARQUE On peut démontrer que $\mathscr{C}_f$ n'a pas d'asymptote en $-\infty$.

Dériver des fonctions exponentielles

16

MATHS

RAPPELS DE COURS

1 Dérivée élémentaire

▶ D'après sa définition, la fonction exp est dérivable sur $\mathbb{R}$ et, pour tout $x \in \mathbb{R}$:

$$\exp'(x) = \exp(x) \quad \text{ou} \quad \frac{\mathrm{d}}{\mathrm{d}x}(\mathrm{e}^x) = \mathrm{e}^x$$

REMARQUE Il faut se garder de considérer e (le nombre de Néper, égal à 2,718 environ) comme une fonction : c'est une constante.

EXEMPLE Si $f(x) = \mathrm{e} + \mathrm{e}x + \mathrm{e}^x$, alors $f'(x) = 0 + \mathrm{e} + \mathrm{e}^x = \mathrm{e} + \mathrm{e}^x$.

▶ Pour montrer que $\lim\limits_{x \to 0} \dfrac{\mathrm{e}^x - 1}{x} = 1$ (→ FICHE 15), on utilise le **nombre dérivé en 0** de la fonction exponentielle :

$$\lim_{x \to 0} \frac{\mathrm{e}^x - 1}{x} = \lim_{x \to 0} \frac{\mathrm{e}^x - \mathrm{e}^0}{x - 0} = \lim_{x \to 0} \frac{\exp(x) - \exp(0)}{x - 0} = \exp'(0) = 1$$

2 Dérivée de fonctions composées d'exponentielles

▶ Soit u une fonction dérivable sur un intervalle I. Alors la fonction $f(x) = \mathrm{e}^{u(x)}$ est dérivable sur I et, pour tout $x \in \mathrm{I}$:

$$f'(x) = u'(x)\mathrm{e}^{u(x)}$$

> ATTENTION ! Bien que toujours positive, e^u n'est pas toujours croissante.

▶ a et b étant deux constantes réelles, si $f(x) = \mathrm{e}^{ax+b}$ alors $f'(x) = a\mathrm{e}^{ax+b}$. (→ FICHE 11)

3 Des fautes à éviter

▶ La dérivée de la fonction exponentielle est elle-même mais la dérivée de e^{-x} n'est pas e^{-x} et la dérivée de e^{-x^2} n'est pas e^{-x^2}.

▶ Seules les fonctions $x \mapsto \lambda\mathrm{e}^x$ (où λ est une constante) ont pour dérivées elles-mêmes. De ce fait, si l'exposant de e n'est pas x, seulement x et uniquement x, il n'y a pas d'autre choix que d'utiliser la formule $u'\mathrm{e}^u$ pour dériver, ou $a\mathrm{e}^{ax+b}$ si possible.

EXEMPLE Si $f(x) = \mathrm{e}^{x^2}$, alors $f'(x) = 2x\mathrm{e}^{x^2}$. Ici, $u(x) = x^2$.

MÉTHODE

Étudier la dérivabilité d'une fonction avec exponentielle

On considère la fonction f définie sur $\mathbb{R}^+$ par :

$$f(x) = \begin{cases} x\mathrm{e}^{-\frac{1}{x}} \text{ si } x > 0 \\ 0 \text{ si } x = 0 \end{cases}$$

1. Calculer $f'(x)$ pour tout $x > 0$.

2. Examiner la dérivabilité de f en 0 en étudiant $\lim\limits_{x \to 0} \dfrac{f(x)}{x}$.

CONSEILS

1. Si $x > 0$, on repère un produit. Dans ce produit, on sera amené à utiliser la dérivée de e^u.

2. En écrivant $\dfrac{f(x)}{x} = \dfrac{f(x) - f(0)}{x - 0}$, on reconnaît le taux de variation de f en 0 qui permet de trancher sur la dérivabilité de f en 0.

SOLUTION

1. Pour tout $x > 0$, les fonctions composant f sont dérivables.

On sait de plus que la dérivée de $\dfrac{1}{x}$ est $-\dfrac{1}{x^2}$.

Donc, en utilisant la dérivée d'un produit et de e^u, on a :

$$f'(x) = 1\mathrm{e}^{-\frac{1}{x}} + x \times \frac{1}{x^2}\mathrm{e}^{-\frac{1}{x}} = \left(1 + \frac{1}{x}\right)\mathrm{e}^{-\frac{1}{x}}.$$

2. Pour tout $x > 0$, $\dfrac{f(x)}{x} = \mathrm{e}^{-\frac{1}{x}}$.

Ici la limite en 0 se confond avec la limite en 0^+, c'est-à-dire quand x tend vers 0 en étant positif.

Or $x \to 0^+ \Leftrightarrow \dfrac{1}{x} \to +\infty \Leftrightarrow -\dfrac{1}{x} \to -\infty \Leftrightarrow \mathrm{e}^{-\frac{1}{x}} \to 0$

(quand l'exposant tend vers $-\infty$, l'exponentielle tend vers 0).

Conclusion : Puisque $f(0) = 0$,

$$\lim_{x \to 0} \frac{f(x) - f(0)}{x - 0} = \lim_{x \to 0} \frac{f(x)}{x} = 0.$$

Par conséquent, f est dérivable en 0 et $f'(0) = 0$.

Déterminer des primitives de fonctions avec exponentielle

17

MATHS

RAPPELS DE COURS

1 Primitives élémentaires

La fonction exponentielle est une primitive d'elle-même.

Autrement dit, elle vérifie l'équation $f' = f$ dont l'inconnue est une fonction f.

2 Primitives de fonctions composées

Soit u une fonction dérivable sur un intervalle I.

▶ La fonction $x \mapsto u'(x)e^{u(x)}$ admet pour primitive la fonction $x \mapsto e^{u(x)}$.

REMARQUES

- Dans le cas particulier où $u(x) = ax + b$ (a et b réels, $a \neq 0$), une primitive de $x \mapsto e^{ax+b}$ est $x \mapsto \frac{1}{a}e^{ax+b}$.
- Ne pas généraliser le cas particulier précédent : une primitive de $x \mapsto e^{u(x)}$ **n'est pas en général** $\frac{1}{u'(x)}e^{u(x)}$.

▶ La fonction $x \overset{f}{\mapsto} e^{-x}$ a une particularité : sa dérivée est en même temps une de ses primitives. De plus $F(x) = f'(x) = -f(x)$.

▶ Soit $P(x)$ un polynôme.
Si $f(x) = P(x)e^{ax+b}$, alors $F(x) = Q(x)e^{ax+b}$,
où Q est un polynôme de **même degré** que P. Cette remarque peut être utile pour trouver F. Il suffit d'utiliser l'égalité $F'(x) = f(x)$.

EXEMPLE Si $f(x) = (x^2 + 1)e^x$,
on peut écrire $F(x) = (ax^2 + bx + c)e^x$.
Alors :
$F'(x) = (ax^2 + (2a + b)x + (b + c))e^x$.
On obtient alors a, b et c par identification avec $x^2 + 1$:
$a = 1$, $2a + b = 0$ et $b + c = 1$; soit $a = 1$, $b = -2$ et $c = 3$.
Finalement $F(x) = (x^2 - 2x + 3)e^x$.

RAPPEL
$(uv)' = u'v + uv'$

MÉTHODE

Déterminer la primitive vérifiant $F(x_0) = y_0$

Trouver la primitive F de $x \overset{f}{\longmapsto} (x^3 - 1)e^{-x}$ s'annulant en 1.

CONSEILS

- Une primitive de f est de la forme $P(x)e^{-x}$ où P est un polynôme du troisième degré, qui est le degré de $x^3 - 1$. En dérivant cette expression, on doit retrouver $f(x)$. On procédera donc par identification.
- Pour trouver la primitive cherchée, il suffit de se rappeler que si F est une primitive de f, alors toute autre primitive est de la forme $x \mapsto F(x) + k$ où k est une constante. La condition imposée conduit à $F(1) = 0$.

SOLUTION

- Il existe a, b et c réels tels que, pour tout x de $\mathbb{R}$:

$F(x) = (ax^3 + bx^2 + cx + d)e^{-x}$.

$$\text{Donc } F'(x) = (-ax^3 - bx^2 - cx - d)e^{-x} + (3ax^2 + 2bx + c)e^{-x}$$
$$= [-ax^3 + (-b + 3a)x^2 + (-c + 2b)x - d + c]e^{-x}.$$

Puisque $F'(x) = f(x)$, on a par identification :

$$\begin{cases} -a = 1 \\ -b + 3a = 0 \\ -c + 2b = 0 \\ -d + c = -1 \end{cases} \text{ c'est-à-dire } \begin{cases} a = -1 \\ b = -3 \\ c = -6 \\ d = -5 \end{cases}.$$

Toute primitive de f est donc de la forme :

$x \overset{F}{\longmapsto} (-x^3 - 3x^2 - 6x - 5)e^{-x} + k$ où k est une constante.

- $F(1) = 0 \Leftrightarrow -15e^{-1} + k = 0 \Leftrightarrow k = 15e^{-1} = \dfrac{15}{e}$.

La primitive cherchée est donc

$x \mapsto (-x^3 - 3x^2 - 6x - 5)e^{-x} + 15e^{-1}$.

REMARQUE Soit x_0 et y_0 deux réels donnés. Il est toujours possible de trouver une primitive F de f prenant la valeur y_0 en x_0, c'est-à-dire telle que $F(x_0) = y_0$. Il suffit pour cela de trouver la constante k appropriée.

Connaître le logarithme népérien 18

RAPPELS DE COURS

1 Définition du logarithme népérien

La fonction **logarithme népérien** est la primitive de la fonction $x \mapsto \dfrac{1}{x}$ sur $\mathbb{R}^{+*}$ qui s'annule en 1. Elle se note ln.

Donc $\mathcal{D}_{\ln} =]0\,;+\infty[$, $\ln(1) = 0$ et $\ln'(x) = \dfrac{1}{x}$.

x	0	1	e	$+\infty$
$\ln x$	$-\infty$ ↗	0 ↗	1 ↗	$+\infty$

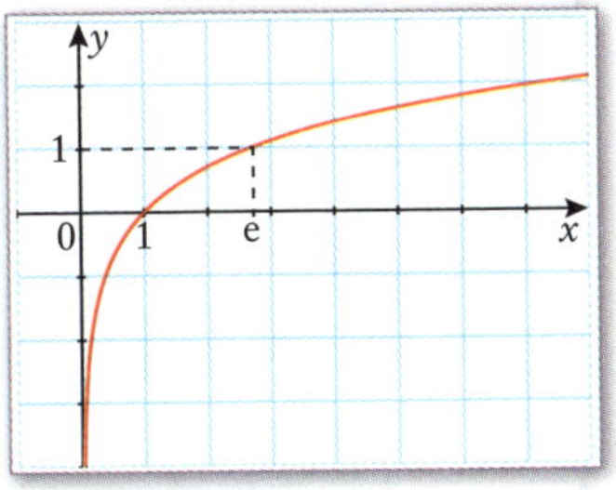

REMARQUE $\ln(\mathrm{e}) = 1$

2 Propriétés algébriques

Soit a et b deux réels strictement positifs et $n \in \mathbb{Q}$.

- $\ln(ab) = \ln a + \ln b$ (propriété fondamentale)
- $\ln\left(\dfrac{a}{b}\right) = -\ln\left(\dfrac{b}{a}\right)$, donc $\ln\left(\dfrac{1}{a}\right) = -\ln a$
- $\ln\left(\dfrac{a}{b}\right) = \ln a - \ln b$
- $\ln a^n = n \ln a$ donc $\ln\sqrt{a} = \dfrac{1}{2}\ln a$ car $\sqrt{a} = a^{\frac{1}{2}}$

3 Équations et inéquations

La dérivée de ln étant strictement positive sur $\mathbb{R}^{+*}$, ln est strictement croissante sur cet intervalle. Cela signifie que :

- a étant un réel strictement positif, $\ln x = \ln a \Leftrightarrow x = a$
- $\ln x \leqslant \ln a \Leftrightarrow x \leqslant a$

En particulier, $\ln x \geqslant 0 \Leftrightarrow x \geqslant 1$
et $\ln x \leqslant 0 \Leftrightarrow 0 < x \leqslant 1$

ATTENTION ! Un logarithme n'est pas toujours positif !

- $\forall\, b \in \mathbb{R} : \ln x = b \Leftrightarrow x = \mathrm{e}^b$ et $\ln x \leqslant b \Leftrightarrow 0 < x \leqslant \mathrm{e}^b$

MÉTHODE

Résoudre une inéquation comportant des logarithmes

Résoudre dans $\mathbb{R}$ l'inéquation $\left(x^2-\mathrm{e}\right)\ln\left(\dfrac{x-1}{x+3}\right) \geqslant 0$.

CONSEILS

- Il faut d'abord trouver l'ensemble de définition, puis étudier le signe du produit.
- Identifiez une identité remarquable et souvenez-vous du signe de $\ln X$.

SOLUTION

- ln est défini sur $\mathbb{R}^{+*}$, donc on doit avoir $x \neq -3$ et $\dfrac{x-1}{x+3} > 0$.

Le signe du quotient est celui du produit $(x-1)(x+3)$ dont les racines sont 1 et -3. Le signe est donc celui du coefficient de x^2, c'est-à-dire 1, à l'extérieur des racines.
C'est pourquoi $\mathscr{D} =]-\infty\,;-3[\,\cup\,]1\,;+\infty[$.

- Posons $X = \dfrac{x-1}{x+3}$.

$\ln X \geqslant 0$ si et seulement si $X \geqslant 1$. D'où :

$$X \geqslant 1 \Leftrightarrow \frac{x-1}{x+3} \geqslant 1 \Leftrightarrow \frac{x-1}{x+3} - 1 \geqslant 0 \Leftrightarrow \frac{-4}{x+3} \geqslant 0$$
$$\Leftrightarrow x+3 < 0 \Leftrightarrow x < -3$$

De plus, $x^2 - \mathrm{e} = \left(x-\sqrt{\mathrm{e}}\right)\left(x+\sqrt{\mathrm{e}}\right)$.
Les deux racines de $x^2-\mathrm{e}=0$ sont $-\sqrt{\mathrm{e}}$ et $\sqrt{\mathrm{e}}$.
Comme $\sqrt{\mathrm{e}} \approx 1{,}65$, on obtient le tableau de signes suivant :

x	$-\infty$		-3		$-\sqrt{\mathrm{e}}$		1		$\sqrt{\mathrm{e}}$		$+\infty$
$\ln\dfrac{x-1}{x+3}$		$+$						$-$		$-$	
$x^2-\mathrm{e}$		$+$		$+$	0	$-$		$-$	0	$+$	
$\left(x^2-\mathrm{e}\right)\ln\dfrac{x-1}{x+3}$		$+$						$+$	0	$-$	

On voit donc que l'ensemble des solutions est $\left]-\infty\,;-3\right[\,\cup\,\left]1\,;\sqrt{\mathrm{e}}\right]$.

À NOTER ! Remarquez les crochets ouverts et fermés.

Calculer des limites de fonctions logarithmes

19

MATHS

RAPPELS DE COURS

1 Limites usuelles

$\lim\limits_{x \to 0^+} \ln x = -\infty$ et $\lim\limits_{x \to +\infty} \ln x = +\infty$

Ci-contre, la courbe représente la fonction logarithme avec les tangentes aux points d'abscisses 1 (d'équation $y = x - 1$) et e (d'équation $y = \frac{1}{e}x$).

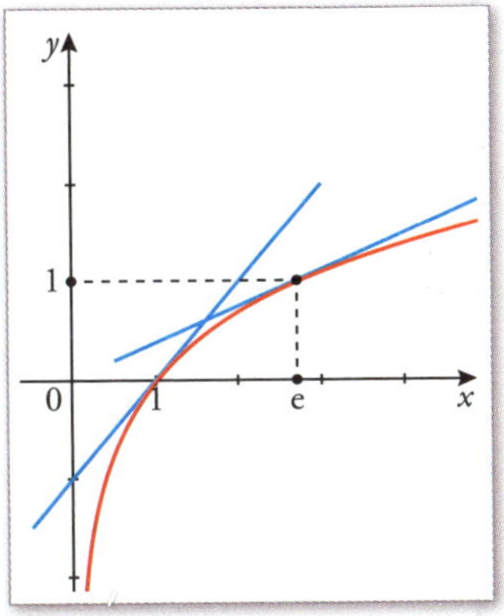

ATTENTION !
$\ln x$ n'a pas de limite quand $x \to -\infty$

2 Formes indéterminées

▶ Soit α un réel strictement positif :

$$\lim_{x \to +\infty} \frac{\ln x}{x^\alpha} = 0 \quad \text{et} \quad \lim_{x \to 0^+} x^\alpha \ln(x) = 0$$

REMARQUE On peut interpréter la première limite de la façon suivante : $\ln x$ est négligeable devant toute puissance positive de x en $+\infty$.

En particulier, en posant $\alpha = \frac{1}{2}$, on a $\lim\limits_{x \to +\infty} \frac{\ln x}{\sqrt{x}} = 0$.

▶ $\lim\limits_{x \to 1} \frac{\ln x}{x - 1} = 1$ et $\lim\limits_{h \to 0} \frac{\ln(1+h)}{h} = 1$ (→ FICHE 20)

3 Calculs de limites de fonctions composées avec la fonction ln

Soit u une fonction strictement positive sur un ensemble de définition $\mathcal{D}_u$ et x_0 un point ou une borne de $\mathcal{D}_u$.

Pour calculer $\lim\limits_{x \to x_0} \ln(u(x))$, il suffit de trouver $\lim\limits_{x \to x_0} u(x)$.

- Si cette limite est $\ell (\ell \in \mathbb{R}^{+*})$, alors $\lim\limits_{x \to x_0} \ln(u(x)) = \ln(\ell)$.
- $u(x) \to +\infty \Rightarrow \ln(u(x)) \to +\infty$
- $u(x) \to 0^+ \Rightarrow \ln(u(x)) \to -\infty$

MÉTHODE

Déterminer les limites d'une fonction

Trouver les limites de f aux bornes de $\mathcal{D}_f$ avec $f(x) = x\ln\left(1+\dfrac{1}{x}\right)$.

CONSEIL

Pour lever l'indétermination, il suffit de modifier l'écriture de l'expression « bloquante » afin de se ramener à une forme indéterminée connue comme $\lim\limits_{x\to 1} \dfrac{\ln x}{x-1}$ ou $\lim\limits_{x\to 0^+} x\ln x$.

SOLUTION

• Pour que f existe, il faut et il suffit que $x \neq 0$ et $1+\dfrac{1}{x} > 0$, c'est-à-dire $x \neq 0$ et $\dfrac{1+x}{x} > 0$.

Un rapide tableau de signes pour $\dfrac{1+x}{x}$ fournit immédiatement $\mathcal{D}_f =]-\infty, -1[\cup]0, +\infty[$.

• Quand $x \to +\infty$, on se ramène à une forme indéterminée connue en posant $X = \dfrac{1}{x}$ (et dans ce cas, on a $X \to 0^+$).

Alors $f(x) = \dfrac{1}{X}\ln(1+X) = \dfrac{\ln(1+X)}{X}$.

Donc $\lim\limits_{x\to+\infty} f(x) = \lim\limits_{X\to 0^+} \dfrac{\ln(1+X)}{X} = 1$.

ATTENTION ! Notez la différence entre x et X !

De même, $\lim\limits_{x\to-\infty} f(x) = 1$.

• Quand $x \to -1$, on a $1+\dfrac{1}{x} \to 0^+$ et donc $\ln\left(1+\dfrac{1}{x}\right) \to -\infty$.

Donc $f(x) \to +\infty$ par produit.

• Quand $x \to 0^+$, on a :

$$f(x) = x\ln\left(\frac{1+x}{x}\right) = x\ln(x+1) - x\ln x.$$

Comme $x\ln(x+1) \to 0$ et $x\ln x \to 0$, alors $f(x) \to 0$ par soustraction.

RAPPEL $\ln\left(\dfrac{a}{b}\right) = \ln a - \ln b$

• Bilan :

$\lim\limits_{x\to+\infty} f(x) = \lim\limits_{x\to-\infty} f(x) = 1$; $\lim\limits_{x\to-1} f(x) = +\infty$; $\lim\limits_{x\to 0} f(x) = 0$.

Dériver des fonctions logarithmes 20

RAPPELS DE COURS

1 Dérivées élémentaires

La fonction logarithme népérien est une **primitive** de la fonction $x \mapsto \dfrac{1}{x}$ sur $\mathbb{R}^{+*}$.

Donc ln est dérivable et, pour tout x de $\mathbb{R}^{+*}$, on a :

$$\ln'(x) = \frac{1}{x}$$

REMARQUES

- On peut aussi écrire $\dfrac{\mathrm{d}}{\mathrm{d}x}(\ln x) = \dfrac{1}{x}$.
- Il faut différencier $\ln'(x_0)$ et $\ln(x_0)'$, $x_0 \in \mathbb{R}^{+*}$.

$\ln'(x_0) = \dfrac{1}{x_0}$; c'est à rapprocher de la dérivée $f'(x_0)$ d'une fonction f dans le cas général.

$\ln(x_0)'$ est la dérivée d'une constante ; donc $\ln(x_0)' = 0$.

- Pour montrer que $\lim\limits_{x \to 1} \dfrac{\ln x}{x-1} = 1$ (→ FICHE 19), on utilise le nombre dérivé de ln en 1.

$$\lim_{x \to 1} \frac{\ln x}{x-1} = \lim_{x \to 1} \frac{\ln x - \ln 1}{x-1} = \ln'(1) = \frac{1}{1} = 1$$

2 Dérivées de fonctions composées de logarithmes

▶ Soit u une fonction strictement positive et dérivable sur un intervalle I. La fonction $f : x \mapsto \ln(u(x))$ est dérivable sur I et, pour tout x de I, $f'(x) = \dfrac{u'(x)}{u(x)}$.

> **À NOTER !** La dérivée de $\ln(u)$ n'est pas $\dfrac{1}{u}$.

▶ En particulier, a et b étant deux constantes réelles :

si $f(x) = \ln(ax+b)$ alors, pour tout x de $\mathscr{D}_f$,

$f'(x) = \dfrac{a}{ax+b}$. (→ FICHE 11)

MÉTHODE

Déterminer la dérivabilité et la dérivée d'une fonction avec logarithme

Soit f la fonction définie sur $\mathbb{R}^+$ par $f(x) = \begin{cases} x^2 \ln x \text{ si } x > 0 \\ 0 \text{ si } x = 0 \end{cases}$.

1. Calculer $f'(x)$ pour tout $x > 0$.

2. Examiner la dérivabilité de f en 0 en étudiant $\lim\limits_{x \to 0} \dfrac{f(x)}{x}$.

3. Qu'en déduit-on sur la demi-tangente à $\mathscr{C}_f$ en l'origine O ?

CONSEILS

1. Si $x > 0$, on repère un produit.

2. $\dfrac{f(x)}{x} = \dfrac{f(x) - f(0)}{x - 0}$

On ne peut pas se servir de la formule de $f'(x)$ pour savoir si f est dérivable en 0 car cette formule n'est valable que si $x > 0$.

3. Le coefficient de la demi-tangente en O est le nombre dérivé à droite en 0, s'il existe.

SOLUTION

1. Pour $x > 0$, les fonctions composant f sont dérivables.

> RAPPEL La dérivée de x^2 est $2x$.

On a donc : $f'(x) = 2x \ln x + x^2 \times \dfrac{1}{x} = 2x \ln x + x$.

2. Pour tout $x > 0$, $\lim\limits_{x \to 0} \dfrac{f(x) - f(0)}{x - 0} = \lim\limits_{x \to 0} \dfrac{f(x)}{x} = x \ln x$.

Or, on sait que $\lim\limits_{x \to 0^+} x \ln x = 0$.

> À NOTER ! Ici, la limite en 0 se confond avec la limite en 0^+.

Conclusion :

$\dfrac{f(x) - f(0)}{x - 0}$ admet une limite en 0.

Par conséquent, f est dérivable en 0 et $f'(0) = 0$.

3. La courbe représentant f admet donc au point d'abscisse 0 une demi-tangente de coefficient directeur 0 (tangente horizontale). Il s'agit de l'axe des abscisses.

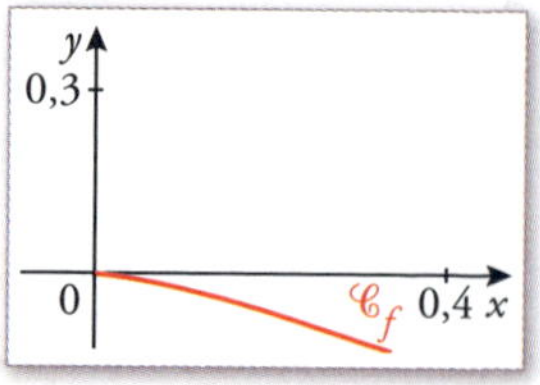

Reconnaître des primitives avec la fonction logarithme

21

RAPPELS DE COURS

1 Primitives élémentaires

La fonction logarithme népérien est une primitive de la fonction $f : x \mapsto \frac{1}{x}$ sur $\mathbb{R}^{+*}$. Toute autre primitive de f est donc de la forme $x \mapsto \ln x + k$, que l'on peut aussi écrire $x \mapsto \ln(ax)$ où $a > 0$ est défini par $\ln a = k$.

2 Primitives moins élémentaires

▶ Soit u une fonction définie et strictement positive sur un intervalle I, dérivable sur I.

La fonction $x \mapsto \frac{u'(x)}{u(x)}$ admet pour primitive la fonction :

$$x \mapsto \ln(u(x))$$

▶ Cas particulier : a et b étant deux constantes réelles ($a \neq 0$), si $f(x) = \frac{1}{ax+b}$, alors

$F(x) = \frac{1}{a}\ln|ax+b|$.

À NOTER ! Remarquez la présence de la valeur absolue.

3 Primitives des fonctions rationnelles et trigonométriques

EXEMPLES Soit F une primitive d'une fonction f.

• Si $f(x) = \frac{2}{x^2-1}$, on a $f(x) = \frac{1}{x-1} - \frac{1}{x+1}$.

Donc, sur $]1\,;+\infty[$, on a $F(x) = \ln(x-1) - \ln(x+1)$, que l'on peut aussi écrire $F(x) = \ln\frac{x-1}{x+1}$.

• Sur $\left]-\frac{\pi}{2}\,;\frac{\pi}{2}\right[$, si $f(x) = \tan(x)$,

alors $f(x) = \frac{\sin x}{\cos x} = -\frac{-\sin x}{\cos x}$.

Donc $F(x) = -\ln(\cos x)$.

RAPPEL $\cos' x = -\sin x$

Calculer une primitive d'une fonction composée

Soit la fonction u définie sur $\mathbb{R}$ par $u(x) = \sqrt{x^2+1} - x$.

Démontrer que $\mathcal{D}_u = \mathbb{R}$ et que, pour tout $x \in \mathbb{R}, u'(x) = \dfrac{-u(x)}{\sqrt{x^2+1}}$.

En déduire une primitive de $\dfrac{1}{\sqrt{x^2+1}}$.

CONSEIL

On est conduit à une forme $\dfrac{u'}{u}$, dont une primitive est $\ln(u)$.

SOLUTION

Pour tout $x \in \mathbb{R} : x^2+1 > x^2 \Rightarrow \sqrt{x^2+1} > x$,
donc $\mathcal{D}_u = \mathbb{R}$ et $u(x) > 0$.

$$u'(x) = \frac{2x}{2\sqrt{x^2+1}} - 1 = \frac{2\left(x - \sqrt{x^2+1}\right)}{2\sqrt{x^2+1}} = -\frac{u(x)}{\sqrt{x^2+1}}$$

Comme $u(x) \neq 0$, on a $\dfrac{u'(x)}{u(x)} = -\dfrac{1}{\sqrt{x^2+1}}$; donc une primitive de $x \mapsto \dfrac{1}{\sqrt{x^2+1}}$ est $-\ln u(x)$, c'est-à-dire $-\ln\left(\sqrt{x^2+1} - x\right)$.

Déterminer une primitive par identification

Déterminer trois réels a, b et c tels que pour tout x de $\mathbb{R}^{+*}$:

$$\frac{1}{x(1+x)^2} = \frac{a}{x} + \frac{b}{1+x} + \frac{c}{(1+x)^2}$$

En déduire une primitive de $x \mapsto \dfrac{1}{x(1+x)^2}$.

SOLUTION

On trouve après réduction au même dénominateur :

$$\frac{a}{x} + \frac{b}{1+x} + \frac{c}{(1+x)^2} = \frac{(a+b)x^2 + (2a+b+c)x + a}{x(1+x)^2}$$

Par identification : $a+b=0$, $2a+b+c=0$, $a=1$, c'est-à-dire $a=1, b=-1, c=-1$.

Donc, pour tout $x > 0$: $\dfrac{1}{x(1+x)^2} = \dfrac{1}{x} + \dfrac{-1}{1+x} + \dfrac{-1}{(1+x)^2}$.

C'est pourquoi $F(x) = \ln x - \ln(1+x) + \dfrac{1}{1+x}$.

Déterminer des primitives

22

MATHS

RAPPELS DE COURS

1 Relation entre primitive et dérivée

Soit f une fonction continue sur un intervalle I.

▶ Dire que F est une **primitive** de f sur I signifie que F est dérivable sur I et que, pour tout $x \in \text{I}$, $F'(x) = f(x)$.

EXEMPLE $\dfrac{x^2}{2} + 100$ est une primitive de x sur $\mathbb{R}$.

▶ Si F est une primitive de f, alors toute fonction de la forme $x \mapsto F(x) + k$, où k est une constante arbitraire, est aussi une primitive de f.

REMARQUE On parle d'**une** primitive de f alors qu'on parle de **la** dérivée de f. En effet, toute fonction continue sur I admet une infinité de primitives (et une seule dérivée, quand celle-ci existe).

▶ Soit f une fonction continue sur un intervalle I, x_0 un nombre de I et λ une constante. Il existe une et une seule primitive F de f sur I prenant la valeur λ en x_0. Autrement dit, il existe une et une seule primitive de f sur I telle que $F(x_0) = \lambda$.

On écrit alors :

$$F(x) = \int_{x_0}^{x} f(t)\,\mathrm{d}t + \lambda.$$

(→ FICHE 23)

À NOTER ! On peut aussi écrire $F(x) = \int_{x_0}^{x} f(u)\,\mathrm{d}u$.

EXEMPLE Pour tout $x \in \left]0\,;+\infty\right[$, $\ln x = \int_1^x \frac{1}{t}\,\mathrm{d}t$ (→ FICHE 18)

REMARQUE Il faut bien différencier les bornes de l'intégrale x_0, x et la variable d'intégration t.

2 Trouver une primitive d'une fonction continue

THÉORÈME Toute fonction continue sur un intervalle admet des primitives.

▶ Pour trouver la primitive d'une fonction donnée, on utilise le tableau des dérivées (→ ANNEXE, P. 344, FICHE 11) par lecture inverse, ou directement le tableau des primitives (→ ANNEXE, P. 343).

▶ Soit f et g deux fonctions définies sur le même intervalle I, et α et β deux nombres donnés.
Une primitive de $\alpha f + \beta g$ est $\alpha F + \beta G$.

MISE EN GARDE Une primitive de $u \times v$ **n'est pas** $U \times V$; celle de $\frac{u}{v}$ **n'est pas** $\frac{U}{V}$!

▶ Pour vérifier qu'une fonction F donnée est la primitive d'une fonction f, on dérive F et on vérifie que $F'(x) = f(x)$.

MÉTHODE

Déterminer une primitive et une tangente à sa courbe

1. On considère la fonction f définie sur $\mathbb{R}$ par $f(x) = x^2 e^x$.
Trouver une primitive F de f de la forme $(ax^2 + bx + c)e^x$.
2. Trouver la primitive G de f qui prend la valeur 2 en -1.
3. Donner une équation de la tangente à la courbe représentant G au point d'abscisse -1.

CONSEILS

1. On sait que $F'(x) = f(x)$ et on utilise la dérivée d'un produit.
2. G prend la valeur 2 en -1 signifie que $G(-1) = 2$.

SOLUTION

1. Pour tout $x \in \mathbb{R}$, $F'(x) = (2ax + b)e^x + (ax^2 + bx + c)e^x$
$= (ax^2 + (b + 2a)x + c + b)e^x$
Puisque $f(x) = (1x^2 + 0x + 0)e^x$ et $F'(x) = f(x)$,
on aboutit par identification à $a = 1$, $b + 2a = 0$ et $c + b = 0$.
D'où $a = 1$, $b = -2$, $c = 2$ et $F(x) = (x^2 - 2x + 2)e^x$.
2. Toute primitive G de f s'écrit sous la forme $G(x) = F(x) + k$ où k est une constante arbitraire.
Donc $G(-1) = 2 \Leftrightarrow F(-1) + k = 2 \Leftrightarrow (1 + 2 + 2)e^{-1} + k = 2$
$\Leftrightarrow k = 2 - 5e^{-1}$
Par conséquent, $G(x) = (x^2 - 2x + 2)e^x + 2 - 5e^{-1}$.
3. On sait que $G'(-1) = f(-1) = e^{-1}$. De plus, $G(-1) = 2$.
L'équation cherchée est donc $y = G'(x_0)(x - x_0) + G(x_0)$,
c'est-à-dire $y = \frac{1}{e}(x + 1) + 2$.

Calculer des intégrales

23

MATHS

RAPPELS DE COURS

1 Définition de l'intégrale

Soit f une fonction continue sur un intervalle I, et a et b deux points de I. Soit F une primitive de f sur I.
Alors le nombre $F(b) - F(a)$ est indépendant du choix de F ; il s'appelle **intégrale de f** entre a et b et :

$$\int_a^b f(t)\,\mathrm{d}t = F(b) - F(a) = [F(t)]_a^b$$

À NOTER !
$\int_a^a f(t)\,\mathrm{d}t = 0$

En particulier, on a $\int_b^a f(t)\,\mathrm{d}t = -\int_a^b f(t)\,\mathrm{d}t$.

2 Propriétés de l'intégrale

Soit f et g deux fonctions définies sur I et $\lambda \in \mathbb{R}$.

- $\int_a^b (f(t) + g(t))\,\mathrm{d}t = \int_a^b f(t)\,\mathrm{d}t + \int_a^b g(t)\,\mathrm{d}t$
- $\int_a^b \lambda f(t)\,\mathrm{d}t = \lambda \int_a^b f(t)\,\mathrm{d}t = \lambda[F(t)]_a^b$
- Si, pour tout t de I, $f(t) \geqslant g(t)$, alors :

– si $a < b$, $\int_a^b f(t)\mathrm{d}t \geqslant \int_a^b g(t)\mathrm{d}t$;

– si $a > b$, $\int_a^b f(t)\mathrm{d}t \leqslant \int_a^b g(t)\mathrm{d}t$.

En particulier, quand $f(t) \geqslant 0$ sur I :
si $a < b$, alors $\int_a^b f(t)\mathrm{d}t \geqslant 0$ et si $a > b$, alors $\int_a^b f(t)\mathrm{d}t \leqslant 0$.

- **Relation de Chasles** Soit c un réel de I. Alors :

$\int_a^c f(t)\mathrm{d}t = \int_a^b f(t)\mathrm{d}t + \int_b^c f(t)\mathrm{d}t$

3 Valeur moyenne d'une fonction

Soit f une fonction définie sur un intervalle I, et $a \in$ I et $b \in$ I.

- $\dfrac{1}{b-a}\int_a^b f(t)\mathrm{d}t$ s'appelle la **valeur moyenne** de f entre a et b.
- S'il existe deux réels m et M tels que, $\forall t \in [a\,;b]$ avec $a \leqslant b$, $m \leqslant f(t) \leqslant M$, alors $m(b-a) \leqslant \int_a^b f(t)\mathrm{d}t \leqslant M(b-a)$.

MÉTHODE

Calculer une intégrale dépendant d'un paramètre entier

On considère un entier naturel n et on pose $I_n = \int_0^1 \frac{x^n}{\sqrt{1+x^2}}\,\mathrm{d}x$.

1. Trouver la dérivée de $x \overset{f}{\longmapsto} \ln\left(x+\sqrt{x^2+1}\right)$.

2. Calculer I_0 et I_1.

CONSEILS

1. Utilisez la dérivée de $\ln u$ qui est $\frac{u'}{u}$.

2. Pensez à une primitive de $\frac{v'}{2\sqrt{v}}$ pour le calcul de I_1.

SOLUTION

1. Posons $u(x) = x+\sqrt{x^2+1}$.

Alors $u'(x) = 1+\frac{2x}{2\sqrt{x^2+1}} = 1+\frac{x}{\sqrt{x^2+1}} = \frac{\sqrt{x^2+1}+x}{\sqrt{x^2+1}}$

Donc, pour tout x de $\mathbb{R}$,

$$f'(x) = \frac{\frac{\sqrt{x^2+1}+x}{\sqrt{x^2+1}}}{\sqrt{x^2+1}+x}.$$

RAPPEL La dérivée de $\sqrt{u}$ est $\frac{u'}{2\sqrt{u}}$.

Ainsi, $f'(x) = \frac{\sqrt{x^2+1}+x}{\sqrt{x^2+1}} \times \frac{1}{x+\sqrt{x^2+1}} = \frac{1}{\sqrt{x^2+1}}$.

2. f est donc une primitive de $x \mapsto \frac{1}{\sqrt{x^2+1}}$.

$I_0 = \int_0^1 \frac{x^0}{\sqrt{x^2+1}}\,\mathrm{d}x = \int_0^1 \frac{1}{\sqrt{x^2+1}}\,\mathrm{d}x = \left[f(x)\right]_0^1 = f(1)-f(0)$.

Donc $I_0 = \ln\left(1+\sqrt{1^2+1}\right)-\ln(1) \Rightarrow I_0 = \ln\left(1+\sqrt{2}\right)$.

$I_1 = \int_0^1 \frac{x}{\sqrt{x^2+1}}\,\mathrm{d}x = \int_0^1 \frac{2x}{2\sqrt{x^2+1}}\,\mathrm{d}x$

Or $\frac{2x}{2\sqrt{x^2+1}}$ est de la forme $\frac{v'}{2\sqrt{v}}$ avec $v(x) = 1+x^2$.

RAPPEL Une primitive de $\frac{v'}{2\sqrt{v}}$ est $\sqrt{v}$.

C'est pourquoi $I_1 = \left[\sqrt{1+x^2}\right]_0^1 = \sqrt{1+1^2}-\sqrt{1+0^2} = \sqrt{2}-1$.

Calculer des aires

24

RAPPELS DE COURS

1 Relation entre aire et primitive

Étant donné une fonction f positive sur un intervalle I et deux réels a et b de I tels que $a \leqslant b$, l'aire du domaine coloré est égale à $\int_a^b f(t)\,\mathrm{d}t$.

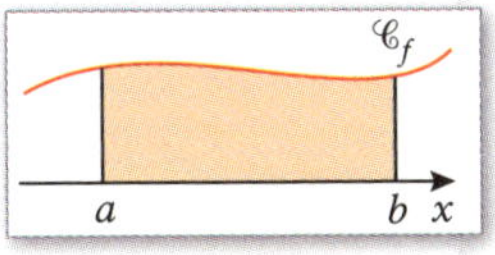

REMARQUES

- Si f est négative, l'aire est égale à $-\int_a^b f(t)\,\mathrm{d}t$.
- L'axe des ordonnées n'est pas représenté : il peut se situer n'importe où pourvu qu'il soit perpendiculaire à l'axe des abscisses et dirigé dans ce cas de figure « vers le haut ».

2 Unités d'aire

L'aire s'exprime en unités d'aire (u.a.) ; une unité d'aire est l'aire d'un rectangle dont les côtés ont les longueurs de $\vec{i}$ et de $\vec{j}$.

RAPPEL Le rectangle est un carré lorsque le repère est orthonormé.

Si on veut exprimer l'aire en cm^2, par exemple, il est nécessaire de connaître les mesures des vecteurs $\vec{i}$ et $\vec{j}$ en cm.

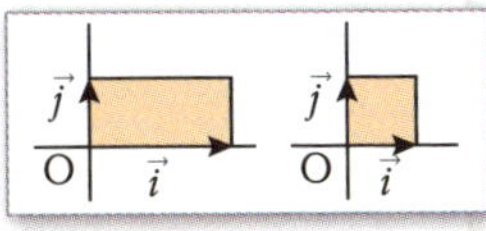

3 Aire comprise entre deux courbes

L'aire « sandwich » du domaine hachuré est égale à :

$$\mathscr{A} = \int_b^a \big(f(x) - g(x)\big)\mathrm{d}x + \int_b^c \big(g(x) - f(x)\big)\mathrm{d}x$$

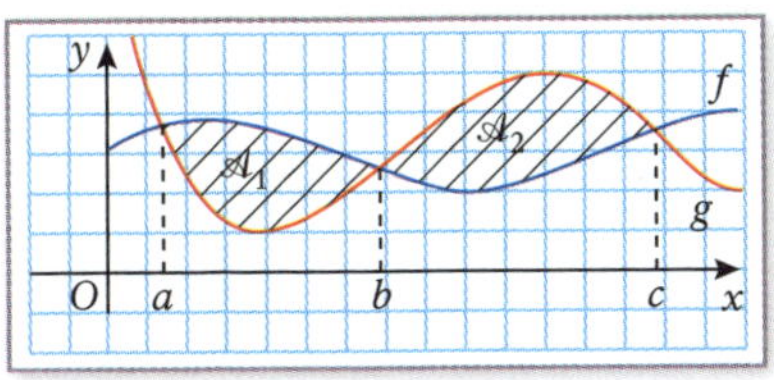

À NOTER ! On prend toujours la plus grande « valeur » moins la plus petite « valeur ».

MÉTHODE

Calculer une aire entre une courbe et son asymptote

On considère la fonction f définie sur $\mathbb{R}$ par :

$$x \mapsto x+1+\frac{x}{x^2+1}$$

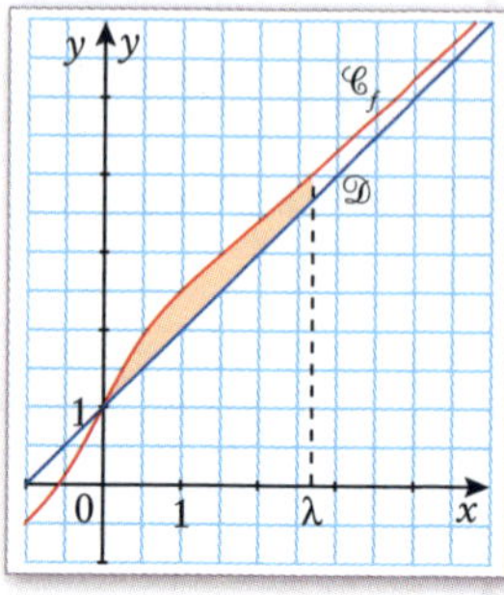

1. Montrer que la droite $\mathscr{D}$ d'équation $y = x+1$ est asymptote à $\mathscr{C}_f$ en $+\infty$.

2. Interpréter le domaine coloré et calculer la limite de son aire quand λ tend vers $+\infty$.

Conseil

2. La figure représente la courbe $\mathscr{C}_f$ et son asymptote d'équation $y = x+1$.

Solution

1. Pour tout $x \neq 0$, $f(x)-(x+1) = \dfrac{x}{x^2+1} = \dfrac{1}{x\left(1+\dfrac{1}{x^2}\right)}$.

On a $\lim\limits_{x\to+\infty} 1+\dfrac{1}{x^2} = 1 \Rightarrow \lim\limits_{x\to+\infty} \dfrac{1}{x\left(1+\dfrac{1}{x^2}\right)} = \lim\limits_{x\to+\infty} \dfrac{1}{x} = 0.$

Donc $\lim\limits_{x\to+\infty} f(x)-(x+1) = 0$. C'est pourquoi la droite $\mathscr{D}$ d'équation $y = x+1$ est asymptote à $\mathscr{C}_f$ en $+\infty$.

2. Le domaine coloré est compris entre la courbe et son asymptote. Son aire $\mathscr{A}$ est donc égale à :

Il s'agit d'une aire « sandwich ».

$$\int_0^\lambda \big(f(x)-(x-1)\big)\,\mathrm{d}x = \int_0^\lambda \frac{x}{x^2+1}\,\mathrm{d}x$$

$$= \frac{1}{2}\left[\ln\left(x^2+1\right)\right]_0^\lambda = \frac{1}{2}\ln(1+\lambda^2)$$

En effet, $\dfrac{x}{x^2+1} = \dfrac{1}{2}\dfrac{2x}{x^2+1}$ est de la forme $\dfrac{u'}{u}$.

Comme $\lim\limits_{\lambda\to+\infty} \dfrac{1}{2}\ln(1+\lambda^2) = +\infty$, l'aire $\mathscr{A}$ tend vers $+\infty$ quand $\lambda \to +\infty$.

Connaître le conditionnement et l'indépendance

25

MATHS

RAPPELS DE COURS

1 *Probabilité conditionnelle*

Soit A un événement de probabilité non nulle.
On appelle **probabilité de B sachant A** le nombre :

$$p_A(B) = \frac{p(B \cap A)}{p(A)}$$

D'où la formule dite des probabilités composées :
$p(A \cap B) = p_A(B)\,p(A)$.

REMARQUE p_A a toutes les propriétés d'une probabilité :
$p_A(\overline{B}) = 1 - p_A(B)$ et
$p_A(B \cup C) = p_A(B) + p_A(C) - p_A(B \cap C)$ (→ ANNEXE, P. 335)

2 *Événements indépendants, événements incompatibles*

▶ Événements incompatibles et événements indépendants sont deux notions bien distinctes.

- Dire que deux événements A et B sont **indépendants** signifie que :

$$p(A \cap B) = p(A)\,p(B)$$

REMARQUE Si A et B sont indépendants, alors $\overline{A}$ et B le sont aussi, ainsi que $\overline{A}$ et $\overline{B}$.

- « A et B sont **incompatibles**» signifie $A \cap B = \varnothing$.

▶ L'incompatibilité se conçoit donc en dehors de toute probabilité. L'indépendance de deux événements se conçoit en fonction d'une probabilité.
Cependant, si A et B sont incompatibles et non vides alors A et B ne sont pas indépendants.

3 *Calcul de $p(A \cap B)$*

Dans la pratique, pour calculer $p(A \cap B)$, on peut utiliser :
1. la formule des probabilités composées, qui se réduit à $p(A \cap B) = p(A)\,p(B)$ dans le cas où A et B sont indépendants ;
2. la formule $p(A \cap B) = p(A) + p(B) - p(A \cup B)$.
Le contexte permet de trancher.

MÉTHODE

Déterminer des probabilités conditionnelles dans un tirage

Un sac contient des pièces anciennes exclusivement en or (O) et en argent (A). Certaines proviennent du pays X, les autres du pays Y, et d'aucun autre pays.

1. Interpréter et compléter le tableau ci-contre.

	O	A	Total
X			0,56
Y		0,23	
Total	0,45		

On prélève une pièce au hasard.

2. Quelle est la probabilité qu'elle soit en or et provienne du pays X ?

3. Quelle est la probabilité qu'elle soit en or sachant qu'elle provient du pays X ?

4. Les événements O et X sont-ils indépendants ?

5. Vérifier que le tableau ci-contre est cohérent.

O et X sont-ils indépendants ?

	O	A	Total
X	360	440	800
Y	315	385	700
Total	675	825	1 500

CONSEIL

1. Le total des pièces en or et en argent est égal à 1.

SOLUTION

1. On trouve 0,55 en effectuant $1 - 0,45$.

On trouve 0,32 en effectuant $0,55 - 0,23$, etc.

	O	A	Total
X	0,24	0,32	0,56
Y	0,21	0,23	0,44
Total	0,45	0,55	1

2. On cherche $p(O \cap X)$, soit 0,24 par lecture du tableau.

3. On cherche $p_X(O)$. On a $p_X(O) = \dfrac{p(X \cap O)}{p(X)} = \dfrac{0,24}{0,56} = \dfrac{3}{7}$.

4. $p_X(O) \neq p(O)$: O et X ne sont donc pas indépendants.

5. Ici $p(X \cap O) = \dfrac{360}{1\ 500} = 0,24$,

$$p(O)\,p(X) = \frac{675 \times 800}{1\ 500 \times 1\ 500} = 0,24.$$

Les deux événements sont ici indépendants !

Utiliser la formule des probabilités totales

26

RAPPELS DE COURS

1 *Construire un arbre de probabilité pondéré*

On considère des événements A_1, A_2, A_3 non vides, deux à deux disjoints et dont la réunion est l'univers Ω tout entier.
On dit que ces événements forment une **partition** de Ω, ou qu'ils forment **un système complet d'événements** de Ω.

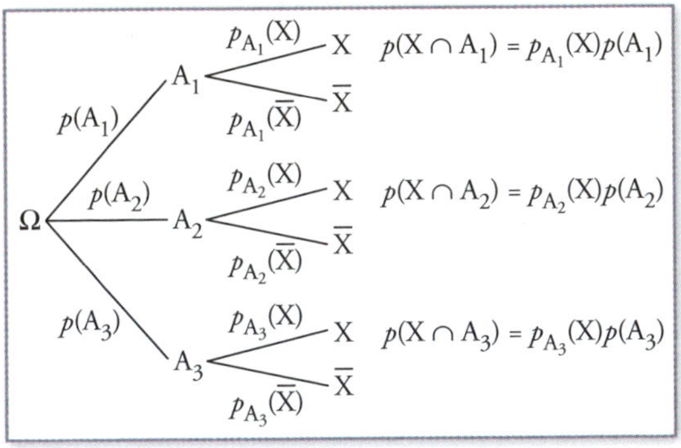

Pour tout événement X, on calcule $p(X \cap A_1)$ en multipliant les probabilités situées sur les branches de l'arbre qui arrivent à X en passant par A_1.

> **À NOTER !** On procède de la même manière pour A_2 et A_3 !

REMARQUE La somme des probabilités des branches de même origine est égale à 1. Par exemple $p_{A_1}(X) + p_{A_1}(\overline{X}) = 1$.

2 *Formule des probabilités totales*

Dans les mêmes conditions que ci-dessus, la probabilité de X est donnée par la **formule des probabilités totales** :

$$p(X) = p(X \cap A_1) + p(X \cap A_2) + p(X \cap A_3)$$

$$p(X) = p_{A_1}(X)\,p(A_1) + p_{A_2}(X)\,p(A_2) + p_{A_3}(X)\,p(A_3)$$

REMARQUE Souvent, on utilise la formule des probabilités totales lorsqu'on considère un événement A et son contraire (blanc, noir ; pair, impair ; défectueux, non défectueux ; etc.). Ainsi :

$$p(X) = p(X \cap A) + p(X \cap \overline{A}) = p_A(X)\,p(A) + p_{\overline{A}}(X)\,p(\overline{A})$$

MÉTHODE

Déterminer des probabilités dans un tirage de boules associé au jet d'un dé

Une urne A contient 3 boules noires et 2 boules blanches.
Une urne B contient 4 boules noires et 6 boules blanches.
On jette un dé non pipé ; si c'est le 1 ou le 6 qui sort, on prélève une boule au hasard dans l'urne A, sinon on en prélève une dans l'urne B.

1. Quelle est la probabilité de tirer une boule blanche ?

2. Quelle est la probabilité que l'urne choisie soit l'urne A sachant que l'on a tiré une boule blanche ?

CONSEIL

1. Prélever une boule dans A équivaut à avoir tiré 1 ou 6 au dé ; donc prélever une boule dans B équivaut à avoir tiré 2, 3, 4 ou 5.

SOLUTION

1. Notons X l'événement : « La boule tirée est blanche » et A l'événement : « On prélève une boule dans l'urne A ».
On construit l'arbre ci-contre.

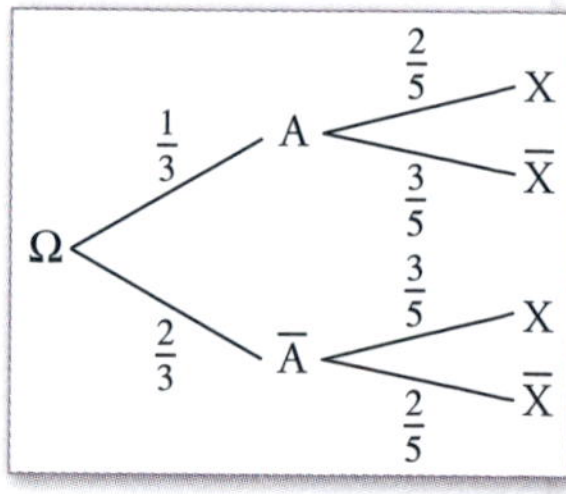

$p(A) = \frac{2}{6} = \frac{1}{3}$ donc $p(\overline{A}) = \frac{2}{3}$.

De plus, les compositions des urnes font que :

$$p_A(X) = \frac{2}{3+2} = \frac{2}{5} \text{ et } p_{\overline{A}}(X) = \frac{6}{4+6} = \frac{3}{5}.$$

Donc : $p(X) = p_A(X)\,p(A) + p_{\overline{A}}(X)\,p(\overline{A})$

$$\Rightarrow p(X) = \frac{2}{5} \times \frac{1}{3} + \frac{3}{5} \times \frac{2}{3} \Rightarrow p(X) = \frac{8}{15}$$

2. On cherche $p_X(A)$ et on trouve $\frac{p(A \cap X)}{p(X)} = \frac{p_A(X)\,p(A)}{p(X)}$.

Par conséquent :

$$p_X(A) = \frac{\frac{2}{5} \times \frac{1}{3}}{\frac{8}{15}} = \frac{1}{4}.$$

REMARQUE La valeur de $p_X(A)$ n'apparaît pas dans l'arbre !

Connaître les variables aléatoires discrètes

27

MATHS

RAPPELS DE COURS

1 Définition

Considérons une expérience aléatoire.
Une **variable aléatoire** X est une application qui, à tout événement élémentaire, associe un nombre. Dans le cas où elle prend un nombre fini de valeurs, on parle de variable aléatoire discrète.

2 Loi de probabilité d'une variable aléatoire

On note $X(\Omega) = \{x_1, \ldots, x_n\}$ l'ensemble des valeurs prises par X.

La **loi de probabilité de X** est l'application f définie pour tout $x \in \mathbb{R}$ par $f(x) = p(X = x)$.
Pour décrire la loi de probabilité de X, on utilise un tableau.

x	x_1	x_2	...	x_n
$p(X = x)$	p_1	p_2	...	p_n

RAPPEL $\sum_{k=1}^{n} p_k = 1$

3 Espérance, variance, écart-type

▶ L'**espérance** de X est le nombre noté $E(X)$ ainsi défini :

$$E(X) = \sum_{k=1}^{n} p_k x_k$$

▶ La **variance** de X est le nombre noté $V(X)$ ainsi défini :

$$V(X) = \sum_{k=1}^{n} p_k \left(x_k - E(X)\right)^2$$

$$= \sum_{k=1}^{n} p_k x_k^2 - (E(X))^2$$

À NOTER !
La variance s'écrit aussi $E(X^2) - (E(X))^2$.

▶ L'**écart-type** de X est le nombre noté $\sigma(X)$ ainsi défini :
$\sigma(X) = \sqrt{V(X)}$.

PROPRIÉTÉS Pour tous réels a et b :

- $E(aX + b) = aE(X) + b$
- $V(aX + b) = a^2 V(X) + b$
- $\sigma(aX + b) = |a|\sigma(X)$

MÉTHODE

Étudier une variable aléatoire discrète

Une urne contient trois boules numérotées 1, 2 et 3.
On effectue deux tirages successifs d'une boule avec remise.
Soit X la variable aléatoire égale à la somme des nombres portés par les deux boules.

1. Déterminer la loi de probabilité de X.

2. Un joueur perd 6 € si le total est égal à 4, gagne 2 € si le total est 3 ou 5 et gagne 4 € si le total est égal à 2 ou 6.
Soit Y la variable aléatoire représentant le gain du joueur.
Déterminer la loi de Y, puis calculer son espérance et sa variance.

CONSEIL

2. Utilisez la loi de X.

SOLUTION

1. L'ensemble des valeurs prises par X est $X(\Omega) = \{2, 3, 4, 5, 6\}$.

Il y a neuf combinaisons possibles. Les valeurs de la somme sont obtenues comme dans le tableau à double entrée.

	1	**2**	**3**
1	2	3	4
2	3	4	5
3	4	5	6

Le tableau ci-contre résume la loi de X.

x	2	3	4	5	6
$p(X = x)$	$\frac{1}{9}$	$\frac{2}{9}$	$\frac{3}{9}$	$\frac{2}{9}$	$\frac{1}{9}$

2. D'après l'énoncé $Y(\Omega) = \{-6, 2, 4\}$.

• On a $p(Y = -6) = p(X = 4)$

$p(Y = 2) = p(X = 3) + p(X = 5)$

$p(Y = 4) = p(X = 2) + p(X = 6)$

Le tableau ci-contre résume la loi de Y.

x	-6	2	4
$p(Y = x)$	$\frac{3}{9}$	$\frac{4}{9}$	$\frac{2}{9}$

• $E(Y) = -6 \times \frac{3}{9} + 2 \times \frac{4}{9} + 4 \times \frac{2}{9} \Rightarrow E(Y) = -\frac{2}{9}$

• $V(Y) = \frac{3}{9}\left(-6 + \frac{2}{9}\right)^2 + \frac{4}{9}\left(2 + \frac{2}{9}\right)^2 + \frac{2}{9}\left(4 + \frac{2}{9}\right)^2 = \frac{1\,400}{81}$

$\Rightarrow V(Y) \approx 17$

Utiliser la loi binomiale

28

RAPPELS DE COURS

1 Définition de la loi binomiale de paramètres n et p

Considérons une expérience aléatoire qui consiste à répéter n fois une même action, les répétitions étant indépendantes. Une action produit un succès avec une probabilité p.

▶ Soit X la variable aléatoire comptant le nombre de succès au cours des n répétitions.

La loi de X est alors la **loi binomiale de paramètres n et p**.

▶ On a $X(\Omega) = \{0, 1, 2, \ldots, n\}$ et, pour tout $k \in X(\Omega)$:

$$p(X = k) = \binom{n}{k} p^k q^{n-k}$$

À NOTER ! On pose habituellement $q = 1 - p$.

On écrit que X suit la loi $\mathcal{B}(n\,;p)$.

PROPRIÉTÉ Si une variable aléatoire X suit la loi binomiale, alors on a : $E(X) = np$ et $V(X) = npq$.

REMARQUES

- La loi binomiale s'appelle aussi la loi du nombre de succès au cours d'une répétition de n épreuves identiques et indépendantes.
- Le modèle {succès, échec} répétitif s'appelle un schéma de Bernoulli.

2 Arbre de probabilité

L'arbre ci-contre donne un aperçu de la modélisation d'une expérience à 3 répétitions dont l'issue est un succès (S) ou un échec ($\overline{\text{S}}$).

$(X = 2)$ signifie ici qu'il y a eu deux succès.

- Ainsi

$$p(X = 2) = ppq + pqp + qpp = 3p^2q$$

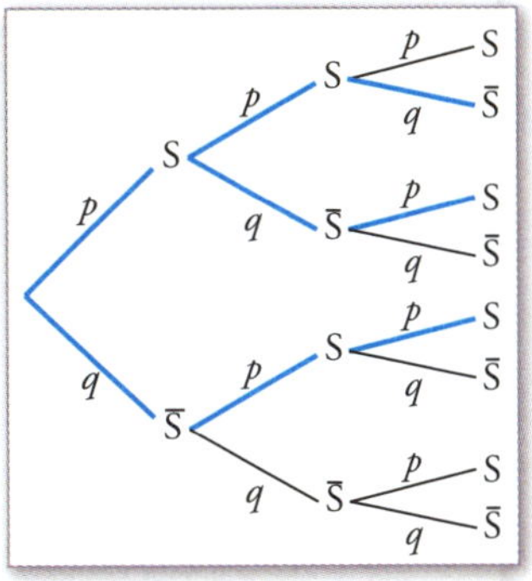

MÉTHODE

Utiliser une loi binomiale

Des coques pour téléphone sont produites à 70 % par une machine A et à 30 % par une machine B.
5 % des coques A et 10 % des coques B ont un défaut.
1. On prélève une coque au hasard dans un stock. Quelle est la probabilité qu'elle ait un défaut ?
2. On choisit dix coques dans un stock. Celui-ci est suffisamment important pour que l'on puisse assimiler ce choix à dix tirages avec remise d'une coque.
Quelle est la probabilité d'avoir au moins deux coques ayant un défaut ? Donner une valeur approchée à 10^{-4}.

CONSEILS

1. Appliquez la formule des probabilités totales.
2. Utilisez une loi binomiale et pensez à l'événement contraire.

SOLUTION

1. L'arbre ci-contre résume la situation. Par la formule des probabilités totales, on a :

$$p(\mathrm{D}) = 0{,}05 \times 0{,}7 + 0{,}1 \times 0{,}3 = 0{,}065$$

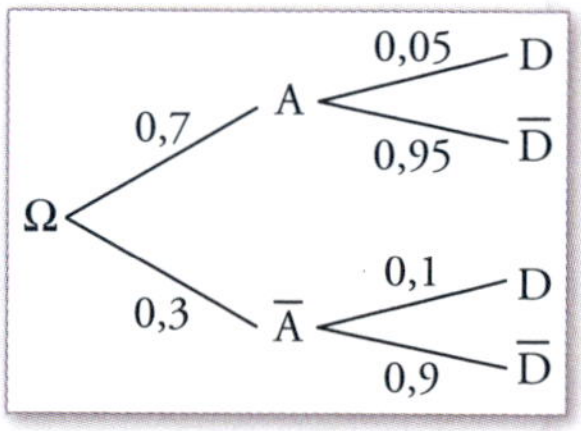

2. Soit X la variable aléatoire comptant le nombre de coques ayant un défaut quand on en prélève dix au hasard dans le stock.
La probabilité pour qu'une coque prélevée soit défectueuse est égale à 0,065 à chaque prélèvement.
On en déduit que la loi de X est la loi binomiale de paramètres 10 et 0,065.
On cherche $p(X \geqslant 2)$:

$$p(X \geqslant 2) = 1 - p(X < 2) = 1 - (p(X = 0) + p(X = 1))$$

La calculatrice fournit :

$$p(X < 2) = \binom{10}{0} 0{,}065^0 \times 0{,}935^{10} + \binom{10}{1} 0{,}065^1 \times 0{,}935^9 \approx 0{,}8656$$

Par conséquent : $p(X \geqslant 2) \approx 0{,}1344$.

Connaître densité et loi uniforme 29

RAPPELS DE COURS

1 Densité de probabilité

▶ Une **densité de probabilité** est une fonction f définie sur $\mathbb{R}$, positive, continue par morceaux et telle que $\int_{-\infty}^{+\infty} f(t)\,\mathrm{d}t = 1$.

▶ Soit f une densité de probabilité.

Dire qu'une variable aléatoire X a pour densité f signifie que : $\forall x \in \mathbb{R}$,

$$F(x) = p(X \leqslant x) = \int_{-\infty}^{x} f(t)\,\mathrm{d}t$$

À NOTER !
$p(X \leqslant x)$ représente une aire sous la courbe de f.

On démontre que $p(X \leqslant x) = p(X < x)$,
F est croissante, $\lim\limits_{x \to -\infty} F(x) = 0$, $\lim\limits_{x \to +\infty} F(x) = 1$.

▶ Pour tous nombres a et b :
$p(a \leqslant X \leqslant b) = p(X \in [a\,;b]) = \int_{a}^{b} f = F(b) - F(a)$

▶ L'**espérance** d'une variable aléatoire de densité f est, quand il existe, le nombre noté $E(X)$ égal à $\int_{-\infty}^{+\infty} tf(t)\,\mathrm{d}t$.

REMARQUE Lorsqu'une des bornes au moins est infinie, on utilise des limites. Ainsi $\int_{a}^{+\infty} g(t)\,\mathrm{d}t = \lim\limits_{x \to +\infty} \int_{a}^{x} g(t)\,\mathrm{d}t$, a étant une constante.

2 Densité uniforme

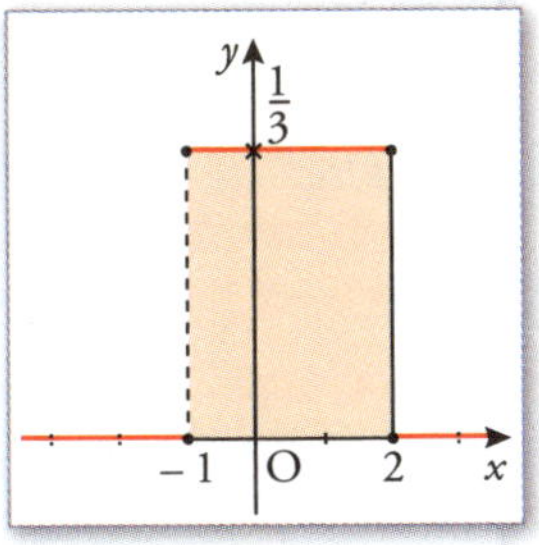

Soit a et b deux nombres tels que $a < b$.

▶ La **densité uniforme** sur $[a\,;b]$ est la fonction f définie par :

$$f(x) = \begin{cases} \dfrac{1}{b-a} \text{ si } x \in [a\,;b] \\ 0 \text{ si } x \notin [a\,;b] \end{cases}$$

On a bien $\int_{-\infty}^{+\infty} f(t)\,\mathrm{d}t = \dfrac{1}{b-a}\int_{a}^{b} 1\,\mathrm{d}t = 1$.

▶ Pour tout $x \in [a\,;b]$:
$F(x) = p(X \leqslant x) = \dfrac{1}{b-a}(x-a)$ et $E(X) = \dfrac{a+b}{2}$

MÉTHODE

Calculer le facteur déterminant une densité de probabilité

Soit $k > 0$ un nombre réel et g la fonction définie sur $\mathbb{R}$ par :

$$g(t) = \begin{cases} 0 \text{ si } t \in]-\infty;1[\\ \dfrac{k}{t^2} \text{ si } t \in [1;+\infty[\end{cases}$$

1. Représenter g dans le cas $k = 1$.
2. Trouver k pour que g soit une densité de probabilité.
3. Soit X une variable aléatoire de densité g.
Calculer $p(2 \leqslant X \leqslant 3)$.

CONSEIL

2. Soit $A > 1$ un nombre. $\int_1^{+\infty} g(t)\,\mathrm{d}t = \lim\limits_{A \to +\infty} \int_1^A g(t)\,\mathrm{d}t$.

SOLUTION

1. On obtient la courbe ci-contre.

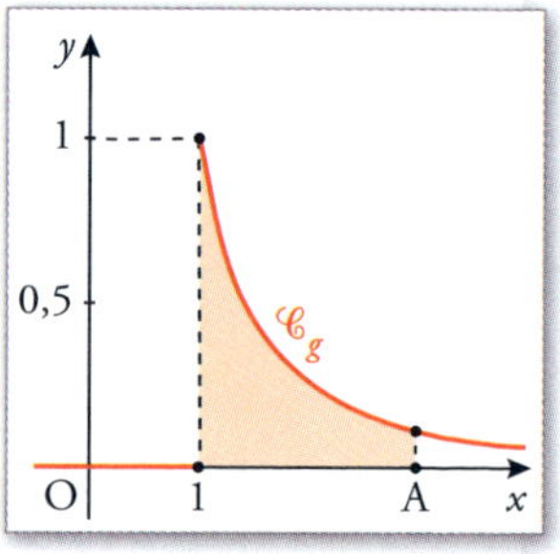

2. La fonction g est définie et positive sur $\mathbb{R}$.
Elle est continue sur $]-\infty;1[$ et sur $]1;+\infty[$. Elle est discontinue en 1 car $\lim\limits_{x \to 1^-} g(x) = 0$ et $\lim\limits_{x \to 1^+} g(x) = k$.
Ces deux limites étant finies, g est continue par morceaux.
$\forall A > 1$,

$$\int_{-\infty}^A g(t)\,\mathrm{d}t = k\int_1^A \frac{1}{t^2}\,\mathrm{d}t = k\left[-\frac{1}{t}\right]_1^A = k\left(1 - \frac{1}{A}\right).$$

Or $\lim\limits_{A \to +\infty} k\left(1 - \dfrac{1}{A}\right) = k$; donc $\int_{-\infty}^{+\infty} g(t)\,\mathrm{d}t = \lim\limits_{A \to +\infty} \int_1^A g(t) = k$.
Par conséquent, pour que g soit une densité de probabilité, on doit avoir $\int_{-\infty}^{+\infty} g(t)\,\mathrm{d}t = 1$, c'est-à-dire qu'il faut et qu'il suffit que $k = 1$.

3. $p(2 \leqslant X \leqslant 3) = \int_2^3 g(t)\,\mathrm{d}t = \left[-\dfrac{1}{t}\right]_2^3 = \dfrac{1}{2} - \dfrac{1}{3} = \dfrac{1}{6}$

RAPPELS DE COURS

1 Définition

Soit λ un réel strictement positif.

La **loi exponentielle de paramètre λ** est la loi dont la densité est définie par :

$$f(t)=\begin{cases}0 \text{ si } t\in\,]-\infty\,;0[\\ \lambda e^{-\lambda t} \text{ si } t\in[0\,;+\infty[\end{cases}$$

- On a alors, pour tout $x\in\mathbb{R}$:

$p(X\leqslant x)$
$=\begin{cases}0 \text{ si } x\in\,]-\infty\,;0[\\ 1-e^{-\lambda x} \text{ si } x\in[0\,;+\infty[\end{cases}$

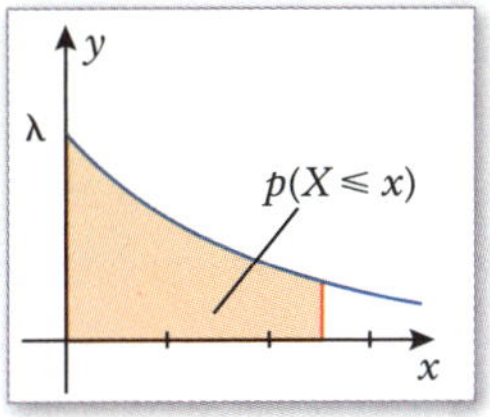

- Pour tous réels a et b avec $a<b$:

$p(a\leqslant X\leqslant b)$
$=p(X\leqslant b)-p(X<a)$
$=\begin{cases}0 \text{ si } a<0 \text{ et } b<0\\ 1-e^{-\lambda b} \text{ si } a<0 \text{ et } b>0\\ e^{-\lambda a}-e^{-\lambda b} \text{ si } a>0 \text{ et } b>0\end{cases}$

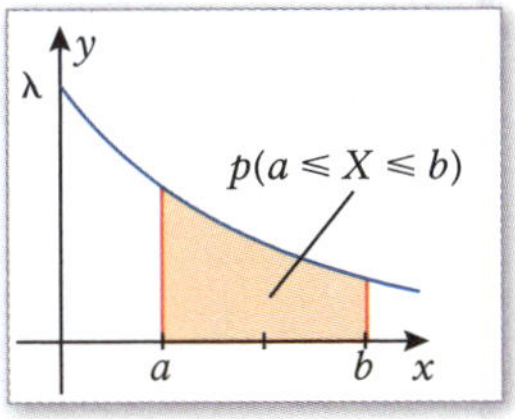

- $E(X)=\dfrac{1}{\lambda}$ et $V(X)=\dfrac{1}{\lambda^2}$.

2 Durée de vie sans vieillissement

THÉORÈME Une variable aléatoire exponentielle X vérifie la propriété de durée de vie sans vieillissement.

Autrement dit, pour tous nombres x et y tels que $y>x>0$, on a :

$$p_{(X\geqslant x)}(X\geqslant y)=p(X\geqslant y-x)$$

Cela signifie que si l'on considère X comme la mesure de la durée de vie d'un individu (atome, constituant de la matière…), alors la durée $y-x$ mesurée entre les instants x et y est indépendante de ces instants. L'âge de l'individu à l'instant x n'influence pas sa durée de vie jusqu'à un instant ultérieur y.

MÉTHODE

Étudier la durée de vie d'un composant

La durée de vie d'un composant électronique, exprimée en années, est mesurée par une variable aléatoire X suivant une loi exponentielle de paramètre λ.

1. Sachant que $p(X > 6) = 0,3$, déterminer λ.

Dans la suite on prend $\lambda = 0,2$.

2. Calculer la probabilité pour que le composant ait cessé de fonctionner au bout de deux ans.

3. Combien de temps peut-on espérer compter sur le fonctionnement d'un composant ?

4. Si le composant fonctionne toujours au bout de 2 ans, quelle est la probabilité qu'il fonctionne encore 4 ans plus tard ?

Conseils

2. Le composant a donc une durée de vie au plus égale à 2 ans !

4. Pensez à la durée de vie sans vieillissement.

Solution

1. On a $p(X > 6) = 1 - p(X \leqslant 6) = 1 - \left(1 - e^{-6\lambda}\right) = e^{-6\lambda}$.

Donc $e^{-6\lambda} = 0,3 \Leftrightarrow -6\lambda = \ln 0,3 \Leftrightarrow \lambda = \dfrac{\ln 0,3}{-6} \approx 0,2$.

2. On cherche $p(X \leqslant 2)$. On trouve $1 - e^{-0,2\times 2} \approx 0,33$.

Il y a pratiquement une chance sur trois pour que le composant ait cessé de fonctionner au bout de deux ans.

3. L'espérance de X étant $\dfrac{1}{0,2}$, on peut espérer que le composant fonctionnera pendant 5 ans.

4. Si le composant fonctionne 4 ans de plus, alors sa durée de vie aura été de 6 ans au moins. De plus, sa durée de vie est d'au moins 2 ans. On cherche donc $p_{X>2}(X > 6)$. D'après la propriété de durée de vie sans vieillissement, on sait que :

$$p_{X>2}(X > 6) = p(X > 4) = 1 - p(X \leqslant 4)$$
$$= 1 - \left(1 - e^{-0,2\times 4}\right) = e^{-0,8}$$
$$\Rightarrow p_{X>2}(X > 6) \approx 0,45$$

Si le composant fonctionne toujours au bout de deux ans, il y a 45 % de chances pour qu'il fonctionne toujours quatre ans plus tard.

Connaître la loi normale $\mathcal{N}(0, 1)$ 31

MATHS

RAPPELS DE COURS

1 Fonction de Gauss normalisée et loi normale

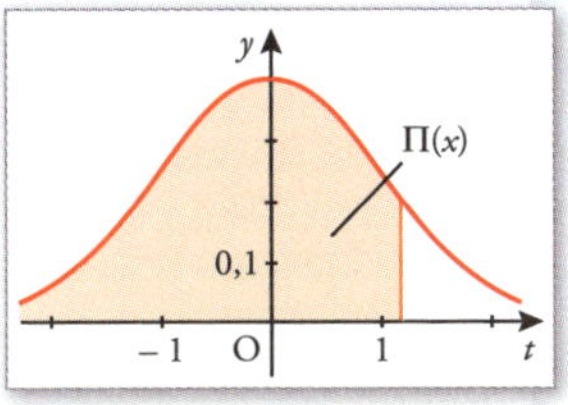

▶ La densité de probabilité appelée **fonction de Gauss normalisée** est la fonction :

$$x \mapsto \frac{1}{\sqrt{2\pi}} e^{-\frac{x^2}{2}}$$

▶ Dire qu'une variable aléatoire X a pour loi la **loi normale centrée et réduite** signifie que sa densité de probabilité est la fonction de Gauss normalisée. On écrit que X suit la loi $\mathcal{N}(0, 1)$.

▶ Pour tout x, $p(X \leqslant x) = \Pi(x) = \dfrac{1}{\sqrt{2\pi}} \displaystyle\int_{-\infty}^{x} e^{-\frac{t^2}{2}}\, dt$.

2 Propriétés

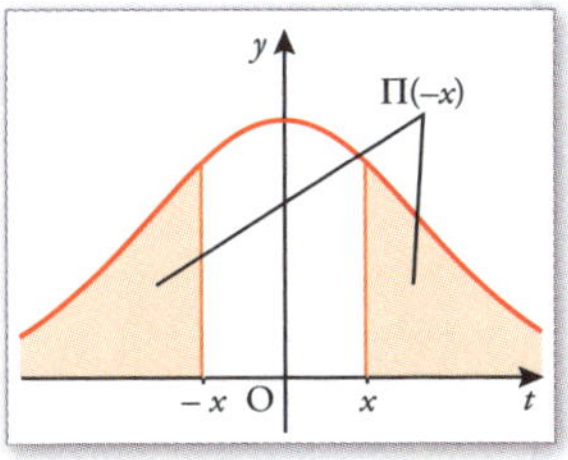

Soit X une variable aléatoire dont la loi est $\mathcal{N}(0, 1)$.
Pour tous réels a, b, x, on a :

- $\Pi(-x) + \Pi(x) = 1$
- $p(-x \leqslant X \leqslant x) = 2\Pi(x) - 1$
- $p(a \leqslant X \leqslant b) = \Pi(b) - \Pi(a)$
- Pour tout réel $\alpha \in \left]0\,;1\right[$, il existe un unique nombre positif u_α tel que $p(-u_\alpha \leqslant X \leqslant u_\alpha) = 1 - \alpha$, c'est-à-dire $\Pi(u_\alpha) = 1 - \dfrac{\alpha}{2}$.
- $E(X) = 0$ (donc X est centrée) et $\sigma(X) = 1$ (donc X est réduite).

3 Graphique et valeurs importantes

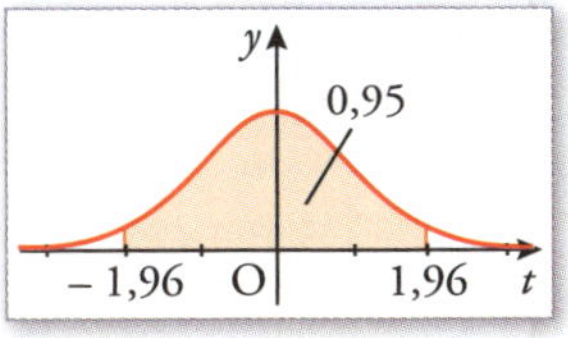

- $p(-1{,}96 \leqslant X \leqslant 1{,}96) \approx 0{,}95$
($\alpha = 0{,}05$ et $u_\alpha \approx 1{,}96$)
- $p(-2{,}58 \leqslant X \leqslant 2{,}58) \approx 0{,}99$
($\alpha = 0{,}01$ et $u_\alpha \approx 2{,}58$)

La calculatrice fournit $\Pi(x)$ et u_α connaissant α (touche Inverse Normale).

MÉTHODE

Démontrer des propriétés de la fonction de Gauss

Soit f la fonction de Gauss normalisée.

1. Montrer que f est paire.

2. Pour tout $x \in \mathbb{R}$, exprimer $\int_{-\infty}^{x} f(t)\,\mathrm{d}t$ en fonction de $\int_{x}^{+\infty} f(t)\,\mathrm{d}t$ puis $\int_{x}^{+\infty} f(t)\,\mathrm{d}t$ en fonction de $\int_{-\infty}^{-x} f(t)\,\mathrm{d}t$.

En déduire que $\Pi(x) + \Pi(-x) = 1$.

Conseil

2. Utilisez la relation de Chasles et $\frac{1}{\sqrt{2\pi}}\int_{-\infty}^{+\infty} \mathrm{e}^{-\frac{t^2}{2}}\,dt = 1$.

Raisonnez graphiquement en utilisant la parité de f.

Si X est une variable aléatoire qui suit la loi $\mathcal{N}(0,1)$, alors $\Pi(x) = p(X \leqslant x)$.

Solution

1. Pour tout $t \in \mathbb{R}$:

$$f(-t) = \frac{1}{\sqrt{2\pi}}\mathrm{e}^{-\frac{1}{2}(-t)^2} = \frac{1}{\sqrt{2\pi}}\mathrm{e}^{-\frac{1}{2}t^2} = f(t) \text{ donc } f \text{ est paire.}$$

2. Pour tout $x \in \mathbb{R}$,

• $\frac{1}{\sqrt{2\pi}}\int_{-\infty}^{+\infty} \mathrm{e}^{-\frac{t^2}{2}}\,\mathrm{d}t = 1 \Rightarrow \left(\int_{-\infty}^{x} f(t)\,\mathrm{d}t + \int_{x}^{+\infty} f(t)\,\mathrm{d}t\right) = 1.$

Donc, $\int_{x}^{+\infty} f(t)\,\mathrm{d}t = 1 - \int_{-\infty}^{x} f(t)\,\mathrm{d}t.$

> **REMARQUE**
> **Les intégrales sont finies bien qu'elles mesurent des aires de domaines non bornés.**

• On a $\int_{x}^{+\infty} f(t)\,\mathrm{d}t = \int_{-\infty}^{-x} f(t)\,\mathrm{d}t.$

En effet, si $x \geqslant 0$, $\int_{-\infty}^{-x} f(t)\,\mathrm{d}t$ est l'aire du domaine hachuré à gauche sur la figure 2 du cours. La fonction f étant paire, ce domaine est superposable au domaine hachuré à droite. L'aire de ce dernier est égale à $\int_{x}^{+\infty} f(t)\,\mathrm{d}t$ d'où la conclusion :

$$\Pi(-x) = \int_{-\infty}^{-x} f(t)\mathrm{d}t = \int_{x}^{+\infty} f(t)\mathrm{d}t = 1 - \int_{-\infty}^{x} f(t)\,\mathrm{d}t = 1 - \Pi(x)$$

donc $\Pi(x) + \Pi(-x) = 1$.

Utiliser la loi normale générale 32

RAPPELS DE COURS

1 Loi normale

Soit μ et $\sigma > 0$ deux réels.

Dire qu'une variable aléatoire X a pour loi la **loi normale** de paramètres μ et σ signifie que la variable aléatoire $\frac{X-\mu}{\sigma}$ suit la loi normale centrée et réduite, c'est-à-dire $\mathcal{N}(0,1)$.

On dit alors que X a pour loi la **loi $\mathcal{N}(\mu, \sigma^2)$**.

> ATTENTION ! **On parle des paramètres μ et σ et de la loi $\mathcal{N}(\mu, \sigma^2)$.**

2 Espérance, écart type et variance de la loi normale

Si une variable aléatoire X suit une loi normale de paramètres μ et σ, alors :

- $E(X) = \mu$ et $\sigma(X) = \sigma$.
- Pour tous réels a et b :

$$p(a \leqslant X \leqslant b) = p\left(\frac{a-\mu}{\sigma} \leqslant X^* \leqslant \frac{b-\mu}{\sigma}\right) \text{ où } X^* = \frac{X-\mu}{\sigma}$$

$$= \Pi\left(\frac{b-\mu}{\sigma}\right) - \Pi\left(\frac{a-\mu}{\sigma}\right)$$

> À NOTER ! **Les calculs sur $\mathcal{N}(\mu, \sigma)$ peuvent toujours se ramener à des calculs sur une loi $\mathcal{N}(0,1)$.**

3 Valeurs remarquables

- $p(\mu - \sigma \leqslant X \leqslant \mu + \sigma) \approx 0{,}68$
- $p(\mu - 2\sigma \leqslant X \leqslant \mu + 2\sigma) \approx 0{,}95$
- $p(\mu - 3\sigma \leqslant X \leqslant \mu + 3\sigma) \approx 0{,}99$

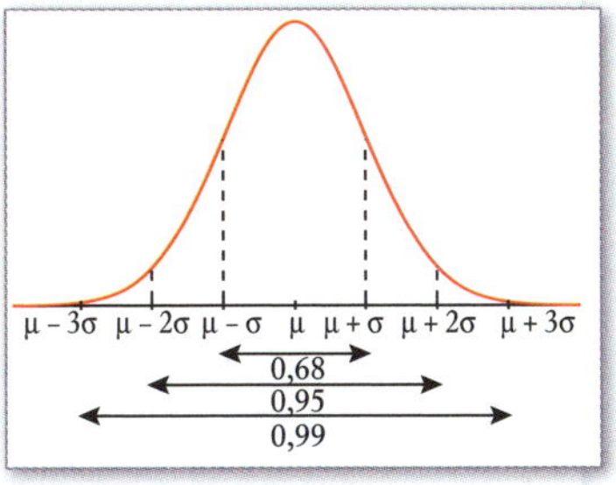

4 Théorème de Moivre-Laplace

Soit X une variable aléatoire qui suit une loi binomiale de paramètres n et p. Si n est suffisamment grand, alors la loi de X est approximativement la loi $\mathcal{N}(np, npq)$ où $q = 1 - p$.

MÉTHODE

Étudier la normalité d'une production

Des poules pondent des œufs dont seuls 10 % sont hors norme. On prélève 3 600 œufs et on estime que la production est suffisamment grande pour assimiler le prélèvement à 3 600 tirages indépendants avec remise. Soit X le nombre d'œufs hors norme prélevés.

1. Quelle est la loi de probabilité de X ?

2. On souhaite approximer la loi de X par la loi normale de paramètres 360 et 18. Justifier ces paramètres.

3. Calculer alors la probabilité pour que, sur le prélèvement de 3 600 œufs, il y en ait entre 324 et 396 qui soient hors norme.

Conseils

1. Pensez à une loi binomiale.

2. Une loi normale est caractérisée par sa moyenne et son écart type.

3. Il suffit de se ramener à une loi normale centrée réduite ou d'utiliser une calculatrice.

Solution

1. La variable aléatoire X compte le nombre de succès lorsqu'on effectue 3 600 épreuves identiques et indépendantes. Le succès d'une épreuve est « L'œuf prélevé est hors norme », dont la probabilité est égale à 0,1. Par conséquent, X suit la loi binomiale de paramètres 3 600 et 0,1.

2. Le nombre d'épreuves étant suffisamment grand, le théorème de Moivre-Laplace suggère l'approximation de la loi $\mathcal{B}(3\,600\,;0{,}1)$ par la loi $\mathcal{N}(360\,;324)$ d'écart-type $\sqrt{324}$, c'est-à-dire 18.

3. On cherche $p(324 \leqslant X \leqslant 396)$. Puisque X suit une loi normale, alors $X^* = \dfrac{X-360}{18}$ suit une loi normale centrée et réduite.

On calcule alors $p\left(\dfrac{324-360}{18} \leqslant X^* \leqslant \dfrac{396-324}{18}\right)$, c'est-à-dire

$$p(-2 \leqslant X^* \leqslant 2) = \Pi(2) - \Pi(-2)$$
$$= 2\Pi(2) - 1 \approx 0{,}9544.$$

Il y a donc environ 95,44 % de chances pour que, dans le lot de 3 600 œufs, il y ait entre 324 et 396 œufs hors norme.

> **ASTUCE**
> $\Pi(2) \approx 0{,}9772$

Utiliser les intervalles de fluctuation 33

MATHS

RAPPELS DE COURS

1 Position du problème – Exemple

Dans une population, par exemple de boules blanches et noires contenues dans une urne, on considère la proportion p d'une certaine modalité M (par exemple le nombre de boules blanches).

On envisage deux possibilités :

1. La proportion p est connue. Par exemple, il y a 45 % de boules blanches ; alors $p = 0,45$. Alors $q = 1 - p = 0,55$.

2. On fait une hypothèse sur la valeur de p. Par exemple, on suppose qu'il y a 50 % de boules blanches.

On effectue n tirages d'une boule avec remise dans l'urne, on note X_n le nombre de boules blanches obtenues et $F_n = \dfrac{X_n}{n}$ la fréquence correspondante.

2 Intervalle de fluctuation (asymptotique)

▶ Soit u_α le nombre défini par $\Pi(u_\alpha) = 1 - \dfrac{\alpha}{2}$ (→ FICHE 31)
et $q = 1 - p$.

L'intervalle $I_\alpha = \left[p - u_\alpha \dfrac{\sqrt{pq}}{\sqrt{n}} \; ; p + u_\alpha \dfrac{\sqrt{pq}}{\sqrt{n}} \right]$ s'appelle l'**intervalle de fluctuation (asymptotique)** de F_n au seuil $1 - \alpha$.

On a alors : $\lim\limits_{n \to +\infty} p(F_n \in I_\alpha) = 1 - \alpha$

Cela signifie que la probabilité que la fréquence observée F_n soit dans I_α est d'autant plus proche de $1 - \alpha$ que la taille de l'échantillon est grande.

▶ L'intervalle de fluctuation (asymptotique) de F_n au seuil 95 % est :

$$I_{0,05} = \left[p - 1,96\frac{\sqrt{pq}}{\sqrt{n}} \; ; p + 1,96\frac{\sqrt{pq}}{\sqrt{n}} \right]$$

REMARQUE L'intervalle de fluctuation vu en classe de seconde $\left[p - \dfrac{1}{\sqrt{n}} \; ; p + \dfrac{1}{\sqrt{n}} \right]$ contient l'intervalle précédent.

3 Prise de décision à partir d'un échantillon de taille n

Si on a fait une hypothèse sur la valeur de la proportion p, comment savoir si cette hypothèse est crédible ? La règle est la suivante, sachant qu'on doit avoir $n \geqslant 30$, $np \geqslant 5$ et $nq \geqslant 5$.

- Si $F_n \in I_{0,05}$, alors on accepte l'hypothèse faite sur p. Dans ce cas, on ne connaît pas la probabilité de se tromper.
- Si $F_n \notin I_{0,05}$, alors on rejette l'hypothèse faite sur p. Dans ce cas, on admet que la probabilité de se tromper est de 5 % environ. On s'en rapproche d'autant plus que l'échantillon est grand.

MÉTHODE

Prendre une décision à la suite d'une expérience

Un producteur d'agrumes prétend que moins de 3 % de ses oranges sont impropres à la vente. Un grossiste souhaite vérifier cela par la méthode des intervalles de fluctuation au seuil 95 %. Il effectue des prélèvements d'oranges au hasard dans deux hangars différents ; la production est suffisamment importante pour qu'on puisse assimiler ces prélèvements à des tirages avec remise.

1. Montrer qu'il doit choisir au moins 167 oranges au hasard pour pouvoir utiliser cette méthode.

2. Il choisit 200 oranges au hasard et en trouve 10 impropres à la consommation. Que peut-il en conclure ?

Conseil

1. Vérifiez les conditions d'exploitation de l'échantillonnage.

Solution

1. On doit avoir $n \geqslant 30$ et $0,03n \geqslant 5$ et $0,97n \geqslant 5$. D'où $n \geqslant \dfrac{5}{0,03}$ et $n \geqslant 167$. Il doit donc prélever au moins 167 oranges.

2. On fait l'hypothèse que la proportion d'oranges impropres à la vente est de 3 %. L'intervalle de fluctuation au seuil 95 % est :

$$\left[0,03 - 1,96\frac{\sqrt{0,03 \times 0,97}}{\sqrt{200}} \,;\, 0,03 + 1,96\frac{\sqrt{0,03 \times 0,97}}{\sqrt{200}}\right]$$

$\approx [0,03 - 0,024 \,;\, 0,03 + 0,024]$, soit environ $[0,006 \,;\, 0,054]$.

La fréquence observée F_{200} est égale à $\dfrac{X_{200}}{200} = \dfrac{10}{200} = 5\ \%$. Cette fréquence appartient à l'intervalle de fluctuation au seuil 95 %.
Il doit donc accepter les allégations du producteur.

Estimer une proportion ou la taille d'un échantillon

34

MATHS

RAPPELS DE COURS

1 Position du problème – Exemple

Dans une population, par exemple les trèfles dans un herbage, on souhaite connaître la **proportion p** d'une certaine modalité, par exemple avoir quatre feuilles. A priori on ignore complètement la valeur de cette proportion et on ne fait aucune hypothèse à son sujet. Pour en avoir une idée, on prélève un échantillon de taille n de la population étudiée (ici on cueille n trèfles au hasard) et on calcule la fréquence observée f de la modalité M, c'est-à-dire la fréquence des trèfles à quatre feuilles.

On pourra alors estimer un **encadrement** (on dit aussi une fourchette) plus ou moins précis de la proportion recherchée.

2 Intervalle de confiance

▶ Dans une population, il y a une proportion p **inconnue** d'une certaine modalité M. On choisit un échantillon de taille n dans cette population et, dans celui-ci, il y a une fréquence f d'individus ayant la modalité M.

On appelle **intervalle de confiance** de niveau de confiance 0,95 l'intervalle :

$$I_{0,05} = \left[f - \frac{1}{\sqrt{n}} ; f + \frac{1}{\sqrt{n}} \right]$$

À NOTER !
La longueur de l'intervalle de confiance est égale à $\frac{2}{\sqrt{n}}$.

Un intervalle de confiance est donc centré sur la fréquence observée de la modalité dans l'échantillon.

Si n est suffisamment grand, p appartient à $I_{0,05}$ avec une probabilité supérieure ou égale à 0,95.

▶ L'intervalle de confiance est d'autant plus étroit (donc la proportion p est d'autant plus précisément évaluée) que la taille de l'échantillon est grande.

MÉTHODE

Déterminer un intervalle de confiance

Dans une circonscription, le candidat X souhaite avoir une idée des électeurs qui lui sont favorables et commande deux sondages. Les deux instituts qu'il a contactés assimilent leurs sondages à des tirages indépendants avec remise. Soit p la proportion (inconnue) de votants pour X dans la circonscription.

1. Déterminer la taille minimum de l'échantillon d'électeurs à interroger pour que la longueur de l'intervalle de confiance au seuil 95 % soit inférieure à 7 %.

2. Le premier sondage porte sur 1 024 électeurs, et 545 se déclarent pour X ; le second sur 1 300 électeurs et 640 se déclarent pour X. Quelle conclusion le candidat X peut-il tirer de ces deux sondages sachant que l'on estime la proportion inconnue p avec la méthode de l'intervalle de confiance au seuil 95 % ?

CONSEIL

1. La longueur d'un intervalle de confiance au seuil 95 % relatif à un échantillon de taille n est égale à $\frac{2}{\sqrt{n}}$.

SOLUTION

1. Soit n le nombre d'électeurs à interroger. La longueur de l'intervalle de confiance au seuil 95 % étant de $\frac{2}{\sqrt{n}}$, on doit résoudre l'inéquation $\frac{2}{\sqrt{n}} \leqslant 0,07$, c'est-à-dire $n \geqslant \left(\frac{2}{0,07}\right)^2$, soit $n \geqslant 817$.
On doit donc interroger au moins 817 électeurs.

2. Le premier sondage fournit la fréquence $f_1 = \frac{545}{1024} \approx 0,5322$ d'électeurs favorables à X. L'intervalle de confiance au seuil 95 % est $\mathrm{I}_1 = \left[0,5322 - \frac{1}{32} ; 0,5322 + \frac{1}{32}\right] \approx [0,5 ; 0,563]$.
On trouve de même $f_2 \approx 0,4923$ et
$\mathrm{I}_2 = \left[0,4923 - \frac{1}{\sqrt{1\,300}} ; 0,4923 + \frac{1}{\sqrt{1\,300}}\right] \approx [0,465 ; 0,520]$.
Le premier sondage donne entre 50 % et 56,3 % de voix et le second entre 46,5 % et 52 %. La fourchette des deux est bien inférieure à 0,07. Si les deux sondages ont été bien faits, il doit raisonnablement s'attendre à avoir entre 46,5 % et 56,3 % des voix.

Effectuer des calculs algébriques avec des nombres complexes

35

MATHS

RAPPELS DE COURS

1 Définitions fondamentales

Tout nombre complexe z s'écrit de manière unique sous la forme $x + \mathrm{i}y$, où $x \in \mathbb{R}$, $y \in \mathbb{R}$ et $\mathrm{i}^2 = -1$.
Cette forme s'appelle la **forme algébrique** de z.

► x est la **partie réelle** de z.
y est la **partie imaginaire** de z.
On écrit $x = \mathrm{Re}(z)$ et $y = \mathrm{Im}(z)$).
Cela signifie que $z = 0 \Leftrightarrow x = y = 0$.

À NOTER ! $\mathrm{Im}(z)$ est un nombre réel.

► $\overline{z} = x - \mathrm{i}y$ est le **conjugué** de z.

► $\mathrm{M}(x\,;y)$ est l'image de z, z est l'affixe de M.
$\mathrm{OM} = |z| = \sqrt{x^2 + y^2} = \sqrt{z\overline{z}}$ est le **module** de z.

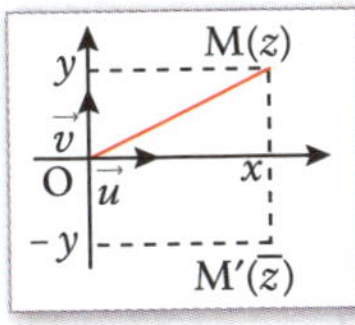

► Pour trouver la forme algébrique de $\dfrac{1}{z} = \dfrac{1}{x + \mathrm{i}y}$, on multiplie le numérateur et le dénominateur par $\overline{z}$. On trouve :

$$\frac{1}{z} = \frac{\overline{z}}{z\overline{z}} = \frac{x - \mathrm{i}y}{x^2 + y^2} = \frac{x}{x^2 + y^2} + \mathrm{i}\frac{-y}{x^2 + y^2}.$$

2 Propriétés de Re(z) et Im(z)

Pour tout $z \in \mathbb{C}$ et $z' \in \mathbb{C}$:

$\mathrm{Re}(z + z') = \mathrm{Re}(z) + \mathrm{Re}(z')$ et $x = \dfrac{z + \overline{z}}{2}$ et $y = \dfrac{z - \overline{z}}{2\mathrm{i}}$

REMARQUE En général $\mathrm{Re}(zz') \neq \mathrm{Re}(z)\mathrm{Re}(z')$ et $\mathrm{Im}(zz') \neq \mathrm{Im}(z)\mathrm{Im}(z')$.

ATTENTION ! Remarquez la division par $2\mathrm{i}$.

3 Propriétés des conjugués

► Pour tout $z \in \mathbb{C}$ et $z' \in \mathbb{C}$ (et $z' \neq 0$ si nécessaire) :

$$\overline{\overline{z}} = z \quad z\overline{z} = |z|^2 \quad \overline{z + z'} = \overline{z} + \overline{z'} \quad \overline{zz'} = \overline{z}\,\overline{z'} \quad \overline{\left(\frac{z}{z'}\right)} = \frac{\overline{z}}{\overline{z'}}$$

► Pour démontrer qu'un nombre complexe est réel :
$z \in \mathbb{R} \Leftrightarrow z = \overline{z} \Leftrightarrow \mathrm{Im}(z) = 0$.

► Pour démontrer qu'un nombre complexe est imaginaire pur (de la forme $\mathrm{i}y$) : $z \in \mathrm{i}\mathbb{R} \Leftrightarrow z = -\overline{z} \Leftrightarrow \mathrm{Re}(z) = 0$.

MÉTHODE

Déterminer un ensemble de points

Pour tout nombre complexe z différent de 4, on définit $Z = \dfrac{iz - 4}{z - 4}$.
On appelle A le point d'affixe 4. Trouver l'ensemble des points M d'affixe z du plan tels que Z soit réel.

Conseils

- Il suffit de trouver z pour que $Z \in \mathbb{R}$, c'est-à-dire pour que $\mathrm{Im}(Z) = 0$.
- Écrivez Z sous la forme algébrique, sachant que $z = x + iy$ (x et y réels).
- Supprimez la partie imaginaire du dénominateur de Z en le multipliant par son conjugué.

Solution

$$Z = \frac{i(x+iy)-4}{x+iy-4} = \frac{-y-4+ix}{(x-4)+iy}$$

$$Z = \frac{((-y-4)+ix)((x-4)-iy)}{((x-4)+iy)((x-4)-iy)}$$

RAPPEL Comme $z\bar{z} = x^2 + y^2$, on connaît directement l'expression du dénominateur : $(x-4)^2 + y^2$.

$$Z = \frac{-4x+4y+16+i(x^2+y^2-4x+4y)}{(x-4)^2+y^2}$$

$$= \frac{-4x+4y+16}{(x-4)^2+y^2} + i\frac{x^2+y^2-4x+4y}{(x-4)^2+y^2}$$

On peut alors voir que $\mathrm{Im}(Z) = \dfrac{x^2+y^2-4x+4y}{(x-4)^2+y^2}$.

Donc :

$$Z \in \mathbb{R} \Leftrightarrow x^2 + y^2 - 4x + 4y = 0$$
$$\Leftrightarrow (x-2)^2 + (y+2)^2 - 16 = 0$$
$$\Leftrightarrow (x-2)^2 + (y+2)^2 = 16.$$

Soit I le point d'affixe $2 - 2i$.

$(x-2)^2 + (y+2)^2 = 16 \Leftrightarrow \mathrm{IM}^2 = 16$.

Par conséquent, Z est réel si et seulement si M appartient au cercle $\mathscr{C}$ d'équation $x^2 + y^2 - 4x + 4y = 0$ privé du point A.

L'ensemble cherché est donc $\mathscr{C} - \{A\}$.

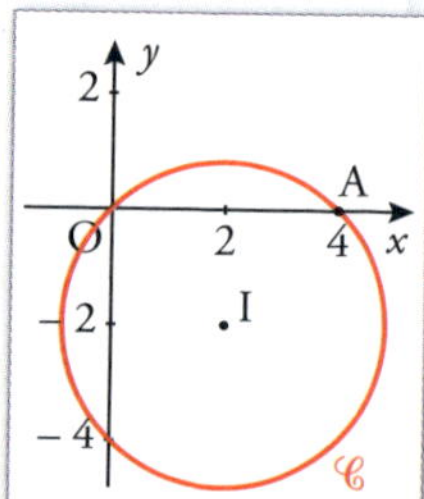

Déterminer la forme trigonométrique d'un nombre complexe

36

RAPPELS DE COURS

1 Définitions

Soit $z \in \mathbb{C}^*$ d'image $M(x\,;y)$.

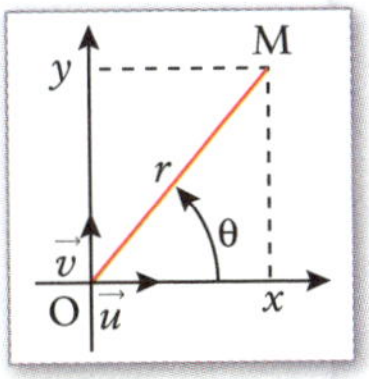

▶ On appelle **argument** de z, et on note $\arg(z)$, une mesure de l'angle orienté $(\vec{u}, \overrightarrow{OM})$ à 2π près.

Donc $x = r\cos\theta$ et $y = r\sin\theta$, r étant le **module** de z.
D'où $z = r(\cos\theta + i\sin\theta)$.

▶ La forme $z = r(\cos\theta + i\sin\theta)$ est la **forme trigonométrique** de z.

> **À NOTER !** On a $r > 0$ et $r = |z| = \sqrt{x^2 + y^2}$.

2 Propriétés

Soit z et z' deux nombres complexes non nuls et $n \in \mathbb{Z}$.
On a, à 2π près :

- $\arg(zz') = \arg(z) + \arg(z')$
- $\arg(z^n) = n\arg z$
- $\arg\left(\dfrac{1}{z'}\right) = -\arg(z')$
- $\arg(\overline{z}) = -\arg(z)$
- $|zz'| = |z||z'|$
- $\left|\dfrac{z}{z'}\right| = \dfrac{|z|}{|z'|}$

> **RAPPEL** L'inégalité triangulaire s'écrit $|z + z'| \leqslant |z| + |z'|$.

3 Applications

1. Si $z = \cos\theta + i\sin\theta$ et $z' = \cos\theta' + i\sin\theta'$ alors, après réduction :
$zz' = \cos\theta\cos\theta' - \sin\theta\sin\theta' + i(\sin\theta\cos\theta' + \sin\theta'\cos\theta)$

Or $zz' = \cos(\theta + \theta') + i\sin(\theta + \theta')$
car $\arg(zz') = \arg(z) + \arg(z') = \theta + \theta'$

Donc, en égalant parties réelles et imaginaires :
- $\cos(\theta + \theta') = \cos\theta\cos\theta' - \sin\theta\sin\theta'$
- $\sin(\theta + \theta') = \sin\theta\cos\theta' + \sin\theta'\cos\theta$

2. Soit z un nombre complexe non nul et k un entier relatif :
- $z \in \mathbb{R}^* \Leftrightarrow \arg(z) = k\pi$
- $z \in i\mathbb{R}^* \Leftrightarrow \arg(z) = \dfrac{\pi}{2} + k\pi$

MÉTHODE

Déterminer les formes algébrique et trigonométrique d'un nombre complexe

On considère $u = 3 + \mathrm{i}\sqrt{3}$ et son conjugué.

1. Donner la forme trigonométrique de u et $\overline{u}$.

2. En déduire les formes algébriques de $\dfrac{u}{u-4}$ et $\dfrac{\overline{u}}{\overline{u}-4}$.

Conseils

1. Factorisez par le module pour arriver directement à la forme trigonométrique.

2. Pour traiter $\dfrac{u}{u-4}$, utilisez les formules $\left|\dfrac{z}{z'}\right| = \dfrac{|z|}{|z'|}$ et $\arg\left(\dfrac{z}{z'}\right) = \arg(z) - \arg(z')$.

Solution

1. $|u| = \sqrt{3^2 + \left(\sqrt{3}\right)^2} = \sqrt{12} = 2\sqrt{3}$.

Donc $u = 2\sqrt{3}\left(\dfrac{\sqrt{3}}{2} + \dfrac{1}{2}\mathrm{i}\right) = 2\sqrt{3}\left(\cos\dfrac{\pi}{6} + \mathrm{i}\sin\dfrac{\pi}{6}\right)$.

Comme $\arg(\overline{u}) = -\arg(u)$, on trouve :

$\overline{u} = 2\sqrt{3}\left(\cos\left(-\dfrac{\pi}{6}\right) + \mathrm{i}\sin\left(-\dfrac{\pi}{6}\right)\right)$.

2. Un calcul immédiat fournit $u - 4 = -1 + \mathrm{i}\sqrt{3}$,

donc $|u-4| = \sqrt{(-1)^2 + \left(\sqrt{3}\right)^2} = 2$.

Par conséquent : $u - 4 = 2\left(-\dfrac{1}{2} + \mathrm{i}\dfrac{\sqrt{3}}{2}\right)$

$$= 2\left(\cos\frac{2\pi}{3} + \mathrm{i}\sin\frac{2\pi}{3}\right).$$

Donc $\arg\left(\dfrac{u}{u-4}\right) = \arg(u) - \arg(u-4) = \dfrac{\pi}{6} - \dfrac{2\pi}{3} = -\dfrac{\pi}{2}$

et $\left|\dfrac{u}{u-4}\right| = \dfrac{|u|}{|u-4|} = \sqrt{3}$.

Conclusion : $\dfrac{u}{u-4} = \sqrt{3}\left(\cos\left(-\dfrac{\pi}{2}\right) + \mathrm{i}\sin\left(-\dfrac{\pi}{2}\right)\right) = -\mathrm{i}\sqrt{3}$.

On en déduit que $\dfrac{\overline{u}}{\overline{u}-4} = \overline{\left(\dfrac{u}{u-4}\right)} = \mathrm{i}\sqrt{3}$.

Connaître affixe et forme exponentielle

37

MATHS

RAPPELS DE COURS

1 Vecteurs

L'affixe d'un point $M(x\,;y)$ est le nombre complexe $z = x + iy$.

Soit A et B des points d'affixes respectives a et b. Alors :

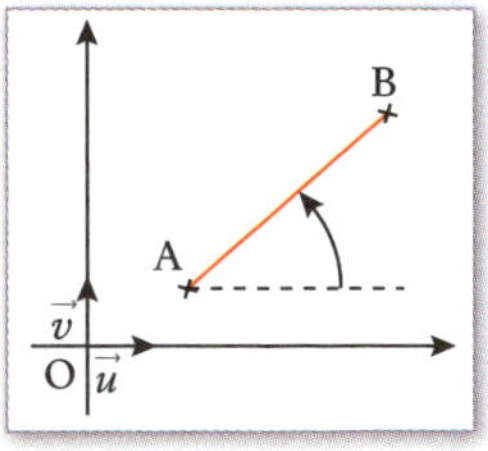

- l'affixe du vecteur $\overrightarrow{AB}$ est $b - a$;
- l'affixe du milieu du segment [AB] est $\dfrac{a+b}{2}$;
- la norme de $\overrightarrow{AB}$ est $\|\overrightarrow{AB}\| = |b - a|$;
- $(\vec{u}, \overrightarrow{AB}) = \arg(b - a)$.

À NOTER ! $|b - a|$ est le module du nombre complexe $(b - a)$.

2 Forme exponentielle

La forme exponentielle d'un nombre complexe non nul de module r et d'argument θ est $re^{i\theta}$, c'est-à-dire $|z|e^{i\theta}$.
C'est une forme abrégée de la forme trigonométrique $r(\cos\theta + i\sin\theta)$.

PROPRIÉTÉS

- $e^{i\theta}e^{i\theta'} = e^{i(\theta+\theta')}$
- $\dfrac{e^{i\theta}}{e^{i\theta'}} = e^{i(\theta-\theta')}$
- $\dfrac{1}{e^{i\theta}} = e^{-i\theta}$
- $(e^{i\theta})^n = e^{i(n\theta)}$, $n \in \mathbb{Q}$

3 Interprétation de $\dfrac{b-a}{c-a}$

▶ Soit A un point d'affixe a, B un point d'affixe b et C un point d'affixe c distinct de A.

$$\left|\frac{b-a}{c-a}\right| = \frac{AB}{AC} = r \text{ et } \arg\left(\frac{b-a}{c-a}\right) = (\overrightarrow{AC}, \overrightarrow{AB}) = \theta$$

$$\Rightarrow \frac{b-a}{c-a} = re^{i\theta}.$$

▶ En particulier, le triangle ABC est rectangle et isocèle en A si et seulement si $\dfrac{b-a}{c-a} = i$ ou $\dfrac{b-a}{c-a} = -i$.

En effet, $|i| = |-i| = 1 \Rightarrow |b-a| = |c-a| \Rightarrow AB = AC$ et $\arg(i) = \frac{\pi}{2}$ et $\arg(-i) = -\frac{\pi}{2} \Rightarrow \widehat{BAC} = 90°$.

▶ De même, le triangle ABC est équilatéral si et seulement si : $\frac{b-a}{c-a} = e^{i\frac{\pi}{3}}$ ou $\frac{b-a}{c-a} = e^{-i\frac{\pi}{3}}$.

MÉTHODE

Déterminer la nature de triangles

Dans le plan complexe muni d'un repère orthonormé $\left(O\,;\vec{u},\vec{v}\right)$, on considère les points A, B, C et D d'affixes respectives :

$a = 5 - i\sqrt{3}$, $b = 4 + 2i\sqrt{3}$, $c = 3 - 2i\sqrt{3}$ et $d = \frac{2a}{3}$.

1. Écrire $\frac{c-a}{c}$ et $\frac{c-b}{c-d}$ sous forme exponentielle.

2. En déduire la nature des triangles OCA et BCD.

Conseils

1. Commencez par calculer les rapports sous forme algébrique.

2. Utilisez le module et l'argument de chaque quotient.

Solution

1. $\frac{c-a}{c} = \frac{-2-i\sqrt{3}}{3-2i\sqrt{3}} = \frac{\left(-2-i\sqrt{3}\right)\left(3+2i\sqrt{3}\right)}{3^2+\left(2\sqrt{3}\right)^2}$

$= -\frac{1}{\sqrt{3}}i = \frac{1}{\sqrt{3}}e^{-i\frac{\pi}{2}}$

Rappel
$e^{-i\frac{\pi}{2}} = -i$

De même, $\frac{c-b}{c-d} = \frac{\left(3-2i\sqrt{3}\right)-\left(4+2i\sqrt{3}\right)}{\left(3-2i\sqrt{3}\right)-\frac{10}{3}+2\frac{\sqrt{3}}{3}i} = \frac{-1-4i\sqrt{3}}{-\frac{1}{3}-\frac{4\sqrt{3}}{3}i}$

$\Rightarrow \frac{c-b}{c-d} = 3 = 3e^{i0}$

2. D'une part $\arg\left(\frac{c-a}{c}\right) = -\frac{\pi}{2}$ et d'autre part $\frac{c-a}{c} = \frac{c-a}{c-0}$; on en déduit que $\arg\left(\frac{c-a}{c}\right) = \left(\overrightarrow{OC}\,;\overrightarrow{AC}\right) = -\frac{\pi}{2}$.

Par conséquent, le triangle OCA est rectangle en C.

On a aussi $\arg\left(\frac{c-b}{c-d}\right) = 0$ donc $\left(\overrightarrow{CD}\,;\overrightarrow{CB}\right) = 0$. Il en résulte que les points B, C et D sont alignés, donc BCD est un triangle aplati.

Résoudre des équations de degré 2 — 38

RAPPELS DE COURS

1 Détermination des racines dans $\mathbb{C}$

THÉORÈME On considère une équation du second degré à **coefficients réels** $ax^2 + bx + c = 0$, a étant non nul.

On pose $\Delta = b^2 - 4ac$, appelé **discriminant**.

- Si $\Delta > 0$, l'équation a deux racines réelles distinctes : $\frac{-b+\sqrt{\Delta}}{2a}$ et $\frac{-b-\sqrt{\Delta}}{2a}$.
- Si $\Delta = 0$, l'équation admet une racine réelle double $\frac{-b}{2a}$.

REMARQUE On peut regrouper les deux premiers cas en $\Delta \geqslant 0$.

- Si $\Delta < 0$, l'équation admet deux racines **complexes conjuguées** : $\frac{-b-\mathrm{i}\sqrt{-\Delta}}{2a}$ et $\frac{-b+\mathrm{i}\sqrt{-\Delta}}{2a}$.

REMARQUES

- Toute équation du second degré a donc au moins une solution dans $\mathbb{C}$.
- Soit z_1 et z_2 les deux racines complexes de l'équation $ax^2 + bx + c = 0$, alors on peut écrire : $ax^2 + bx + c = a(x - z_1)(x - z_2)$.
- Les questions de signe d'un nombre complexe non réel et de résolution d'inéquations ne se posent pas dans $\mathbb{C}$.

2 Propriétés des racines

▶ Si z_1 et z_2 sont deux racines de l'équation $ax^2 + bx + c = 0$, alors on a :

$$z_1 + z_2 = -\frac{b}{a} \text{ et } z_1 z_2 = \frac{c}{a}.$$

▶ Soit $P(x)$ un polynôme à coefficients réels. Si z_0 est une racine de $P(x)$, alors son conjugué $\overline{z_0}$ est aussi une racine de $P(x)$.

En effet, $P(z_0) = 0 \Rightarrow \overline{P(z_0)} = 0$.
Or $\overline{P(z_0)} = P(\overline{z_0})$, donc $P(\overline{z_0}) = 0$.

RAPPEL $\overline{P(x)} = P(\overline{x})$

MÉTHODE

Étudier un polynôme du second degré

On considère le polynôme $P(x) = x^2 + ax + b$ où a et b sont deux réels. On donne $P(\mathrm{i}) = 33 - 6\mathrm{i}$ et $P(1 - \mathrm{i}) = 28 + 4\mathrm{i}$.

1. Sans calculs, trouver les valeurs de $P(-\mathrm{i})$ et $P(1 + \mathrm{i})$.

2. Trouver a et b.

3. Donner les formes algébriques des solutions de l'équation $x^2 - 6x + 34 = 0$ et placer leurs images A et B dans le plan complexe, puis calculer les longueurs des côtés du triangle OAB.

Conseils

1. Utilisez le fait que pour tout $x \in \mathbb{C}$, $P(\overline{x}) = \overline{P(x)}$.

2. Choisissez une des deux égalités $P(\mathrm{i}) = 33 - 6\mathrm{i}$ ou $P(1 - \mathrm{i}) = 28 + 4\mathrm{i}$ et procédez par identification.

3. OA et OB sont les modules des solutions.

Solution

1. Puisque les coefficients de $P(x)$ sont réels, donc égaux à leurs conjugués, on a $P(-\mathrm{i}) = P(\overline{\mathrm{i}}) = \overline{P(\mathrm{i})} = 33 + 6\mathrm{i}$.

On a aussi :

$P(1 + \mathrm{i}) = P(\overline{1 - \mathrm{i}}) = \overline{P(1 - \mathrm{i})} = 28 - 4\mathrm{i}$.

> RAPPEL
> $\overline{\mathrm{i}} = -\mathrm{i}$

2. $P(\mathrm{i}) = 33 - 6\mathrm{i} \Leftrightarrow \mathrm{i}^2 + a\mathrm{i} + b = 33 - 6\mathrm{i}$

$\Leftrightarrow -1 + a\mathrm{i} + b = 33 - 6\mathrm{i}$

$\Leftrightarrow a\mathrm{i} + b = 34 - 6\mathrm{i}$.

Par identification, on trouve $a = -6$ et $b = 34$.

On vérifie qu'on a bien :

$P(1 - \mathrm{i}) = (1 - \mathrm{i})^2 - 6(1 - \mathrm{i}) + 34 = 28 + 4\mathrm{i}$.

> RAPPEL
> $(1 - \mathrm{i})^2 = -2\mathrm{i}$

Conclusion : $P(x) = x^2 - 6x + 34$.

3. Calculons le discriminant :

$\Delta = (-6)^2 - 4 \times 34 = -100$.

L'équation a donc deux solutions non réelles conjuguées : $\dfrac{6 - \mathrm{i}\sqrt{100}}{2}$ et $\dfrac{6 + \mathrm{i}\sqrt{100}}{2}$,

c'est-à-dire $3 - 5\mathrm{i}$ et $3 + 5\mathrm{i}$.

$\mathrm{OA} = \mathrm{OB} = \sqrt{3^2 + 5^2} = \sqrt{34}$;

on voit immédiatement que $\mathrm{AB} = 10$.

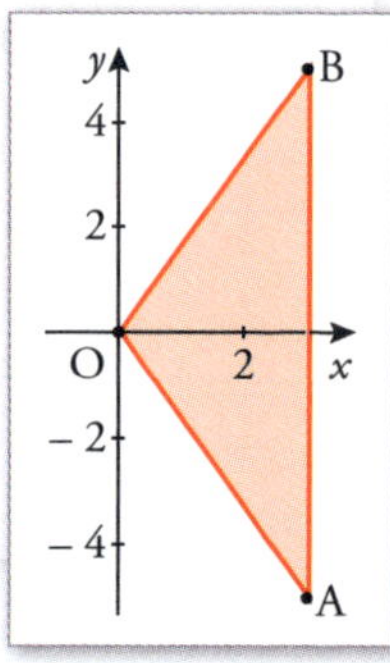

Étudier la position relative de droites et de plans

39

MATHS

RAPPELS DE COURS

1 Positions relatives de deux droites dans l'espace

Deux droites de l'espace peuvent être **coplanaires** (elles sont alors parallèles ou sécantes) ou **non coplanaires** (elles n'ont alors aucun point en commun).

REMARQUE Dans l'espace, deux droites n'ayant aucun point en commun ne sont pas nécessairement parallèles.

2 Positions relatives d'une droite et d'un plan

Une droite et un plan peuvent :

- n'avoir **aucun point** en commun. Alors ils sont parallèles ;
- avoir **un seul point** en commun. Dans ce cas, la droite perce le plan ;
- avoir une **infinité de points** en commun. La droite est alors incluse dans le plan.

3 Positions relatives de trois plans

On considère trois plans $\mathscr{P}$, $\mathscr{Q}$ et $\mathscr{R}$.

▶ Si $\mathscr{P}$ et $\mathscr{Q}$ sont parallèles, alors $\mathscr{P}$ et $\mathscr{R}$ peuvent être soit parallèles soit sécants. Dans ces deux cas, il n'existe aucun point commun aux trois plans.

▶ Si $\mathscr{P}$ et $\mathscr{Q}$ sont **sécants** selon une droite $\mathscr{D}$, alors :

- si $\mathscr{D}$ est parallèle à $\mathscr{R}$, il n'existe aucun point commun aux trois plans ;
- si $\mathscr{D}$ perce $\mathscr{R}$ en A, alors les trois plans ont un point commun unique ;
- si $\mathscr{D}$ est incluse dans $\mathscr{R}$, alors les trois plans ont une infinité de points en commun : les points de la droite $\mathscr{D}$.

Théorème du toit : Soit $\mathscr{P}$ et $\mathscr{P}'$ deux plans sécants selon une droite Δ. Si une droite $\mathscr{D}$ de $\mathscr{P}$ est parallèle à une droite $\mathscr{D}'$ de $\mathscr{P}'$, alors Δ est parallèle à $\mathscr{D}$ et à $\mathscr{D}'$.

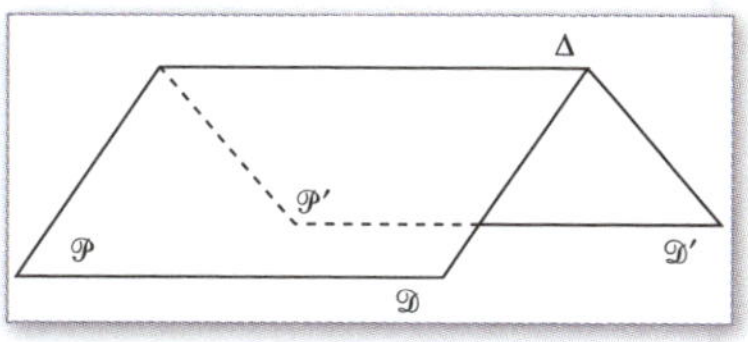

4 *Orthogonalité de droites et de plans*

▶ Dire qu'une droite $\mathscr{D}$ est **orthogonale à une droite** $\mathscr{D}'$ signifie qu'il existe une droite Δ parallèle à $\mathscr{D}$ qui est perpendiculaire à $\mathscr{D}'$ (et donc Δ et $\mathscr{D}'$ sont coplanaires).

▶ Dire qu'une droite est **orthogonale à un plan** signifie qu'elle est orthogonale à toute droite du plan.

> **À NOTER !** Si, de plus, $\mathscr{D}$ et $\mathscr{D}'$ sont sécantes, alors elles sont perpendiculaires.

THÉORÈME Une droite est orthogonale à un plan si, et seulement si, elle est orthogonale à deux droites sécantes de ce plan.

MÉTHODE

Déterminer les positions relatives de droites et de plans

Dans un plan $\mathscr{P}$, on considère un cercle $\mathscr{C}$ de diamètre [AB]. Soit Δ la droite orthogonale à $\mathscr{P}$ en A et D un point de Δ distinct de A. On considère un point M de $\mathscr{C}$ distinct de A et B.

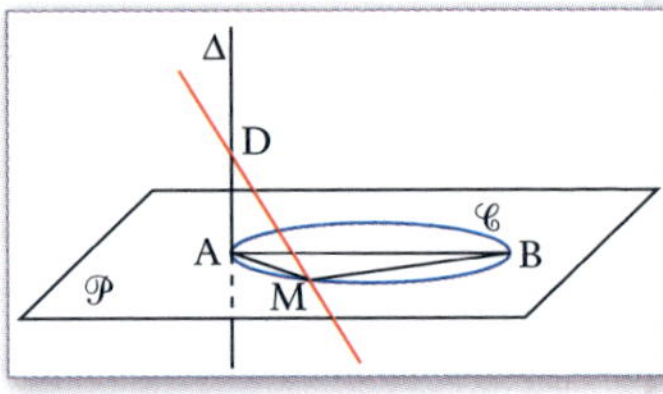

1. Montrer que la droite Δ est incluse dans le plan MAD.

2. Montrer que (BM) est perpendiculaire à (AM) et orthogonale à Δ.

3. Montrer que (BM) $\perp$ (DM).

CONSEILS

2. Rappelez-vous d'un théorème de quatrième.

3. Démontrez que (BM) est orthogonale au plan MAD.

SOLUTION

1. Δ passe par A et D donc Δ est contenue dans le plan MAD.

2. D'une part, le triangle BAM est inscrit dans le cercle $\mathscr{C}$ et un de ses côtés est un diamètre de ce cercle. Donc il est rectangle en M. Par conséquent, la droite (BM) est perpendiculaire à (AM).
D'autre part, Δ étant orthogonale à $\mathscr{P}$, elle est orthogonale à toute droite de $\mathscr{P}$, en particulier à (BM).

3. (BM) étant orthogonale à deux droites sécantes du plan MAD, elle est orthogonale à ce plan, et donc orthogonale à toute droite contenue dans ce plan, en particulier à (DM). Ces deux droites étant sécantes, elles sont perpendiculaires.

Calculer vectoriellement dans un repère

40

RAPPELS DE COURS

1 Vecteurs colinéaires et coplanaires

▶ Sur la figure ci-contre, les vecteurs $\vec{u}$ et $\vec{v}$ ne sont pas colinéaires.
Le triplet $(A, \vec{u}, \vec{v})$ est donc un repère du plan (ABC).

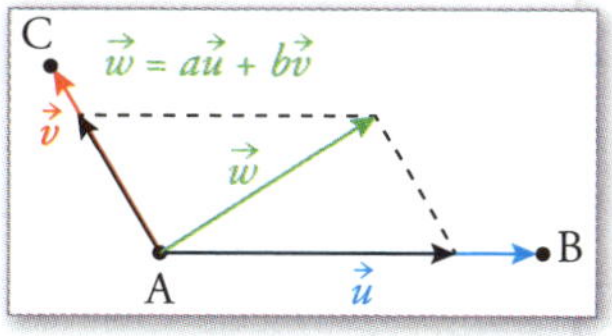

▶ En général, dire que trois vecteurs $\vec{u}$, $\vec{v}$ et $\vec{w}$ sont **coplanaires** signifie qu'il existe deux nombres a et b tels que $\vec{w} = a\vec{u} + b\vec{v}$.

2 Repères de l'espace

▶ Un repère de l'espace est un quadruplet constitué d'un point et de trois vecteurs non coplanaires, par exemple $\left(O ; \vec{i}, \vec{j}, \vec{k}\right)$.

▶ Pour tout point M de l'espace, il existe trois nombres uniques x, y et z tels que $\overrightarrow{OM} = x\vec{i} + y\vec{j} + z\vec{k}$.
x, y et z sont respectivement l'abscisse, l'ordonnée et la cote de M ou du vecteur $\overrightarrow{OM}$.

REMARQUES

- Si les trois vecteurs sont de même longueur et orthogonaux deux à deux, alors le repère s'appelle un **repère orthonormé.**
- Les mêmes points ont des coordonnées qui peuvent être distinctes selon les repères que l'on considère.

3 Formules utiles

Quel que soit le repère utilisé, si $A(x_A ; y_A ; z_A)$ et $B(x_B ; y_B ; z_B)$ sont deux points, I leur milieu et si $\vec{u}(x ; y ; z)$ et $\vec{u'}(x' ; y' ; z')$,

alors : $\overrightarrow{AB}\begin{pmatrix} x_B - x_A \\ y_B - y_A \\ z_B - z_A \end{pmatrix}$ $\quad$ $I\left(\dfrac{x_B + x_A}{2} ; \dfrac{y_B + y_A}{2} ; \dfrac{z_B + z_A}{2}\right)$

$\vec{u} + \vec{u'}\begin{pmatrix} x + x' \\ y + y' \\ z + z' \end{pmatrix}$ et $\lambda\vec{u}\begin{pmatrix} \lambda x \\ \lambda y \\ \lambda z \end{pmatrix}$ avec $\lambda \in \mathbb{R}$.

MÉTHODE

Déterminer les coordonnées de points dans un repère

On considère un repère de l'espace $\left(O;\vec{i},\vec{j},\vec{k}\right)$ et les points $A(0;0;-1)$, $B(1;1;1)$ et $C(-2;0;3)$.

1. Démontrer qu'il existe un unique point G tel que :
$\overrightarrow{GO}+2\overrightarrow{GA}+3\overrightarrow{GB}+6\overrightarrow{GC}=\vec{0}$.

2. Soit H le point tel que $\overrightarrow{AO}=3\overrightarrow{AH}$ et I le milieu de [HB].
Déterminer les coordonnées de H et I.

3. Montrer que G est le milieu de [CI].

Conseils

1. Recherchez G à l'aide de ses coordonnées $(x_G\,;y_G\,;z_G)$.
2. Trouvez les coordonnées du milieu de [CI] puis comparez-les à celles de G.

Solution

1. Supposons que le point G existe.
Le vecteur $\overrightarrow{GO}+2\overrightarrow{GA}+3\overrightarrow{GB}+6\overrightarrow{GC}$ a pour coordonnées :

$$\begin{pmatrix}-x_G\\-y_G\\-z_G\end{pmatrix}+2\begin{pmatrix}-x_G\\-y_G\\-1-z_G\end{pmatrix}+3\begin{pmatrix}1-x_G\\1-y_G\\1-z_G\end{pmatrix}+6\begin{pmatrix}-2-x_G\\-y_G\\3-z_G\end{pmatrix}=\begin{pmatrix}-9-12x_G\\3-12y_G\\19-12z_G\end{pmatrix}.$$

Donc $\begin{pmatrix}-9-12x_G\\3-12y_G\\19-12z_G\end{pmatrix}=\begin{pmatrix}0\\0\\0\end{pmatrix}\Leftrightarrow x_G=-\dfrac{3}{4}\,;y_G=\dfrac{1}{4}\,;z_G=\dfrac{19}{12}$.

2. On a $\begin{pmatrix}0\\0\\1\end{pmatrix}=3\begin{pmatrix}x_H\\y_H\\z_H+1\end{pmatrix}\Rightarrow H\begin{pmatrix}0\\0\\-\dfrac{2}{3}\end{pmatrix}$

et donc I a pour coordonnées $\left(\dfrac{1}{2}\,;\dfrac{1}{2}\,;\dfrac{1}{6}\right)$.

3. Le milieu J de [CI] a pour coordonnées :

$$\left(\frac{-2+\frac{1}{2}}{2}\,;\frac{0+\frac{1}{2}}{2}\,;\frac{3+\frac{1}{6}}{2}\right)=\left(-\frac{3}{4}\,;\frac{1}{4}\,;\frac{19}{12}\right).$$

On a donc J = G, ce qu'il fallait démontrer.

Déterminer des équations paramétriques

41

RAPPELS DE COURS

On se place dans un repère quelconque de l'espace.

1 Caractérisation d'une droite de l'espace

On considère une droite $\mathcal{D}$ passant par $A(x_A ; y_A ; z_A)$ et dont un vecteur directeur est $\vec{u}(\alpha ; \beta ; \gamma)$.

▶ $M(x ; y ; z) \in \mathcal{D} \Leftrightarrow$ Il existe $\lambda \in \mathbb{R}$ tel que $\overrightarrow{AM} = \lambda\vec{u}$

$$\Leftrightarrow \begin{cases} x = x_A + \lambda\alpha \\ y = y_A + \lambda\beta \\ z = z_A + \lambda\gamma \end{cases}$$

Ce sont les **équations paramétriques** de $\mathcal{D}$.
Le paramètre en question est le nombre λ. Pour écrire les équations paramétriques de deux droites, on utilisera λ et λ'.

▶ Lorsqu'aucune coordonnée de $\vec{u}$ n'est nulle, les équations paramétriques sont équivalentes à : $\dfrac{x - x_A}{\alpha} = \dfrac{y - y_A}{\beta} = \dfrac{z - z_A}{\gamma}$.

2 Caractérisation d'un plan

Soit $A(x_A ; y_A ; z_A)$ un point et $\vec{u}(\alpha ; \beta ; \gamma)$ et $\vec{u}'(\alpha' ; \beta' ; \gamma')$ deux vecteurs non colinéaires.
Soit $\mathcal{P}$ le plan $(A ; \vec{u}, \vec{u}')$.

> À NOTER ! Pour voir d'autres caractérisations (→ FICHE 43)

▶ $M(x ; y ; z) \in \mathcal{P} \Leftrightarrow$ il existe λ et μ réels tels que $\overrightarrow{AM} = \lambda\vec{u} + \mu\vec{u}'$.
Donc :

$$M(x ; y ; z) \in \mathcal{P} \Leftrightarrow \begin{cases} x = x_A + \lambda\alpha + \mu\alpha' \\ y = y_A + \lambda\beta + \mu\beta' \\ z = z_A + \lambda\gamma + \mu\gamma' \end{cases}$$

Ce sont les **équations paramétriques** de $\mathcal{P}$.

▶ Les paramètres en question sont les nombres λ et μ.

> ATTENTION ! $\vec{u}$ et $\vec{u}'$ ne doivent pas être colinéaires.

MÉTHODE

Trouver les coordonnées du point d'intersection d'un plan et d'une droite

On considère le plan $\mathcal{P}$ dont une équation cartésienne est $x + 2y + z - 1 = 0$ et la droite $\mathcal{D}$ dont les équations paramétriques sont : $\begin{cases} x = 2 + \lambda \\ y = 1 + \lambda \\ z = 5 + \lambda \end{cases}$

1. Déterminer un vecteur directeur et un point de $\mathcal{D}$.

2. Déterminer les coordonnées de l'intersection de $\mathcal{D}$ et $\mathcal{P}$.

CONSEIL

2. Il y a deux types de représentation des objets : cartésienne et paramétrique. L'objectif est de trouver la valeur de λ qui donnera la solution. Si on ne trouve pas de valeur pour λ, cela signifie que $\mathcal{D}$ est parallèle à $\mathcal{P}$.

SOLUTION

1. On peut écrire les équations paramétriques ainsi : $\begin{cases} x = 2 + \lambda 1 \\ y = 1 + \lambda 1 \\ z = 5 + \lambda 1 \end{cases}$.

C'est pourquoi un vecteur directeur $\vec{u}$ a pour coordonnées $\begin{pmatrix} 1 \\ 1 \\ 1 \end{pmatrix}$.

Le point $C\begin{pmatrix} 2 \\ 1 \\ 5 \end{pmatrix}$ appartient à $\mathcal{D}$.

2. $M \in \mathcal{P} \cap \mathcal{D}$ si, et seulement si, il existe λ tel que :
$(2 + \lambda) + 2(1 + \lambda) + (5 + \lambda) - 1 = 0$
Ce qui équivaut à $4\lambda + 8 = 0$, soit à $\lambda = -2$.
En remplaçant λ par -2 dans les équations paramétriques de $\mathcal{D}$, on obtient : $\begin{cases} x = 0 \\ y = -1 \\ z = 3 \end{cases}$

Ainsi $\mathcal{D}$ perce $\mathcal{P}$ en $A(0\,;-1\,;3)$.
On vérifie de plus que $0 + 2 \times -1 + 3 - 1 = 0$, ce qui assure que $A \in \mathcal{P}$.

Utiliser le produit scalaire dans l'espace

42

MATHS

RAPPELS DE COURS

1 Norme d'un vecteur

La norme d'un vecteur $\vec{v}$ se note $\|\vec{v}\|$.

- Si $\vec{v} = \overrightarrow{AB}$, alors $\|\vec{v}\| = AB$.
- Dans un repère orthonormé, si $\vec{v}$ a pour coordonnées $(x\,;y\,;z)$, alors : $\|\vec{v}\| = \sqrt{x^2 + y^2 + z^2}$

À NOTER ! $\|\vec{v}\|$ ne dépend pas du choix de A et B.

2 Définition du produit scalaire dans l'espace

On considère trois points A, B, C, un plan $\mathcal{P}$ qui les contient, et deux vecteurs $\vec{u}$ et $\vec{v}$ tels que $\vec{u} = \overrightarrow{AB}$ et $\vec{v} = \overrightarrow{AC}$.

Dans le cas où A, B et C sont deux à deux distincts, $\vec{u} \cdot \vec{v} = \overrightarrow{AB} \cdot \overrightarrow{AH}$ où H est le projeté orthogonal de C sur (AB).

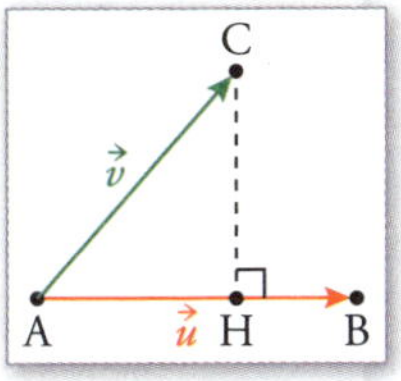

PROPRIÉTÉS

1. Si A, B et C sont deux à deux distincts : $\vec{u} \cdot \vec{v} = AB \times AC \cos \widehat{BAC}$

2. $\vec{u} \cdot \vec{v} = \vec{v} \cdot \vec{u}$; $(\lambda \vec{u}) \cdot \vec{v} = \lambda(\vec{u} \cdot \vec{v})$ avec $\lambda \in \mathbb{R}$;
$\vec{u} \cdot (\vec{v} + \vec{w}) = \vec{u} \cdot \vec{v} + \vec{u} \cdot \vec{w}$

3. $(\vec{u} \pm \vec{v}) \cdot (\vec{u} \pm \vec{v}) = \|\vec{u} \pm \vec{v}\|^2 = \|\vec{u}\|^2 \pm 2\vec{u} \cdot \vec{v} + \|\vec{v}\|^2$

4. $(\vec{u} + \vec{v}) \cdot (\vec{u} - \vec{v}) = \|\vec{u}\|^2 - \|\vec{v}\|^2$

3 Expression analytique dans un repère orthonormé

Étant donné deux vecteurs $\vec{u}$ et $\overrightarrow{u'}$ de coordonnées respectives $(x\,;y\,;z)$ et $(x'\,;y'\,;z')$ dans un repère orthonormé :

$$\vec{u} \cdot \overrightarrow{u'} = xx' + yy' + zz'$$

4 Orthogonalité dans l'espace

▶ Dire que deux vecteurs $\vec{u}$ et $\vec{v}$ sont orthogonaux signifie que leur produit scalaire est égal à 0 : $\vec{u} \perp \vec{v} \Leftrightarrow \vec{u} \cdot \vec{v} = 0$.

▶ Deux droites de l'espace sont orthogonales si et seulement si leurs vecteurs directeurs sont orthogonaux.

MÉTHODE

Déterminer des angles grâce au produit scalaire

On considère un cube et I et J les centres de deux faces. Calculer une mesure des angles du triangle AIJ à un degré près.

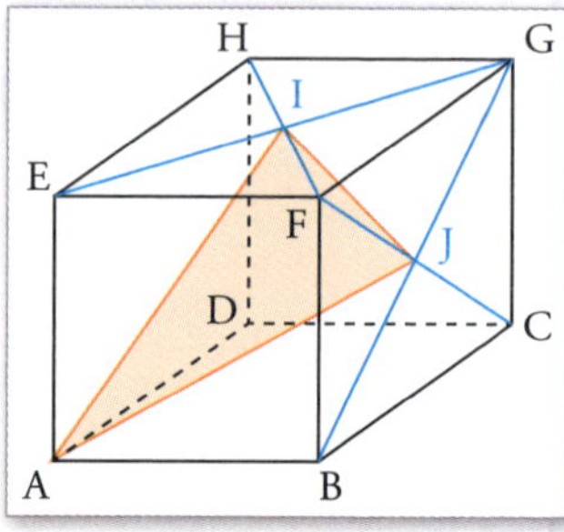

CONSEILS

- Placez-vous dans le repère orthonormé $\left(A ; \overrightarrow{AB} ; \overrightarrow{AD} ; \overrightarrow{AE}\right)$. Calculez alors les coordonnées de I et de J qui sont des milieux de segments.
- Utilisez l'expression analytique du produit scalaire puis son expression à l'aide du cosinus.

SOLUTION

On obtient immédiatement les coordonnées suivantes (→ FICHE 40)

$A\begin{pmatrix}0\\0\\0\end{pmatrix}$, $B\begin{pmatrix}1\\0\\0\end{pmatrix}$, $E\begin{pmatrix}0\\0\\1\end{pmatrix}$, $G\begin{pmatrix}1\\1\\1\end{pmatrix}$.

I est le milieu de $[EG]$ donc ses coordonnées sont $\left(\frac{1}{2} ; \frac{1}{2} ; 1\right)$.

J est le milieu de $[BG]$ donc ses coordonnées sont $\left(1 ; \frac{1}{2} ; \frac{1}{2}\right)$.

De plus $\overrightarrow{AI}$ a pour coordonnées $\left(\frac{1}{2} ; \frac{1}{2} ; 1\right)$ et $\overrightarrow{AJ}$ $\left(1 ; \frac{1}{2} ; \frac{1}{2}\right)$. Donc

$AI = \left\|\overrightarrow{AI}\right\| = \sqrt{\frac{3}{2}} = AJ$.

Le triangle AIJ est donc isocèle en A, ce qui implique $\widehat{AIJ} = \widehat{AJI}$.

D'autre part $\overrightarrow{AI} \cdot \overrightarrow{AJ} = AI \times AJ \cos\widehat{IAJ} = AI^2 \cos\widehat{IAJ}$ et

$\overrightarrow{AI} \cdot \overrightarrow{AJ} = \frac{1}{2} \times 1 + \frac{1}{2} \times \frac{1}{2} + 1 \times \frac{1}{2} = \frac{5}{4}$.

Par conséquent : $\frac{5}{4} = \frac{3}{2}\cos\widehat{IAJ} \Rightarrow \cos\widehat{IAJ} = \frac{5}{6} \Rightarrow \widehat{IAJ} \approx 34°$.

D'où $\widehat{AIJ} = \dfrac{180° - \widehat{IAJ}}{2} \Rightarrow \widehat{AIJ} \approx 73°$ et $\widehat{AJI} \approx 73°$.

Exploiter l'équation cartésienne d'un plan

43

MATHS

RAPPELS DE COURS

On se place dans un repère orthonormé de l'espace.

1 Équations cartésiennes d'un plan

Un vecteur **normal** $\vec{n}$ à un plan $\mathcal{P}$ est le vecteur directeur d'une droite orthogonale à ce plan.

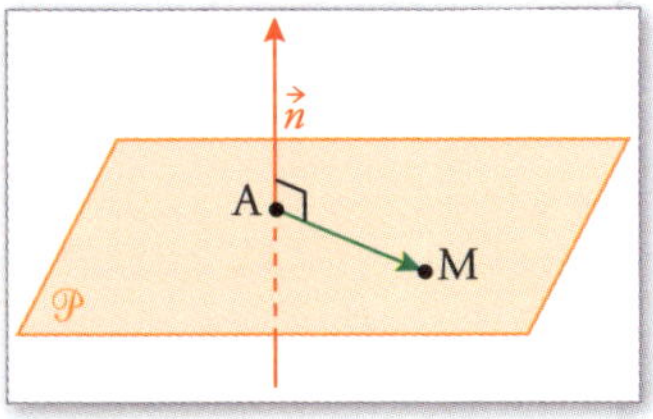

▶ Soit $\mathcal{P}$ un plan, A un point de $\mathcal{P}$ et $\vec{n}$ un vecteur normal à $\mathcal{P}$.
Un point M appartient à $\mathcal{P}$ si et seulement si $\overrightarrow{AM} \cdot \vec{n} = 0$.

Si on a $A\begin{pmatrix} x_0 \\ y_0 \\ z_0 \end{pmatrix}$, $M\begin{pmatrix} x \\ y \\ z \end{pmatrix}$ et $\vec{n}\begin{pmatrix} a \\ b \\ c \end{pmatrix}$, alors :

$$\overrightarrow{AM} \cdot \vec{n} = 0 \Leftrightarrow a(x - x_0) + b(y - y_0) + c(z - z_0) = 0$$

Cette dernière équation est de la forme $ax + by + cz + d = 0$.

À NOTER ! C'est l'expression analytique du produit scalaire

▶ Réciproquement :
Soit a, b, c et d quatre nombres tels que $(a\,;b\,;c) \neq (0\,;0\,;0)$.
Toute équation de la forme $ax + by + cz + d = 0$ est une **équation cartésienne d'un plan** dont un vecteur normal a pour coordonnées $\begin{pmatrix} a \\ b \\ c \end{pmatrix}$.

2 Orthogonalité de plans et de droites

▶ Soit $\mathcal{D}$ une droite de vecteur directeur $\vec{u}$ et $\mathcal{P}$ un plan contenant deux vecteurs non colinéaires $\vec{v}$ et $\vec{v'}$. La droite $\mathcal{D}$ est orthogonale à $\mathcal{P}$ si et seulement si $\vec{u} \cdot \vec{v} = 0$ et $\vec{u} \cdot \vec{v'} = 0$.

▶ Deux plans de vecteurs normaux respectifs $\vec{n}$ et $\vec{n'}$ sont orthogonaux si, et seulement si, $\vec{n} \cdot \vec{n'} = 0$.

MÉTHODE

Trouver une équation cartésienne d'un plan médiateur

Le plan médiateur $\mathcal{P}$ d'un segment [AB] est le plan orthogonal à la droite (AB) et passant par le milieu de [AB].

> **À NOTER !** Le plan médiateur est aussi l'ensemble des points équidistants de A et B.

On considère les points $A(1;-1;0)$ et $B(0;2;1)$.

1. Trouver les coordonnées du milieu I de [AB].

2. En déduire une équation du plan médiateur $\mathcal{P}$ de [AB].

3. Vérifier que, pour tout point M de $\mathcal{P}$, on a $MA = MB$.

CONSEIL

2. Le vecteur $\overrightarrow{AB}$ est normal à $\mathcal{P}$, par définition.

SOLUTION

1. $x_I = \dfrac{x_A + x_B}{2}$, de même pour y_I et z_I d'où $I = \left(\dfrac{1}{2};\dfrac{1}{2};\dfrac{1}{2}\right)$.

2. *Première méthode.* On a $\overrightarrow{AB}(-1;3;1)$, donc :

$$M(x;y;z) \in \mathcal{P} \Leftrightarrow \overrightarrow{IM} \cdot \overrightarrow{AB} = 0$$
$$\Leftrightarrow \left(x - \frac{1}{2}\right)(-1) + \left(y - \frac{1}{2}\right)3 + \left(z - \frac{1}{2}\right)1 = 0$$
$$\Leftrightarrow -x + 3y + z - \frac{3}{2} = 0$$

Deuxième méthode. $\overrightarrow{AB}$étant normal à $\mathcal{P}$, une équation de celui-ci est $-x + 3y + z + d = 0$.

> **À NOTER !** En multipliant par -2, on a aussi : $2x - 6y - 2z + 3 = 0$.

Puisque $I \in \mathcal{P}$: $-\dfrac{1}{2} + \dfrac{3}{2} + \dfrac{1}{2} + d = 0 \Rightarrow d = -\dfrac{3}{2}$.

3. Soit $M(x;y;z)$ un point de $\mathcal{P}$.

$$MA = MB \Leftrightarrow MA^2 - MB^2 = 0$$
$$\Leftrightarrow \left(\overrightarrow{MA} - \overrightarrow{MB}\right) \cdot \left(\overrightarrow{MA} + \overrightarrow{MB}\right) = 0$$
$$\Leftrightarrow \overrightarrow{BA} \cdot 2\overrightarrow{MI} = 0 \Leftrightarrow \overrightarrow{BA} \cdot \overrightarrow{MI} = 0$$

Or $\overrightarrow{BA} \cdot \overrightarrow{MI} = 1\left(\dfrac{1}{2} - x\right) - 3\left(\dfrac{1}{2} - y\right) - 1\left(\dfrac{1}{2} - z\right) = -x + 3y + z - \dfrac{3}{2}$

Puisque $M \in \mathcal{P}$, ses coordonnées vérifient $-x + 3y + z - \dfrac{3}{2} = 0$.

On a bien $\overrightarrow{BA} \cdot \overrightarrow{MI} = 0$, d'où $MA = MB$.

Algorithmique 44

MÉTHODES

Tester l'orthogonalité de deux vecteurs

L'algorithme suivant permet de savoir si un vecteur est orthogonal à un vecteur donné.

Il utilise l'instruction conditionnelle SI… ALORS … SINON…

```
VARIABLES    a, b, c, ps sont des nombres réels
ENTRÉE       Demander à l'utilisateur les valeurs de a, b, c
TRAITEMENT   Affecter à ps la valeur a + 2b + 3c
             SI ps = 0 ALORS
SORTIE           Afficher « Le vecteur saisi et v(1 , 2 , 3)
                 sont orthogonaux »
                 SINON
SORTIE           Afficher « Le produit scalaire du vecteur
                 saisi et de v(1 , 2 , 3) est égal à »
SORTIE           Afficher ps
             Fin SI
```

1. Quel est le rôle de la variable *ps* ?

2. Quelles sont les coordonnées du vecteur donné au départ ? Comment le programme teste-t-il l'orthogonalité des deux vecteurs ?

CONSEILS

1. La variable *ps* est constituée des deux premières lettres de l'objet d'étude des fiches 51 et 52.

2. C'est une question de cours : $\vec{v} \perp \vec{v'} \Leftrightarrow \vec{v} \cdot \vec{v'} = 0$.

SOLUTION

1. La variable *ps* contient la valeur du produit scalaire des vecteurs $(1\,;2\,;3)$ et $(a\,;b\,;c)$.

2. Le vecteur donné au départ est le vecteur dont les coordonnées sont $(1\,;2\,;3)$. Le programme teste l'orthogonalité des deux vecteurs en calculant leur produit scalaire (contenu dans la variable *ps*). S'il est égal à 0, alors les deux vecteurs sont orthogonaux, sinon ils ne le sont pas.

Écrire une équation cartésienne d'un plan

Soit un plan $\mathcal{P}$ passant par un point A donné et dont un vecteur normal $\vec{n}$ a pour coordonnées $(a\,;b\,;c)$. L'algorithme ci-dessous permet de trouver une équation cartésienne de ce plan.

```
1  VARIABLES     a, b, c, d sont des nombres réels
2  ENTRÉE        Demander à l'utilisateur les valeurs de a, b, c
3  TRAITEMENT    d prend la valeur −a + b + 2c
4  SORTIE        Afficher d
```

1. Sans utiliser l'algorithme, donner une équation cartésienne de $\mathcal{P}$.
2. Sachant que le programme détermine une équation du type $ax + by + cz + d = 0$, trouver les coordonnées du point A.
3. Sachant que l'algorithme affiche « 3 » et que $a = 1$ et $c = 2$, déterminer une équation cartésienne de $\mathcal{P}$.

CONSEILS

2. Pensez à $\overrightarrow{AM} \cdot \vec{n} = 0$.
3. L'algorithme affiche la valeur de d.

SOLUTION

> **À NOTER !** La seule contrainte est que les coefficients de x, y et z doivent être proportionnels à a, b, c.

1. Une équation de $\mathcal{P}$ est $ax + by + cz + d = 0$. On pourrait aussi choisir $ax + by + cz = d$, etc.

2. Un point $M\begin{pmatrix} x \\ y \\ z \end{pmatrix}$ appartient à $\mathcal{P}$ si et seulement si $\overrightarrow{AM} \cdot \vec{n} = 0$.

Si A a pour coordonnées $\begin{pmatrix} x_0 \\ y_0 \\ z_0 \end{pmatrix}$, alors :

$$\overrightarrow{AM} \cdot \vec{n} = 0 \Leftrightarrow (x - x_0)a + (y - y_0)b + (z - z_0)c = 0$$
$$\Leftrightarrow ax + by + cz - ax_0 - by_0 - cz_0 = 0.$$

On voit donc que $d = -ax_0 - by_0 - cz_0$.

Puisque $d = -a + b + 2c$, on obtient par identification :
$x_0 = 1$, $y_0 = -1$, $z_0 = -2$.

3. $d = 3$ donc :
$$-a + b + 2c = 3 \Leftrightarrow -1 + b + 4 = 3$$
$$\Leftrightarrow b = 0$$
L'équation cherchée est donc $x + 2z + 3 = 0$.

Physique

SOMMAIRE
PHYSIQUE

CHECK LIST

OBSERVER

Ondes progressives

OK ☑

Propriétés des ondes

OK ☑

Dualité onde-particule

OK ☑

COMPRENDRE

Mouvements et forces

OK ☑

Comprendre les ondes

45

RAPPELS DE COURS

1 Description du phénomène

Une onde correspond à un **transport d'énergie** sans transport de matière. Après le passage de l'onde, le milieu retrouve son état initial.

EXEMPLE Un caillou tombe dans l'eau. L'**énergie** transportée soulève le bouchon. L'eau et le bouchon reprennent ensuite leur position initiale.

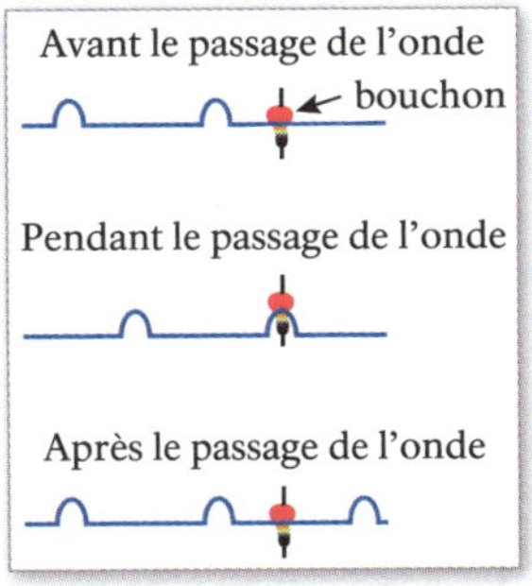

2 Caractéristiques des ondes

▶ Une **onde mécanique** se propage dans un milieu matériel et entraîne un déplacement local de matière à son passage.

▶ Une **onde électromagnétique** (→ FICHE 48) se propage dans le vide et dans certains milieux matériels dits transparents en entraînant une perturbation des champs électrique et magnétique à son passage.

▶ Si la perturbation qui se propage dans le milieu est perpendiculaire à la direction de propagation, l'onde est **transversale.**

▶ Si la perturbation est parallèle à la direction de propagation, l'onde est **longitudinale.**

3 Retard et vitesse de propagation

▶ À l'instant t, un point M du milieu subit avec un retard τ la perturbation que le point M′ a subie à la date t' :

$$\tau = t - t'$$ τ, t et t' en s

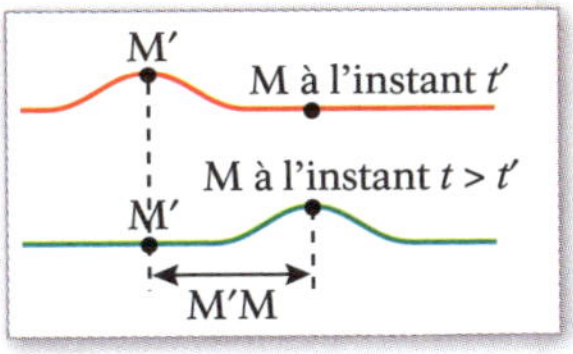

▶ La vitesse de propagation de l'onde (ou célérité) est donnée par :

$$v = \frac{M'M}{\tau}$$

v en $m \cdot s^{-1}$
M′M en m
τ en s

PHYSIQUE

EXEMPLE Dans l'air, $v_{\text{lumière}} \approx 3{,}00 \times 10^8 \text{ m} \cdot \text{s}^{-1}$ et $v_{\text{son}} \approx 340 \text{ m} \cdot \text{s}^{-1}$.

MÉTHODES

Classifier une onde

Deux ondes se propagent dans deux ressorts. Donner les caractéristiques de ces ondes.

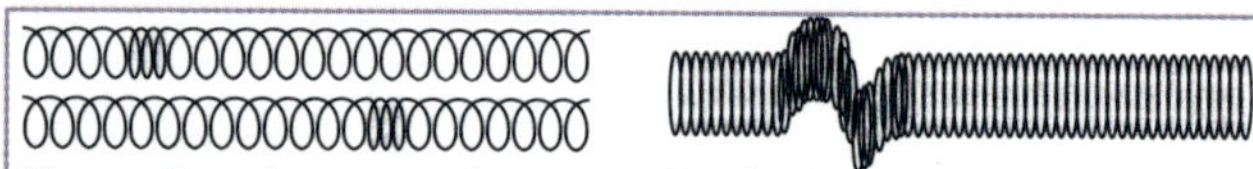

Fig. a Sens de propagation → Fig. b Sens de propagation →

CONSEILS

Rechercher quel est le milieu de propagation. Comparer la direction de la déformation et celle de sa propagation.

SOLUTION

Les ondes se propagent dans un ressort, milieu matériel. Elles déplacent localement les spires. Il s'agit d'ondes mécaniques.

(FIG. a) La perturbation est horizontale, et l'onde de compression-dilatation se déplace horizontalement. L'onde est longitudinale.

(FIG. b) Le déplacement des spires est vertical, c'est-à-dire perpendiculaire à la direction de propagation. L'onde est transversale.

Déterminer une célérité

Pour savoir à quelle distance, exprimée en kilomètres, se trouve un orage, il faut compter le nombre de secondes qui séparent l'éclair du coup de tonnerre et diviser par trois. Justifier cette « recette ».

SOLUTION

L'éclair et le tonnerre sont émis du point M à l'instant t. L'observateur en M' voit l'éclair à ce même instant t (durée de propagation négligeable). Il entend le tonnerre à l'instant t' (son reçu avec le retard $(t' - t)$). On a donc $MM' = v(t' - t)$. La recette suppose que $v = \dfrac{1}{3} \approx 0{,}33 \text{ km} \cdot \text{s}^{-1}$ soit $330 \text{ m} \cdot \text{s}^{-1}$. Cette valeur est effectivement proche de la célérité du son dans l'air, $340 \text{ m} \cdot \text{s}^{-1}$.

Identifier une onde périodique 46

RAPPELS DE COURS

1 Grandeurs physiques associées à une onde

▶ Pour les ondes progressives, on définit :
– le **déplacement** y (en m) ;
– l'**amplitude** y_{max} (en m) ;
– la **hauteur crête à crête** $h = 2y_{max}$.

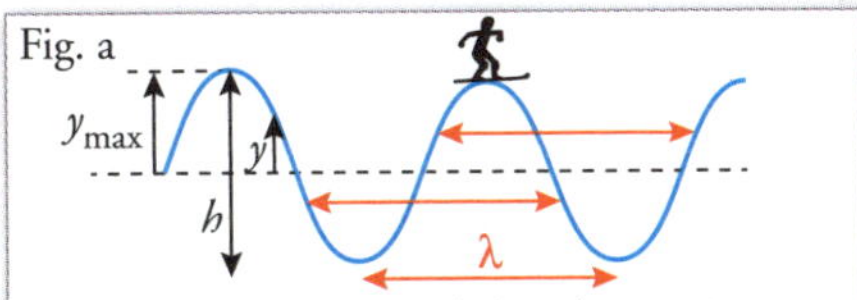

Représentation spatiale de l'onde à un instant t

▶ Une onde est **périodique** lorsque la perturbation se reproduit identique à elle-même à intervalles de temps égaux. On définit alors :
– la **longueur d'onde** λ (en m) qui est la plus petite distance séparant deux points du milieu se trouvant dans le même état ;
– la **période** T qui est la plus petite durée séparant deux instants où le milieu est dans le même état ;
– la **fréquence** f qui est le nombre de répétitions de la perturbation par seconde :

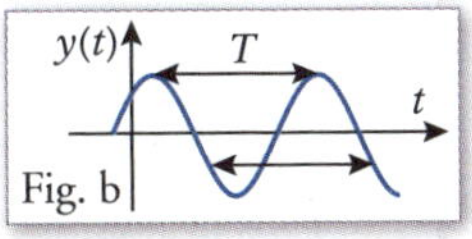

$$f = \frac{1}{T} \text{ et } T = \frac{1}{f}$$

f en Hz ; T en s ($1 \text{ Hz} = 1 \text{ s}^{-1}$)

▶ Une onde est **sinusoïdale** si la courbe représentant le déplacement en fonction du temps est une sinusoïde.

2 Périodicité spatiale et périodicité temporelle

▶ Une photo de la mer où se propage une onde sinusoïdale constitue une **représentation spatiale** de la mer, à un instant donné. Elle montre une **périodicité spatiale** (FIG. a).

▶ La courbe des variations du déplacement y en fonction du temps t d'un point particulier de la surface de la mer constitue une **représentation temporelle** de la perturbation, en un point donné. Elle montre une **périodicité temporelle** (FIG. b).

▶ Ces deux périodicités λ et T sont liées par la relation :

$$\lambda = v \times T$$

λ en m ; T en s
v, vitesse de propagation de l'onde en $m \cdot s^{-1}$

MÉTHODES

Calculer une longueur d'onde dans un milieu donné

Un vibreur est relié à une sonnette et crée une onde sonore de fréquence $f = 100$ Hz qui se propage dans l'air avec une célérité $v_{air} = 3{,}4 \times 10^2\ m \cdot s^{-1}$.
Calculer la longueur d'onde dans l'air du son émis par la sonnette.

CONSEILS

Se rappeler qu'une fréquence est l'inverse d'un temps.

SOLUTION

Le son émis par la sonnette se propage dans l'air. Dans la formule reliant λ, v et T on ajoute des indices aux grandeurs qui dépendent du milieu de propagation :

$$\lambda_{air} = v_{air} \times T = \frac{v_{air}}{f} = \frac{3{,}4 \times 10^2}{100} = 3{,}4\ m.$$

Déterminer une vitesse de propagation

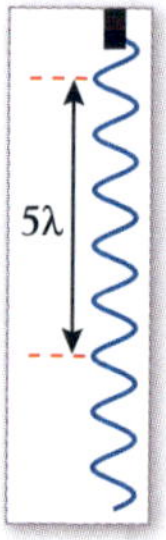

On relie le même vibreur $(f = 100\ Hz)$ à une corde. Un enregistrement vidéo permet de déterminer la longueur d'onde : $5\lambda = 75$ cm.

1. Pourquoi a-t-on mesuré 5λ et non λ ? Calculer λ.

2. Les fréquences des ondes engendrées par la sonnette dans l'air et le long de la corde sont-elles les mêmes ?

3. Calculer la célérité de l'onde le long de la corde.

SOLUTION

1. En mesurant 5λ puis en divisant la valeur par 5 on est plus précis : par exemple, si l'on risque de se tromper de 1 mm, le pourcentage d'erreur est moindre en mesurant 5 cm qu'en mesurant 1 cm.

$$\lambda = \frac{5\lambda}{5} = \frac{75}{5} = 15\ cm.$$

2. La fréquence, comme la période sont imposées par le vibreur et ne dépendent donc pas de la nature du milieu de propagation.

3. $v_{corde} = \dfrac{\lambda_{corde}}{T} = \lambda_{corde} \times f = 0{,}15 \times 100 = 15\ m \cdot s^{-1}$.

Caractériser les ondes mécaniques 47

RAPPELS DE COURS

Une **onde mécanique** véhicule de l'énergie qui peut mettre en mouvement la matière : le tympan, le sol, voire des bâtiments.

1 Les ondes sonores

▶ On mesure le **niveau sonore** L d'un son en comparant l'**intensité sonore** I reçue par unité de surface à une intensité de référence I_0 égale à 10^{-12} W · m^{-2} :

$$L = 10 \log \frac{I}{I_0}$$

L sans dimension, exprimé en dB (décibel)
I et I_0 en W · m^{-2}

▶ La **célérité** du son varie selon le milieu, de 340 m · s^{-1} dans l'air, elle atteint 5 000 m · s^{-1} dans l'acier.

2 Les ondes sismiques

▶ L'**échelle de Richter** permet de comparer l'importance des séismes. La **magnitude** M compare leur amplitude A à une amplitude de référence A_0.

$$M = \log \frac{A}{A_0}$$

M sans dimension
A et A_0 en m

▶ On distingue essentiellement les ondes P (*primary*) et S (*secondary*). La perturbation liée à l'onde P est une compression-dilatation (FIG. a), celle liée à l'onde S est un cisaillement (FIG. b). La célérité des ondes P est presque deux fois plus élevée que celle des ondes S.

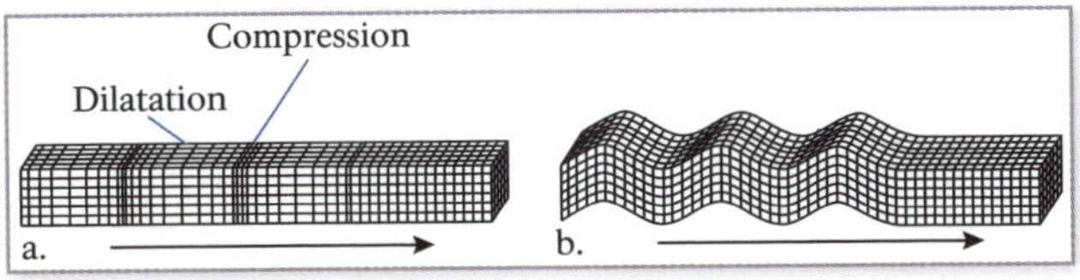

3 La houle

La houle est un phénomène ondulatoire observé à la surface de l'eau.

h étant la profondeur de l'eau, l'onde est dite courte si $\lambda < \frac{h}{2}$ et longue si $\lambda > 10h$. La célérité des ondes courtes dépend de la longueur d'onde λ.

$$v_{\text{courte}} = \sqrt{\frac{g\lambda}{2\pi}} \text{ et } v_{\text{longue}} = \sqrt{gh}$$

g, intensité du champ de pesanteur en $m \cdot s^{-2}$
h profondeur de l'eau en m

MÉTHODES

Évaluer l'importance d'un séisme

1. L'amplitude mesurée d'un séisme est $A = 4 \times 10^{-7} A_0$. Calculer sa magnitude dans l'échelle de Richter.
2. Que vaut la magnitude lorsque $A = A_0$?

CONSEILS

Penser à utiliser la formule et à bien écrire l'expression numérique avant tout calcul ; connaître la valeur de A_0 n'est pas utile.

SOLUTION

1. Dans l'échelle de Richter, la magnitude est donnée par :

$$M = \log\frac{A}{A_0} = \log\left(\frac{4 \times 10^7 A_0}{A_0}\right) = \log\left(4 \times 10^7\right) = 7{,}6.$$

2. Si $A = A_0$ on a $M = \log 1 = 0$.

REMARQUE De même, le niveau sonore L vaut 0 si $I = I_0$.

Comparer différentes célérités de houles

Pourquoi peut-on considérer que la célérité des ondes sur la mer, près du rivage, ne dépend pas de la profondeur de l'eau ?

SOLUTION

Les formules des célérités des deux types d'ondes sont :

$$v_{\text{courte}} = \sqrt{\frac{g\lambda}{2\pi}} \quad \text{et} \quad v_{\text{longue}} = \sqrt{gh}.$$

Celle qui ne fait pas intervenir λ est la seconde. Il nous faut donc montrer que, près du rivage, l'onde est longue, c'est-à-dire que $\lambda > 10h$.

Imaginons-nous les vagues déferlant sur la plage, si la profondeur varie entre 10 et 50 cm, on pourra considérer qu'on observe des ondes longues si la longueur d'onde varie entre 1 et 5 m.

Connaître les caractéristiques d'un son

48

RAPPELS DE COURS

1 Sons et ultrasons

▶ Un son est une **onde mécanique** (→ FICHE 145) à laquelle est sensible l'oreille humaine qui perçoit les sons de fréquences comprises **entre 20 Hz et 20 000 Hz**. On parle d'**ultrasons** au-delà de 20 000 Hz. Les ultrasons sont utilisés pour réaliser des échographies.

2 Caractéristiques d'un son

▶ **Intensité** : l'amplitude d'un son fort est supérieure à celle d'un son faible.

▶ **Hauteur** : la fréquence d'un son aigu (haut) est plus élevée que celle d'un son grave (bas). Deux notes de fréquences f et $f' = 2f$ sont séparées par une octave. Elles portent le même nom.

▶ **Timbre** : deux instruments de musique différents jouant la même note produisent des signaux de formes différentes.

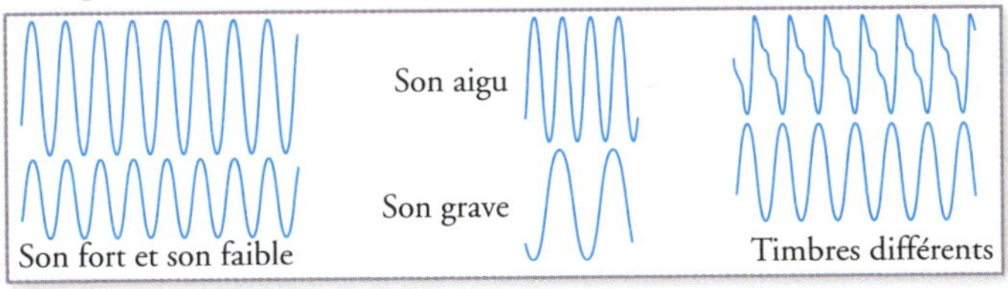

3 Analyse spectrale

▶ Un **son pur** correspond à une vibration sinusoïdale et un **son complexe** à une vibration non sinusoïdale. Un son complexe se décompose en une somme de vibrations sinusoïdales : les **harmoniques**.

Le diagramme qui donne l'amplitude de chaque vibration en fonction de sa fréquence (f_1, f_2, f_3 etc.) est le **spectre** du son. La fréquence la plus basse, f_1, donne son nom à la note qui est jouée : c'est le son **fondamental**.

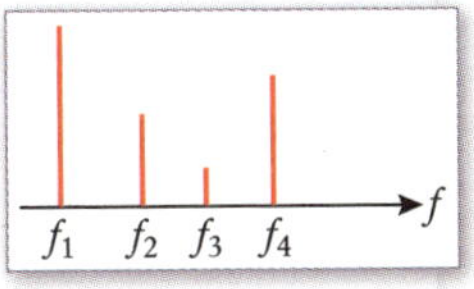

PHYSIQUE

MÉTHODE

Comprendre le principe de l'analyse spectrale

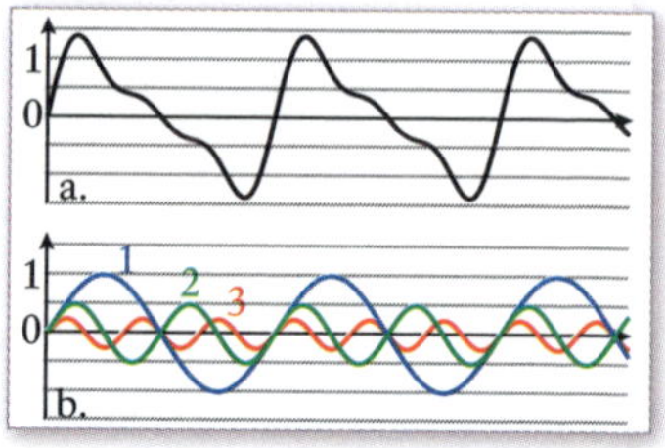

À l'aide d'un synthétiseur, on produit un son (FIG. a) qui est la somme des trois vibrations sinusoïdales numérotées 1, 2 et 3 (FIG. b).

1. Lequel des sons 1, 2 et 3 correspond à la même note que le son synthétisé ?

2. Exprimer f_2 et f_3 en fonction de f_1. Comment appelle-t-on les sons 1, 2 et 3 ?

3. Comparer les intensités des sons 1, 2 et 3.

4. Tracer le spectre du son synthétisé.

CONSEILS

1. La hauteur d'un son, qui détermine la note entendue, ne dépend que de sa fréquence, pas de la forme de la vibration.

2. La fréquence est l'inverse de la période : si $T = 2T'$ alors $2f = f'$.

4. Un spectre se trace à l'échelle, on a donc besoin de connaître les intensités relatives de chaque harmonique.

SOLUTION

1. La vibration qui correspond à la même note que le son synthétisé a la même fréquence, donc la même période. C'est la vibration 1 qui a la même période que le son visualisé en a car il y a la même durée entre deux maxima des signaux. Le son 1 et le son synthétisé sont donc perçus comme la même note.

2. On constate, en comparant les durées séparant les maxima sur la figure b, que $2T_2 = T_1$ et que $3T_3 = T_1$. On a donc $f_2 = 2f_1$ et $f_3 = 3f_1$. Le son 1 est appelé le fondamental du son a et les sons 2 et 3 sont les harmoniques du son a.

3. En comparant l'amplitude des sons, on voit que le son 2 est deux fois plus faible le son 1 et que le son 3 est deux fois plus faible que le son 2.

4. Voir le schéma.

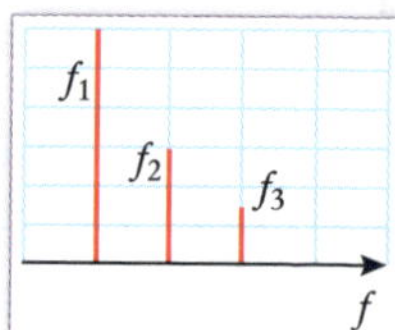

Caractériser les ondes électromagnétiques

49

RAPPELS DE COURS

1 Nature des ondes électromagnétiques (ondes E. M.)

▶ Certaines ondes appelées ondes **électromagnétiques** créent à leur passage une perturbation locale des champs électrique et magnétique.

▶ Elles se propagent dans le vide avec une célérité égale à c et à une célérité inférieure dans certains milieux matériels dits transparents pour l'onde considérée.

▶ Ce sont des ondes **transversales** (→ FICHE 45).

▶ Les ondes E. M. portent des noms différents selon le domaine de fréquence auquel elles appartiennent. Elles véhiculent d'autant plus d'énergie que leur **fréquence** est élevée (→ FICHE 53). On parle de **lumière** ou de domaine visible pour les ondes E. M. que l'œil est capable de détecter.

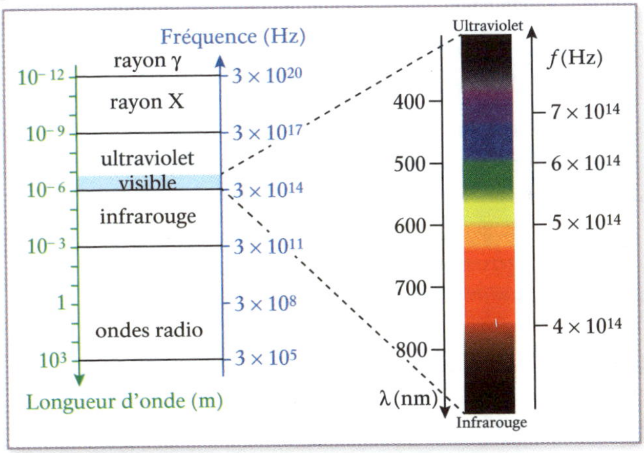

▶ Passage de l'échelle de fréquence à l'échelle de longueur d'onde :

Dans le **vide** :

$$f = \frac{c}{\lambda}$$

f en Hz
c en $m \cdot s^{-1}$
λ en m

Dans un **milieu transparent** ($v < c$) :

$$f = \frac{v}{\lambda}$$

f en Hz
v en $m \cdot s^{-1}$
λ en m

PHYSIQUE

2 Sources et détection

▶ L'Univers est source d'ondes E. M. : rayonnement fossile du Big bang, galaxies... L'homme fabrique également des ondes E. M. : éclairage, télécommunication...

▶ Un détecteur doit être sensible au rayonnement, qui ne doit pas avoir été absorbé par les milieux matériels traversés.

MÉTHODES

Passer d'une échelle à l'autre

Déterminer, dans le vide, les limites en longueur d'onde du spectre visible.

CONSEILS

Utiliser la formule $\lambda = \frac{c}{f}$.

SOLUTION

$\frac{3 \times 10^8}{7 \times 10^{14}} \simeq 4 \times 10^{-7}$ m ; $\frac{3 \times 10^8}{4 \times 10^{14}} \simeq 7{,}5 \times 10^{-7}$ m.

Comprendre comment utiliser les ondes E. M.

Quelle utilisation envisager pour chacun de ces types d'ondes ?

1. Parmi les ondes émises depuis le sol, celles dont la longueur d'onde est inférieure à 2 m peuvent traverser l'ionosphère.

2. Des infrarouges (rayonnement IR) sont émis par les objets chauds.

3. Les rayons X sont peu arrêtés par le carbone et l'oxygène mais ils sont absorbés par les éléments plus « lourds ».

SOLUTION

1. Ces ondes radio peuvent être émises par un téléphone, reçues par des satellites géostationnaires, puis rediffusées vers un autre point du globe.

2. Des caméras sensibles aux IR détectent la présence des objets « chauds », en particulier celle d'êtres vivants. Elles permettent de « voir » de nuit.

3. Les rayons X passent à travers la chair et sont arrêtés par les os, permettant de réaliser des radiographies du squelette.

RAPPELS DE COURS

1 Mise en évidence de l'effet Doppler

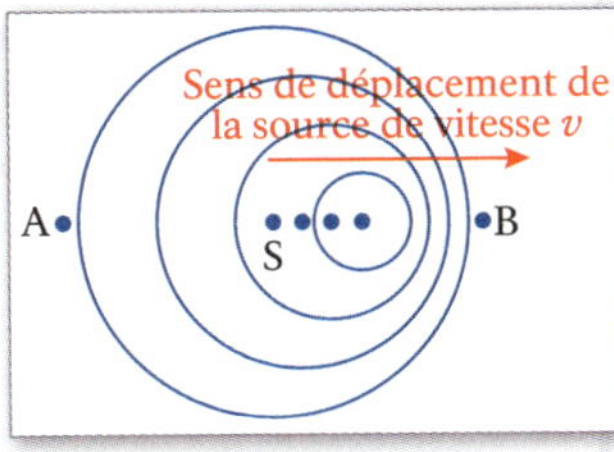

▶ Un vibreur crée à la surface de l'eau des ondes circulaires de fréquence f qui se propagent à partir de S à la vitesse V.

▶ Si le vibreur se déplace en s'éloignant de A et en s'approchant de B, A reçoit moins fréquemment les vaguelettes : A perçoit donc une fréquence $f_A < f$. B, lui, reçoit plus fréquemment les vaguelettes : B perçoit une fréquence $f_B > f$.

2 Expression du décalage Doppler

f' est la fréquence du signal reçu et f celle du signal émis (en Hz) ; λ' est la longueur d'onde du signal reçu et λ celle du signal émis (en m) ; v est la vitesse de déplacement de la source et V est la vitesse de propagation de l'onde (en m · s^{-1}) ; T est la période du signal émis (en s).

▶ Source s'approchant de l'observateur : $f' > f$ et $\lambda' < \lambda$

$$f' = f\frac{V}{V-v} \text{ et } \lambda' = \lambda - vT$$

▶ Source s'éloignant de l'observateur : $f' < f$ et $\lambda' > \lambda$

$$f' = f\frac{V}{V+v} \text{ et } \lambda' = \lambda + vT$$

3 Application à l'astrophysique

Fig. 1
Fig. 2
Fig. 3

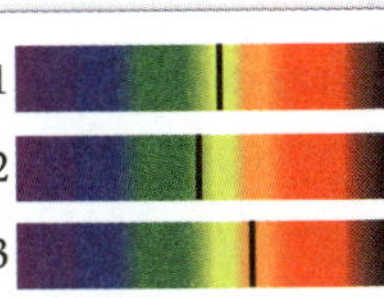

Lorsqu'une étoile s'approche d'un observateur terrestre, la raie caractéristique d'un élément chimique donné apparaît décalée vers le bleu (fréquence plus élevée, FIG. 2) par rapport au spectre d'absorption de référence (FIG. 1).

Au contraire, si l'étoile s'éloigne de la Terre, cette même raie est décalée vers le rouge (fréquence moins élevée, FIG. 3).

Calculer un décalage Doppler

Un camion roule à une vitesse $v = 75$ km · h^{-1}. Pour alerter un randonneur, le conducteur actionne son klaxon, dont la fréquence f est de 350 Hz. Calculer la fréquence du son perçu par le randonneur.

Conseils

Déterminer si le camion s'approche ou s'éloigne.

Solution

Le camion s'approche du randonneur. Il faudra utiliser la première formule du recto de la fiche. Dans cette formule, la vitesse doit être exprimée en m · s^{-1}.

On convertit : $v = 75\text{km} \cdot \text{h}^{-1} = \dfrac{75}{3{,}6} = 21 \text{ m} \cdot \text{s}^{-1}$

$$f' = f\,\frac{V}{V - v} = 350 \times \frac{340}{340 - 21} = 373 \text{ Hz}$$

Le son perçu est plus aigu que le son émis.

Interpréter un décalage Doppler en astrophysique

Les étoiles doubles sont formées de deux étoiles E_1 et E_2 en rotation. E_1 se dirige vers la position E'_1 et E_2 se dirige vers la position E'_2.

Expliquer pourquoi dans le spectre d'absorption de l'étoile double correspondant à un élément donné, on observe deux raies et non une seule.

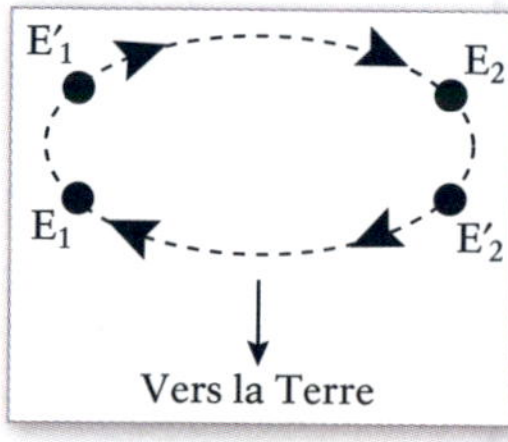

Spectre d'absorption de référence

Spectre d'absorption de l'étoile double

Solution

Si les deux étoiles étaient immobiles, leurs spectres se superposeraient et donneraient le spectre de référence.

Mais E_1 s'éloigne de la Terre, la fréquence perçue est donc plus faible que celle qui est attendue : la raie est décalée vers le rouge. Au contraire, la raie du spectre correspondant à E_2 se décale vers le bleu.

Les deux spectres superposés donnent un spectre à deux raies.

Interpréter les interférences 51

RAPPELS DE COURS

1 Superposition des ondes

▶ Lorsque deux ondes se croisent, leurs effets se superposent : on dit que les ondes interfèrent. Si les effets s'annulent, on parle d'interférences **destructives** ; s'ils s'ajoutent, d'interférences **constructives**.

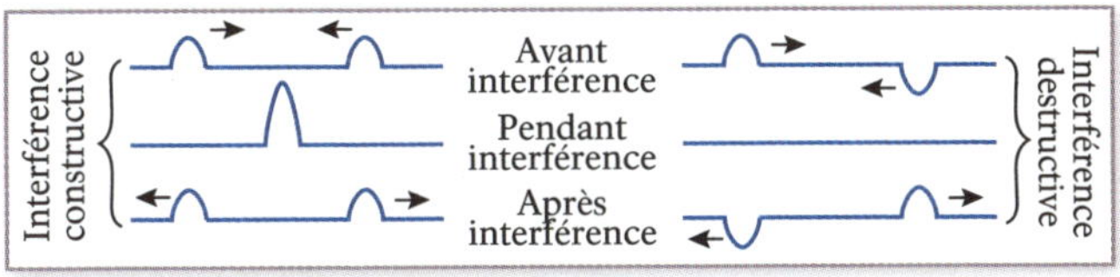

▶ Pour des ondes à la surface de l'eau on distingue **crêtes et creux**.

▶ Pour des ondes lumineuses, on distingue **franges** sombres (analogues aux creux) et brillantes (analogues aux crêtes). La distance entre deux franges brillantes ou deux franges sombres est l'**interfrange *i***.

2 Ondes en phase, déphasage

▶ Deux ondes de même fréquence sont **en phase** lorsque maxima et minima coïncident toujours au cours du temps.

▶ Lorsque ce n'est pas le cas, on observe un **déphasage** (ou différence de phase) qui correspond au décalage temporel entre les vibrations des deux sources. En pratique, le déphasage se mesure lors du « passage par zéro ».

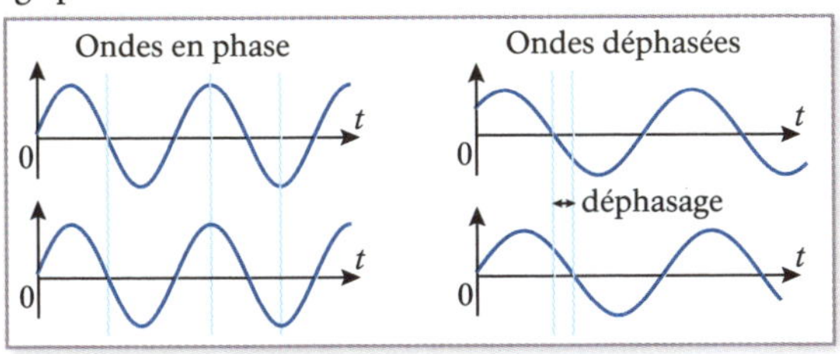

3 Conditions d'obtention de figures d'interférence

▶ Deux ondes interfèrent toujours mais le phénomène d'interférence n'est stable que si les sources sont cohérentes.

▶ Deux sources sont **cohérentes** si elles sont de même fréquence, en phase ou présentant un déphasage constant au cours du temps.

MÉTHODE

Calculer une interfrange

On éclaire en lumière rouge puis en lumière verte deux fentes séparées de $d = 0{,}1$ mm. L'onde lumineuse se sépare en deux ondes (une dans chaque fente) qui interfèrent entre elles. Les figures d'interférence se forment sur un écran situé à $D = 2{,}5$ m des fentes.

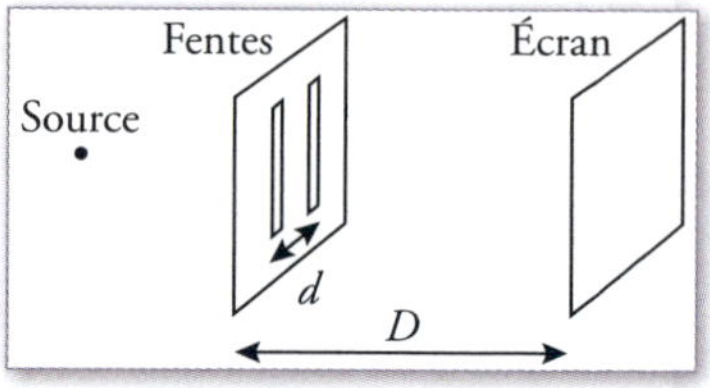

Données : $i = \dfrac{\lambda D}{d}$; $\lambda_{rouge} = 680$ nm ; $\lambda_{vert} = 530$ nm.

1. Calculer les valeurs des interfranges i.

2. Schématiser les deux figures d'interférence observées. Les comparer.

CONSEILS

1. Convertir toutes les longueurs dans la même unité.

2. Schématiser signifie qu'on ne doit pas représenter les dégradés de couleur. En revanche, à partir du moment où l'interfrange a été calculée, les deux figures doivent être réalisées à l'échelle pour pouvoir les comparer.

SOLUTION

1. On utilise la formule donnée après avoir exprimé d en mètres :

$$i_{rouge} = \frac{\lambda D}{d} = \frac{6{,}8 \times 10^{-7} \times 2{,}5}{0{,}1 \times 10^{-3}} = 1{,}7 \times 10^{-2} \text{ m ;}$$

$$i_{vert} = \frac{\lambda D}{d} = \frac{5{,}3 \times 10^{-7} \times 2{,}5}{0{,}1 \times 10^{-3}} = 1{,}4 \times 10^{-2} \text{ m.}$$

2. On trace les franges brillantes rouges espacées de 1,7 cm et les franges brillantes vertes espacées de 1,4 cm (figure ci-dessous). Le système de franges en lumière rouge est plus étendu car la longueur d'onde de la radiation rouge est plus grande.

Comprendre la diffraction

52

PHYSIQUE

RAPPELS DE COURS

1 *Mise en évidence*

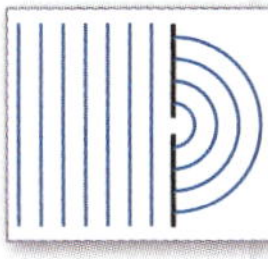

▶ Une onde rectiligne se propageant à la surface de l'eau peut se **diffracter**. Le phénomène ne se produit pas si l'obstacle ou l'ouverture sont grands.

▶ Elle donne naissance, après l'obstacle, à une onde circulaire.

2 *Diffraction de la lumière*

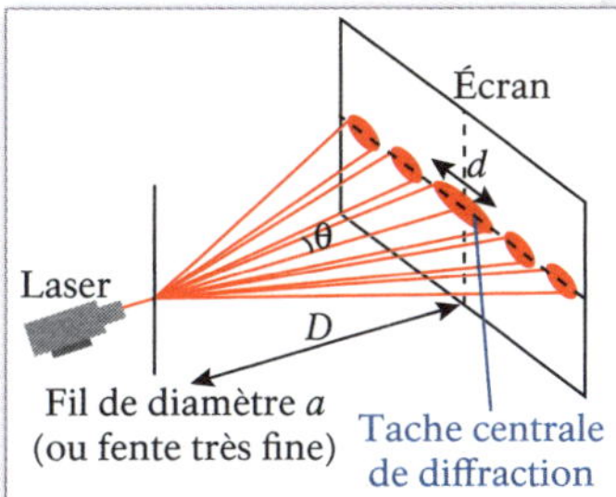

▶ Si on interpose une fente ou un fil très fin devant un laser, on observe une zone d'éclairement non uniforme perpendiculaire à la fente, que l'on appelle une **figure de diffraction**.

▶ L'**écart angulaire** entre le milieu de la tache centrale et la première extinction (centre de la première zone sombre) vaut :

$$\theta = \frac{\lambda}{a}$$

a, diamètre du fil, en m
λ, longueur d'onde, en m
θ en rad

L'écart angulaire θ est aussi appelé demi-largeur angulaire.

▶ Pour de petits angles, $\tan\theta \approx \theta$ (→ ANNEXE, P. 350), on montre que :

$$\theta \approx \tan\theta = \frac{d}{2D}$$

d, largeur de la tache centrale en m
D, distance entre le fil et l'écran en m
θ en rad

3 *Caractéristiques*

▶ La longueur d'onde est la même avant et après l'obstacle. Le phénomène se produit lorsque la **taille de l'obstacle** est de **l'ordre de grandeur de la longueur d'onde**.

▶ La diffraction est **caractéristique des ondes**. Historiquement, c'est ce qui a conduit à considérer la lumière comme une onde.

Utiliser la formule $\theta = \frac{\lambda}{a}$

Pour évaluer la taille d'un cheveu, on réalise le montage représenté au recto de la fiche en utilisant un laser de longueur d'onde dans le vide $\lambda = 632{,}8$ nm. On règle le dispositif pour que $d = 2{,}0$ cm : l'écran est alors à $D = 1{,}0$ m du cheveu. Déterminer le diamètre du cheveu.

CONSEILS

Pour de petits angles, $\theta \approx \tan\theta$.

SOLUTION

Avec les notations du schéma de la fiche, on peut écrire :

$\tan\theta = \frac{d}{2D}$. Comme $\theta = \frac{\lambda}{a}$ et que, pour de petits angles, $\theta \approx \tan\theta$, il vient $\frac{\lambda}{a} = \frac{d}{2D}$ soit :

$$a = \frac{\lambda \times 2D}{d} = 632{,}8 \times 10^{-9} \times 2 \times \frac{1{,}0}{0{,}020} = 6{,}3 \times 10^{-5}\,\text{m} = 63\ \mu\text{m}.$$

Expliquer le phénomène d'irisation

La lumière blanche est composée d'une infinité de radiations. Pour simplifier, on ne s'intéresse qu'à trois radiations : rouge (R), verte (V) et bleue (B). On a : V + R = jaune ; R + B + V = blanc.

1. Comparer les largeurs des taches centrales observées pour chacune des trois radiations.

2. On éclaire la fente en lumière blanche. Expliquer pourquoi la tache centrale de la figure de diffraction est blanche.

3. Expliquer l'origine des irisations de chaque côté de la tache.

SOLUTION

1. Comme $\lambda_B < \lambda_V < \lambda_R$ et que $\theta = \frac{\lambda}{a}$, on a $\theta_B < \theta_V < \theta_R$. On a donc $d_B < d_V < d_R$.

2. Au centre, se superposent toutes les couleurs : R + B + V = blanc.

3. La tache centrale rouge est plus étalée que les taches verte et bleue : les bords de la tache centrale sont rouges. Là où seul du vert s'ajoute au rouge, la couleur est jaune.

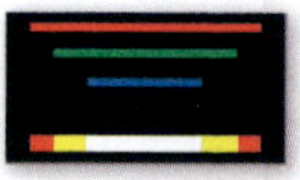

Découvrir le photon

53

RAPPELS DE COURS

1 La découverte du photon

▶ Un métal peut émettre des électrons lorsqu'il est soumis à un rayonnement lumineux. Ce phénomène est appelé **effet photoélectrique**. Pour le provoquer, il est inutile d'augmenter l'intensité du faisceau lumineux (expérience 1).

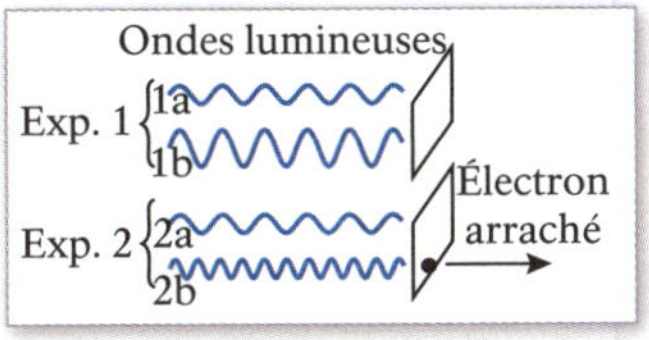

Il faut que la fréquence soit suffisamment élevée (expérience 2) : l'intensité des deux ondes est identique, mais la fréquence de l'onde 2b est supérieure à celle de l'onde 2a.

▶ En 1900, **M. Planck** suppose que l'énergie est échangée entre les ondes et le métal par « **paquets** ». Chaque paquet est un « **quantum** » d'énergie E dont la valeur est proportionnelle à la fréquence de l'onde :

$$E = h \times f$$

E, énergie portée par un « quantum » en J
f, fréquence de l'onde, en Hz, parfois notée ν
h, constante de Planck ($h = 6{,}6 \times 10^{-34}$ J · s)

▶ En 1905, **A. Einstein** postule que la lumière est composée de **quanta** d'énergie appelés **photons** et explique l'effet photoélectrique (→ FICHE 54).

2 Émission et absorption quantique d'un photon

▶ Un atome ne peut avoir qu'un nombre discret de niveaux d'énergie : $E_1, E_2, E_3, ..., E_n, ...$

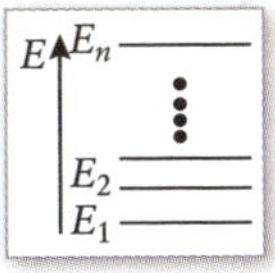

▶ Un atome dans l'état d'énergie E_n peut absorber ou émettre une radiation électromagnétique de fréquence ν s'il existe un état E_p de l'atome tel que :

$$\nu = \frac{|E_n - E_p|}{h}$$

ν en Hz ; E_n et E_p en J
($h = 6{,}6 \times 10^{-34}$ J · s)

À cette radiation est associé le photon absorbé ou émis, d'énergie $|E_n - E_p|$.

PHYSIQUE

Données : 1 eV $= 1{,}6 \times 10^{-19}$ J ; $h = 6{,}6 \times 10^{-34}$ J · s ;
$c = 3{,}00 \times 10^{8}$ m · s^{-1}.

Convertir des électronvolts en joules

L'énergie E nécessaire pour extraire par effet photoélectrique un électron d'un atome de zinc est de 3, 3 eV.

1. Sous quelle(s) forme(s) l'énergie est-elle apportée ?

2. Calculer la fréquence ν et la longueur d'onde λ correspondante.

Conseils

1. On se placera des deux points de vue, corpusculaire et ondulatoire.

2. Dans la formule $E = hf$ ou $h\nu$, l'énergie est en joules.

Solution

1. D'un point de vue ondulatoire, l'énergie est apportée par une onde lumineuse de fréquence $f = \frac{E}{h}$. D'un point de vue corpusculaire, elle est apportée par un photon d'énergie cinétique E.

2. $f = \frac{E}{h} = \frac{3{,}3 \times 1{,}6 \times 10^{-19}}{6{,}6 \times 10^{-34}} = 8{,}0 \times 10^{14}$ Hz

$\lambda = \frac{c}{f} = 3{,}75 \times 10^{-7} = 375$ nm (Rayonnement U.V.).

Calculer la valeur de l'énergie associée à un niveau

Sur le diagramme d'énergie de l'atome de sodium sont représentées les désexcitations correspondant aux radiations de fréquences $f_1 = 7{,}8 \times 10^{14}$ Hz et $f_2 = 5{,}1 \times 10^{14}$ Hz. Calculer E_3 et E_2.

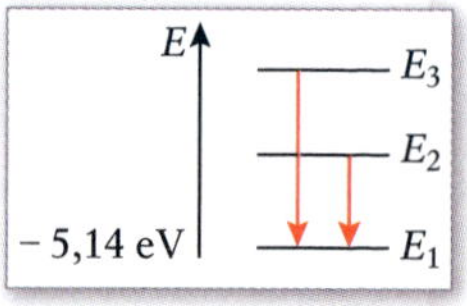

Solution

On applique la relation $|E_n - E_p| = hf$ au cas particulier.

D'après le schéma, $(E_3 - E_1) > (E_2 - E_1)$ donc comme $f_1 > f_2$ on a $E_3 - E_1 = hf_1$ et $E_2 - E_1 = hf_2$. Il vient finalement $E_3 = E_1 + hf_1$ et $E_2 = E_1 + hf_2$.

$$E_3 = -5{,}14 + \frac{(6{,}6 \times 10^{-34} \times 7{,}8 \times 10^{14})}{1{,}6 \times 10^{-19}} = -1{,}93 \text{ eV}$$

$$E_2 = -5{,}14 + \frac{(6{,}6 \times 10^{-34} \times 5{,}1 \times 10^{14})}{1{,}6 \times 10^{-19}} = -3{,}04 \text{ eV}$$

RAPPELS DE COURS

1 Dualité onde-corpuscule

▶ En 1923, **L. de Broglie** associe à toute particule dont la quantité de mouvement est p (→ FICHE 60) une onde de longueur d'onde associée λ :

$$\lambda = \frac{h}{p} \quad \Big| \quad \begin{array}{l} \lambda \text{ en m} ; p \text{ en kg} \cdot \text{m} \cdot \text{s}^{-1} \\ h = 6{,}6 \times 10^{-34} \text{ J} \cdot \text{s} \end{array}$$

Sachant que $E = pc$ (→ FICHE 60) cette relation équivaut à $E = hf = \frac{hc}{\lambda}$.

▶ Cette relation traduit la dualité onde-corpuscule et permet l'interprétation de l'effet photoélectrique (→ FICHE 53).

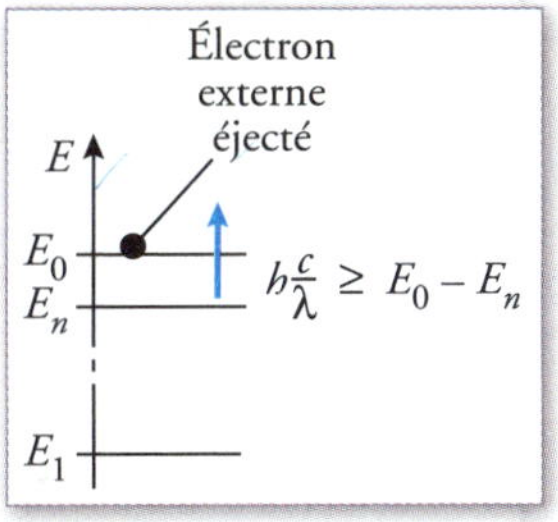

Avec les notations du schéma ci-contre, une onde lumineuse de longueur d'onde λ apporte l'énergie $E_0 - E_n = \frac{hc}{\lambda}$ suffisante pour arracher l'électron (caractère ondulatoire).

Il s'interprète aussi comme l'arrachement d'un électron sous l'effet du choc d'une particule, un photon, de quantité de mouvement $\vec{p}$ (→ FICHE 60), contre le métal (caractère corpusculaire).

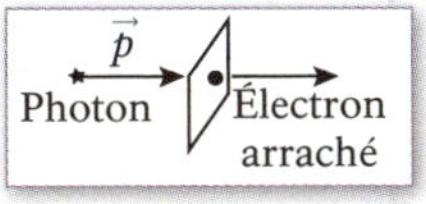

2 Manifestation du caractère ondulatoire d'une particule

▶ Les propriétés ondulatoires des particules se manifestent lorsqu'elles sont en grand nombre et que l'on observe des phénomènes caractéristiques des ondes, tels que les **interférences** ou la **diffraction**.

▶ Pour savoir si une particule est susceptible de se comporter comme une onde on peut utiliser ce critère quantitatif : la **longueur d'onde** associée à la particule, et calculée avec la formule de de Broglie, doit être de l'ordre de grandeur de la taille des obstacles (ou des ouvertures) que la particule rencontre, c'est-à-dire qu'il doit y avoir possibilité de diffraction.

▶ Lors d'une expérience d'interférences avec des particules, par exemple des photons ou des électrons, il est **impossible de dire** si une particule donnée est passée par le trou 1 ou le trou 2 et il est **impossible de prévoir** son lieu d'impact. On peut seulement estimer la probabilité que l'impact ait lieu en point donné de l'écran.

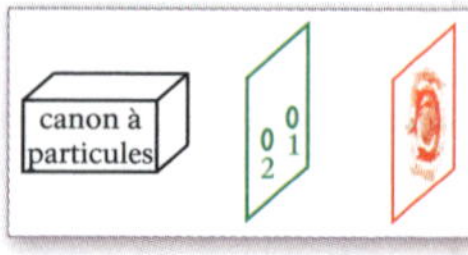

MÉTHODE

Interpréter une expérience d'interférences d'électrons

Un écran sensible aux électrons est placé face à un canon à électrons. On interpose un cache percé de deux trous.

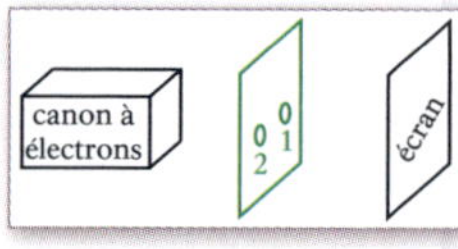

1. Quels trous ouvrir pour observer les figures 1, 2 et 3 ?

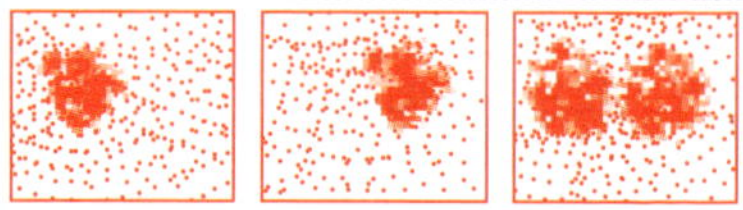
Fig. 1 Fig. 2 Fig. 3

En réalité, lorsque les deux trous sont ouverts, on observe une tout autre figure (FIG. 4).

2. Quel est le détail le plus surprenant de la figure 4 ?

3. Quelle propriété des électrons cette expérience met-elle en évidence ?

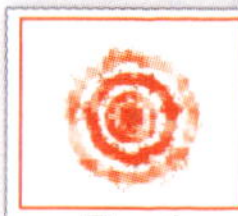
Fig. 4

CONSEILS

1. Comparer le canon à électron à un pistolet à billes lançant des billes vers le cache percé de trous.

3. Rechercher le nom de la figure obtenue

SOLUTION

1. Trou 1 ouvert : FIG. 1. Trou 2 ouvert : FIG. 2. Trous 1 et 2 ouverts : FIG. 3.

2. Il y a un maximum d'électrons au centre de l'écran alors que juste en face du canon, le cache n'est pas percé.

3. La figure obtenue est une figure d'interférences : les électrons, habituellement considérés comme des particules de matière, ont ici un comportement ondulatoire.

Comprendre la dualité onde-corpuscule (2)

55

RAPPELS DE COURS

1 Particules et rayonnement

▶ Une particule **composite** est composée d'éléments plus petits.

EXEMPLE La particule α est un noyau d'hélium He^{2+} (2 protons et 2 neutrons).

▶ Une particule **élémentaire** ne peut être décomposée en éléments plus petits.

EXEMPLE L'électron, auquel on ne connaît pour l'instant aucun constituant.

▶ Lors d'une réaction nucléaire, des rayonnements α, β^-, β^+ et γ, associées à des particules, sont émis.

EXEMPLE ${}^{137}_{55}Cs \rightarrow {}^{0}_{-1}e^- + {}^{137}_{56}Ba^* + {}^{0}_{0}\overline{\nu}$ (rayonnement β^-) suivi de ${}^{137}_{56}Ba^* \rightarrow {}^{137}_{56}Ba + {}^{0}_{0}\gamma$ (rayonnement γ). ${}^{0}_{0}\overline{\nu}$ est un antineutrino

Rayonnement	Particule associée				
Nom	Nom	Symbole	Nature	Charge	Masse
α	Alpha	${}^{4}_{2}\alpha$	Composite	$+2e$	$6{,}6 \times 10^{-27}$ kg
β^-	Électron	${}^{0}_{-1}e$	Élémentaire	$-e$	$9{,}1 \times 10^{-31}$ kg
β^+	Positon	${}^{0}_{1}e$	Élémentaire	$+e$	$9{,}1 \times 10^{-31}$ kg
γ	Photon	${}^{0}_{0}\gamma$	Élémentaire	0	0

e est la charge électrique élémentaire : $e = 1{,}602\ 10 \times 10^{-19}$ C.

2 Exemples de détecteurs d'ondes et de particules

▶ Dans un détecteur de particules, l'arrivée d'une particule entraîne la production d'électron(s) qui donne(nt) naissance, dans un système multiplicateur, à d'autres électrons que l'on « récupère ». Leur circulation dans un fil est un courant électrique, correspondant à un signal électronique.

EXEMPLE Dans un détecteur à ionisation, une particule crée un ion en arrachant un électron à un ou des atomes constituant la matière qu'elle traverse.

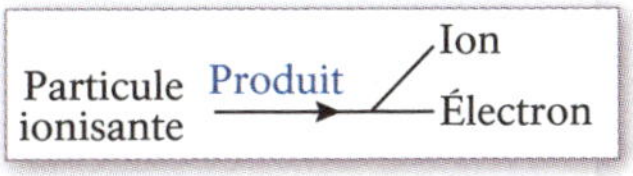

Une onde E.M. (→ FICHE 48) peut, par effet photoélectrique (→ FICHE 53), produire des électrons dont la circulation dans un fil électrique constitue le signal qui informe du passage de l'onde.

MÉTHODES

Comprendre les symboles d'une particule

1. Quelle est la particule émise dans le rayonnement β^- ? Justifier les chiffres 0 et 1 figurant dans le symbole.
2. Quelle est la particule émise dans le rayonnement γ ? Justifier les deux chiffres 0 figurant dans le symbole.

CONSEILS

Se rappeler ce que signifient A et Z dans le symbole d'un noyau ${}^{A}_{Z}X$.

SOLUTION

1. La particule β^- est un électron qui ne contient donc pas de nucléons : $A = 0$. Sa charge est $-1{,}6 \times 10^{-19}\,\text{C} = -e$ donc $Z = -1$. Symbole : ${}^{\;0}_{-1}\text{e}$.
2. La particule émise lors du rayonnement γ est un photon. Cette particule n'a pas de charge ($Z = 0$) et ne contient aucun nucléon ($A = 0$). Symbole : ${}^{0}_{0}\gamma$.

Exploiter des informations sur un détecteur

Dans l'accélérateur européen du CERN, des collisions à très haute énergie donnent naissance à des particules. En 1992, Georges Charpak, chercheur français, a reçu le prix Nobel pour l'invention d'un détecteur de particules : les « chambres à fils ». Voici le principe du dispositif : dans ces chambres, des fils sont tendus en un maillage serré ; ils sont reliés à des bornes positives ; tout électron présent est attiré et capté par le fil le plus proche.
1. Quel est le signal reçu par l'ordinateur qui exploite les données ?
2. Quelle information retire-t-il des détections ?

SOLUTION

1. Les électrons captés créent des courants dans ces fils.
2. L'ordinateur sait quels fils ont été touchés par un électron et peut retracer le trajet d'une particule ionisante qui a créé des électrons sur son passage dans la chambre.

Étudier un mouvement

56

RAPPELS DE COURS

1 Référentiel d'espace et de temps

▶ Un mouvement est **relatif**, il dépend du référentiel de l'observateur. À un référentiel, on associe un repère. Voici quelques exemples :
– **référentiel terrestre**, celui du laboratoire ;
– **référentiel géocentrique** ou **héliocentrique** (repères d'origine le centre de la Terre ou du Soleil) ; axes pointant vers des étoiles fixes.

▶ Dans le cadre de la mécanique classique, le temps est **invariant** : il s'écoule de la même façon dans tous les référentiels.

2 Étude des mouvements

▶ Avant tout étude, il faut définir le {système} et préciser le référentiel.

▶ Il faut ensuite lister les forces extérieures (→ FICHE 58). Une **force extérieure** peut modifier le **mouvement** (la **trajectoire** et/ou la **vitesse**) d'un système. Réciproquement, un système dont la trajectoire et/ou la vitesse est modifiée est soumis à au moins une force extérieure au système.

▶ On peut alors déterminer les grandeurs cinématiques :
– la position (coordonnées en m) ;
– la **vitesse** (unité : $m \cdot s^{-1}$) ;
– l'**accélération** (unité : $m \cdot s^{-2}$).
Mathématiquement, vitesse et accélération s'obtiennent par dérivation (→ FICHE 57).

$$[\text{vitesse}] = \frac{[\text{longueur}]}{[\text{temps}]}$$

$$[\text{accélération}] = \frac{[\text{longueur}]}{[\text{temps}]^2}$$

3 Quelques mouvements particuliers

Nom	Valeur de la vitesse	Valeur de l'accélération
Rectiligne uniforme	Constante	Nulle
Rectiligne uniformément varié	Fonction affine du temps	Constante
Circulaire uniforme	Constante	Constante

PHYSIQUE

Définir un référentiel

Sabrina, Mehdi et Léo habitent à Paris. Ils sont assis en classe ; Mehdi dit que Léo est immobile. Sabrina dit que Léo est animé d'une vitesse de plus de 1 000 km · h^{-1}. Qui a raison ?
Données : Rayon de la Terre : $R_T = 6\,400$ km ; latitude de Paris : 48°.

CONSEILS

Rechercher dans quels référentiels se placent Sabrina et Mehdi.

SOLUTION

Le mouvement est relatif : dans le référentiel terrestre (ici la classe) Léo est immobile. Dans le référentiel géocentrique, il décrit un cercle de rayon $r = R_{Terre} \cos\alpha$ en 24 h. Sa vitesse est

$$v = \frac{2\pi \times 6\,400}{24} \times \cos 48 = 1{,}1 \times 10^3\,\text{km} \cdot \text{s}^{-1}$$

(plus de 1 000 km · h^{-1}).

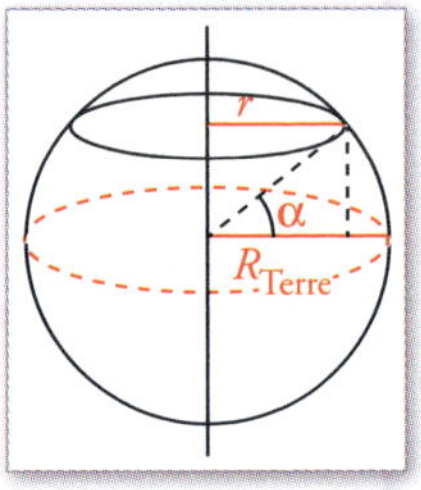

Sabrina et Mehdi ont tous les deux raison… à condition qu'ils précisent le référentiel qu'ils choisissent avant de formuler leur affirmation.

Définir un système et déterminer les forces

Deux patineuses identiques sont immobiles dans la situation 1. Dans la situation 2 elles se repoussent l'une l'autre pour partir en sens inverse dans le référentiel de la patinoire.

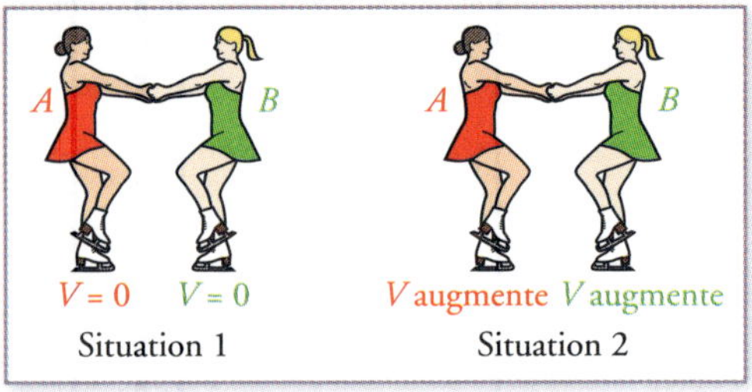

Le système {A + B} est isolé. Expliquer l'augmentation de vitesse de B.

SOLUTION

B est soumis à trois forces extérieures : son poids, compensé par la réaction de la glace $\vec{R}$ (→ FICHE 58) et la force que A exerce sur B et qui est à l'origine de l'augmentation de vitesse de B.

RAPPELS DE COURS

1 Mouvement d'un point

On se place dans le repère $(O ; \vec{i}, \vec{j}, \vec{k})$.

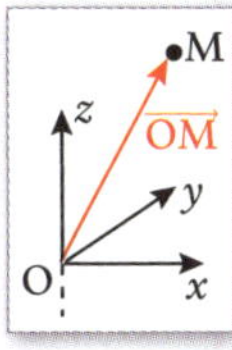

▶ Vecteur position : $\overrightarrow{OM} = x\vec{i} + y\vec{j} + z\vec{k}$.

▶ Vecteur vitesse, tangent à la trajectoire :

$$\vec{v} = \lim_{\Delta t \to 0} \frac{\Delta\overrightarrow{OM}}{\Delta t} = \frac{d\overrightarrow{OM}}{dt} = v_x\vec{i} + v_y\vec{j} + v_z\vec{k}$$

où $v_x = \frac{dx}{dt}$; $v_y = \frac{dy}{dt}$; $v_z = \frac{dz}{dt}$.

$\frac{d\overrightarrow{OM}}{dt}$ se lit : « dérivée du vecteur $\overrightarrow{OM}$ par rapport au temps ».

▶ Vecteur accélération :

$$\vec{a} = \lim_{\Delta t \to 0} \frac{\Delta\vec{v}}{\Delta t} = \frac{d\vec{v}}{dt} = \frac{d^2\overrightarrow{OM}}{dt^2} = a_x\vec{i} + a_y\vec{j} + a_z\vec{k}$$

où $a_x = \frac{dv_x}{dt}$; $a_y = \frac{dv_y}{dt}$; $a_z = \frac{dv_z}{dt}$.

$a_x = \frac{dv_x}{dt} = \frac{d^2x}{dt^2}$ dérivée seconde de $x(t)$ par rapport au temps, etc.

2 Mouvements particuliers

▶ **Mouvement uniforme** : la valeur de la vitesse est constante, le vecteur vitesse ne l'est pas forcément.

▶ **Mouvement uniformément varié** : la valeur de l'accélération est constante, le vecteur accélération ne l'est pas forcément.

▶ **Mouvement circulaire** de rayon R : dans le repère mobile de Frénet (voir le schéma) on a $\vec{v} = v \cdot \vec{t}$ et $\vec{a} = \frac{dv}{dt}\vec{t} + \frac{v^2}{R}\vec{n}$.

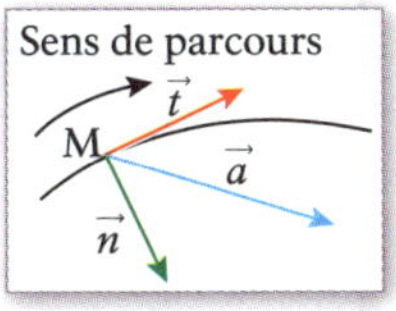

Pour un mouvement circulaire uniforme, $\frac{dv}{dt} = 0$,

donc l'accélération est normale au cercle et vaut $\frac{v^2}{R}$.

PHYSIQUE

Distinguer vitesse et vecteur vitesse

Yann pense qu'au cours d'un mouvement circulaire uniforme le vecteur vitesse est constant. A-t-il raison ?

Conseils

Se rappeler qu'un vecteur constant conserve même direction, même sens et même valeur.

Solution

Un mouvement est uniforme si la valeur de la vitesse ne change pas au cours du temps. Dans un mouvement circulaire uniforme le vecteur-vitesse garde la même longueur (mouvement uniforme) mais il n'est pas constant car il pointe successivement dans toutes les directions du plan au cours du mouvement. Yann a tort.

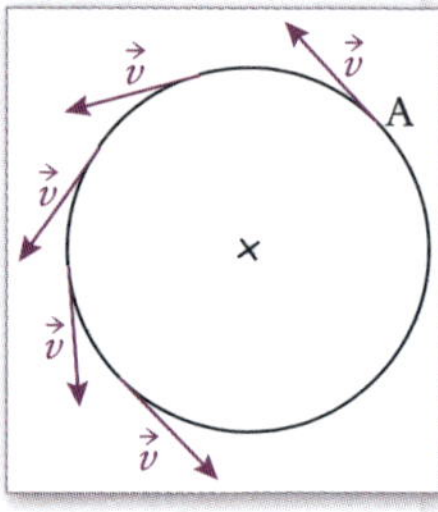

Distinguer vitesse constante et accélération nulle

Léa pense qu'au cours d'un mouvement circulaire uniforme, l'accélération est nulle car la vitesse est constante. A-t-elle raison ?

Solution

Dans le mouvement circulaire uniforme, la vitesse est constante donc $\frac{dv}{dt} = 0$ et l'accélération tangentielle est nulle mais l'accélération normale n'est pas nulle. Le vecteur accélération est perpendiculaire au cercle, sa valeur est de $\frac{v^2}{R}$. Léa a tort.

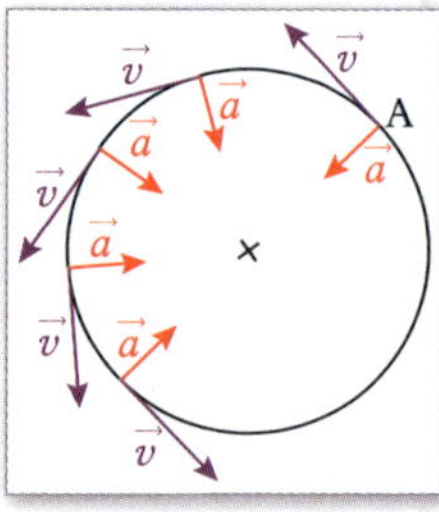

Calculer les expressions de la vitesse et de l'accélération

Voici les coordonnées horaires d'un point dans le plan (Oxy) : $x(t) = 1/2gt^2 + a$ et $y(t) = v_0t + b$ où v_0 est la vitesse initiale. Déterminer les coordonnées des vecteurs vitesse et accélération.

Solution

$$v_x = \frac{dx}{dt} = \frac{1}{2} \times 2g \times t + 0 = gt \; ; \; v_y = \frac{dy}{dt} = v_0 + 0 = v_0$$

$$a_x = \frac{dv_x}{dt} = g \; ; \; a_y = 0.$$

Modéliser une force

58

RAPPELS DE COURS

1 *Définition d'une force*

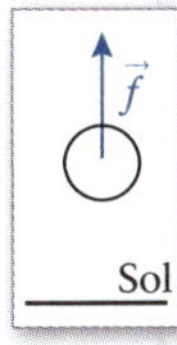

▶ Deux systèmes sont en **interaction** lorsqu'ils exercent une **action** l'un sur l'autre. Cette action est modélisée par une force.

▶ On distingue différents types de forces : force de **contact** et force à **distance** ; force **répartie** et force **localisée**, etc.

▶ On définit le vecteur force par :

– son **point d'application** (pour le poids : le centre de gravité) ;

– sa **direction** et son **sens** (pour le poids : vertical descendant) ;

– sa **valeur**, en newtons (pour le poids d'une pomme de 100 g : $P = mg = 1{,}0$ N).

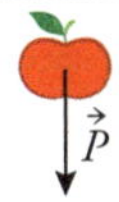

Vecteur « poids de la pomme »

2 *Exemples de force*

A Force exercée par un support (réaction du support)

Il est d'usage de la décomposer selon deux directions en : $\vec{f}$ (frottement), parallèle au support et $\overrightarrow{R_N}$ (réaction normale), perpendiculaire au support.

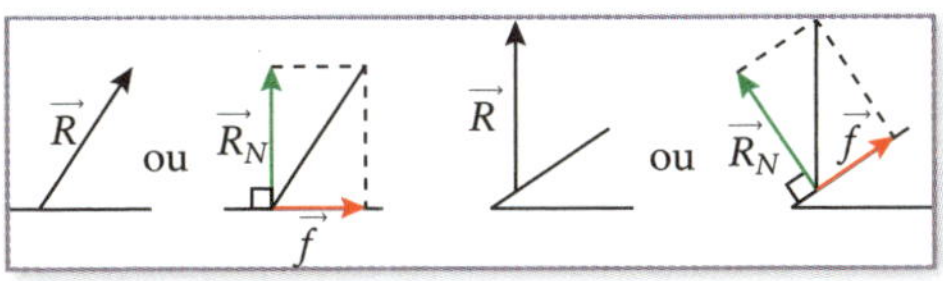

B Poussée d'Archimède

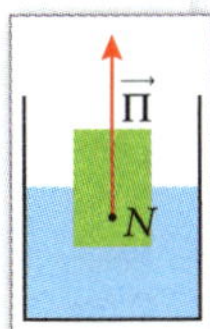

Un corps complètement ou partiellement immergé dans un fluide de masse volumique ρ subit une poussée ascendante qui s'exerce au centre de gravité de la partie immergée. Sa valeur est :

$$\Pi = \rho V g$$

ρ en $kg \cdot m^{-3}$
V, volume immergé en m^3
g, intensité de la pesanteur en $N \cdot kg^{-1}$

PHYSIQUE

Représenter une force

Une moto ralentit pour s'arrêter. On suppose que l'ensemble des actions qu'elle subit peut être modélisé par trois forces extérieures. Représenter ces forces (la moto sera supposée ponctuelle).

Conseils

Définir le système et le référentiel puis rechercher avec quels corps la moto est en interaction. Noter que la force exercée par les freins est une force intérieure.

Solution

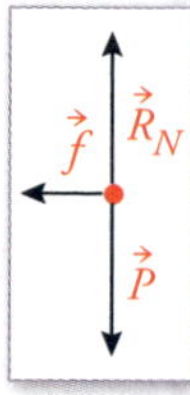

Le système {moto} est étudié dans le référentiel terrestre. Il est en interaction avec la Terre (poids $\vec{P}$) et le sol (réaction du support $\vec{R}$). Pour modéliser les actions avec trois forces, il faut subdiviser la seconde en frottements $\vec{f}$ et réaction normale $\overrightarrow{R_N}$. $\overrightarrow{R_N}$ et $\vec{P}$ ont la même longueur car les deux forces se compensent. On oriente $\vec{f}$ dans le sens opposé au mouvement (freinage). Les forces ne se compensent pas puisque le mouvement est ralenti, donc modifié (→ FICHE 56).

Calculer la valeur d'une force

Un skieur de masse $m = 75$ kg est arrêté sur une piste inclinée de 20° par rapport à l'horizontale. Déterminer la valeur f des frottements de la neige sur les skis.

Données : $g = 10 \text{ N} \cdot \text{kg}^{-1}$; $\cos 20° = 0{,}94$; $\sin 20° = 0{,}34$.

Solution

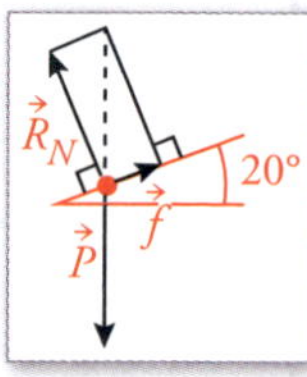

Le système {skieur} est étudié dans le référentiel terrestre. Son mouvement (ici l'état de repos) n'est pas modifié donc il est soumis à des forces qui se compensent. Il est en interaction avec la Terre (poids $\vec{P}$) et le sol (réaction du support $\vec{R}$). On a $R = P = mg$.

Pour calculer f il faut ici encore décomposer $\vec{R}$ en $\vec{f}$ et $\overrightarrow{R_N}$. $\vec{f}$ est la projection orthogonale de $\vec{R}$ sur la pente.

$$f = R\sin 20 = P\sin 20 = mg\sin 20 = 75 \times 10 \times 0{,}34 = 255 \text{ N}.$$

Caractériser un champ

59

RAPPELS DE COURS

1 *Champs électrostatique et gravitationnel*

Un **champ** correspond à une propriété locale de l'espace. Le champ peut être scalaire (champ de température) ou vectoriel.

▶ **Champ de pesanteur** $\vec{g}$ créé en M par l'astre A de masse M_A :

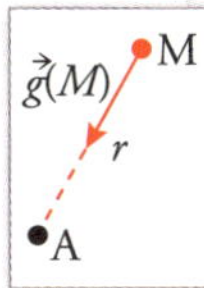

$$g = G\frac{M_{astre}}{r}$$

G, constante de gravitation universelle ($G = 6{,}67 \times 10^{-11}$ SI)
r en m ; M_A en kg ; g en $m \cdot s^{-2}$ (ou $N \cdot kg^{-1}$)

▶ **Champ électrique** $\vec{E}$ créé en M par la charge q :

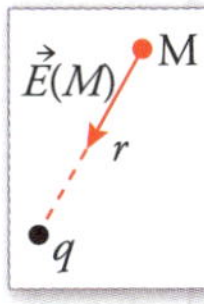

$$E = \frac{1}{4\pi\varepsilon_0}\frac{q}{r^2} = \frac{kq}{r^2}$$

$\frac{1}{4\pi\varepsilon_0} = k = 9 \times 10^9$ SI
r en m ; q en C
E en $V \cdot m^{-1}$ (ou $N \cdot C^{-1}$)

2 *Champs uniformes*

▶ Un champ est **uniforme** lorsqu'il est identique en tout point de l'espace.

▶ $\vec{g}$ est uniforme $\left(g = 9{,}8 \text{ m} \cdot \text{s}^{-2}\right)$ au voisinage du sol.

▶ Le champ électrique est considéré comme uniforme entre deux plaques chargées. Il est perpendiculaire aux plaques, dirigé de la plaque positive vers la plaque négative.

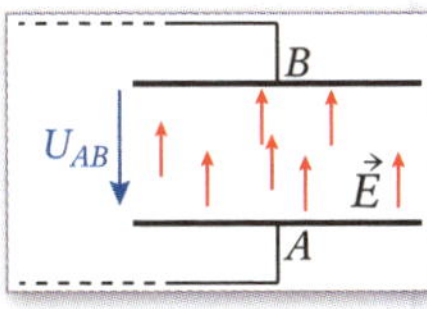

$$E = \frac{U_{AB}}{d}$$

E en $V \cdot m^{-1}$
U_{AB}, tension entre A et B en V
d, distance entre A et B en m

3 *Forces associées à un champ*

Une force est associée à un champ.

▶ La force de gravitation (ou de pesanteur) exercée sur une masse m placée en M dans un champ de pesanteur est : $\vec{F}_{astre/masse} = m\vec{g}$. Sens : vertical descendant.

▶ La force électrique exercée sur une charge q placée en M dans un champ électrique est : $\vec{F} = q\vec{E}(M)$. L'orientation de la force dépend du signe de q.

MÉTHODE

Données : $g = 9{,}8\ \text{m} \cdot \text{s}^{-2}$; $m_{\text{électron}} = 9{,}1 \times 10^{-31}\ \text{kg}$; $m_{\text{proton}} = 1{,}66 \times 10^{-27}\ \text{kg}$; $e = 1{,}6 \times 10^{-19}\ \text{C}$

Comparer force électrique et force gravitationnelle

Un électron traverse l'espace situé entre deux plaques parallèles séparées par la distance $d = 3$ cm et soumises à une différence de potentiel $U = 100$ V. Peut-on négliger l'action du poids ?

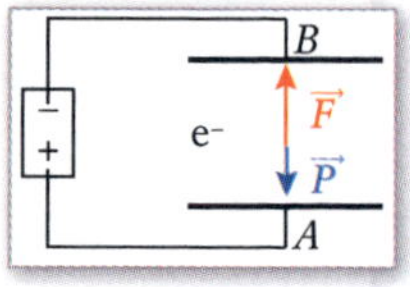

CONSEILS

Montrer qu'une grandeur est négligeable, c'est montrer qu'elle est beaucoup plus petite qu'une autre. Devant quelle autre force le poids peut-il être négligé ?

SOLUTION

Dans le référentiel du laboratoire, l'électron est soumis à deux forces : son poids et la force électrique (parfois appelée dans ce cas « force électrostatique » car elle est créée par des charges fixes). Pour savoir si une force est négligeable devant l'autre, il faut les calculer et effectuer leur rapport.

Calcul du poids de l'électron :

$P = mg = 9{,}1 \times 10^{-31} \times 9{,}8 = 8{,}9 \times 10^{-30}\ \text{N}.$

Calcul de la force électrique subie par l'électron : $F = qE$ avec $E = \dfrac{U}{d}$ donc :

$$F = qE = \frac{qU}{d} = \frac{1{,}6 \times 10^{-19} \times 100}{0{,}03} = 5{,}3 \times 10^{-16}\ \text{N}.$$

Comparons ces deux forces : $\dfrac{F}{P} = 6{,}0 \times 10^{13}$. La force électrique est 60 000 milliards de fois plus intense que le poids ! Le poids est donc négligeable.

Définir la quantité de mouvement 60

RAPPELS DE COURS

1 Vecteur quantité de mouvement

▶ Le vecteur quantité de mouvement $\vec{p}$ (minuscule) d'un objet ponctuel est le produit de la masse de ce corps par son vecteur-vitesse :

$$\vec{p} = m\vec{v}$$
$$\vec{p} = mv_x\vec{i} + mv_x\vec{j} + mv_x\vec{k}$$

p en $kg \cdot m \cdot s^{-1}$
m en kg
v en $m \cdot s^{-1}$

La quantité de mouvement d'un corps constitué de l'association de deux corps A et B est : $\vec{p} = \vec{p}_A + \vec{p}_B$.

▶ La quantité de mouvement associée à une onde de longueur d'onde λ est définie par : (→ FICHE 54)

$$p = \frac{h}{\lambda}$$

λ en m
p en $kg \cdot m \cdot s^{-1}$
$h = 6{,}6 \times 10^{-34}\ J \cdot s$

2 Conservation de la quantité de mouvement

▶ Un système est **isolé** quand il n'est soumis à aucune action extérieure. C'est impossible sur Terre, où l'on ne peut s'affranchir du poids. On parle alors de système **pseudo isolé** dont les forces extérieures se compensent : $\sum \vec{F}_{ext} = \vec{0}$.

▶ La quantité de mouvement d'un système pseudo isolé **se conserve**. Cela signifie que son vecteur quantité de mouvement est constant. Ce principe de conservation est contenu dans la 2e loi de Newton (→ FICHE 61).

EXEMPLE Un chariot sur lequel est fixé un ballon de baudruche gonflé d'air. Système : {air contenu dans le ballon + ballon + chariot}. Si on néglige les frottements, le système est pseudo isolé et $\vec{p}$ reste constante au cours du mouvement.

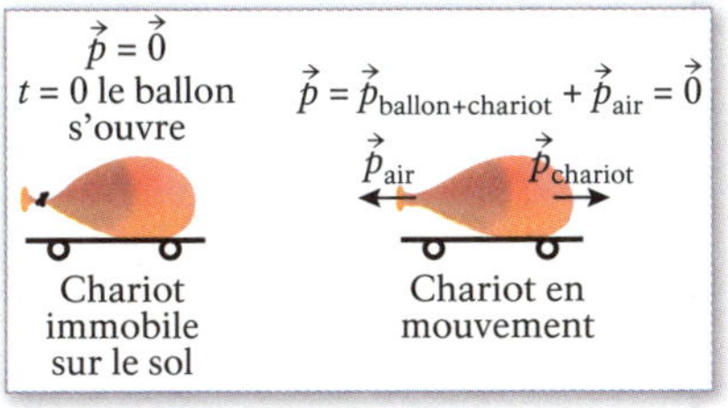

– À $t = 0$: $\vec{p} = \vec{p}_{air} + \vec{p}_{ballon+chariot} = \vec{0}$ car $\vec{v} = \vec{0}$.
– À un instant $t > 0$: $\vec{p} = \vec{p}_{air} + \vec{p}_{ballon+chariot} = \vec{0}$.
Le chariot part dans un sens opposé à l'air qui s'échappe. On parle de propulsion par réaction.

MÉTHODE

Comprendre la propulsion par réaction

Deux patineuses, initialement immobiles se repoussent l'une l'autre et partent en sens inverse. (→ FICHE 56).

1. Le système {R + V} est-il pseudo isolé ?
2. Calculer la vitesse v_V de la patineuse V.
Données : $m_R = 50$ kg ; $m_V = 60$ kg ;
à $t = 0$ s : $v_{0R} = v_{0V} = 0$; à $t > 0$ s : $v_R = 6 \text{ m} \cdot \text{s}^{-1}$.

CONSEILS

1. Partir de la définition du système pseudo isolé
2. Écrire la conservation de $\vec{p}$ et projeter les vecteurs.

SOLUTION

1. Le système {R + V} est pseudo isolé car le poids des patineuses et la réaction de la glace se compensent.
2. La quantité de mouvement de {R + V} reste donc constante au cours du temps : elle est identique à $t > 0$ s et à $t = 0$ s.
À $t = 0$: $\vec{p} = \vec{p}_R + \vec{p}_V = m_R\vec{v}_R + m_V\vec{v}_V = \vec{0}$ car $v_{0R} = v_{0V} = 0$;
À un instant $t > 0$: $\vec{p} = \vec{p}_R + \vec{p}_V = \vec{0}$ donc $\vec{p}_R = -\vec{p}_V$ et $m_R v_R = m_V v_V$.
Donc $v_V = \dfrac{m_R v_R}{m_V} = \dfrac{50 \times 6}{60} = 5 \text{ m} \cdot \text{s}^{-1}$. La patineuse verte dont la masse est la plus élevée part avec la vitesse la plus faible.

RAPPELS DE COURS

1 Les lois de Newton

A Première loi : principe d'inertie

Il existe des référentiels appelés référentiels galiléens dans lesquels la quantité de mouvement $\vec{p}$ d'un système isolé (→ FICHE 60) se conserve. Cette loi peut être traduite par : $\vec{p} = \overrightarrow{C^{te}} \Leftrightarrow \sum \vec{F}_{ext} = \vec{0}$.

Un tel système est en mouvement rectiligne uniforme (dont un cas particulier est l'immobilité : vitesse nulle).

B Deuxième loi

Elle est la traduction mathématique du lien qualitatif entre la somme des forces s'exerçant sur un système de masse m et la variation de son vecteur quantité de mouvement : $\sum \vec{F}_{ext} = \frac{d\vec{p}}{dt}$.

Pour un système de masse constante, cette loi s'écrit : $\sum \vec{F}_{ext} = m\vec{a}_{B/A}$.

C Troisième loi : principe des actions réciproques

Que deux corps A et B soient au repos ou animés d'un mouvement, la force exercée par A sur B est opposée à la force exercée par B sur A : $\vec{F}_{A/B} = -\vec{F}_{B/A}$.

Cette loi permet une interprétation de la propulsion par réaction. (→ FICHE 60).

2 Appliquer les lois de Newton

▶ Définir le référentiel, préciser les repères d'espace (origine O, axes Ox, Oy, Oz ; base de Frénet, etc.) et de temps (origine des temps) (→ FICHE 56).

▶ Définir le {système}.

▶ Inventorier les forces extérieures appliquées au système (nom de la force, point d'application, valeur, direction et sens). Pour cela, identifier tous les objets qui interagissent avec le système (→ FICHE 58).

▶ Énoncer la loi qui va permettre d'interpréter le mouvement.

S'approprier les lois de Newton

Montrer que la 3e loi de Newton se retrouve à partir de la 2e loi.

CONSEILS

S'intéresser successivement aux systèmes {A}, {B} et {A + B}.

SOLUTION

{A} n'est soumis qu'à la force que B exerce sur lui ; {B} n'est soumis qu'à la force que A exerce sur lui ; {A + B} est pseudo-isolé. La 2e loi de Newton s'écrit :

pour le système {A} : $\frac{d\vec{p}}{dt} = \overrightarrow{F_{B/A}}$; pour le système {B} : $\frac{d\vec{p}}{dt} = \overrightarrow{F_{A/B}}$;

pour le système {A + B} :

$$\frac{d\vec{p}}{dt} = \frac{d(\overrightarrow{p_A + p_B})}{dt} = \frac{d\overrightarrow{p_A}}{dt} + \frac{d\overrightarrow{p_B}}{dt} = \overrightarrow{F_{B/A}} + \overrightarrow{F_{A/B}} ;$$

{A + B} est pseudo isolé donc $\frac{d\vec{p}}{dt} = \vec{0} = \overrightarrow{F_{B/A}} + \overrightarrow{F_{A/B}}$ donc $\overrightarrow{F_{B/A}} = -\overrightarrow{F_{A/B}}$.

Comprendre le rôle des forces de frottement

Une moto démarre. La roue motrice est la roue arrière.

1. Déterminer le sens de la force de frottement exercée par le sol sur la roue motrice.

2. Déterminer le sens de la force exercée par le sol sur la roue non motrice.

SOLUTION

1. La roue motrice propulse la moto. À son niveau, la force exercée par le sol doit donc être exercée vers l'avant (3e loi : la roue exerce sur le sol une force dirigée vers l'arrière, force qui peut éjecter des cailloux…).

2. La roue non motrice « frotte » sur le sol. À son niveau, la force exercée par le sol freine la moto ; elle est dirigée vers l'arrière.

REMARQUE La somme de ces deux forces est dirigée dans le sens du mouvement.

Étudier un mouvement dans un champ de pesanteur uniforme

62

RAPPELS DE COURS

1 Conditions de l'étude

▶ Le champ de pesanteur (→ FICHE 59) est supposé **uniforme**. On néglige les frottements ; le poids $\vec{P}$ est la seule force extérieure.

▶ On étudie le mvouvement d'un projectile de masse m, dans le référentiel terrestre supposé **galiléen** (→ FICHE 61). À l'instant $t = 0$, le projectile est en O et sa vitesse est $\vec{v_0}$.

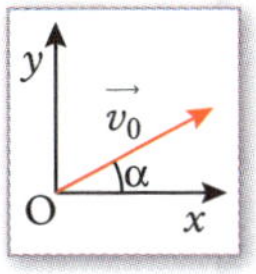

2 Équation horaire du mouvement

▶ Dans le référentiel terrestre : $\sum \vec{F} = \vec{P} = m\vec{g}$.
La deuxième loi de Newton s'écrit :

$$\sum \vec{F} = \frac{\mathrm{d}\vec{p}}{\mathrm{d}t} = m\vec{a} = m\vec{g} \text{ d'où } \vec{a} = \vec{g}\text{. Donc : } \left| \begin{array}{l} a_x = 0 \\ a_y = -g. \end{array} \right.$$

▶ À $t = 0$: $v_{0x} = v_0 \cos\alpha$; $v_{0y} = v_0 \sin\alpha$; $x(0) = 0$ et $y(0) = 0$.
Par intégrations successives, on trouve :

$$\left| \begin{array}{l} a_x = 0 \text{ donc } v_x = \mathrm{C^{te}} = v_0 \cos\alpha \text{ et} \\ x = v_0 \cos\alpha \cdot t + 0 = v_0 \cos\alpha \cdot t\,; \\ a_y = -g \text{ donc } v_y = -gt + v_0 \sin\alpha \text{ et} \\ y = -\frac{1}{2}gt^2 + (v_0 \sin\alpha)t + 0 = -\frac{1}{2}gt^2 + (v_0 \sin\alpha)t. \end{array} \right.$$

3 Équation de la trajectoire

De l'équation horaire de x on tire :
$t = \frac{x}{v_0 \cos\alpha}$
En remplaçant dans l'équation horaire de y, il vient :

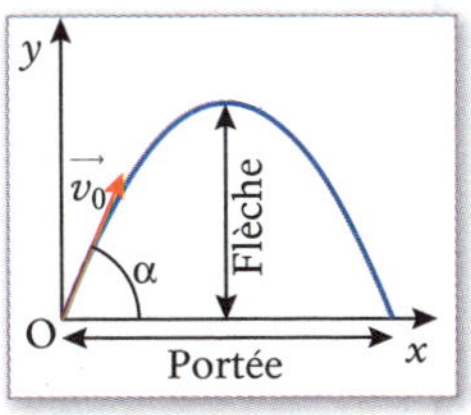

$y = -\frac{1}{2} g \frac{x^2}{v_0^2 \cos^2\alpha} + x \tan\alpha$ qui est l'équation d'une **parabole**.

Il faut savoir retrouver : flèche : $\frac{v_0^2 \sin^2\alpha}{2g}$; portée : $\frac{v_0^2 \sin 2\alpha}{g}$.

PHYSIQUE

Utiliser les équations du mouvement

Avec les notations du schéma, quelle vitesse v_0 un golfeur doit-il donner à la balle pour atteindre un trou T situé à 425 m de lui ?
Données : $g = 10 \text{ m} \cdot \text{s}^{-2}$; $\alpha = 30°$.

CONSEILS

Utiliser une équation intégrant les données : v_0, α et les coordonnées du trou.

SOLUTION

Le trou T est au sol ($y_T = 0$) et a pour abscisse $x_T = 425$ m. On obtient :
$\frac{1}{2} g \frac{x_T^2}{v_0^2 \cos^2 \alpha} = x_T \tan\alpha = x_T \frac{\sin\alpha}{\cos\alpha}$, et après simplification par x_T et $\cos \alpha$: $\frac{g x_T}{v_0^2} = 2\sin\alpha\cos\alpha$.

Or $2\cos\alpha\sin\alpha = \sin 2\alpha$. Donc $v_0^2 \sin 2\alpha = g x_T$ et finalement :

$$v_0 = \sqrt{\frac{g x_T}{\sin 2\alpha}} = \sqrt{\frac{10 \times 425}{\sin 60}} = 70 \text{ m} \cdot \text{s}^{-1} = 2{,}5 \times 10^2 \text{ km} \cdot \text{h}^{-1}.$$

Calculer la durée d'un « vol »

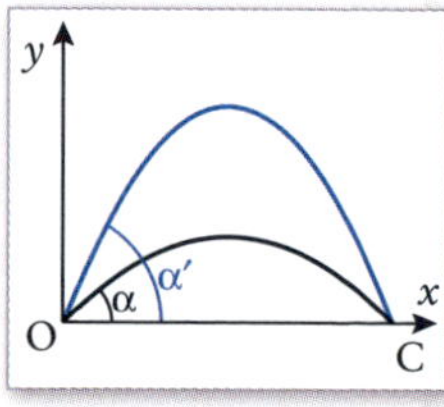

Avec une même vitesse initiale, on peut atteindre une cible d'abscisse x_C par un « tir en cloche » (α') ou par un « tir tendu » (α). Quelle est le « vol » le plus court ?

SOLUTION

$y_C = 0 = \frac{1}{2} g t^2 + v_0 \cos\alpha t$ donc $t\left(\frac{1}{2} g t + v_0 \cos\alpha\right) = 0$ soit $t = 0$ ou $t = \frac{2 v_0 \cos\alpha}{g}$.

L'instant $t = 0$ n'est pas celui où la balle atteint C, mais celui où elle est en O. La cible est atteinte pour $t = \frac{2 v_0 \cos\alpha}{g}$.

La fonction cosinus est une fonction décroissante, la cible est atteinte plus rapidement dans un tir tendu. Dans les sports de raquette, il est plus difficile de renvoyer une balle reçue en tir tendu.

Étudier un mouvement dans un champ électrostatique uniforme

63

RAPPELS DE COURS

1 Conditions de l'étude

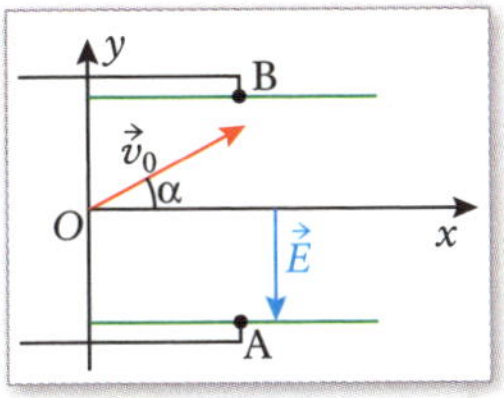

▶ On étudie, dans le référentiel terrestre (galiléen), le mouvement d'une particule de charge q et de masse m dans un champ électrostatique $\vec{E}$ uniforme (→ FICHE 59).

▶ Le poids de la particule est négligeable devant la force électrique (→ FICHE 59).

▶ À l'instant $t = 0$, la particule pénètre dans l'espace où règne le champ électrique $\vec{E}$ en O avec une vitesse $\vec{v}_0$ (voir schéma).

2 Équations horaires du mouvement de la particule

▶ La 2e loi de Newton s'écrit $\sum \vec{F} = m\vec{a} = q\vec{E}$. D'où $\vec{a} = \dfrac{q\vec{E}}{m}$.

▶ La valeur de a dépend de q et de m ; ce n'est pas le cas pour un mouvement dans le champ de pesanteur (→ FICHE 62).

▶ Le sens de l'accélération dépend du signe de la charge :

– si $q > 0$: $\vec{a}$ et $\vec{E}$ ont même direction et même sens ;

– si $q < 0$: $\vec{a}$ et $\vec{E}$ ont même direction mais sens opposés.

▶ En supposant $\vec{E}$ orienté vers les y négatifs et en tenant compte des conditions initiales, il vient :

$a_x = 0$	$v_x = v_0 \cos\alpha$	$x = v_0 \cos\alpha t$
$a_y = -\dfrac{qE}{m}$	$v_y = -\dfrac{qE}{m}t + v_0 \sin\alpha$	$y = -\dfrac{1}{2}\dfrac{qE}{m}t^2 + v_0 \sin\alpha t$

3 Équation de la trajectoire

La trajectoire est parabolique :

$$y = -\frac{1}{2}\frac{qE}{m}\frac{x^2}{v_0^2 \cos^2\alpha} + x\tan\alpha.$$

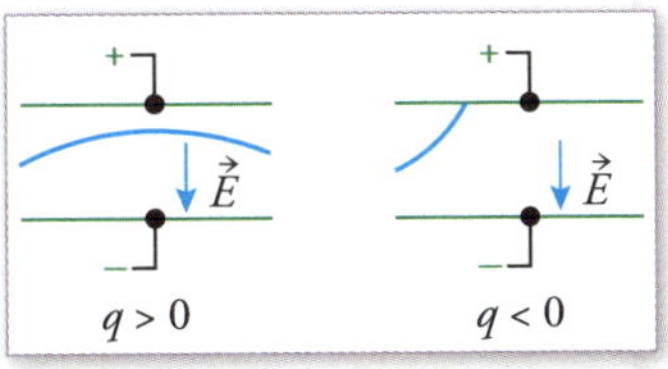

MÉTHODE

Décrire un mouvement de façon qualitative

On s'intéresse au cas où la vitesse initiale $\vec{v_0}$ est perpendiculaire à $\vec{E}$.

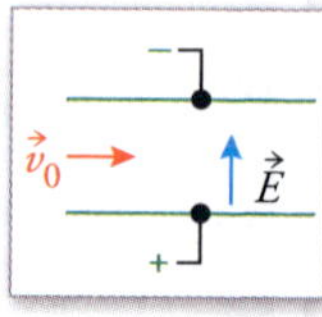

1. Écrire l'équation de la trajectoire.

2. Montrer que ce dispositif peut permettre dans un détecteur de séparer des particules en fonction de leur masse ou de leur charge.

Conseils

1. Rechercher la valeur de α qui correspond à la situation $\vec{v_0} \perp \vec{E}$.

2. Rechercher l'influence de k sur la fonction $f(x) = kx^2$.

Solution

1. La situation $\vec{v_0} \perp \vec{E}$ correspond à $\alpha = 0$. Si $\vec{E}$ est orienté vers les y positifs, l'équation de la trajectoire est : $y = \dfrac{1}{2}\dfrac{qE}{m}\dfrac{x^2}{v_0^2} = kx^2$ où $k = \dfrac{1}{2}\dfrac{qE}{mv_0^2}$.

2. La trajectoire est une portion de parabole de sommet O, tournée vers les y positifs si q et donc k est positive et vers les y négatifs si q et donc k est négative.

L'accélération $a = \dfrac{qE}{m}$ est d'autant plus grande que la particule a une plus petite masse (m est au dénominateur) et/ou une plus grande charge (q est au numérateur). Les particules peuvent être détectées séparément en fonction de leur masse ou de leur charge.

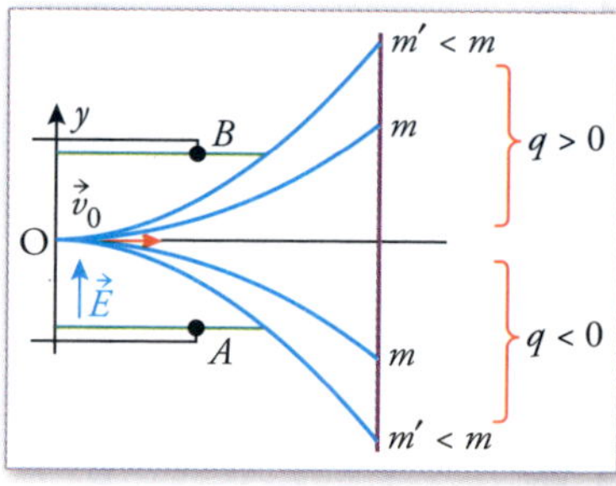

Décrire le mouvement des satellites et des planètes

64

RAPPELS DE COURS

1 Les lois de Kepler

▶ Les planètes décrivent des ellipses dont le Soleil est un des foyers.

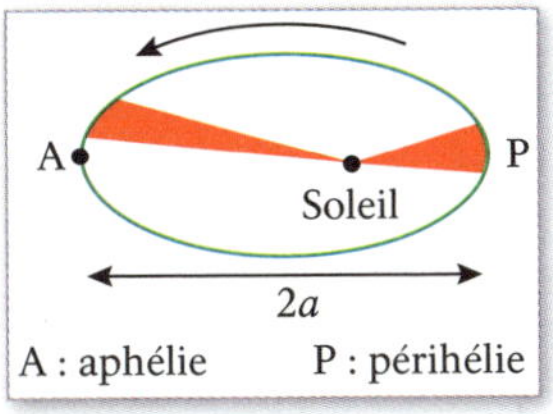

▶ Le segment qui joint le Soleil à une planète balaie des aires égales en des temps égaux.

▶ Si T est la période de révolution et a le demi-grand axe, le rapport $\frac{T^2}{a^3}$ est constant.

REMARQUES Ces lois sont empiriques ; elles ont été établies à partir des mesures astronomiques des prédécesseurs de Kepler. Elles sont généralisables au mouvement des satellites artificiels.

2 Approximation par des trajectoires circulaires

▶ La trajectoire des satellites artificiels autour de la Terre ou des planètes autour du Soleil est assimilée à un cercle de rayon R.

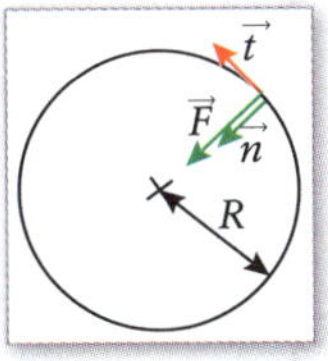

▶ Le satellite de masse m n'est soumis qu'à la force gravitationnelle (→ FICHE 59), exercée par l'astre de masse M_A le plus proche (Terre ou Soleil) :

$$\vec{F} = G\frac{M_A m}{R^2}\vec{n}.$$

Cette force est dirigée selon la normale à la trajectoire circulaire.

▶ La 2e loi de Newton (→ FICHE 61) s'écrit $\vec{F} = G\frac{M_A m}{R^2}\vec{n} = m\vec{a}$; dans le repère de Frénet (→ FICHE 57) on obtient :

– projection selon $\vec{t}$: $F_t = 0 = m\frac{\mathrm{d}v}{\mathrm{d}t}$, donc v est constante (dérivée nulle), le mouvement est uniforme ;

– projection selon $\vec{n}$: $F_n = \frac{GM_A m}{R^2} = m\frac{v^2}{R}$ donc $v = \sqrt{\frac{GM_A}{R}}$.

La vitesse ne dépend pas de la masse m du satellite.

MÉTHODES

Exploiter qualitativement une loi de Kepler

Montrer sans calcul que dans le cas d'une trajectoire circulaire la vitesse d'un satellite est constante.

Conseils

Utiliser la 2e loi de Kepler.

Solution

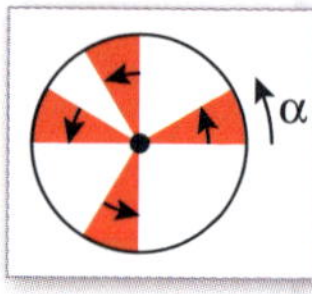

La 2e loi dit : « Le segment qui joint le Soleil à une planète balaie des aires égales en des temps égaux ». Dans le cas d'une trajectoire circulaire, le segment a une longeur constante : r. Quel que soit α, le satellite parcourt les arcs de cercle de longueur $R\alpha$ en des temps égaux : il est donc animé d'une vitesse constante.

Comparer des distances grâce à une loi de Kepler

Mars effectue un tour complet autour du Soleil en 687 jours. Comparer la distance Mars-Soleil à la distance Terre-Soleil.

Solution

La 3e loi de Kepler s'écrit pour les deux planètes :

$$\frac{4\pi^2}{GM_s} = \frac{T_{\text{Terre}}^2}{d_{\text{Terre-Soleil}}^3} = \frac{T_{\text{Mars}}^2}{d_{\text{Mars-Soleil}}^3}, \quad \text{soit} \quad d_{\text{M-S}}^3 = \frac{T_{\text{Mars}}^2}{T_{\text{Soleil}}^2} d_{\text{T-S}}^3 \quad \text{ou}$$

$$d_{\text{M-S}} = \left(\frac{T_{\text{Mars}}}{T_{\text{Terre}}}\right)^{2/3} d_{\text{T-S}} = \left(\frac{687}{365}\right)^{2/3} d_{\text{T-S}} = 1{,}52 d_{\text{T-S}}.$$

La distance Mars-Soleil vaut une fois et demie la distance Terre-Soleil.

Établir l'expression de la constante de la 3e loi de Kepler

Démontrer la relation $\frac{4\pi^2}{GM_s} = \frac{T^2}{R^3}$ pour les trajectoires circulaires.

Solution

En une durée T, le satellite effectue un tour de périmètre $2\pi R$. Donc $v = \frac{2\pi R}{T}$. Or $v = \sqrt{\frac{GM_s}{R}}$ donc $v^2 = \frac{4\pi^2 R^2}{T^2} = \frac{GM_s}{R}$ et finalement : $\frac{4\pi^2}{GM_s} = \frac{T^2}{R^3}$.

Comprendre les oscillateurs mécaniques

RAPPELS DE COURS

1 Modèle du pendule simple idéal

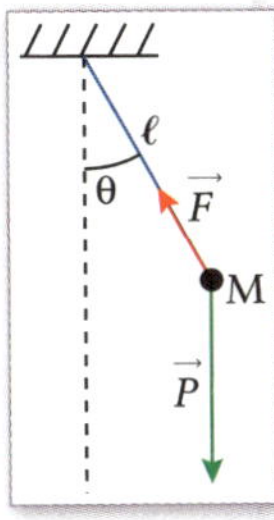

▶ Un pendule simple idéal est constitué d'un corps ponctuel de masse m, suspendu à un fil inextensible de longueur ℓ sans masse. Il oscille librement sous l'effet de son poids et de la force exercée par le fil. Sa période est notée T.

▶ On constate que T ne dépend pas de m et que T^2 est proportionnel à ℓ :

$$T = 2\pi\sqrt{\frac{\ell}{g}}$$

T en s ; ℓ en m
g en $\text{N} \cdot \text{kg}^{-1}$

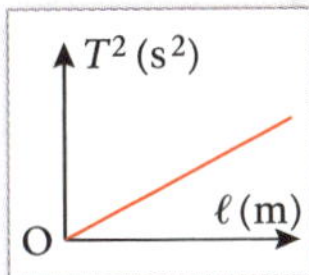

2 Dispositif solide-ressort horizontal

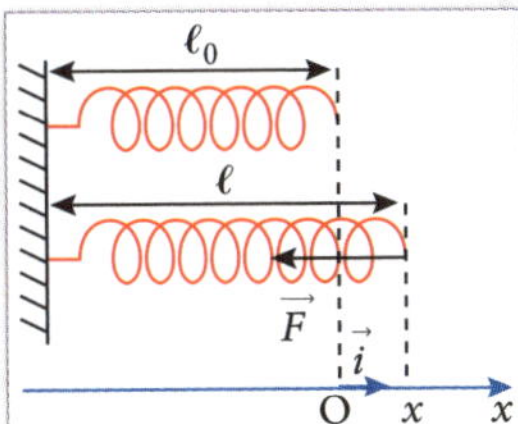

O est la position du solide au repos

▶ Le dispositif est constitué d'un solide de masse m, accroché à un ressort de masse négligeable, de raideur k et de longueur au repos ℓ_0. Si on déplace la masse m d'une longueur x (on a alors $x = \ell - \ell_0$), elle subit une force de rappel de sens contraire au déplacement :

$$\vec{F} = -kx\vec{i}$$

F en N
k en $\text{N} \cdot \text{m}^{-1}$; x en m

▶ On néglige les frottements. Le poids et la réaction du support se compensent. La 2e loi de Newton s'écrit : $m\vec{a} = \vec{F} = -kx\vec{i}$.

Ou, par projection sur Ox (→ FICHE 57) : $m\dfrac{d^2x}{dt^2} + kx = 0$.

$x(t) = x_M \cos\left(\dfrac{2\pi}{T}t + \phi_0\right)$ vérifie l'équation ci-dessus avec $T = 2\pi\sqrt{\dfrac{m}{k}}$. x_m est l'allongement maximal (en m), φ_0 (sans dimension) dépend des conditions initiales et T est la période (en s).

Exploiter la formule de la période d'un pendule simple

Comment varie la période d'un pendule simple si :

1. on augmente la valeur de m ?

2. on divise la longueur du fil par 4 ?

3. on emporte le pendule sur la Lune ?

Conseils

Analyser la formule de la période en recherchant la variation engendrée par une modification de chaque paramètre.

Solution

1. Puisque m n'apparaît pas dans l'expression de T, c'est que T est indépendante de m. La période n'est pas modifiée si m augmente.

2. La période est proportionnelle à la racine carrée de L. Si L est divisée par 4, la période est divisée par la racine carrée de 4 c'est-à-dire par 2.

3. Sur la Lune, l'intensité de la pesanteur est plus faible que sur Terre. Comme g est au dénominateur de l'expression de T, la période T augmente.

Analyser une situation

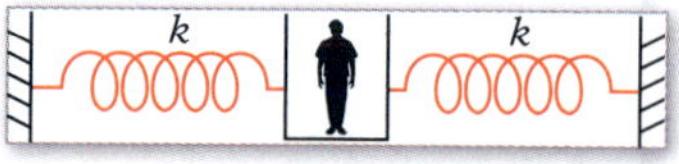

Un astronaute prend place dans une cabine reliée à deux ressorts de raideur k. Le dispositif équivaut à un système comprenant un seul ressort de raideur $2k$. Sa période d'oscillation est $T = 2\pi\sqrt{\dfrac{M}{2k}}$ où M est la somme des masses de la cabine et de l'astronaute.

Pourquoi ce système de pesée est-il astucieux ? Expliquer son principe.

Solution

Le système est astucieux car il permet une mesure de la masse sans mesurer le poids : g n'intervient pas. Dans un satellite, on ne ressent pas la gravitation car on est en chute libre avec l'habitacle (→ FICHE 64) : on ne peut donc du fait de son poids appuyer sur un pèse-personne. Le principe de ce dispositif est de mesurer précisément la période d'oscillation du système et d'en déduire la masse de l'astronaute $m = kT^2/2\pi$.

Calculer le travail d'une force

RAPPELS DE COURS

1 Travail d'une force

- Le travail élémentaire de la force $\vec{F}$ sur le trajet $\delta\vec{\ell}$ est $\delta W = \vec{F} \cdot \delta\vec{\ell}$.
- Si la force est **constante**, $W(\vec{F})_{A \to B} = \vec{F} \cdot \overrightarrow{AB}$.
- Si $W(\vec{F})_{A \to B} > 0$, le travail est **moteur** : la force favorise le déplacement.
- Si $W(\vec{F})_{A \to B} < 0$, le travail est **résistant** : la force s'oppose au déplacement.

2 Travail de la force de pesanteur $\vec{P} = m\vec{g}$, constante

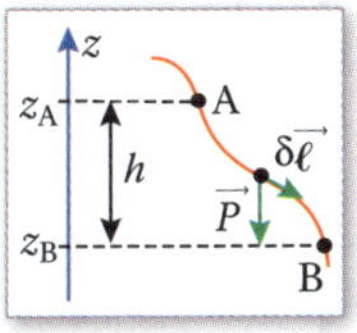

- $W(\vec{P})_{A \to B} = \int_A^B \vec{P} \cdot \delta\vec{\ell} = \vec{P} \cdot \int_A^B \delta\vec{\ell} = \vec{P} \cdot \overrightarrow{AB}$

$$W(\vec{P})_{A \to B} = mgz_A - mgz_B = mgh$$

W en J ; m en kg
g en $N \cdot kg^{-1}$; h en m

- Le travail de la force de pesanteur entre A et B ne dépend pas du chemin suivi, mais seulement de la différence d'altitude h.

3 Travail de la force électrique $\vec{F} = q\vec{E}$, constante

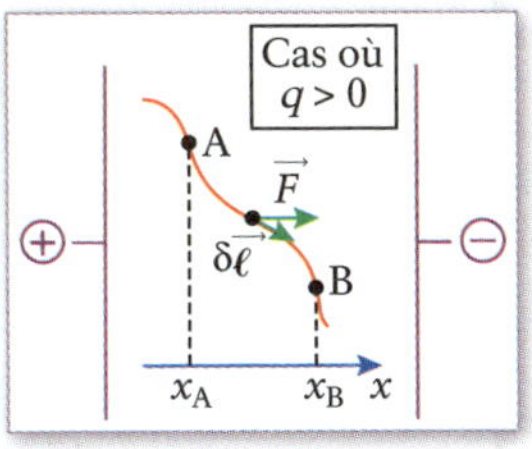

- $W(\vec{F})_{A \to B} = \int_A^B \vec{F} \cdot \delta\vec{\ell}$

Le champ électrique est uniforme, donc $\vec{F}$ est constante :

$$W(\vec{F})_{A \to B} = \vec{F} \cdot \int_A^B \delta\vec{\ell} = \vec{F} \cdot \overrightarrow{AB} = q\vec{E} \cdot \overrightarrow{AB}$$

$$W(\vec{F})_{A \to B} = qEx_B - qEx_A$$

W en J ; q en C
E en $V \cdot m^{-1}$; x en m

- Le travail de la force électrique entre A et B ne dépend pas du chemin suivi mais seulement des distances de A et B aux plaques.

PHYSIQUE

Comprendre le rôle des forces de frottement

On note $\vec{f}$ et $\vec{f'}$ les forces de frottement constantes qui sont exercées par le sol sur la roue arrière et la roue avant d'un vélo. Déterminer la nature du travail de $\vec{f}$ et $\vec{f'}$ sur un trajet AB.

Conseils

Représenter les forces $\vec{f}$ et $\vec{f'}$ qui s'exercent sur chacune des roues en notant que, sur la roue entraînée par les pédales, l'effet global est de faire avancer le vélo alors que sur l'autre roue, l'effet unique est de freiner le vélo.

Solution

$\vec{f}$, résultante des forces exercées sur la roue arrière, est dirigée dans le sens du mouvement. $W(\vec{f})_{A\to B} = \vec{f}\cdot\overrightarrow{AB}$ est positif, il est moteur : la force de frottement sur la roue motrice favorise le déplacement (→ FICHE 58). Si cette force était nulle, la roue « patinerait ».

$W(\vec{f'})_{A\to B} = \vec{f'}\cdot\overrightarrow{AB}$ est négatif, il est résistant car $\vec{f'}$ s'oppose au mouvement.

Exprimer un travail en joules ou en électronvolts

Un électron se déplace de la plaque A à la plaque B sous l'effet de la force électrique. Calculer, en J puis en eV, le travail de la force électrique.

Données : $e = 1{,}6 \times 10^{-19}$ C ;
$1 \text{ eV} = 1{,}6 \times 10^{-19}$ J.

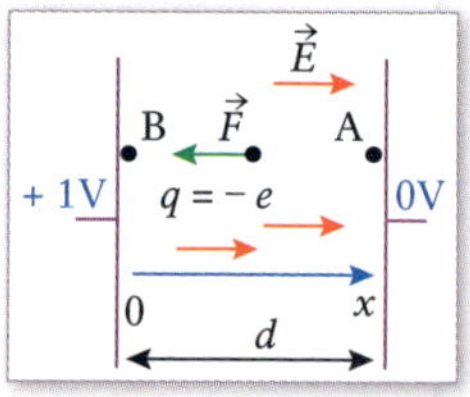

Solution

La force est constante et parallèle à $\overrightarrow{AB}$. En projetant sur Ox :

$$W(\vec{F})_{A\to B} = \vec{F}\cdot\overrightarrow{AB} = (-eE)(x_B - x_A) = -e\frac{U}{d}(-d) = eU$$
$$= 1{,}6 \times 10^{-19}\text{ J} = 1\text{ eV}.$$

Reconnaître une force conservative 67

RAPPELS DE COURS

1 Énergie potentielle : définitions

Une force est **conservative** lorsque son travail est indépendant du chemin suivi (→ FICHE 66). On peut alors associer à l'objet qui subit la force une énergie potentielle, liée à sa position.

A Énergie potentielle de pesanteur (en J)

$$E_{pp} = mgz$$

m : masse de l'objet en kg
g : intensité de la pesanteur en $N \cdot kg^{-1}$
z : altitude en m

B Énergie potentielle électrique (en J)

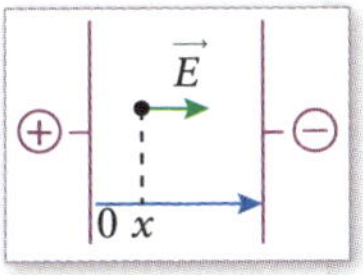

$$E_{pé} = -qEx = qU$$

q : charge, en C
E : champ électrique en $N \cdot C^{-1}$
$U = -Ex$: potentiel électrique au point d'abscisse x, en V

C Énergie potentielle élastique (en J)

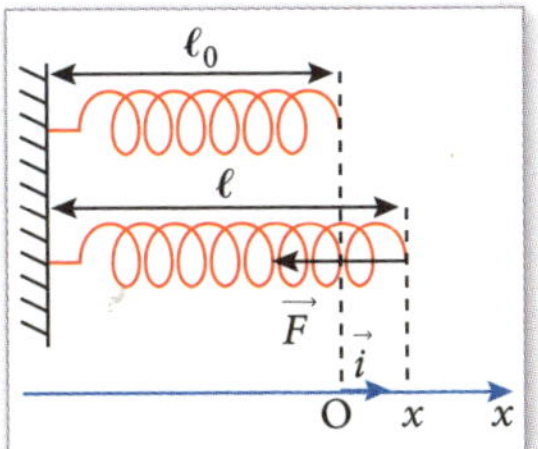

O est la position du solide au repos

$$E_{pk} = \frac{1}{2}kx^2$$

k : raideur du ressort en $N \cdot m^{-1}$
x : élongation en m

2 Travail des forces conservatives

▶ Pour une **force conservative** :

$$W(\vec{F})_{A \to B} = -\Delta E_{\text{potentielle}} = E_p(A) - E_p(B)$$

▶ On admet que, réciproquement, si le travail d'une force sur un trajet AB est l'opposé de la variation d'énergie potentielle entre ces deux points, alors cette force est conservative.

MÉTHODES

Montrer que le poids est conservatif

Un skieur de masse m se laisse glisser sans frottements de A en B. Vérifier que le travail du poids du skieur sur ce trajet est l'opposé de la variation de son énergie potentielle ΔE_{pp}.

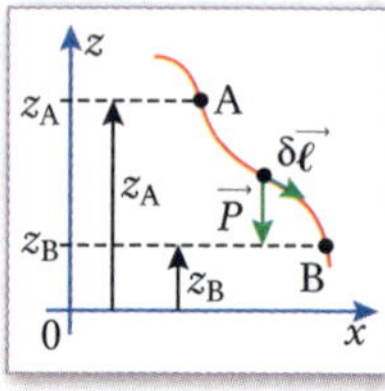

CONSEIL

Calculer séparément le travail du poids et ΔE_p pour montrer qu'ils sont égaux.

SOLUTION

Coordonnées de $\vec{P}$: $P_x = 0$ et $P_y = -P$.

Coordonnées de $\overrightarrow{AB}$: $(x_B - x_A)$ et $(z_B - z_A)$.

$$W(\vec{P})_{A\to B} = \int_A^B \vec{P} \cdot \delta\vec{\ell}$$
$$= \vec{P} \cdot \int_A^B \delta\vec{\ell} = \vec{P} \cdot \overrightarrow{AB}$$
$$= 0 \times (x_B - x_A) - P \times (z_B - z_A) = -mg(z_B - z_A)$$

$$\Delta E_{pp} = E_{pp}(B) - E_{pp}(A) = mgz_B - mgz_A = mg(z_B - z_A)$$

Donc $W(\vec{P})_{A\to B} = -\Delta E_{pp}$. Le poids est conservatif.

Montrer que la force de frottement n'est pas conservative

On pousse successivement la même voiture miniature de A jusqu'en B, en suivant deux chemins différents (voir schéma). La force de frottement f est supposée constante et tangente à la trajectoire tout au long de ces deux trajets de longueurs respectives $AB = L$ et $AA' + A'B' + B'B = L'$

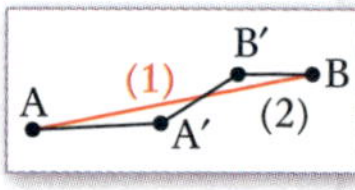

Montrer que la force de frottement n'est pas conservative.

SOLUTION

Le travail est résistant car la force de frottement s'oppose au déplacement.

Selon le trajet en ligne droite : $W_{AB}^{(1)} = -fAB = -fL$.

Selon l'autre trajet : $W_{AB}^{(2)} = [-f \cdot AA'] + [-f \cdot A'B'] + [-f \cdot B'B]$
$= -f(AA' + A'B' + B'B) = -fL'$

Comme $L' > L$, on a $W_{AB}^{(2)} > W_{AB}^{(1)}$. Le travail de la force de frottement dépend donc du chemin suivi : la force n'est pas conservative.

Analyser les transferts énergétiques

68

RAPPELS DE COURS

1 Énergie mécanique

L'énergie mécanique E totale d'un système est la somme de son énergie potentielle E_p (→ FICHE 67) et de son énergie cinétique E_c :

$$E = E_p + E_c$$
$$E_c = \frac{1}{2}mv^2$$

E, E_p et E_c en J
m en kg ; v en $m \cdot s^{-1}$

2 Conservation de E en l'absence de frottements

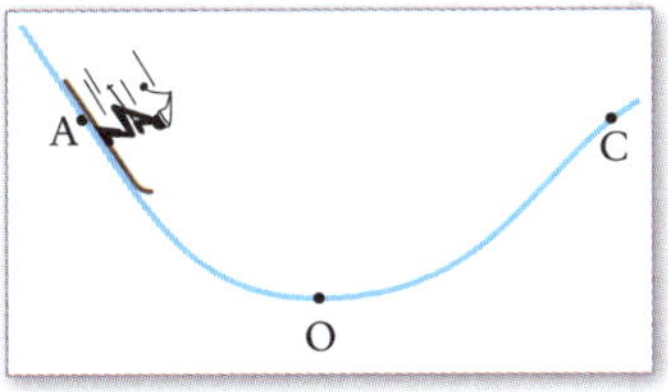

En l'absence de frottement, lorsque l'énergie potentielle diminue, l'énergie cinétique augmente, et inversement, de sorte que la somme reste constante.

Il y a transformation d'une forme d'énergie (cinétique ou potentielle) en une autre.

EXEMPLE Le mouvement d'un skieur dans un « tube ».

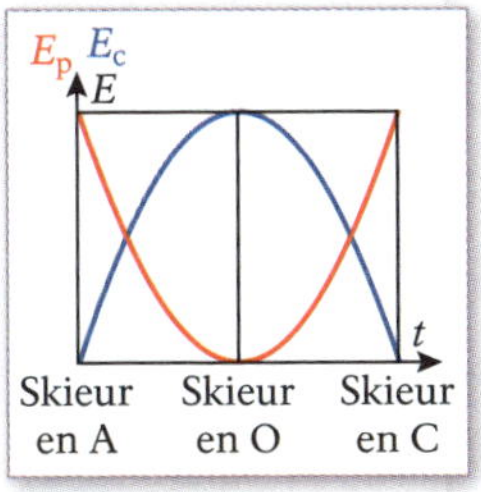

3 Amortissement

Le mouvement d'un pendule simple réel (→ FICHE 65) s'amortit : partie de H_g, la masse ne remonte que jusqu'à H_d.

Toute l'énergie potentielle en H_g n'est pas convertie en énergie cinétique en O : de l'énergie est dissipée sous forme de chaleur. Cette perte correspond au travail des forces de frottement, notées $\vec{f}$.

Le système est dissipatif. L'énergie mécanique totale n'est pas conservée ; elle diminue. La perte d'énergie ΔE vaut :

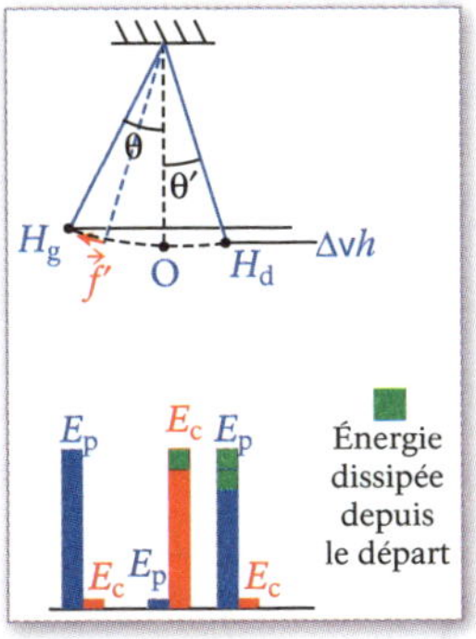

$$\Delta E = W(\vec{f})$$

ΔE et W en J

MÉTHODE

Interpréter un phénomène dissipatif

On a mesuré les énergies cinétique E_c, potentielle E_p et mécanique totale E d'un dispositif solide-ressort de raideur k. À l'instant $t = 0$, la masse est lâchée sans vitesse initiale avec l'élongation X_{max}.

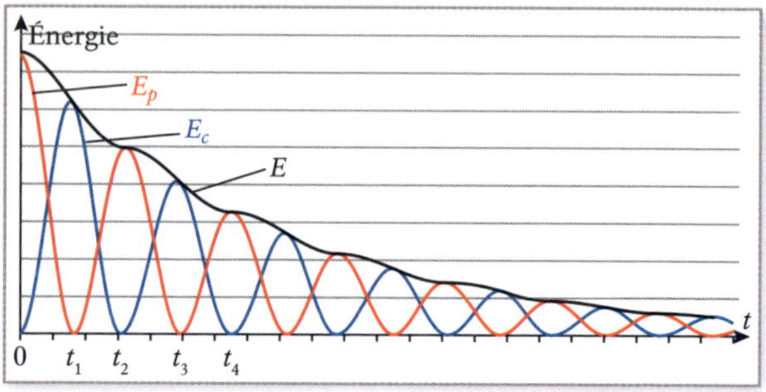

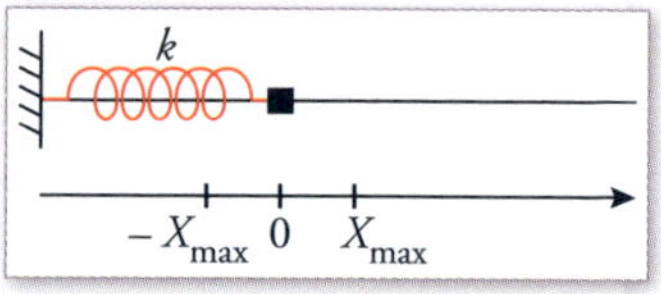

1. Que valent E_c, E_p et E à l'instant $t = 0$?

2. À quels instants E_c est-elle maximale ? Que vaut alors E_p ?

3. Le système est-il conservatif ? Pourquoi E diminue-t-elle par paliers ?

CONSEILS

2. Observer les courbes et se reporter au schéma du dispositif.

3. Rechercher quelle est l'origine de la dissipation d'énergie.

SOLUTION

1. À l'instant $t = 0$, le système est lâché sans vitesse initiale, donc :

$E_c(0) = 0$. L'élongation vaut X_{max} donc $E_p(0) = \frac{1}{2}kX_{max}^2$.

L'énergie mécanique totale vaut alors

$$E(0) = E_p(0) + E_c(0) = \frac{1}{2}kX_{max}^2.$$

2. E_c est maximale aux instants t_1 et t_3 où la masse passe par la position 0. E_p est alors nulle parce que l'élongation x vaut 0.

3. Le système n'est pas conservatif car l'énergie mécanique totale diminue. Elle diminue plus fortement lorsque les frottements sont les plus importants, c'est-à-dire lorsque la vitesse est maximale : passage en 0 aux instants t_1, t_3 etc. Elle ne diminue pas lors des passages en $-X_{max}$ et $+X_{max}$ aux instants 0, t_2, t_4 etc. où la vitesse est nulle.

Relier l'énergie interne et la capacité thermique

69

RAPPELS DE COURS

1 Définition de l'énergie interne

▶ La **matière** est modélisée comme un ensemble de particules en mouvement (atomes, molécules...), reliées entre elles par des liaisons élastiques.

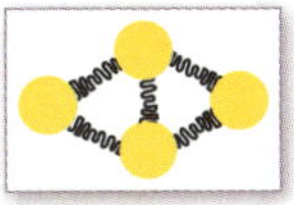

▶ L'**énergie interne** U résulte de contributions microscopiques. Pour une température donnée, U est la somme des énergies cinétiques et des énergies potentielles de toutes les particules.

2 L'énergie interne d'un corps

À une température donnée, l'énergie interne U d'un système est constante. Sous l'effet de l'**agitation thermique**, il y a en permanence, à l'**échelle microscopique**, transformation d'énergie potentielle en énergie cinétique et d'énergie cinétique en énergie potentielle, mais l'énergie interne reste constante à l'**échelle macroscopique**.

3 La capacité thermique

▶ **Chauffer** un corps, c'est apporter une quantité de chaleur Q qui va **augmenter l'énergie interne** d'une quantité ΔU positive.

▶ **Refroidir** un corps, c'est prélever une quantité de chaleur Q qui va **diminuer l'énergie interne** d'une quantité ΔU négative.

$$\Delta U = Q_{\text{échangée}}$$

ΔU et $Q_{\text{échangée}}$ en J

▶ Pour un corps liquide ou un solide, la variation d'énergie interne est proportionnelle à la variation de température et à la masse m du corps. On définit la capacité thermique massique c du matériau constituant le corps par :

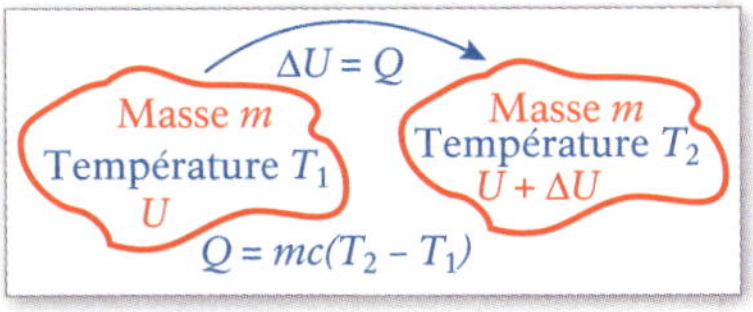

$$\Delta U = cm\Delta T$$

ΔU en J ; m en kg
ΔT en K ; c en $J \cdot K^{-1} \cdot kg^{-1}$

PHYSIQUE

Exploiter la relation $\Delta U = Q = cm\Delta T$

On extrude industriellement à 230 °C du polystyrène stocké à 15 °C pour former des tubes profilés. La production horaire est de 20 kg de tube. Quelle est la chaleur nécessaire au chauffage du matériau pour 8 h de production ?

Donnée : $c_{\text{polystyrène}} = 1\,340 \text{ J} \cdot \text{K}^{-1} \cdot \text{kg}^{-1}$

CONSEILS

ΔT, différence de température, s'exprime par le même nombre en K ou en °C.

SOLUTION

La chaleur nécessaire au chauffage d'une masse m de matériau avant extrudage est $Q = c \times m \times \Delta T$.

En huit heures, $m = 20 \times 8 = 160$ kg de polystyrène sont extrudés.

La chaleur totale nécessaire est :

$$Q = c \times m \times \Delta T = 1\,340 \times 160 \times (230 - 15)$$
$$= 4{,}6 \times 10^7 \text{ J} = 4{,}6 \times 10^4 \text{ kJ}$$

Comparer les propriétés thermiques de deux fluides

	Eau	Huile
Masse volumique ρ ($\text{kg} \cdot \text{L}^{-1}$)	1, 0	0, 80
Capacité thermique massique c ($\text{J} \cdot \text{K}^{-1} \cdot \text{kg}^{-1}$)	4 185	2 000

On dispose de deux béchers contenant chacun le même volume $V = 50$ mL de liquide, l'un de l'huile et l'autre de l'eau.

Quel est le liquide qui emmagasine le plus de chaleur lorsqu'on élève sa température de $\Delta T = 80$ °C ?

SOLUTION

Pour élever la température de ΔT, il faut apporter de l'énergie sous forme de chaleur. L'expression de la chaleur apportée à chaque liquide est : $Q = cm\Delta T = c\rho_{\text{liquide}}V\Delta T$

– pour l'eau : $Q = 4\,185 \times 1{,}0 \times 0{,}050 \times 80 = 17 \times 10^3$ J ;

– pour l'huile : $Q = 2\,000 \times 0{,}80 \times 0{,}050 \times 80 = 6{,}4 \times 10^3$ J.

L'eau est le liquide qui reçoit et emmagasine donc le plus de chaleur ; c'est un bon fluide « caloporteur ».

Évaluer un transfert thermique 70

RAPPELS DE COURS

1 Les différents modes de transferts thermiques

Ils se font toujours du corps le plus chaud vers le corps le plus froid. Il y a **irréversibilité** du transfert.

▶ **Convection** : transfert avec transport de matière dans un fluide.

▶ **Conduction** : transfert sans transport de matière, l'agitation thermique se propage de proche en proche.

▶ **Rayonnement** : transfert sans transport de matière, possible dans le vide.

2 Flux thermique et résistance thermique

▶ Le **flux thermique** Φ est l'énergie thermique qui traverse une paroi par unité de temps. Pour $T_1 > T_2$:

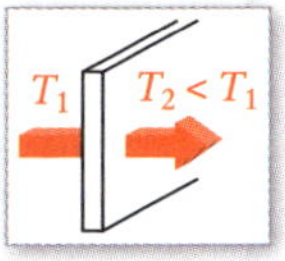

$$\Phi = \frac{S}{R}(T_1 - T_2)$$

Φ en W ; S en m^2 ; T_2 et T_1 en K
R en $m^2 \cdot K \cdot W^{-1}$

▶ R est la **résistance thermique** du matériau. Elle dépend non seulement de la nature du matériau mais aussi de son épaisseur. Plus R est élevée, plus le matériau est isolant.

▶ Lorsque plusieurs matériaux sont accolés, les résistances thermiques s'ajoutent : $R = R_1 + R_2 + R_3$.

▶ Pendant la durée Δt, la paroi transmet :

– une **quantité de chaleur** $Q = \frac{S}{R}(T_1 - T_2)\Delta t$;

– une **puissance thermique** : $P = \frac{S}{R}(T_1 - T_2)$;

Q en J ; P en W ; S en m^2 ; R en $m^2 \cdot K \cdot W^{-1}$; T en K ; t en s.

3 Transfert thermique et travail

Pour un système, le **transfert thermique** Q et le **travail** W sont les seules façons d'échanger de l'énergie ΔE avec un autre système.

$$\Delta E = \Delta E_{\text{méca}} + \Delta U = \Delta E_c + \Delta E_p + \Delta U = W + Q$$

PHYSIQUE

Calculer un flux thermique

Les parois d'un entrepôt de surface totale $S = 50$ m² sont recouvertes d'une couche de polystyrène de 2,5 cm d'épaisseur de résistance thermique $R = 2$ SI. La température extérieure est $T_{ext} = 0$ °C, la température intérieure $T_{int} = 18$ °C.

1. Quelle est la signification physique de R ? En déduire quelle est l'expression correcte du flux thermique à travers la paroi :

(a) $\Phi = \dfrac{R}{S}(T_{int} - T_{ext})$ ou (b) $\Phi = \dfrac{S}{R}(T_{int} - T_{ext})$.

2. Retrouver par analyse dimensionnelle l'unité de R.

3. Calculer le flux thermique à travers l'ensemble de l'entrepôt.

Conseils

1. Pour un écart de température donné, rechercher le sens de variation attendu du flux en fonction des variations de R.

2. et **3.** Utiliser l'expression du flux choisie au 1.

Solution

1. R mesure la capacité de la paroi à s'opposer aux échanges thermiques. L'écart $(T_{int} - T_{ext})$ étant fixé, Φ est d'autant plus faible que R est grande : Φ doit donc être fonction décroissante de R. (b) est l'expression correcte.

2. De (b) on tire $R = S\dfrac{(T_{int} - T_{ext})}{\Phi}$ donc R s'exprime en : $m^2 \cdot K \cdot W^{-1}$.

3. $\Phi = \dfrac{S}{R}(T_1 - T_2) = \dfrac{50}{2}(18 - 0) = 4{,}5 \times 10^2$ W.

Distinguer les différents modes de transferts thermiques

Donner un exemple de chacun des trois modes de transfert thermique : convection, conduction et rayonnement.

Solution

Convection : courant d'air chaud qui s'élève au-dessus des radiateurs.

Conduction : un morceau de métal placé dans une flamme devient brûlant d'une extrémité à l'autre.

Rayonnement : rayonnement solaire qui provoque, après avoir traversé le vide spatial, un « coup de soleil », c'est-à-dire une brûlure de la peau due à un échauffement.

Établir un bilan énergétique

RAPPELS DE COURS

1 Les ressources en énergie

▶ Le pétrole, le gaz et le charbon constituent un stock d'**énergie chimique fossile** non renouvelable. Leur combustion fournit de l'**énergie thermique** mais produit des **gaz à effet de serre** (GES). L'énergie **nucléaire**, non renouvelable, produit également de l'énergie thermique.

▶ Les énergies **solaire, éolienne, hydraulique** ou **géothermique** sont des sources d'énergie renouvelable de même que la **biomasse**.

2 La chaîne énergétique

▶ Traditionnellement, l'énergie chimique est convertie en énergie thermique pour chauffer de l'eau et produire de la vapeur qui fait tourner une **turbine** reliée à un **alternateur**.

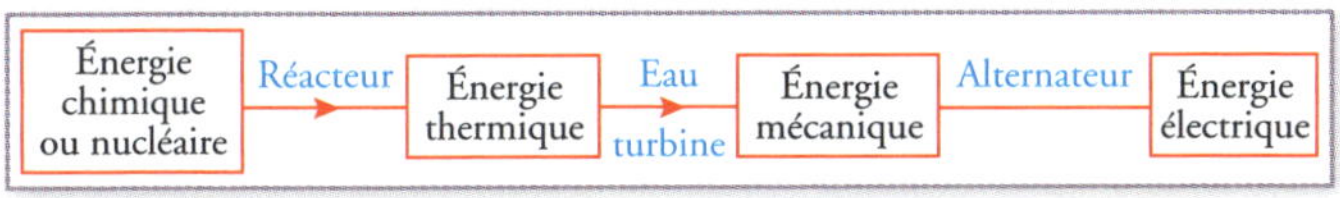

▶ Aujourd'hui apparaissent de nouvelles **chaînes énergétiques**.

EXEMPLE Les cellules photovoltaïques transforment directement l'énergie lumineuse du rayonnement solaire en énergie électrique.

3 Conservation et dégradation de l'énergie

▶ Lors de sa conversion, l'énergie n'est pas récupérable en totalité par l'utilisateur. Le **rendement** n'est jamais égal à 1 : l'énergie récupérée en bout de chaîne est toujours inférieure à l'énergie fournie.

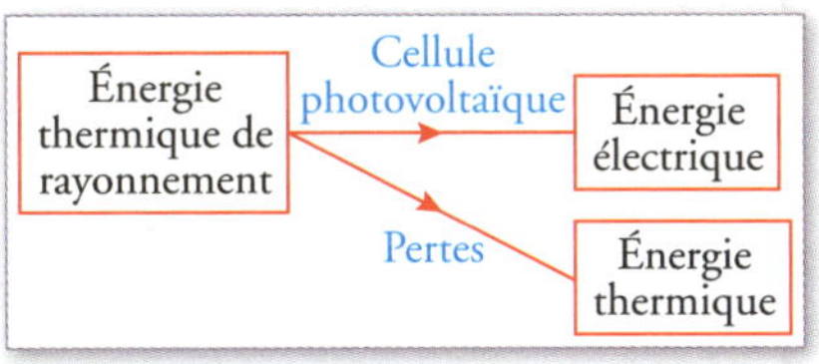

▶ On parle de **dégradation** de l'énergie pour désigner la dissipation sous forme de chaleur d'une partie de l'énergie fournie.

4 Bilan énergétique

Faire un bilan énergétique, c'est énumérer et éventuellement calculer tous les **flux d'énergie entrant** et sortant d'un système donné.

Comprendre l'influence des gaz à effet de serre (GES)

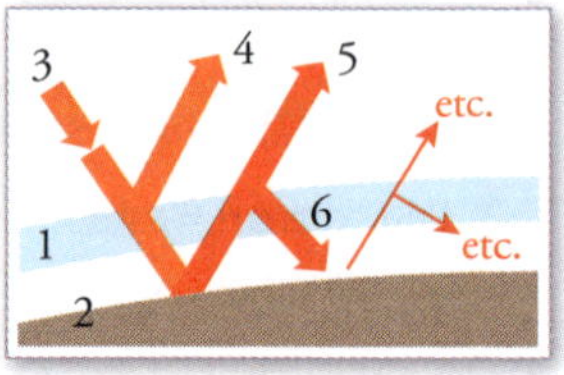

1. Expliquer ce que représentent 1, 2, 3, 4, 5 et 6 sur cette schématisation.

2. Le schéma peut laisser supposer que la Terre se réchauffe sans limite. Comment expliquer que la température de la Terre soit stable ?

Conseils

1. Raisonner en termes d'absorption et réflexion.

2. Si la température de la Terre reste à peu près constante, c'est qu'elle reçoit autant d'énergie qu'elle en émet.

Solution

1. Le rayonnement solaire (3) est en partie réfléchi (4) par l'atmosphère (1). Celui qui parvient au sol (2) est absorbé et réémis sous forme d'un rayonnement de plus basse fréquence (infrarouges) qui traverse plus difficilement l'atmosphère (5). En effet, les molécules de GES absorbent ces rayonnements IR et les réémettent dans toutes les directions (5 et 6). Le rayonnement qui revient vers le sol (6) est de nouveau renvoyé en partie vers les GES et ainsi de suite.

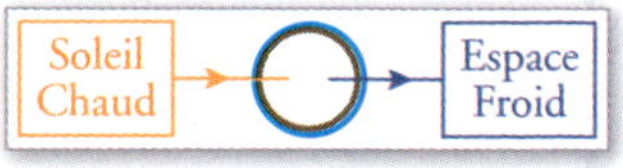

2. La description ci-dessus ne s'intéresse qu'au rayonnement solaire arrivant sur Terre. Dans le même temps, la Terre et son atmosphère se refroidissent au contact avec l'espace froid (essentiellement la nuit par la face opposée au Soleil). La Terre et son atmosphère reçoivent globalement autant d'énergie qu'elles en émettent. Si la quantité de GES augmente, l'équilibre s'établit à une température plus élevée.

Établir une chaîne énergétique

Madame Autan a fait installer une éolienne dans son jardin. Établir la chaîne d'énergie correspondante.

Solution

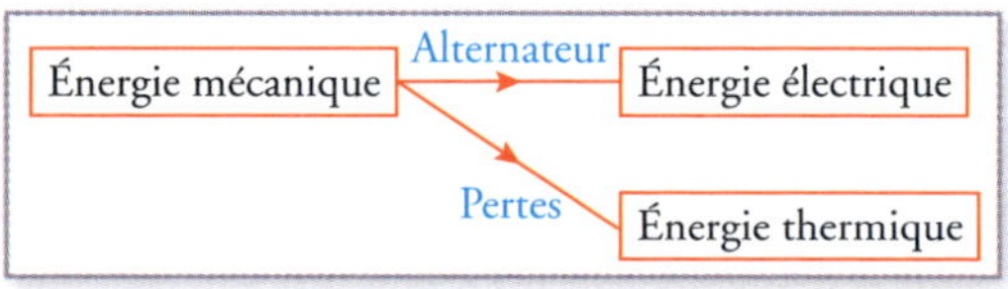

Définir et mesurer le temps (1)

72

RAPPELS DE COURS

1 Définition de la seconde à partir d'un phénomène astronomique

▶ Le **jour sidéral** est la durée qui sépare deux instants successifs où la Terre pointe vers la même étoile fixe très éloignée du Soleil.

▶ Le **jour solaire** est la durée qui sépare deux instants successifs où la Terre pointe vers le Soleil. En raison de la rotation de la Terre autour du Soleil, le jour sidéral est plus court de quelques minutes que le jour solaire.

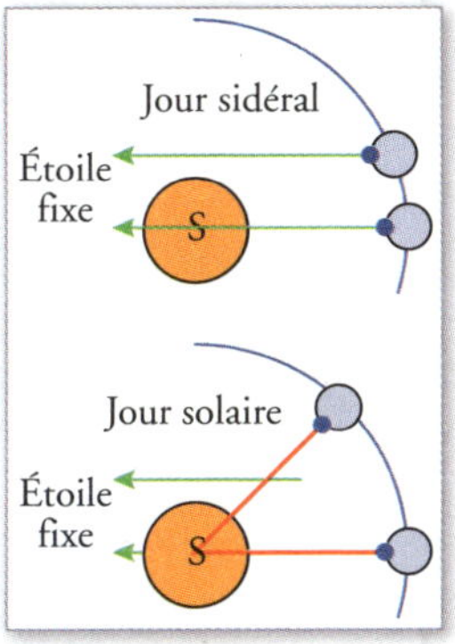

▶ Le jour solaire varie légèrement. On définit donc le **jour solaire moyen**, moyenne des jours solaire et sidéral.

▶ La **seconde** est définie comme $\frac{1}{86\,400}$ du jour solaire.

2 Mesurer le temps avec des horloges mécaniques

▶ Le **gnomon**, bâton planté verticalement et le **cadran solaire**, au style incliné pour prendre en compte la latitude, ne fonctionnent que le jour et par beau temps. Les systèmes étalonnés basés sur l'écoulement d'un fluide (**clepsydre** ou **sablier**) fonctionnent en intérieur mais leur autonomie est très faible.

▶ Dans les horloges à balancier (XVIIe siècle) la chute d'une masse entraîne la rotation d'une aiguille et le dispositif est synchronisé avec l'oscillation d'un **pendule** (→ FICHE 65) qui fait avancer l'aiguille pas à pas. Ces horloges à échappement ne peuvent fonctionner dans un véhicule en mouvement et elles se dérèglent lorsqu'on les déplace.

PHYSIQUE

▶ Au XVIIIe siècle, apparaissent des **horloges à ressorts** plus précises que l'on peut embarquer à bord des navires : un ressort comprimé, qu'il faut remonter régulièrement, remplace la masse.

MÉTHODES

Comprendre la nécessité de disposer d'horloges précises

1. En mer, lorsque l'on détermine la position du bateau, une erreur d'horloge de 4 minutes entraîne une erreur de 1° de longitude. Évaluer, en mètres, l'erreur sur la position pour un bateau sur l'équateur.
Donnée : $R_{\text{Terre}} = 6,4 \times 10^3$ km.

2. Les premiers chronomètres se décalaient de quelques secondes par jour. Quel était l'ordre de grandeur de l'erreur commise lors de la détermination de la position du bateau ?

Conseils

1. Se souvenir qu'un cercle correspond à 360°.
2. On peut partir du résultat du **1.**

Solution

1. L'équateur est un cercle de périmètre $2\pi R_{\text{Terre}}$ divisé en 360°. Une horloge décalée de 4 minutes entraîne une erreur de 1°. L'arc de cercle correspondant a une longueur de

$$\frac{2\pi R_{\text{Terre}}}{360} = \frac{2\pi \times 6,4 \times 10^3}{360} = 112 \text{ km} = 1,12 \times 10^5 \text{ m}.$$

2. On passe d'un décalage de quelques minutes (4 minutes) à quelques secondes : l'erreur sur la distance est donc divisée par 60. Elle est de l'ordre du kilomètre $\left(\frac{112}{60} = 2 \text{ km}\right)$. Pour une longue navigation, l'erreur cumulée peut être très importante.

Rechercher les limites des horloges à poids et balancier

Pourquoi a-t-on besoin d'un balancier et d'un système d'échappement ?

Solution

Dans le champ de pesanteur, la chute verticale est un mouvement accéléré (→ FICHE 62) : sans système d'échappement, l'aiguille tournerait de plus en plus vite. L'horloge « à poids » est conçue pour que la masse ne descende que pendant l'échappement : il s'agit d'une succession de petites chutes à vitesse initiale nulle.

Définir et mesurer le temps (2) 73

RAPPELS DE COURS

1 *Une nouvelle unité de temps*

▶ Définir la seconde à partir d'un phénomène astronomique dissipatif (la Terre ralentit) et complexe (sa période de rotation présente des fluctuations de quelques millisecondes) n'est plus assez précis pour les besoins d'aujourd'hui.

▶ En 1967, la **seconde** a été définie à partir d'un phénomène quantique très stable. La seconde est « la durée de 9 192 631 770 périodes de la radiation correspondant à la transition entre les deux niveaux énergétiques dits hyperfins de l'état fondamental de l'atome de césium 133 ». Ainsi a pu être définie une échelle de temps mondiale, le **TAI (temps atomique international)**.

2 *De nouvelles horloges*

▶ Malgré la mise au point de dispositifs permettant de stocker de l'énergie potentielle (ressort, chute d'une masse) (→ FICHE 72) susceptible d'être convertie en énergie cinétique pour compenser les pertes, les horloges utilisant un phénomène mécanique **dissipatif** ne sont plus assez précises au XXIe siècle.

▶ Les horloges atomiques utilisent le fait que l'énergie de l'atome est quantifiée (→ FICHE 53). Ainsi, pour une horloge à césium, la fréquence de l'onde qui sert d'étalon sera exactement de 9 192 631 770 Hz ; on prédit que ce type d'horloge se décale d'environ 1 s en 3 millions d'années.

3 *Temps absolu et mécanique classique*

▶ L'expérience courante nous montre un **temps absolu** : le temps s'écoule de la même façon dans tous les référentiels.

▶ L'expérience courante nous montre une **vitesse relative** dont la valeur dépend du référentiel d'observation.

4 *Postulats d'Einstein : temps relatif et relativité restreinte*

▶ La **célérité de la lumière** dans le vide, c, est **la même** dans tous les référentiels galiléens. Cela implique que le temps n'est pas absolu mais **relatif**, il ne s'écoule pas de la même façon dans tous les référentiels (→ FICHE 74).

▶ Aucune vitesse ne peut être supérieure à c.

▶ Dans le cadre de la relativité, les lois de la physique restent les mêmes dans tous les référentiels galiléens (reprise du postulat de Galilée).

MÉTHODE

Comprendre le principe de l'expérience de Michelson et Morley

À la fin du XIXe siècle, on pense que la lumière se propage dans « l'éther » à la vitesse c et que la Terre y est animée d'une vitesse v. On réalise des interférences lumineuses à partir d'une source S et d'une lame semi-réfléchissante L placée à distance presque égale de deux miroirs.

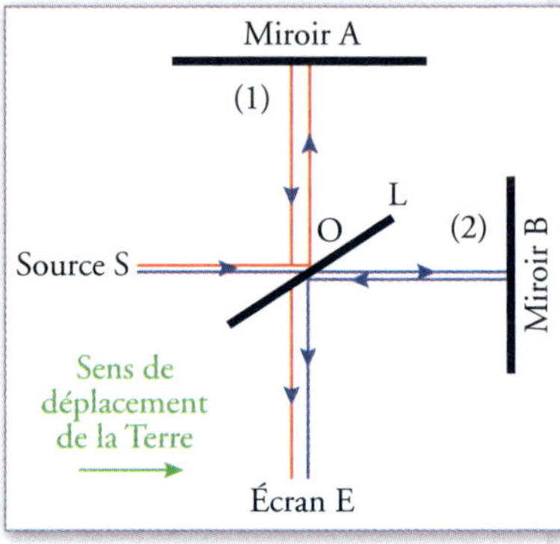

1. Pourquoi peut-on espérer observer des franges d'interférences ?
2. Dans le référentiel terrestre, on fait tourner le dispositif autour de l'axe vertical. Les franges ne se décalent pas. Pourquoi est-ce surprenant ?

CONSEILS

Les différents trajets n'ont pas tous la même longueur.

SOLUTION

1. Les trajets SO et OE sont effectués en des temps égaux par les rayons (1) et (2). En revanche, un déphasage (→ FICHE 51) se crée entre le rayon (1) sur le trajet OAO et le rayon (2) sur le trajet OBO car les distances ne sont pas exactement égales.

2. La vitesse de la lumière est c dans une direction et $c \pm v$ dans l'autre. Après rotation d'un angle α elle devient $c \pm v \sin \alpha$ et $c \pm v \cos \alpha$. Le déphasage entre OBO et OAO a varié, les franges devraient se décaler. Le phénomène n'ayant pas été observé, on considère que, quelle que soit l'orientation du dispositif, (1) et (2) se propagent toujours à la vitesse c, et que c et v ne se composent pas. Cette expérience a également permis de prouver que l'éther n'existe pas.

Découvrir la relativité du temps 74

RAPPELS DE COURS

1 Événement et temps propre

▶ Un **événement** est défini par ses coordonnées spatio-temporelles (date et trois coordonnées d'espace) dans un référentiel.

▶ Le temps mesuré, dans un référentiel donné R_0, est le **temps propre** dans R_0.

2 Dilatation des durées

▶ Si un référentiel R_1 se déplace à une vitesse v proche de la vitesse de la lumière par rapport à un référentiel R_0, la durée séparant deux événements n'est pas la même dans ces deux référentiels.

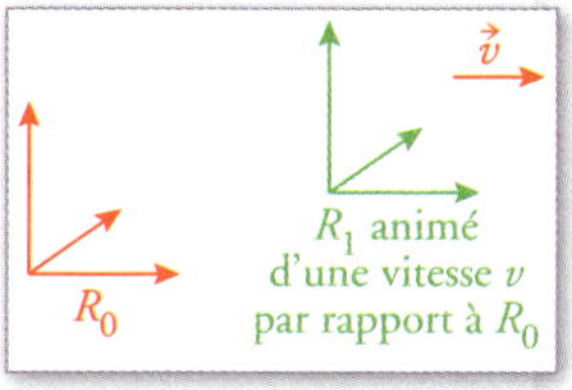

▶ Si $\Delta\tau$ est la **durée propre** mesurée dans R_1, alors Δt, durée mesurée dans R_0, est supérieure à $\Delta\tau$. On parle de **dilatation des durées** dans R_0.

$\Delta t = \gamma\Delta\tau$ où γ est le coefficient :

$$\gamma = \frac{1}{\sqrt{1 - \frac{v^2}{c^2}}}.$$

Durée mesurée dans R_0 > Durée mesurée dans R_1

▶ Cette relation se démontre en résolvant le système constitué des deux équations qui donnent les durées des trajets AB en tenant compte du fait que la lumière se déplace à la même vitesse c dans les deux référentiels.

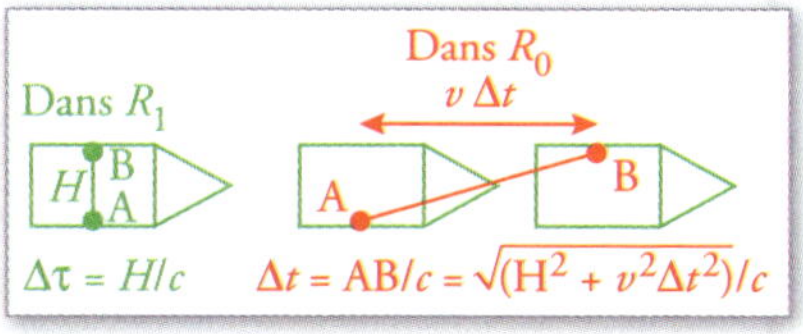

▶ Les durées mesurées dans R_0 et R_1 ne sont pas les mêmes, le temps ne s'y écoule pas de la même façon (→ FICHE 73) : on parle de **relativité du temps.** Ce phénomène ne se manifeste que lorsque v est suffisamment **proche de c** pour que γ soit différent de 1. (On retient souvent le critère $v > 0{,}1c$.)

3 *Quelques preuves expérimentales*

▶ Michelson et Morley constatent à la fin du XIXe siècle que la vitesse de la lumière n'obéit pas à la loi d'addition des vitesses (→ FICHE 73).

▶ Des muons cosmiques nous parviennent après avoir traversé l'atmosphère, alors que leur durée de vie propre est trop courte pour effectuer ce trajet.

MÉTHODE

Étudier la désintégration des muons cosmiques

Des muons issus du rayonnement cosmique traversent en permanence l'atmosphère (épaisseur 10 km) à la vitesse $v = 0{,}997c$. Ces particules sont instables : pour une population donnée, la moitié se désintègre au bout d'un temps $t_\mu = 2\ \mu s$.

1. Montrer que dans le cadre classique presque aucun muon ne peut atteindre le sol avant de se désintégrer.

2. Qu'en est-il dans le cadre relativiste ?

CONSEILS

1. Comparer l'ordre de grandeur de l'épaisseur de l'atmosphère à la distance pouvant être parcourue par un nombre significatif de muons.

2. Évaluer la dilatation du temps.

SOLUTION

1. Pendant une durée $\Delta\tau = 2\mu s$, un muon parcourt la distance $d = 0{,}997ct_\mu = 0{,}997 \times 3 \times 10^8 \times 2 \times 10^{-3} = 6 \times 10^2$ m.

La moitié des muons disparaît au bout de 600 m, il n'en reste plus que $\frac{1}{8}$ au bout de 1,2 km, $\frac{1}{16}$ au bout de 1,8 km, etc. Comme l'épaisseur des couches denses de l'atmosphère est de l'ordre de 10 km, presqu'aucun muon n'atteint le sol.

2. Dans le cadre relativiste, la durée moyenne de vie des muons, mesurée depuis le sol, n'est pas $\Delta\tau$, mais :

$$\Delta t = \frac{1}{\sqrt{1 - v^2/c^2}}\Delta\tau = \frac{1}{\sqrt{1-(0{,}997/1)^2}}\Delta\tau = 13\Delta\tau.$$

Pendant Δt, ils parcourent 13 fois la distance calculée au **1.** Au bout de 8 km ($13 \times 0{,}6 \approx 8$), il en reste donc encore la moitié et un quart après 16 km : certains peuvent atteindre le sol.

Coder un signal 75

RAPPELS DE COURS

1 La transmission de l'information

▶ Une **information** correspond soit à un **signal analogique** dont l'amplitude varie de façon continue soit à un **signal digital** ou **numérique** dont l'amplitude ne peut prendre qu'un nombre discret de valeurs : 2^n valeurs différentes pour un codage binaire n bits.

▶ Un signal analogique peut être laissé sous cette forme pour une **transmission libre** par voie hertzienne (→ FICHE 49).

▶ Pour une **transmission guidée** filaire (→ FICHE 76), on le transforme en signal numérique. Cette opération est le **codage** ou **numérisation**.

Émetteur → Codage → Transmission → Décodage → Récepeur

2 Les unités

▶ **1 octet** (o) est composé de **8 bits.**

▶ On définit les multiples 1 Go = 10^9 o ; 1 Gio = 2^{30} o.
On note que 1 Go n'est pas tout à fait égal à 1 Gio ($2^{30} = 1{,}074 \times 10^9$).

▶ Le **débit** d'une ligne optique ou électrique s'exprime en bits.s^{-1}.

3 Le codage : exemple des images numériques

▶ Une image numérique est composée de **pixels.** À une image numérique noir et blanc en **niveaux de gris** est associé un tableau de nombres. Si le codage est réalisé en 8 bits, il existe $2^8 = 256$ niveaux de gris. Chacun est codé par un octet, de 0000 0000 (noir) à 11111111 (blanc).

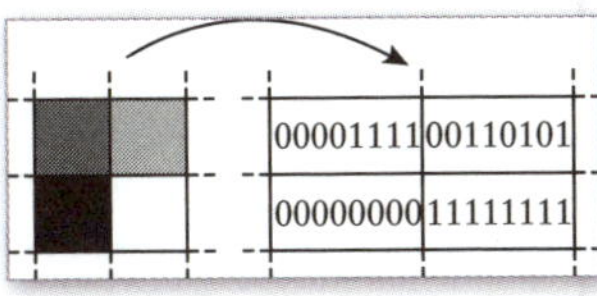

▶ Pour une image couleur, on associe trois octets à chaque pixel, chacun définissant le « niveau de gris » d'une des trois couleurs rouge, bleu et vert (codage RVB). La superposition des trois couleurs donne, par synthèse additive, la couleur du pixel.

▶ On retient que R + B = magenta ; R + V = jaune, B + V = cyan.

Calculer la taille d'une image

Une image couleur a une résolution de 640 × 480 pixels.

1. Calculer la taille de cette image en Mibits. (1 Mibit = 2^{20} bits).

2. Le débit d'un câble est de 100 Mbits/s. Est-ce suffisant pour une vidéo (25 images/s) ?

CONSEILS

Se rappeler qu'un pixel nécessite 1 octet par couleur primaire.

SOLUTION

1. L'image résulte de la superposition de trois images en dégradés de chacune des couleurs primaires. Un pixel sera codé par 1 octet par couleur, soit 24 bits. L'image totale a une taille de $640 \times 480 \times 24 = 7\,372\,800$ bits ce qui correspond à $640 \times 480 \times 24/2^{20} = 7$ Mibits.

2. En 1 seconde, le câble transmet 100 Mbits. La taille d'une image est de 640 × 480 × 24 bits. En 1 seconde le câble transmet donc $100 \times 10^6/640 \times 480 \times 24 = 13{,}6$ images.

Pour une vidéo, c'est insuffisant : il faudrait que les images soient compressées.

Comprendre le codage d'une image

On s'intéresse à une image composée, pour simplifier, de trois pixels de couleur respective « vert d'eau », « rouge » et « jaune ». Elle est obtenue par superposition de trois images, la première en « dégradé de rouge », la deuxième en « dégradé de vert » et la troisième en « dégradé de bleu ».

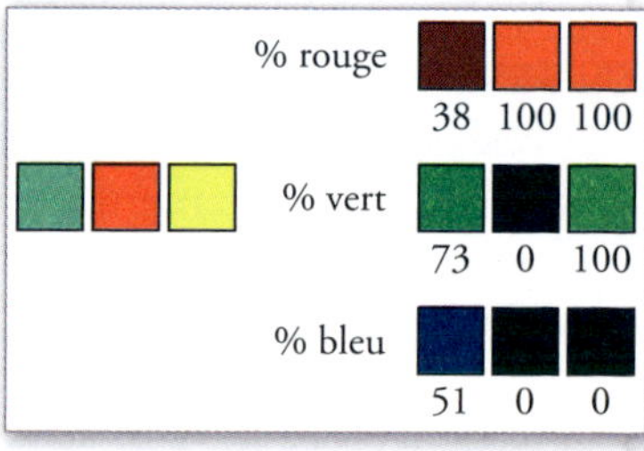

Expliquer ce que signifie l'indication des pourcentages.

SOLUTION

Le « vert d'eau » est obtenu par l'allumage à 38 % du pixel rouge, à 73 % du pixel vert et à 51 % du pixel bleu. Le rouge est obtenu par allumage à 100 % du seul pixel rouge. Le jaune par allumage à 100 % du pixel rouge et du pixel vert.

RAPPELS DE COURS

1 Les lois de Snell-Descartes

▶ Une onde **lumineuse** se propage à la vitesse $v = \frac{c}{n}$ dans un milieu transparent d'indice n.

▶ À la traversée de la surface de séparation entre deux milieux, le rayon suit les **lois de Snell-Descartes** (voir schéma).

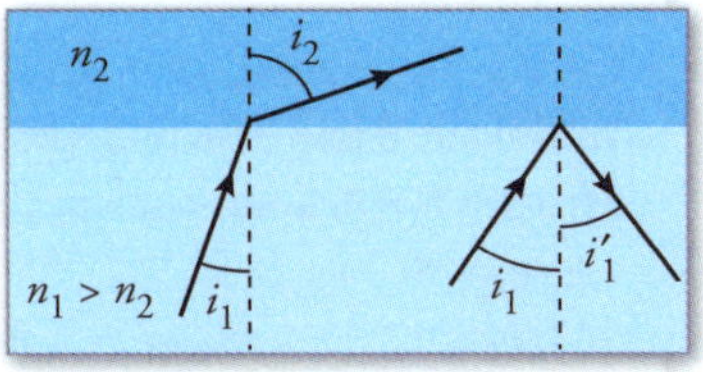

▶ Si $i_1 < i_{limite}$: $n_1 \sin i_1 = n_2 \sin i_2$ avec $i_2 > i_1$ car $n_2 < n_1$.
Si $i_1 > i_{limite}$ il y a **réflexion totale** et $i'_1 = i_1$.

2 La transmission filaire optique

▶ Une fibre optique est constituée d'un cœur d'indice plus élevé que la gaine (voir schéma) de telle sorte que la fibre peut constituer un guide si le signal lumineux se réfléchit totalement sur la surface qui sépare le cœur de la gaine.

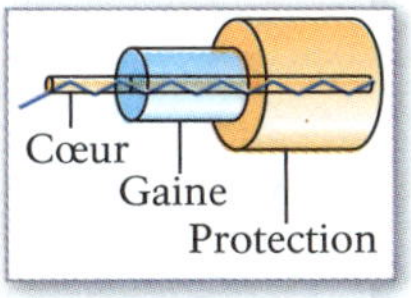

▶ Dans une fibre monomode, le cœur est très petit et la lumière ne peut que suivre la direction principale de la fibre.

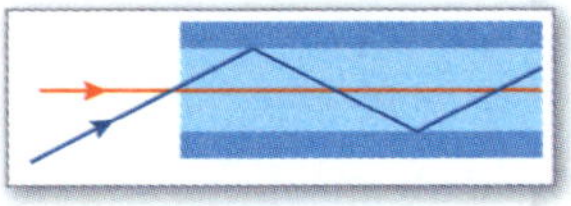

Les rayons entrés simultanément dans une fibre multimode de plus grand diamètre parcourent des chemins différents appelés modes : il y a étalement du signal. La qualité de réception est moindre.

3 Les caractéristiques de la transmission

On peut évaluer l'affaiblissement d'un signal transmis entre deux points M_0 et M_1 en calculant le coefficient d'atténuation A :

$$A = 10 \log \frac{P_1}{P_0}$$

P_1, puissance en M_1 et P_0, puissance en M_0 en watts (W)
A en décibels (dB)

PHYSIQUE

MÉTHODES

Calculer l'angle d'acceptance d'une fibre

Une fibre est composée d'une gaine d'indice $n_2 = 1{,}40$ et d'un cœur d'indice $n_1 = 1{,}52$. Déterminer l'angle d'acceptance α (angle maximal entre un rayon incident et l'axe de la fibre).

CONSEILS

i_{lim} est défini par rapport à la normale à l'axe de la fibre.

SOLUTION

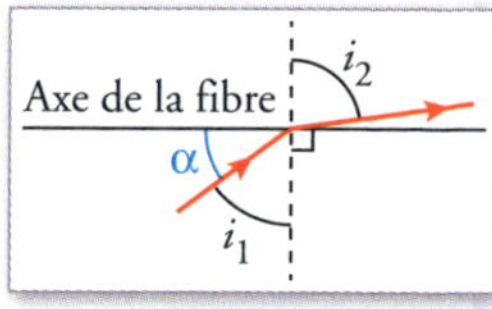

La loi de Descartes s'écrit $n_1 \sin i_1 = n_2 \sin i_2$. La valeur d'une fonction sinus ne peut dépasser 1. À la limite $(n_1 / n_2) \sin i_{\text{lim}} = 1$ avec $\alpha = 90 - i_{\text{lim}}$.

D'où $i_{\text{lim}} = \text{Arcsin}\,1(40 / 1{,}52) = 67$.

Cela correspond à un angle d'acceptance $\alpha = 90° - 67° = 23°$.

Comprendre le principe d'une fibre optique

Une fibre optique de 230 µm de diamètre total est composée d'un cœur de silice très pure de 10 µm de diamètre, d'une gaine de silice de moins bonne qualité optique de 50 µm de diamètre et d'une protection en plastique.

1. Calculer l'épaisseur de la protection. Comparer au diamètre du cœur. Le schéma du recto de la fiche est-il à l'échelle ? Conclure.

2. La gaine peut être de moindre qualité. Pourquoi ?

3. Il faut amplifier le signal lorsqu'il y a moins de 1 % de la puissance initiale. Quel est le coefficient d'atténuation correspondant ?

SOLUTION

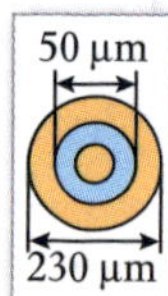

1. L'épaisseur de la protection vaut $\dfrac{(230 - 50)}{2} = 90$ µm, soit près de 10 fois le diamètre du cœur. Le schéma n'est pas à l'échelle. Le cœur est en réalité très petit.

2. La gaine provoque la réflexion d'un rayon incident vers le cœur de la fibre mais le signal ne doit pas s'y propager. Sa qualité a moins d'importance que celle du cœur.

3. $A = 10 \log \left[\dfrac{(P_0/100)}{P_0} \right] = 10 \log \left(\dfrac{1}{100} \right) = 10 \times (-2) = -20$ dB.

Convertir un signal analogique en signal numérique

77

RAPPELS DE COURS

1 La conversion analogique-numérique

▶ L'amplitude d'un **signal analogique** varie de façon continue.

▶ L'amplitude d'un **signal digital** ou **numérique** ne peut prendre qu'un nombre discret de valeurs (→ FICHE 75).

▶ Pour transmettre un signal analogique par câble électrique ou fibre optique il faut le convertir en un signal numérique (→ FICHE 75).

2 L'échantillonnage

▶ On mesure la valeur du signal à intervalles de temps réguliers $T_é$ (**période d'échantillonnage**). Le dispositif utilisé bloque le signal pour la durée de la mesure ; on parle d'échantillonneur-bloqueur.

▶ Le nombre d'échantillons réalisés par seconde est la **fréquence d'échantillonnage** $f_é$. Plus elle est grande, moins on perd d'information.

▶ Si f_s est la fréquence du signal, il est nécessaire que :

$$f_é > 2f_s \text{ (théorème de Shannon).}$$

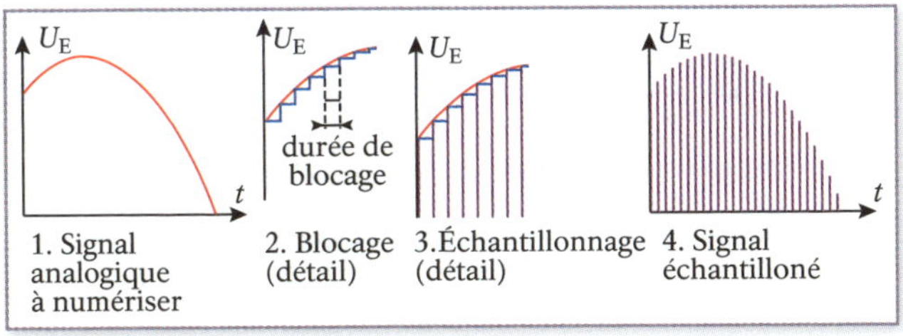

1. Signal analogique à numériser — 2. Blocage (détail) — 3. Échantillonnage (détail) — 4. Signal échantilloné

3 Quantification et numérisation

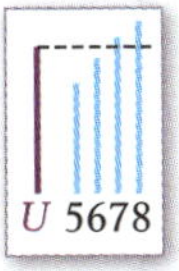

▶ Les valeurs du signal échantillonné sont arrondies à la plus proche des 2^n valeurs possibles. C'est la **quantification**.

▶ Ces valeurs sont codées en binaire. C'est la **numérisation**.

EXEMPLE Si U est comprise entre la 6e et la 7e valeur possible et est plus proche de la 7e, elle est numérisée en binaire par le nombre 111 $(1 \times 2^2 + 1 \times 2^1 + 1 \times 2^0 = 7)$.

PHYSIQUE

Comprendre l'influence de la fréquence d'échantillonnage

On échantillonne un signal sinusoïdal. La période $T_é$ est à peine plus faible que la période T_s du signal.

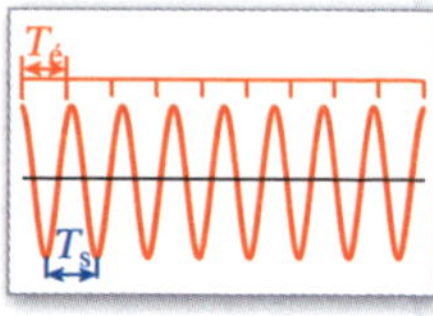

1. Échantillonner le signal à la main.

2. Pourquoi l'information concernant la période va-t-elle être perdue à la réception ?

CONSEILS

1. Supposer que le 1er point de la courbe correspond à $t = 0$. Le 2e correspond à la valeur prise par le signal à $t = T_é$, le troisième à la valeur pour $t = 2T_é$, etc.

2. À la réception on ne dispose que des valeurs obtenues lors des différents pointages pour reconstituer le signal.

SOLUTION

1. On pointe la valeur du signal à intervalles de temps égaux, séparés de $T_é$.

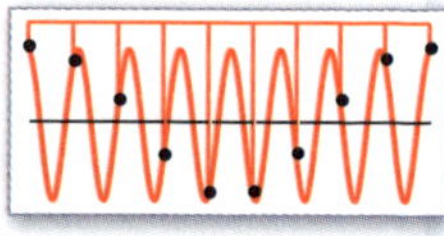

2. Le signal numérique transmis correspond à la suite de valeurs représentée par les points noirs du graphique. À la réception, ces points vont être reliés entre eux lors de la conversion numérique-analogique : le signal transmis aura donc une période T_t plus grande que celle du signal à transmettre (T_s).

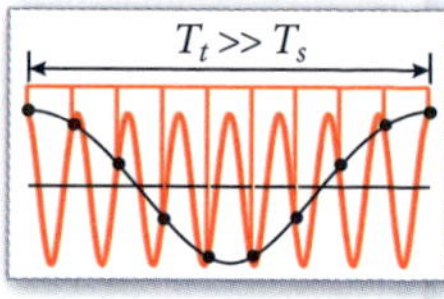

La numérisation peut modifier un spectre

Si le théorème de Shannon n'est pas respecté ($f_é > 2f_s$), on dit qu'il y a « repliement de spectre » lors de l'échantillonnage. Justifier cette expression.

SOLUTION

Imaginons un signal sinusoïdal. Si la fréquence d'échantillonnage $f_é$ n'est pas suffisamment grande devant f_s, il s'agit du cas ci-dessus où $T_t \gg T_s$ et donc $f_t \ll f_s$.

Pour un signal quelconque, superposition de sinusoïdes, les fréquences les plus hautes du spectre (→ FICHE 48) ne sont pas transmises et on parle de repliement de spectre.

RAPPELS DE COURS

1 Émission spontanée

Des atomes excités se désexcitent pour revenir à des états d'énergie inférieurs (→ FICHE 53). Les ondes lumineuses ainsi produites sont déphasées aléatoirement, elles sont incohérentes et ne peuvent interférer (→ FICHE 51).

2 Émission stimulée : laser

▶ Pour obtenir une émission **cohérente**, il faut provoquer des désexcitations en phase. Le mot « LASER » signifie *Light* (lumière) *Amplification* (amplification) *Stimulated* (stimulée) *Emission* (émission) *Radiation* (radiation).

▶ Une première excitation (**pompage optique**) amène les atomes dans un état d'énergie élevée. Ils se désexcitent spontanément vers l'état métastable où ils vont rester « suffisamment » longtemps (~ 1 ms !). Il y a alors davantage d'atomes dans cet état que dans l'état fondamental : on parle d'**inversion de population**.

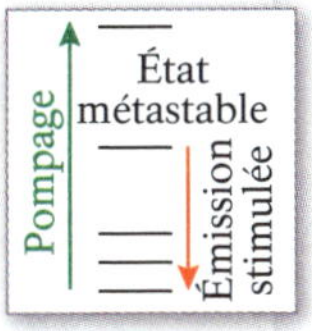

▶ Un photon de fréquence convenable **stimule** alors la désexcitation correspondant à l'émission d'un autre photon de même fréquence.

▶ **Amplification** de l'onde lumineuse : deux miroirs dont l'un est semi-transparent sont placés aux extrémités du laser. À la sortie, une partie de l'onde émise se réfléchit et provoque l'émission d'autres photons de même fréquence.

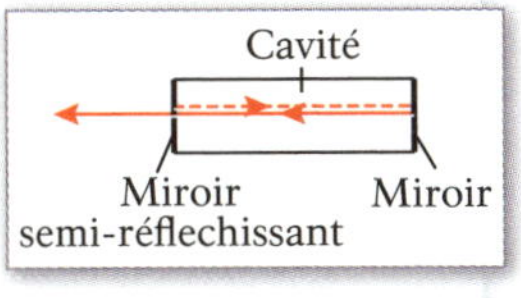

3 Gravure et lecture des CD et DVD

▶ Un disque comporte une surface réfléchissante en polycarbonate d'indice $n > 1$ dans lequel est gravée une piste constituée d'**alvéoles**. On nomme **creux** le fond de l'alvéole et **plat** les espaces entre les alvéoles.

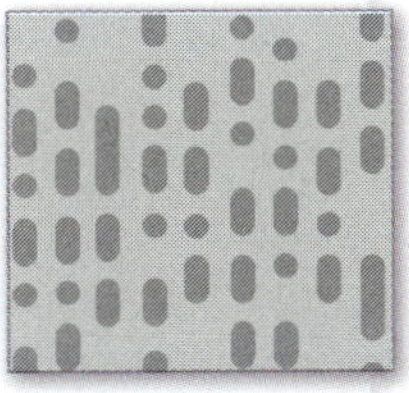

▶ La piste est éclairée par un laser de faible **ouverture numérique** (faible diamètre) qui se réfléchit sur la couche métallisée. Au passage des alvéoles devant le faisceau, on observe **des interférences constructives** ou **destructives** (→ FICHE 51) selon l'épaisseur de polycarbonate traversée.

▶ Le passage d'un creux à un plat ou d'un plat à un creux est codé 1 (interférences destructives). Si le faisceau est entièrement réfléchi par un creux ou un plat, on code 0 (interférences constructives).

▶ La diffraction (→ FICHE 52), qui se manifeste si la longueur d'onde du laser est de l'ordre de la taille des alvéoles, limite la capacité de stockage des disques.

MÉTHODE

Évaluer le nombre de spires d'un CD

On utilise une diode laser de longueur d'onde 780 nm pour lire un CD. Les alvéoles ont une profondeur de 0,167 µm et une largeur de 0,67 µm. Le CD est gravé sur environ 5 cm de large et les pistes sont écartées d'une distance de 1,6 µm. L'indice du polycarbonate est $n = 1{,}55$.

1. À quel domaine des ondes E. M. l'onde émise par le lecteur appartient-elle ?

2. Calculer la longueur d'onde λ dans le polycarbonate.

3. Évaluer le nombre de pistes que l'on peut graver sur le disque.

CONSEILS

1. Il faut retenir que les limites du visible sont 400 nm et 800 nm.

2. λ dépend de n. La vitesse de la lumière dans le polycarbonate vaut $v = \dfrac{c}{n}$.

SOLUTION

1. La longueur d'onde 780 nm est à la limite de l'infrarouge.

2. $\lambda_{\text{polycarbonate}} = vT = \dfrac{c}{n}T = \dfrac{cT}{n} = \dfrac{\lambda_{\text{vide}}}{n} = \dfrac{0{,}780}{1{,}55} = 0{,}503 \text{ nm}.$

3. Il s'agit en fait d'une seule piste en spirale et non de cercles concentriques. Une piste fait 0,67 µm de large et est espacée de 1,67 µm de la suivante. Sur les 5 cm utiles du CD on grave environ : $\dfrac{5 \times 10^{-2}}{(1{,}6 + 0{,}67) \times 10^{-6}} = 2{,}2 \times 10^4$ pistes (20 000 spires).

Chimie

SOMMAIRE
CHIMIE

CHECK LIST

OBSERVER
Analyse spectrale

OK ☑

COMPRENDRE
Temps et évolution chimique

OK ☑

Structure de la matière

OK ☑

Transformation de la matière

OK ☑

Transformation en chimie organique

Réaction chimique par échange de protons

AGIR

Économiser les ressources et respecter l'environnement

OK ☑

Apport de la chimie au respect de l'environnement

Contrôle de la qualité par dosage

Synthétiser des molécules, fabriquer de nouveaux matériaux

OK ☑

Comprendre le principe de la spectroscopie

79

RAPPELS DE COURS

1 Quantification de l'énergie

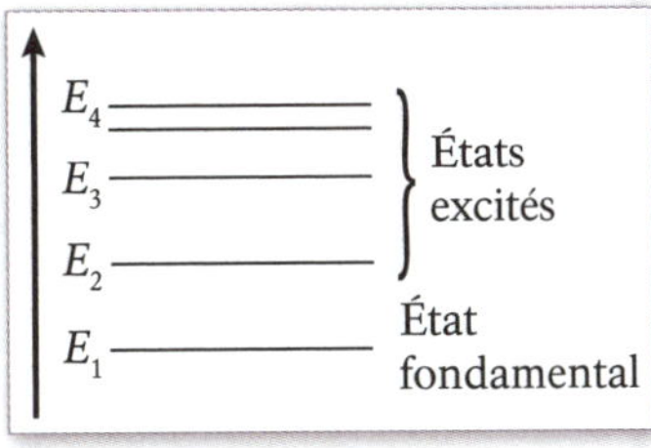

► L'énergie d'un atome est quantifiée. À chaque atome ou molécule correspond un ensemble de **niveaux d'énergie** « discrets » qui le caractérise.

► Un **photon** est une particule de masse nulle se déplaçant à la vitesse de la lumière, soit dans le vide : $c = 3{,}00 \times 10^8\ \text{m} \cdot \text{s}^{-1}$.

► On appelle **quantum d'énergie** l'énergie ΔE transportée par un photon :

$$\Delta E = h\nu = \frac{hc}{\lambda}$$

ΔE, en J
ν fréquence en Hz et λ longueur d'onde en m
$h = 6{,}62 \times 10^{-34}\ \text{J} \cdot \text{s}$, constante de Planck
$c = 3{,}00 \times 10^8\ \text{m} \cdot \text{s}^{-1}$, célérité de la lumière dans le vide

2 Principe de la spectroscopie

► En **spectroscopie électromagnétique**, une onde, constituée de photons, est envoyée sur un système (atome ou molécule) au repos dans son état fondamental E_1. Si l'énergie apportée par l'onde possède une valeur ΔE suffisante, le système est excité : il passe dans un niveau d'énergie supérieure E_2. On dit qu'il y a **absorption**. Lorsque l'onde excitatrice s'arrête, le système retourne à l'état fondamental, plus stable : il y a alors **émission**.

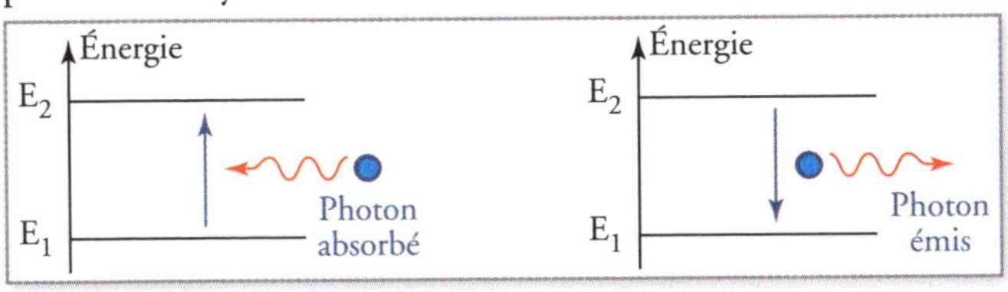

$$\Delta E = E_2 - E_1 = h\nu = \frac{hc}{\lambda}$$

CHIMIE

▶ Selon la valeur de l'énergie ΔE, différents processus sont engagés :

• **si ΔE est grande** (rayons X), on excite les électrons de cœur (couches internes) ;

• **si ΔE est moins grande** (ultraviolet-visible), on excite les électrons externes (impliqués dans des liaisons de valence) ;

• **si ΔE correspond au domaine infrarouge**, les modes de vibration des liaisons entre atomes (élongation et déformation des liaisons) sont excités ;

• avec des ondes **hertziennes** (radiofréquences), on excite des noyaux qui présentent des propriétés magnétiques (RMN).

En résonance magnétique nucléaire, le retour à l'état fondamental des noyaux excités conduit à l'obtention de signaux.

3 *Spectre électromagnétique*

▶ Les techniques spectrales en UV-visible et infrarouge s'effectuent par transmission d'un signal, au travers d'un échantillon à caractériser qui absorbe certaines radiations.

En résonance magnétique nucléaire (RMN), c'est le retour à l'état fondamental des noyaux excités qui conduit à l'obtention de signaux (→ ANNEXES, P. 361 et 362).

▶ Les spectres obtenus fournissent des informations sur la structure des espèces étudiées, sur la présence de groupes fonctionnels, etc.

▶ Certains types de spectroscopie permettent un suivi quantitatif de réactions.

MÉTHODE

Déterminer le domaine d'une longueur d'onde

Un échantillon absorbe un quantum d'énergie de $2{,}48 \times 10^{-1}$ eV.

1. Déterminer la valeur de la longueur d'onde λ absorbée.

2. Dans quel domaine se situe-t-elle (→ ANNEXE, P. 362) ?

Données : $c = 3{,}00 \times 10^{8}\ \text{m} \cdot \text{s}^{-1}$, $h = 6{,}62 \times 10^{-34}\ \text{J} \cdot \text{s}$,
$1\ \text{eV} = 1{,}602 \times 10^{-19}\ \text{J}$.

SOLUTION

1. $\Delta E = 2{,}48 \times 10^{-1} \times 1{,}602 \times 10^{-19} = 3{,}97 \times 10^{-20}$ J.

Or $\Delta E = \dfrac{hc}{\lambda}$ donc $\lambda = \dfrac{hc}{\Delta E} = 5{,}00 \times 10^{-6}\ \text{m} = 5{,}00\ \mu\text{m}$.

2. La longueur d'onde est dans le domaine de l'infrarouge.

Exploiter un spectre UV-visible

80

RAPPELS DE COURS

1 Présentation d'un spectre UV-visible

▶ Un rayonnement incident d'intensité I_0 passe au travers d'un échantillon étudié. On note I l'intensité de la lumière transmise. Un spectre UV-visible représente l'**absorbance** $A = \log \frac{I_0}{I}$ de l'échantillon analysé en fonction de la longueur d'onde λ du rayonnement. L'absorbance est sans unité.

▶ On caractérise l'espèce étudiée par la longueur d'onde λ_{max} du maximum d'absorption A_{max}.

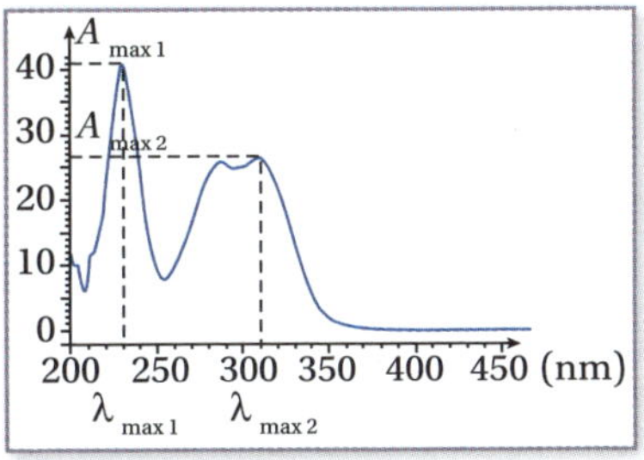

2 Groupements chromophores

▶ On appelle **groupement chromophore** la fonction chimique ou la partie de la molécule responsable d'une absorption caractéristique ($C=O$, NH_2...).

▶ Lorsque le nombre de doubles liaisons conjuguées est élevé, la molécule absorbe la lumière dans la partie visible du spectre.
Le composé présente alors la **couleur complémentaire** de celle qui est absorbée (→ ANNEXE, P. 367).

EXEMPLE Le β-carotène, dont la molécule possède 11 doubles liaisons conjuguées, absorbe la lumière bleue. Il a une couleur orange.

Le spectre UV-visible d'une espèce chimique dépend donc de la structure de cette espèce.

CHIMIE

3 Loi de Beer-Lambert

▶ Pour de faibles concentrations, **l'absorbance A d'une espèce X** en solution est, pour une longueur d'onde donnée, proportionnelle à sa concentration [X] et à l'épaisseur ℓ de solution traversée par le faisceau lumineux :

$A = \varepsilon_{(\lambda)}\ell[X] = k[X]$	A sans unité ; $\varepsilon_{(\lambda)}$ en $L \cdot mol^{-1} \cdot m^{-1}$ ℓ en m ; k en $L \cdot mol^{-1}$; [X] en $mol \cdot L^{-1}$

Le coefficient $\varepsilon_{(\lambda)}$, appelé coefficient d'extinction molaire, dépend de la longueur d'onde λ et de l'espèce colorée ; ℓ est la largeur de la cuve.

▶ Si une solution contient plusieurs espèces absorbant à la même longueur d'onde λ, l'absorbance $A_{(\lambda)}$ est la somme des absorbances de chacune d'elles.

▶ On peut déterminer la concentration d'une solution inconnue d'une espèce X à partir de la mesure de son absorbance reportée sur une courbe d'étalonnage $A = f([X])$ (→ FICHE 105).

MÉTHODE

Lire un spectre d'absorption

On donne le spectre de deux espèces M et P.

1. Quelle est la couleur de l'espèce M en solution ?

2. Peut-on doser l'espèce M dans une solution contenant P ? Et inversement ?

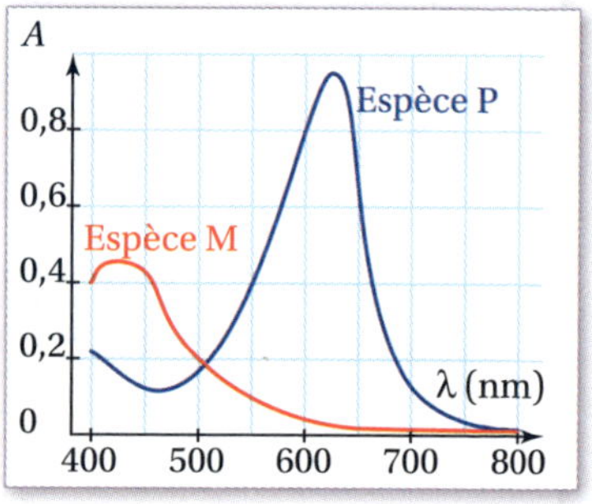

SOLUTION

1. Graphiquement : $\lambda_{max}(M) = 425$ nm et $\lambda_{max}(P) = 630$ nm. La solution de M absorbe principalement dans le violet, elle est jaune (couleur complémentaire (→ ANNEXE, P. 367)).

2. Si on se place à 425 nm, $A = A(M) + A(P)$ car l'espèce P absorbe aussi à 425 nm. On ne peut doser M à 425 nm en présence de P. À 630 nm, seule P absorbe, on peut donc réaliser une étude quantitative pour P.

Identifier les bandes d'absorption d'un spectre infrarouge

81

RAPPELS DE COURS

1 *Présentation d'un spectre IR*

▶ Un spectre infrarouge fait apparaître, en abscisse, le nombre d'onde $\sigma = \frac{1}{\lambda}(\text{cm}^{-1})$ et en ordonnée, la **transmittance** (exprimée en %) du matériau étudié. La transmittance est le rapport de l'intensité I du rayonnement transmis sur l'intensité I_0 incidente.

▶ Une **transmittance de 100 %** signifie qu'il n'y a pas d'absorption ; de ce fait, les bandes d'absorption d'un spectre IR pointent vers le bas.

▶ Un spectre IR s'étend de 600 à 4 000 cm^{-1}, ce qui correspond à des longueurs d'onde de 2,5 à 17 µm.

EXEMPLE La butanone de formule $H_3C-\underset{\underset{O}{\|}}{C}-CH_2-CH_3$

La bande à $\sigma = 1\,720\ \text{cm}^{-1}$ caractérise les liaisons C=O présentes dans les cétones. On trouve une bande vers $2\,900\ \text{cm}^{-1}$, caractéristique des liaisons C—H.
En dessous de $1\,500\ \text{cm}^{-1}$, on observe une zone caractéristique du composé.

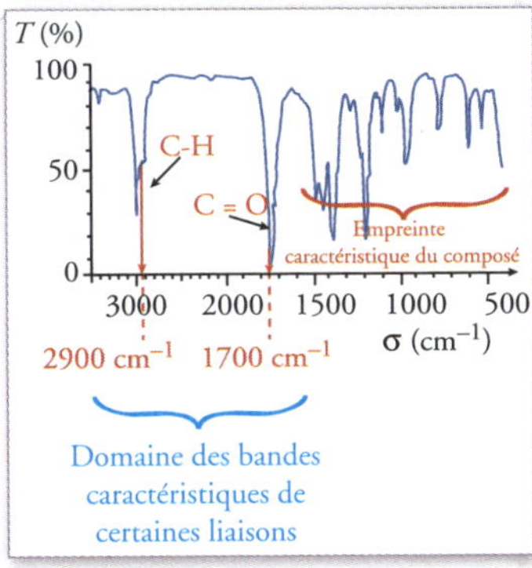

2 *Bandes d'absorption de quelques liaisons*

▶ La valeur du **nombre d'onde σ** permet de reconnaître certaines liaisons.

Liaison	C=O	O—H	N—H	C=C	C—H (alcane)	C—H (alcène)
$\sigma(\text{cm}^{-1})$	1 700	3 550	3 200	1 650	2 900	3 100

▶ La **fréquence d'absorption**, ou le nombre d'onde σ, dépend de l'environnement de la liaison. Par exemple, selon la valeur de σ de la bande d'absorption de la liaison C=O, on peut identifier le groupe caractéristique auquel elle appartient.

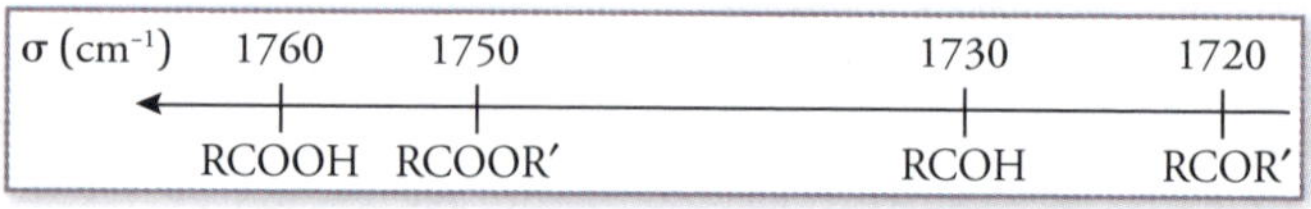

3 Influence des liaisons hydrogène sur le spectre

L'**association de molécules** par liaison hydrogène modifie la position et la forme de la bande d'absorption de la liaison O—H.

Sans liaison hydrogène, l'absorption caractéristique apparaît sous forme d'une bande fine vers 3 580 – 3 670 cm^{-1}. En revanche, une bande assez large est visible vers 3 200 – 3 400 cm^{-1} pour les alcools ou vers 3 500 – 3 400 cm^{-1} pour les acides carboxyliques si les molécules sont associées par liaisons hydrogène.

MÉTHODE

Identifier une bande d'absorption

On observe une bande intense entre 2 600 cm^{-1} et 3 200 cm^{-1} et une bande fine vers 1 700 cm^{-1} sur le spectre de l'acide pentanoïque. À partir des tables (→ ANNEXE, P. 363-366), identifier les liaisons associées à ces bandes.

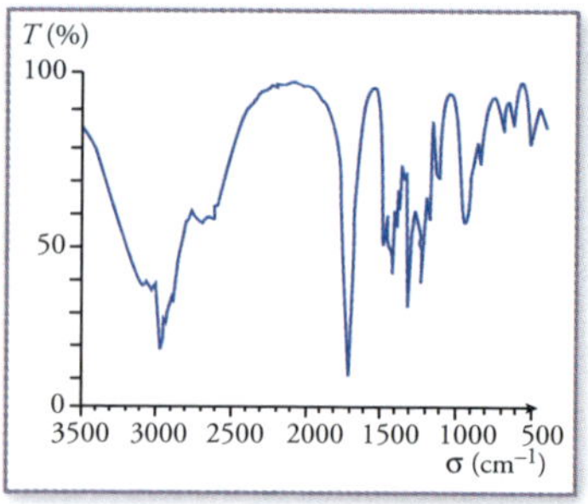

SOLUTION

D'après les tables, pour le groupement carboxyle —COOH, la bande intense entre 1 680 et 1 710 cm^{-1} correspond à la liaison C=O et la bande forte entre 2 500 et 3 200 cm^{-1} à la liaison OH (OH liés par des liaisons hydrogène).

Exploiter un spectre infrarouge 82

RAPPELS DE COURS

1 Étude d'un spectre IR

▶ Lors de l'étude d'un spectre, on distingue deux domaines.

• La région des **grandes valeurs de σ** (4 000-1 300 cm^{-1}) où apparaissent les bandes caractéristiques de certaines liaisons, permettant l'identification de groupes caractéristiques.

• La région des **faibles valeurs de σ** (< 1 300 cm^{-1}) caractéristique du composé étudié et des fonctions présentes. Elle est appelée « empreinte digitale ». Dans cette zone, il est en général difficile d'attribuer les pics observés à des groupes d'atomes.

▶ On se limite le plus souvent :

• au **repérage** des bandes caractéristiques des groupes fonctionnels à l'aide des tables existantes (→ ANNEXE, P. 363-366). Celles-ci indiquent les valeurs des nombres d'onde des absorptions caractéristiques des liaisons. Les bandes sont analysées selon trois critères : position (cm^{-1}), intensité (faible, moyenne, forte) et forme (large ou étroite) ;

• à la **comparaison** du spectre étudié et, en particulier, de la région « empreinte digitale », avec un spectre de référence.

▶ Un spectre IR permet :

• **d'identifier** un composé inconnu, ou tout au moins ses groupes caractéristiques ;

• de **vérifier** la pureté d'un produit par l'absence de bandes signalant la présence d'impuretés ;

• de **suivre** un processus réactionnel en étudiant l'apparition ou la disparition des bandes caractéristiques de certains groupes fonctionnels.

2 Identifier le groupe carboxyle —COOH

Le groupe C=O génère une bande de forte intensité entre 1 700 et 1 725 cm^{-1}. On la repère ici vers 1 700 cm^{-1} ; le groupe C=O est donc présent. S'il s'agit d'un groupe carboxyle, on doit observer une bande correspondant au groupe OH. D'après les tables, cette bande est large et se situe entre 3 300-2 500 cm^{-1}.

CHIMIE

Elle est due à la formation de liaison hydrogène entre les molécules d'acide.
La présence de la bande C=O et de la bande OH sur le spectre permet d'identifier le groupe carboxyle.

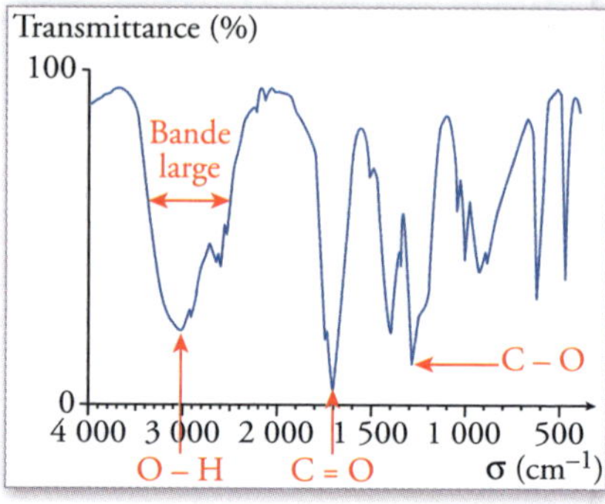

MÉTHODE

Interpréter un spectre IR

On donne le spectre IR de l'éthanoate d'éthyle. Retrouver les bandes d'absorption qui le caractérisent à l'aide des tables (→ ANNEXE, P. 363-366).

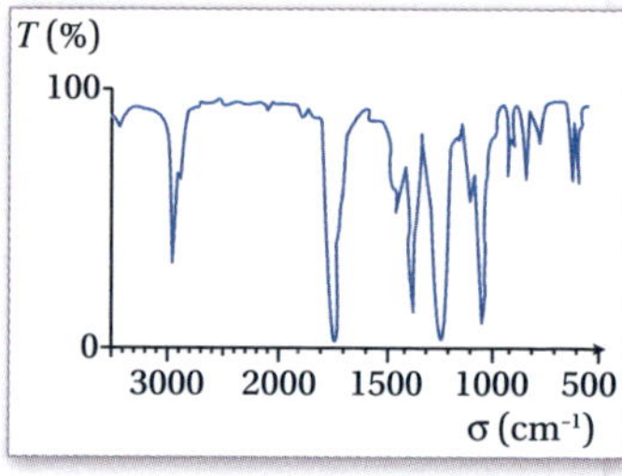

SOLUTION

• Avec le nom du composé, on identifie le groupe caractéristique ester :

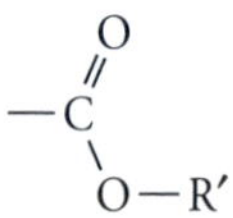

$CH_3—COOCH_2—CH_3$

• Le groupe carbonyle est-il présent ?
Le groupe C=O possède une bande intense entre 1 820 et 1 660 cm^{-1}. Cette bande est souvent la plus forte du spectre et de largeur moyenne. Elle est généralement très évidente.
D'après les tables, pour le C=O d'un ester, on observe une bande forte vers 1 750-1 730 cm^{-1}, ce qui est confirmé par la présence de la bande à 1 740 cm^{-1}.
• On retrouve la bande de forte intensité de la liaison C—O vers 1 350 cm^{-1} indiquée dans les tables.
En étudiant les tables, on vérifie que ces bandes d'absorption sont bien caractéristiques de cet ester.

Identifier des signaux de RMN 83

RAPPELS DE COURS

On étudie ici la RMN des noyaux d'hydrogène, appelée RMN du proton H.

1 Le déplacement chimique

▶ Le **déplacement chimique** δ permet de déterminer la position relative des fréquences d'absorption d'une espèce étudiée par rapport à celles d'une espèce de référence, le tétraméthylsilane (TMS). Pour calculer le déplacement δ_i correspondant au signal de fréquence ν_i par rapport au signal de référence $\nu_{réf}$, on repère $\Delta\nu$ et

$$\delta_i = \frac{\nu_i - \nu_{ref}}{\nu_{appareil}} \times 10^6 = \frac{\Delta\nu}{\nu_{appareil}} \times 10^6.$$

Cette différence $\Delta\nu$ correspond à quelques millioniêmes de la valeur $\nu_{appareil}$; c'est pourquoi on exprime δ en **parties par million** ou **ppm** ; c'est un nombre sans unité.

▶ Le déplacement chimique du **composé de référence** est $\delta = 0$ ppm. Celui d'un **proton H** est compris entre 0 et 30 ppm, sa valeur dépend de son environnement électronique, c'est-à-dire de ses voisins et de leur électronégativité. Si un proton a deux voisins électronégatifs, les effets se cumulent (δ augmente). Le déplacement chimique d'un proton diminue avec l'éloignement d'un atome électronégatif.

▶ Des tables (→ ANNEXE, P. 361-362) indiquent les différents déplacements chimiques des groupements, ce qui permet de les identifier sur un spectre.

2 Identifier des protons équivalents

▶ Lorsque deux protons H ont un environnement électronique identique, on observe un signal unique ; ils sont dits **isochrones** ou **équivalents**. De par la libre rotation autour de la liaison C—C, chaque proton H du

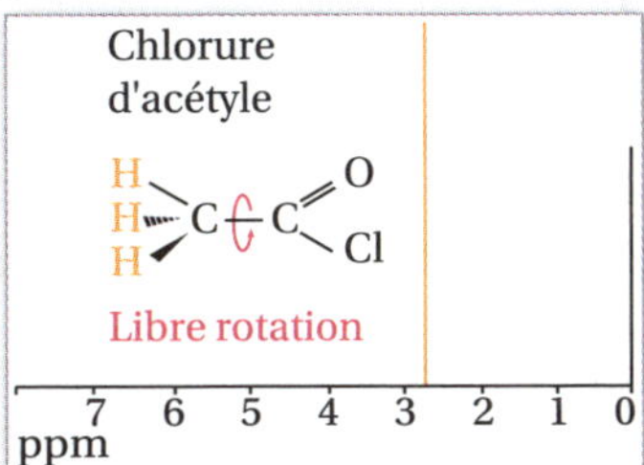

chlorure d'acétyle a un environnement identique. Cela se traduit par un signal unique pour les trois H du groupe méthyle correspondant à un déplacement δ.

▶ Les symétries et la libre rotation autour de liaisons permettent d'identifier des hydrogènes équivalents présents sous un seul signal avec un déplacement chimique δ.

3 *Analyser une courbe d'intégration*

Un dispositif appelé intégrateur mesure la **surface des différents pics** présents sur un spectre. Cette surface est proportionnelle au nombre de protons générant ce pic.
L'appareil trace alors sur le spectre une courbe, appelée courbe d'intégration, dont l'allure est un **escalier à plusieurs paliers**. Le rapport des hauteurs entre deux paliers est égal au rapport des nombres de protons impliqués dans les groupes correspondants.
La courbe ne donne donc pas le nombre absolu de protons mais leur **proportion relative**.

MÉTHODE

Exploiter un spectre RMN

On donne la formule semi-développée du pinacol. Justifier le fait que le spectre proposé peut correspondre à ce composé.

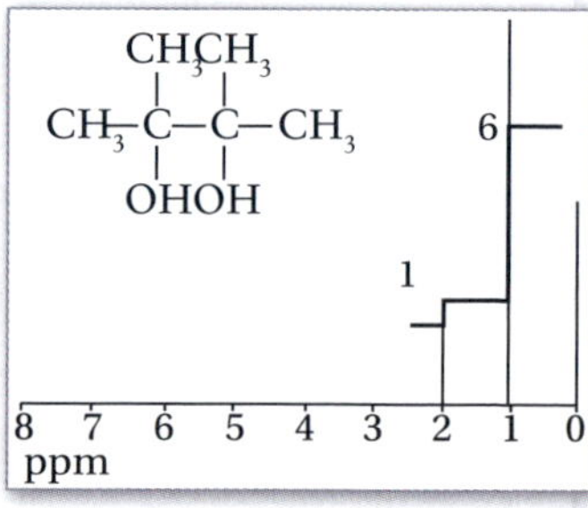

SOLUTION

De par la libre rotation C—C, les protons des 4 méthyles d'une part, et les protons des 2 hydroxyles d'autre part, ont un environnement identique. On doit observer deux signaux.
Le rapport des paliers sur la courbe d'intégration donne 1 pour 6, soit 2 pour 12.
δ= 2,1 ppm correspond aux H des 2 —OH et le pic à δ = 1,1 ppm aux protons des 4 méthyles. Les tables (→ ANNEXE, P. 361-362) indiquent ces mêmes déplacements chimiques, il s'agit bien du spectre du pinacol.

Interpréter l'allure des signaux 84

RAPPELS DE COURS

1 Couplage avec un seul voisin

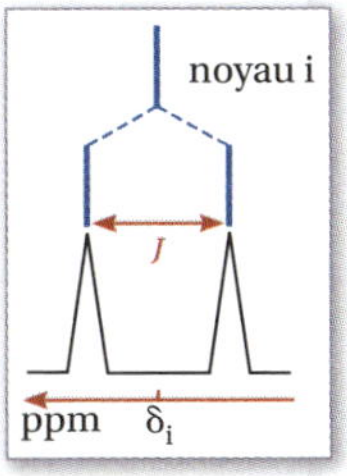

▶ Le signal RMN d'un proton H_i, ou d'un groupe de protons équivalents, peut être constitué de deux raies de même intensité lorsqu'il y a un seul voisin. Ce signal est appelé **doublet.**

▶ La distance séparant les deux raies est appelée **constante de couplage *J*** entre ce proton et son seul voisin ; elle est mesurée en hertz.

▶ Le déplacement chimique δ se mesure alors au milieu du signal.

2 Couplages avec plusieurs voisins équivalents

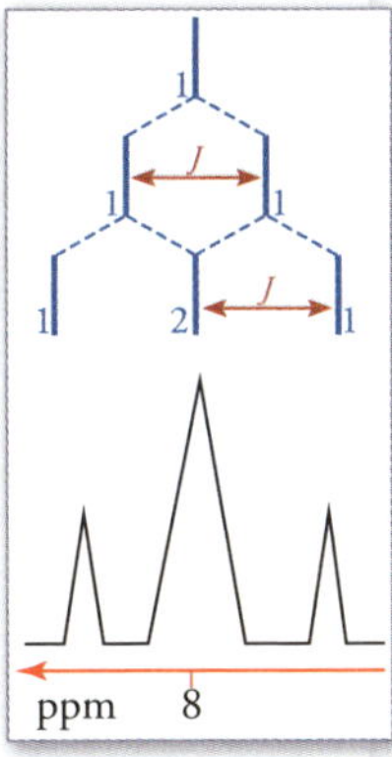

▶ **H_i couplé avec deux voisins équivalents** : le signal initial est dédoublé par le premier voisin puis dédoublé de nouveau par le second. Les couplages sont les mêmes, on obtient alors un triplet dont l'intensité des raies est 1 / 2 / 1.

Ce **triplet** indique le couplage d'un proton H avec **deux autres protons équivalents.**

▶ **H_i couplé avec *N* voisins équivalents** : le nombre de raies observées pour le signal d'un proton ou d'un groupe de protons équivalents dépend du nombre de protons auquel il est couplé et de la valeur de la constante de couplage.

N voisins équivalents	0	1	2	3
Signal	Singulet	Doublet	Triplet	Quadruplet
Allure du multiplet				
Exemples	CH_3-O	CH_3-CH-C	CH_3-CH_2-	CH_3-CH_2-

Si les constantes de couplages sont **identiques**, c'est-à-dire si le couplage a lieu avec ***N* protons équivalents**, alors le signal est composé de $N + 1$ raies. C'est la règle des $(N + 1)$-uplets.

3 Couplages avec plusieurs voisins non équivalents

Considérons un proton A ayant deux voisins X et Y non équivalents. La règle des $N + 1$ ne s'applique plus, le signal est plus complexe on parle alors de **massif**.

MÉTHODE

Interpréter un spectre RMN

À l'aide des tables (→ ANNEXE, P. 361-362), attribuer les différents signaux obtenus sur le spectre RMN de l'isobutylamine $(CH_3)_2-CH-CH_2-NH_2$ ci-contre et justifier leur multiplicité. En rouge, sont notées les intégrations

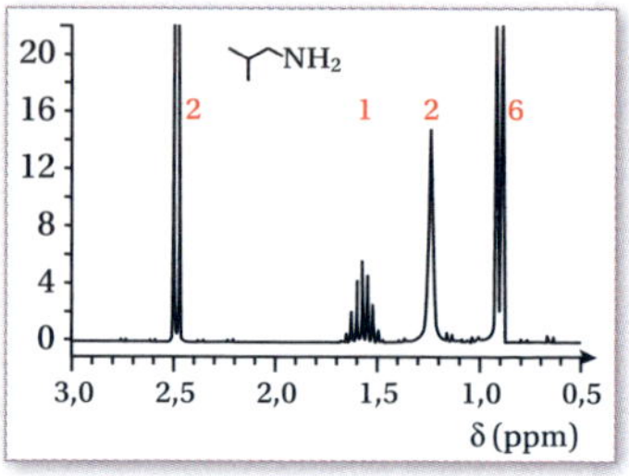

SOLUTION

Sur la molécule, on note quatre sortes de protons :

- les 2 CH_3 qui ont un seul voisin et donnent un doublet que l'on retrouve à $\delta = 0,9$ ppm, comme indiqué dans les tables ;
- le $-CH_2-N$ qui, d'après les tables, a un déplacement chimique de 2,5 ppm et est couplé avec un voisin $-CH$ donc on s'attend à un doublet (2,5 ppm sur le spectre) ;
- le $-CH$ a 8 voisins non équivalents (6 + 2). On doit avoir un signal complexe « multiplet » ou « massif » vers 1,5 ppm (1,6 ppm sur le spectre) ;
- le NH_2 qui donne un singulet pour 2 H à un δ entre 0,5 et 3 ppm (1,25 ppm sur le spectre).

Les valeurs des déplacements lues sur le spectre et les intégrations nous permettent d'attribuer les différents signaux. La multiplicité permet de valider la structure de la molécule.

Exploiter un spectre RMN

85

RAPPELS DE COURS

1 Chronologie des informations à exploiter

▶ **Dénombrer les signaux** et mesurer la valeur du déplacement chimique correspondant permet d'identifier le nombre et la nature des groupes de protons équivalents en utilisant une table de données (→ ANNEXE, P. 361-362).

▶ De la courbe d'intégration, on déduit le **nombre de protons** de chaque type. L'aire de chaque pic est proportionnelle au nombre de protons responsables du pic. La distance entre deux paliers est proportionnelle à la surface du pic correspondant et donc au nombre de protons.

▶ **Étudier la forme de chaque signal** renseigne sur le nombre de voisins du proton étudié et leurs couplages. En pratique, un proton ou un groupe de protons équivalents ayant N voisins donne un signal constitué de $(N + 1)$ pics, appelé multiplet, si ces N voisins sont équivalents.
Si les voisins ne sont pas équivalents, la règle des $(n + 1)$ – uplets ne s'applique plus.
Au-delà de deux liaisons, il n'y a plus de couplage.

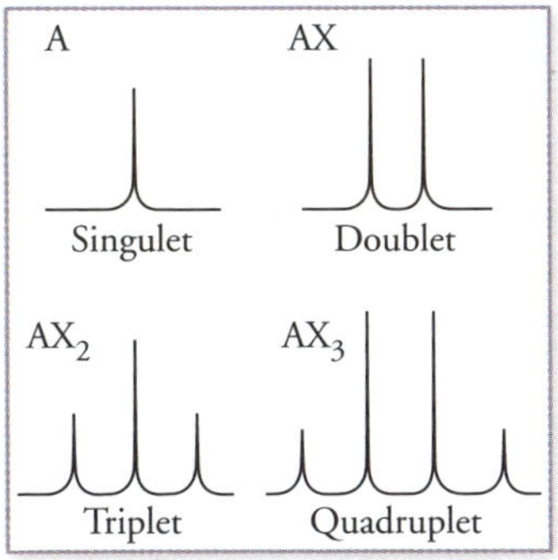

▶ En conclusion, on peut valider ou retrouver la structure d'une molécule avec son spectre RMN.

▶ Bien souvent, on combinera spectres RMN et infrarouge pour déterminer sans ambigüité la formule semi-développée du composé.

CHIMIE

MÉTHODE

Trouver une formule semi-développée

Soit une molécule de formule brute $C_7H_{14}O$. Son spectre IR montre la présence d'une bande caractéristique d'une liaison $-C=O$. Le spectre RMN est donné ci-dessous.

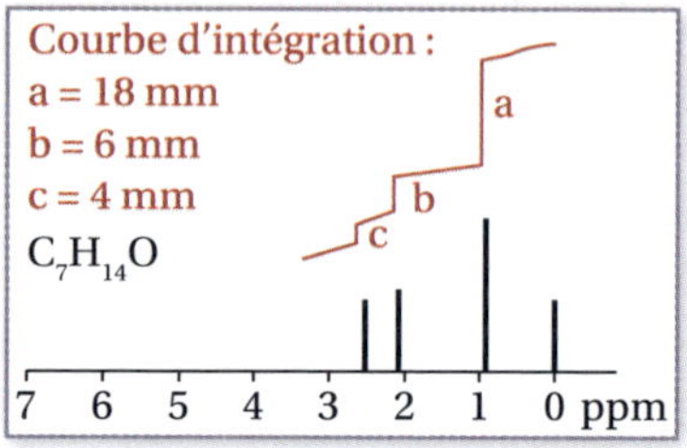

Retrouver la formule semi-développée de ce composé.

SOLUTION

D'après la courbe d'intégration, la somme des hauteurs des marches a + b + c vaut 28 mm, cela correspond à 14 H (déduit de la formule brute), soit 14 / 28 = 0,5 H par mm.

On en déduit que le pic a correspond à $18 \times 0,5 = 9$ H ; le pic b à $6 \times 0,5 = 3$ H et le pic c à $4 \times 0,5 = 2$ H.

- Le signal a situé à 0,9 ppm correspond à 9 protons non couplés, soit à 3 CH_3 équivalents, ce qui est conforme aux tables (→ ANNEXE, P. 361-362). Les 3 groupes méthyles sont donc loin de la fonction cétone.
- Le signal b correspond à 3 H, soit un $-CH_3$. Il présente un déplacement chimique plus élevé du fait de sa proximité avec la fonction cétone.
- Le signal c, représentatif de 2 H, correspond à $-CH_2$ voisin de la fonction cétone, il n'y a pas de couplage.

La formule semi-développée du $C_7H_{14}O$ est :

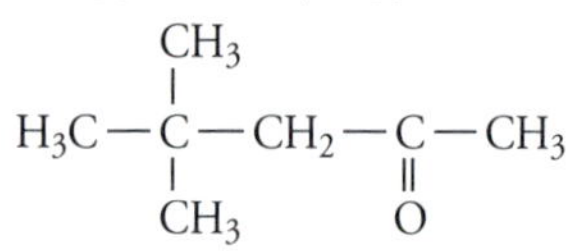

Son nom est la 4,4-diméthylpentan-2-one.

Suivre l'évolution temporelle d'une transformation lente

86

RAPPELS DE COURS

1 *Méthodes physiques de suivi d'une transformation lente*

▶ Le principe des méthodes **physiques** est de mesurer une grandeur liée à la concentration d'un réactif ou d'un produit de la transformation. L'évolution de la réaction peut ainsi être suivie en continu et sans perturber le milieu réactionnel.

- La **conductimétrie** : si des réactifs et (ou) des produits sont ioniques, une cellule conductimétrique permet de suivre l'évolution de la conductivité de la solution (→ FICHE 107).
- La **spectrophotométrie** : on mesure l'absorbance A de la solution lorsqu'il y a apparition ou disparition d'une substance colorée ou qui absorbe dans l'UV. Pour les faibles concentrations, l'absorbance A est proportionnelle à la concentration de l'espèce étudiée (→ FICHE 105).
- La **pH-métrie** : dans le cas d'une transformation acidobasique, une sonde pH-métrique permet de suivre l'évolution du pH de la solution (→ FICHE 98). Le pH est lié à la concentration en ions hydronium H_3O^+ de la solution.

2 *Méthodes chimiques de suivi d'une transformation lente*

▶ Une méthode de suivi temporel est **chimique** quand la détermination de la concentration de l'espèce étudiée nécessite la mise en œuvre d'une réaction chimique de titrage.
On prélève un échantillon du mélange réactionnel. Puis on effectue une trempe en le refroidissant brutalement pour stopper la réaction.

▶ L'**équivalence** du titrage permet d'accéder à la quantité de produit formé, à celle de réactif restant ou encore à l'avancement x à la date t du prélèvement. Cette méthode chimique est une méthode destructive du milieu réactionnel et occasionne une grande consommation de réactifs.

3 *Courbes d'évolution et temps de demi-réaction*

▶ Quelle que soit la méthode de suivi choisie, on trace l'**évolution** de la concentration en réactif, de la concentration en produit ou bien encore de l'avancement x de la transformation en fonction du temps.

L'avancement final x_f est égal à l'avancement maximal x_{max} seulement si la transformation est totale.

▶ Le **temps de demi-réaction**, noté $t_{1/2}$, est caractéristique de l'évolution d'un système chimique. Il représente la durée nécessaire pour que l'avancement x parvienne à la moitié de sa valeur finale, soit $x_{t_{1/2}} = \frac{x_f}{2}$.
En reportant la valeur de $x_{t_{1/2}}$ sur la courbe $x = f(t)$, on déduit par simple lecture graphique la valeur de $t_{1/2}$.

3 La chromatographie sur couche mince pour évaluer la durée d'une synthèse

Un échantillon du milieu réactionnel est prélevé à différentes dates et déposé sur une plaque. Après élution et révélation, on observe l'évolution des taches du **réactif limitant** et du **produit formé**. La réaction est terminée lorsque le réactif limitant n'apparait plus sur le chromatogramme. On évalue ainsi le temps de réaction.

MÉTHODE

Déterminer un temps de demi-réaction

On étudie la réaction d'équation :
$2\,I^-_{(aq)} + S_2O_8^{2-}{}_{(aq)} \rightarrow I_{2(aq)} + 2\,SO_4^{2-}{}_{(aq)}$
À l'aide du graphe ci-contre, déterminer le temps de demi-réaction.

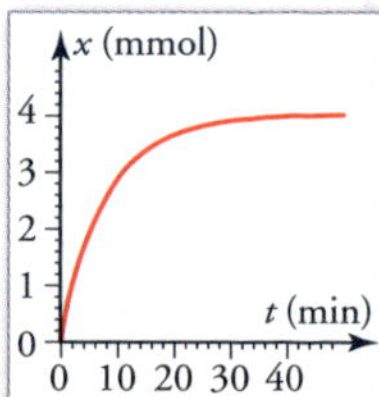

Solution

Traçons l'asymptote à la courbe pour déterminer x_f. On lit $x_f = 4$ mmol.
Graphiquement, pour
$x_{(1/2)} = \frac{x_f}{2} = 2$ mmol,
on lit $t_{1/2} = 6$ min.

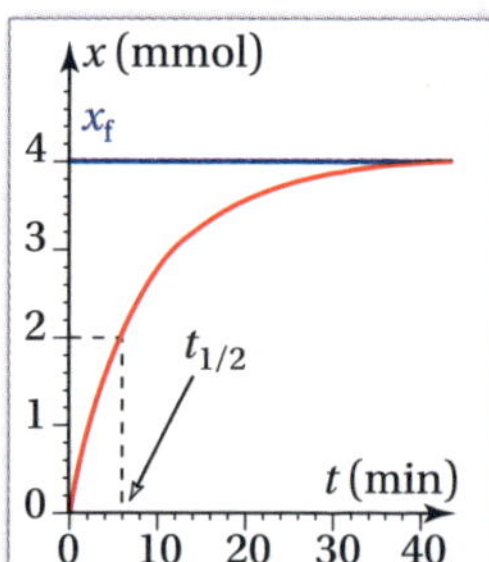

Accélérer ou ralentir une transformation chimique

87

RAPPELS DE COURS

Certaines grandeurs, comme la température ou la concentration initiale, agissent sur le temps de demi-réaction : ce sont des **facteurs cinétiques**.

1 *La température*

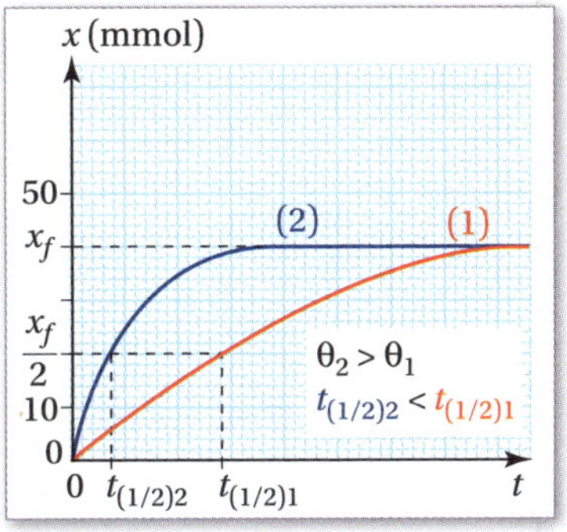

▶ La comparaison des temps de demi-réaction sur le graphique ci-contre montre que plus la **température** est élevée, plus le temps de demi-réaction est petit, et plus l'état final est atteint rapidement.

▶ À l'état microscopique, une augmentation de température correspond à un accroissement de l'énergie cinétique des espèces chimiques. La probabilité de rencontre est alors plus importante et la transformation plus rapide.

2 *La concentration initiale des réactifs*

▶ Une augmentation de la **concentration** d'un réactif, tous les autres paramètres étant constants, provoque une diminution du temps de demi-réaction, la transformation est donc plus rapide.

▶ À l'état microscopique, l'augmentation de la concentration d'un réactif A mis en présence d'un réactif B accroît leur probabilité de rencontre et donc la **rapidité de la transformation**.

3 *Autres facteurs cinétiques*

▶ La **surface de contact** d'un réactif solide est également un facteur cinétique. La réaction est d'autant plus rapide que cette surface de contact avec les autres réactifs est grande. Plus le réactif solide est à l'état divisé, en poudre par exemple, plus sa surface est grande.

▶ Si la réaction se produit en solution, la nature du **solvant** peut également influencer l'évolution du système.

MÉTHODE

Identifier des facteurs cinétiques

Les courbes (I), (II) et (III) représentent l'avancement au cours du temps de la réaction d'équation :

$$2I^-_{(aq)} + S_2O_8^{2-}{}_{(aq)} \rightarrow I_{2(aq)} + 2\,SO_4^{2-}{}_{(aq)}$$

dans les conditions décrites par les systèmes a, b et c du tableau ci-dessous.

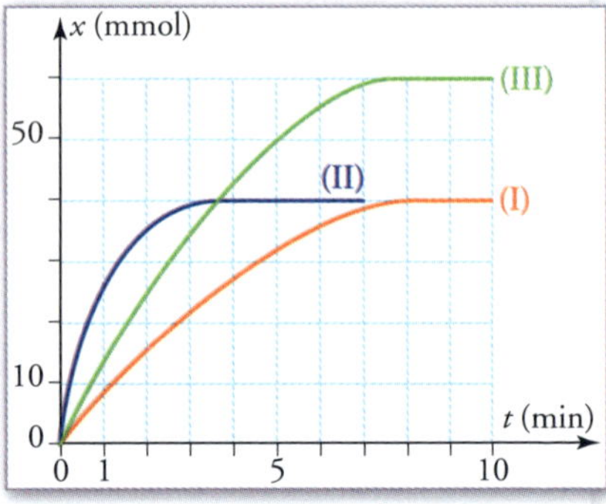

	$[S_2O_8^{2-}]_0$ (en mmol · L^{-1})	$[I^-]_0$ (en mmol · L^{-1})	**Température (en °C)**
a	40	250	20
b	60	250	20
c	40	250	40

1. Quels systèmes peut-on comparer ?
2. Quels facteurs cinétiques sont mis en jeu ?
3. Que peut-on dire des temps de demi-réaction ?

SOLUTION

1. On peut comparer les systèmes a et b car seule la concentration initiale d'un réactif est modifiée, tous les autres paramètres étant constants.
On peut aussi comparer a et c car seule la température est modifiée tous les autres paramètres étant constants.

2. Le système b comparé au système a permet de mettre en évidence le rôle de la concentration initiale en réactif et le système c comparé au système a permet de mettre en évidence le rôle de la température.

3. Plus la température augmente, plus la transformation est rapide : $t_{(1/2)c} < t_{(1/2)a}$ (c : courbe II, a : courbe I).
Plus la concentration d'un réactif augmente, plus la transformation est rapide : $t_{(1/2)a} > t_{(1/2)b}$ (b : courbe III).

Catalyser une transformation 88

RAPPELS DE COURS

1 Qu'est-ce qu'un catalyseur ?

▶ Un **catalyseur** est une espèce chimique qui **diminue** la durée de réaction dans le milieu réactionnel où il est introduit, sans modifier l'**état final** du système.

▶ Le catalyseur est récupéré lorsque la réaction est terminée ; il n'apparait donc pas dans l'équation de la réaction.
Il est généralement indiqué au-dessus de « $\rightarrow$ » ou « $\leftrightarrows$ ».

▶ Quand plusieurs réactions peuvent se dérouler à partir des mêmes réactifs, il est possible grâce à un catalyseur convenablement choisi d'accélérer **sélectivement** l'une d'elles.

2 Les différents modes d'action des catalyseurs

A Catalyse homogène

▶ Lorsque le catalyseur appartient à la même phase que les réactifs, la catalyse est dite **homogène**. Dans une catalyse homogène, la réaction est d'autant plus rapide que la concentration en catalyseur est élevée.

▶ Le catalyseur modifie le mécanisme réactionnel de la réaction, c'est-à-dire les étapes permettant de passer des réactifs aux produits.

▶ L'ajout d'un catalyseur peut transformer une réaction lente en deux (ou plusieurs) réactions rapides. Le catalyseur est alors consommé dans l'une et régénéré dans une autre.

B Catalyse hétérogène

▶ Lorsque le catalyseur n'appartient pas à la même phase que les réactifs, la catalyse est dite **hétérogène**.

▶ Le plus souvent le catalyseur est présent sous forme solide et les réactifs sont en phase liquide ou gazeuse. La réaction se déroule à la surface du catalyseur solide ; elle est d'autant plus rapide que la surface du catalyseur est importante.

▶ Pour une meilleure efficacité, le catalyseur est souvent réduit en poudre fine.

C Catalyse enzymatique

▶ Lorsque le catalyseur est une **enzyme**, la catalyse est dite **enzymatique**. Une enzyme est un enchainement d'acides aminés, donc une protéine, catalysant les processus biologiques.

▶ Les enzymes sont des catalyseurs très sélectifs mais également **stéréospécifiques** (→ FICHE 92) : il est nécessaire que le réactif (substrat) ait une structure spatiale déterminée. Cette adaptation de l'enzyme et du substrat, encore appelée théorie clef-serrure, explique la sélectivité des enzymes.

MÉTHODE

Reconnaître un catalyseur et un réactif

- **Expérience 1** : chauffé en présence d'acide sulfurique concentré $\left(2H^+{}_{(aq)}, SO_4^{2-}{}_{(aq)}\right)$, le pentan-1-ol se déshydrate pour donner le pent-1-ène et de l'eau. La transformation est plus rapide lorsque la concentration en ions $H^+{}_{(aq)}$ augmente.
- **Expérience 2** : dans un tube à essais, on introduit 1 mL d'iodure de potassium $(K^+{}_{(aq)}, I^-{}_{(aq)})$ à $5{,}0 \times 10^{-2}$ mol · L^{-1} et 1 mL de solution d'iodate de potassium $(K^+{}_{(aq)}, IO_{3(aq)}^-)$ à $1{,}0 \times 10^{-2}$ mol · L^{-1} : la solution jaunit légèrement. On ajoute une ou deux gouttes d'acide sulfurique à 1 mol · L^{-1} et une coloration brune intense apparaît rapidement selon la réaction :

$IO_{3(aq)}^- + 6H^+{}_{(aq)} + 5I^-{}_{(aq)} \rightarrow 3\,I_{2(aq)} + 3H_2O_{(\ell)}$

Pour chaque expérience, les ions $H^+{}_{(aq)}$ catalysent-ils la réaction ? Si oui, de quel type de catalyse s'agit-il ?

SOLUTION

- Dans l'expérience 1, le réactif est le pentan-1-ol et les produits sont l'eau et le pent-l-ène.

$$CH_3-CH_2-CH_2-CH_2-CH_2-OH \rightarrow CH_3-CH_2-CH_2-CH_2=CH_2+H_2O$$

Les ions $H^+{}_{(aq)}$ n'apparaissent pas dans l'équation. La transformation est plus rapide lorsque leur concentration augmente. Ils catalysent la réaction. Il s'agit d'une catalyse homogène.

- Dans l'expérience 2, les ions $H^+{}_{(aq)}$ sont des réactifs de la réaction considérée, ils apparaissent dans son écriture. Ce ne sont pas des catalyseurs.

Représenter des molécules

89

RAPPELS DE COURS

1 *Représenter une molécule à l'aide d'une formule*

▶ La **formule brute** d'une molécule indique la nature et le nombre des différents atomes la constituant. Mais sa seule connaissance est insuffisante pour préciser l'enchaînement des atomes, car plusieurs isomères peuvent exister.

▶ Des **isomères** ont la même formule brute mais des formules développées ou semi-développées différentes.

▶ La **formule développée** permet de représenter l'enchaînement des atomes à l'aide de tirets figurant les liaisons covalentes.

▶ La **formule semi-développée** est une forme concise de la formule développée où n'apparaissent pas les doublets liants des atomes d'hydrogène.

2 *Représenter une molécule à l'aide d'un schéma*

▶ **L'écriture topologique** est une représentation schématique simplifiée d'une molécule dans laquelle la chaîne carbonée est représentée par une ligne brisée. Chaque extrémité du segment correspond à un atome de carbone. Ces derniers n'apparaissent pas, mais seulement les liaisons qu'ils forment.

▶ Les atomes d'hydrogène liés aux atomes de carbone ne sont généralement pas représentés non plus. Les atomes autres que ceux de carbone et d'hydrogène, appelés hétéroatomes, sont indiqués.

Nom	Formules brute et semi-développée	Formule topologique
Acide butanoïque	$C_4H_8O_2$ $CH_3-CH_2-CH_2-COOH$	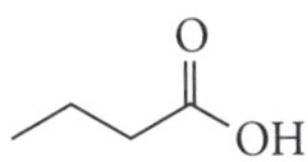

3 *Représenter une molécule dans l'espace*

▶ La **représentation de Cram** donne la structure d'une molécule dans l'espace. Les conventions de représentation des liaisons par rapport au plan de la figure sont données ci-après.

— dans le plan de la figure ▬ vers l'avant ······ vers l'arrière	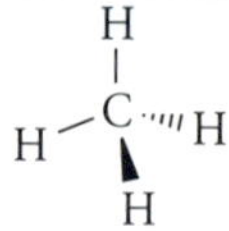 Représentation de Cram du méthane

▶ Pour prévoir la **géométrie d'un atome**, il faut connaître l'agencement de ses liaisons, qui peut être déterminé à partir de sa représentation de Lewis (où apparaissent les doublets liants et non liants). De nombreux atomes obéissent à la règle de l'octet. Ils sont entourés de 4 doublets (liants ou non liants). Tous ces doublets s'orientent alors selon les 4 directions données par les sommets d'un tétraèdre.

	Liaisons	Lewis	Cram	Géométrie
C	4 liaisons simples	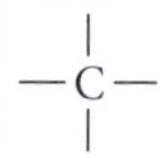		Tétraédrique
	2 liaisons simples et 1 double	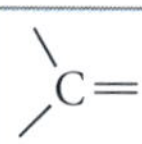	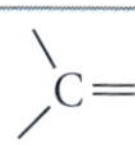	Plane triangulaire
O	2 doublets liants et 2 non liants			Plane et coudée
N	3 doublets liants et 1 non liant	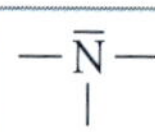		Pyramidale

MÉTHODE

Représenter une molécule en perspective

À partir de la formule de Lewis de l'acide éthanoïque, donner sa représentation de Cram.

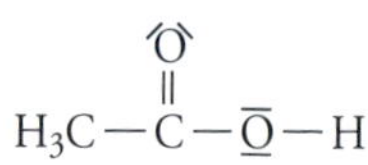

SOLUTION

Le carbone n° 2 forme 4 liaisons simples, il a une structure tétraédrique.

En revanche, le carbone n° 1 du groupe carboxyle COOH est lié par deux liaisons simples et une double liaison à un oxygène, il a une structure plane triangulaire. La représentation de Cram est donnée ci-contre en respectant les conventions.

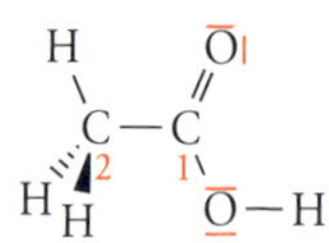

Distinguer des stéréoisomères

90

RAPPELS DE COURS

Des stéréoisiomères ont la même formule brute, le même enchainement d'atomes mais une structure dans l'espace différente.

1 Stéréoisomères de conformation et liaison C—C

▶ On appelle **conformations** d'une molécule les différentes structures spatiales qu'elle peut prendre par rotation autour de ses liaisons simples.

▶ Il y a **libre rotation** autour de chaque liaison C—C de deux carbones tétraédriques. Les trois autres atomes ou groupes d'atomes liés à chaque C peuvent donc prendre différentes positions dans l'espace et créer plusieurs conformations ou stéréoisomères de conformation d'une même molécule.

Dans l'exemple de l'éthane, les 3 liaisons C—H peuvent prendre différentes positions en fonction de la rotation autour de la liaison C—C : la conformation décalée (a) et la conformation éclipsée (b). On les appelle des **stéréoisomères de conformation** qui correspondent à une même molécule.

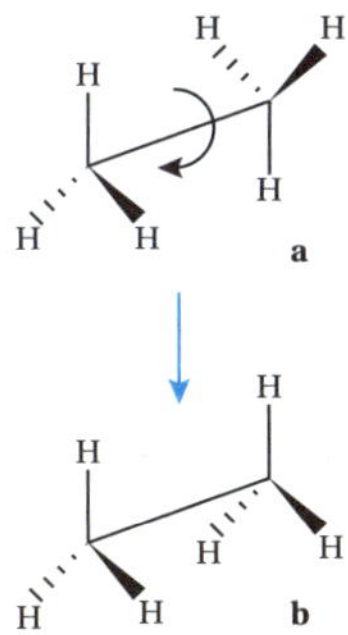

▶ Les répulsions électroniques sont minimales dans la forme décalée, ce qui la rend très stable, et maximales dans la forme éclipsée, c'est la conformation la moins stable. À température ambiante, une molécule passe continuellement d'une conformation à une autre.

2 Stéréoisomères de configuration et double liaison C=C

▶ Lorsque, pour passer d'un stéréoisomère A à un stéréoisomère B, on doit rompre au moins une liaison, alors A et B sont des **stéréoisomères de configuration.** A et B ne sont donc pas superposables, il s'agit de deux molécules différentes.

▶ Les carbones liés par une double liaison ont une structure plane triangulaire (angle de 120°). Cette double liaison C=C empêche la libre rotation autour de l'axe des carbones.

Si chaque carbone de cette double liaison est lié à deux atomes ou groupes d'atomes différents, la molécule a deux stéréoisomères possibles. Selon l'agencement de leurs groupes d'atomes, on distingue les **stéréoisomères Z** et les **stéréoisomères E**.

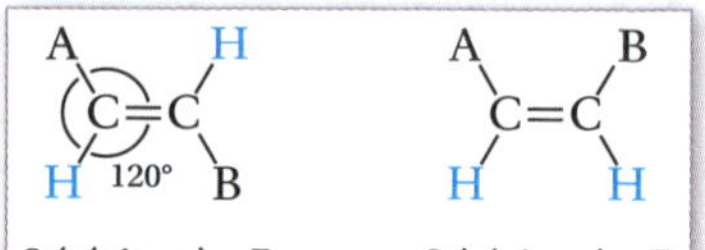

▶ Les deux molécules ci-contre ne sont pas superposables. Pour passer de l'une à l'autre, il faut casser des liaisons.
Ces deux stéréoisomères sont alors appelés **stéréoisomères de configuration.**

▶ Deux stéréoisomères de configuration non superposables, et qui ne sont pas image l'un de l'autre dans un miroir, sont appelés **diastéréoisomères.**
Des diastéréoisomères sont des **corps purs différents**, que l'on peut séparer et isoler car ils ont des propriétés physiques et chimiques différentes.

MÉTHODE

Reconnaître un stéréoisomère

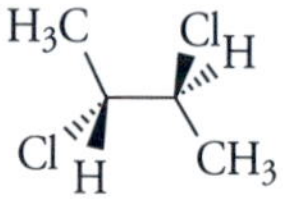
A

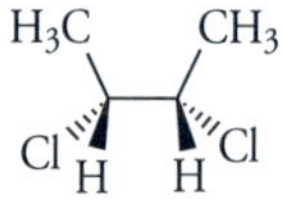
B

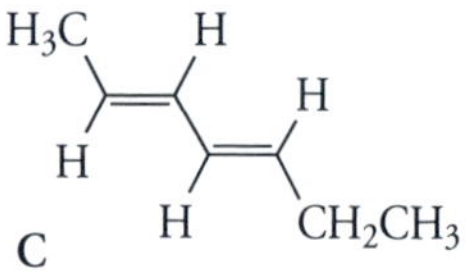
C

1. A et B sont-ils des stéréoisomères de conformation ou de configuration ?

2. Peut-on les séparer et les isoler ?

3. Dans quelle configuration se trouvent les deux doubles liaisons C=C du composé C ?

Solution

1. Par rotation autour de la liaison C—C, on passe de A à B, ce sont des stéréoisomères de conformation : A est dans une conformation décalée et B dans une conformation éclipsée.

2. On ne peut pas les isoler car il s'agit d'une même molécule.

3. Les deux doubles liaisons C=C sont dans la configuration E avec les H de part et d'autre de la double liaison.

Identifier une molécule chirale

91

RAPPELS DE COURS

1 La chiralité

▶ Si l'on place sa main droite devant un miroir, c'est la main gauche qui apparaît. Il est impossible de superposer ses deux mains tournées vers soi, on dit qu'elles sont chirales.

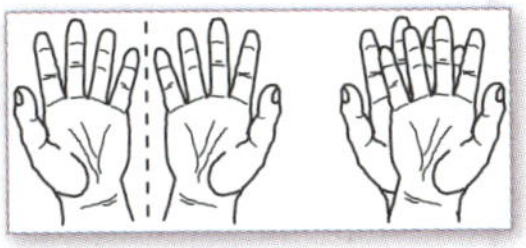

▶ La **chiralité** est la propriété d'un objet de ne pas être superposable à son image dans un miroir. Inversement, lorsqu'un objet est superposable à son image, il est dit **achiral**.

2 Molécule avec un carbone asymétrique

▶ Un atome de carbone lié à quatre atomes ou groupes atomes différents est appelé **carbone asymétrique**. On le note **C***.

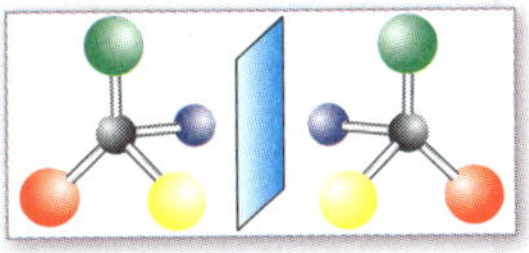

▶ Lorsqu'une molécule possède un seul atome de carbone asymétrique C*, pour la représenter dans l'espace, on peut construire deux molécules différentes non superposables et l'image l'une de l'autre dans un miroir plan. Ce sont donc des stéréoisomères de configuration, appelées **énantiomères**. Une telle molécule est toujours **chirale**.

▶ On appelle **mélange racémique** un mélange équimolaire de deux énantiomères.

▶ Deux énantiomères présentent des propriétés chimiques et physiques identiques. Leurs propriétés biologiques et pharmacologiques sont presque toujours différentes.

3 Molécule avec deux carbones asymétriques

▶ L'acide 2,3-dihydroxybutanoique contient 2 carbones asymétriques. Chacun possède deux configurations possibles, il existe donc 4 stéréoisomères (voir schéma page suivante).

▶ a et b sont images l'un de l'autre dans un miroir et sont non superposables, de même c et d. Ils forment deux **couples d'énantiomères**. Ces molécules sont **chirales**.

CHIMIE

▶ En revanche, a et d ne sont pas images l'un de l'autre ni superposables, ce sont des **diastéréoisomères** (→ FICHE 90). De même (a ; c) ; (b ; c) et (b ; d). Ces molécules sont **achirales**.

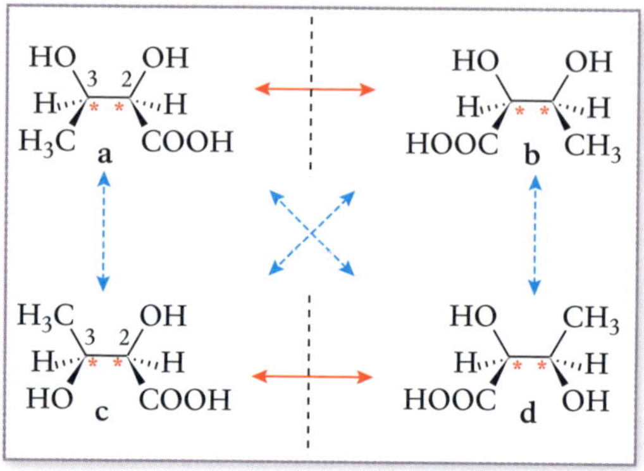

MÉTHODE

Reconnaître une espèce chirale

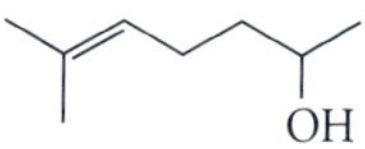

Le sulcatol (ci-contre) est la phéromone de rassemblement d'un coléoptère, le scolyte.

1. Existe-t-il une isomérie Z—E pour cette molécule ?

2. Cette molécule est-elle chirale ?

3. Dessiner cette molécule en représentation de Cram.

SOLUTION

1. La présence de deux groupes méthyle sur le même atome de carbone (6) rend impossible une isomérie de configuration Z—E.

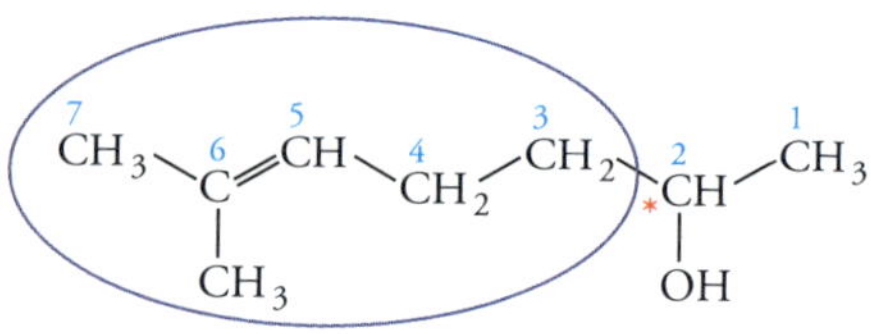

2. Le carbone n° 2 est un carbone asymétrique car il est lié à 4 atomes ou groupes d'atomes différents. Cette molécule existe sous deux configurations différentes, images l'une de l'autre et non superposables. Cette molécule est donc chirale.

3. Soit R le groupement entouré en bleu, on peut représenter deux molécules images l'une de l'autre.

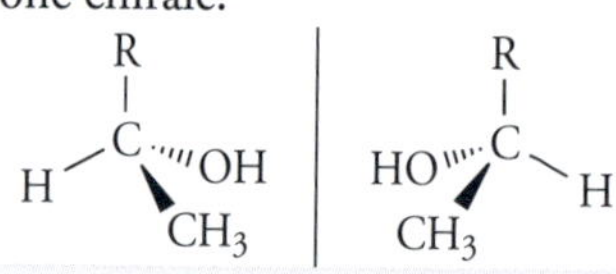

Comprendre les propriétés biologiques des stéréoisomères

92

RAPPELS DE COURS

1 *Les acides α-aminés*

▶ Les acides α-aminés sont des molécules polyfonctionnelles qui comportent au moins une fonction **acide carboxylique** (—COOH) et une **fonction amine** (—NH_2). Ces deux fonctions sont portées par le même atome de carbone asymétrique C*, excepté pour l'acide α-aminé le plus simple, appelé glycine, où R = H.

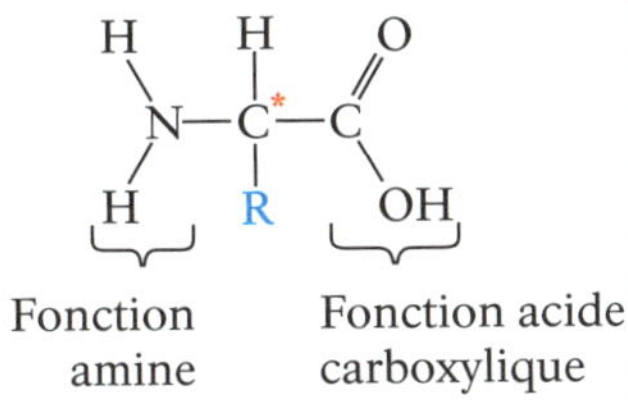

C* = Carbone asymétrique.
R = Radical. C'est la chaîne latérale de l'acide aminé.

▶ Les acides α-aminés existent sous deux énantiomères du fait de la présence du carbone asymétrique. Ce sont des molécules chirales. Mais dans la nature, seul l'un ou l'autre des énantiomères est présent !

2 *La liaison peptidique, les peptides, les protéines*

▶ La réaction entre deux molécules acides α-aminés donne un dipeptide et de l'eau selon l'équation :

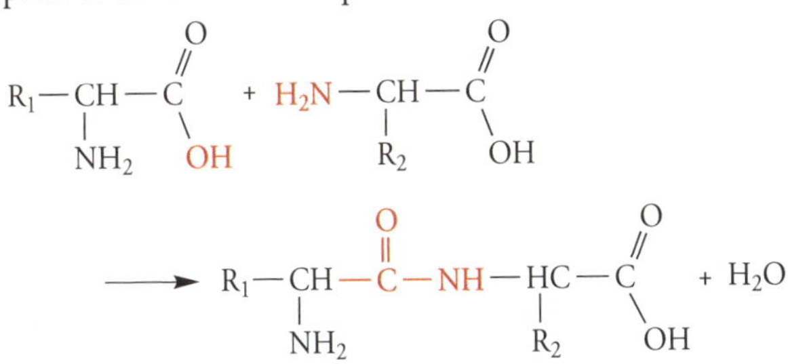

▶ Le **groupe amide** qui relie les deux acides α-aminés dans le dipeptide obtenu est appelé **liaison peptidique.**

▶ Une **protéine** est une macromolécule composée d'une ou plusieurs chaînes d'acides aminés reliées par des liaisons peptidiques. Les **enzymes,** protéines présentes dans les cellules des êtres vivants, catalysent les réactions chimiques.

3 Des configurations spécifiques pour une activité biologique

▶ La possibilité de **changer de conformation**, du fait de la rotation autour de liaisons, donne aux molécules (acides aminés, enzymes, protéines, etc.) une flexibilité leur permettant de s'adapter les unes aux autres dans l'espace. Cette **adaptabilité** joue un rôle déterminant dans les propriétés biologiques.

▶ L'efficacité et la sélectivité des enzymes ou des principes actifs reposent sur leur caractère chiral. En effet, très souvent, seul l'un des deux énantiomères d'une molécule chirale peut agir, par exemple en tant que principe actif d'un médicament.

▶ Certaines propriétés sont liées à la **présence d'un C***, comme les propriétés olfactives, gustatives et thérapeutiques.

EXEMPLE La thalidomine (ci-contre) soulage les nausées. L'autre énantiomère provoque un développement anormal de l'embryon.

EXEMPLE Les deux énantiomères du limonène possèdent des propriétés olfactives différentes.

Odeur de citron

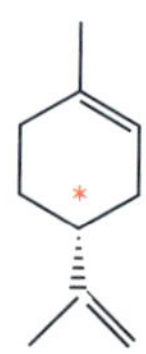
Odeur d'orange

MÉTHODE

Relier un stéréoisomère à ses propriétés biologiques

Justifier le fait que deux molécules du propranolol (ci-contre) existent. Leurs effets physiologiques sont différents, l'un est un contraceptif alors que l'autre est un β-bloquant. Comment expliquer ces différences ?

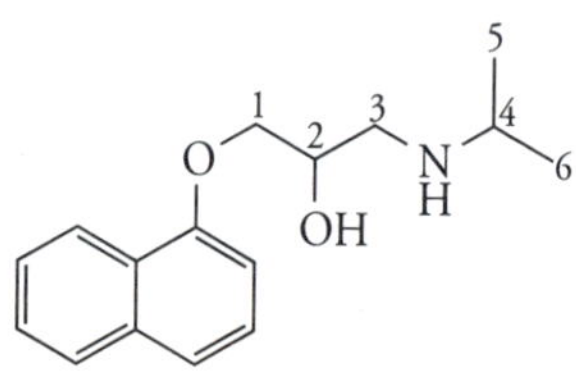

SOLUTION

Le propranolol possède un atome de carbone asymétrique, le carbone 2, cette molécule est chirale. Elle a donc deux énantiomères, images l'un de l'autre mais non superposables, ayant une activité physiologique propre.

Repérer un groupe caractéristique 93

RAPPELS DE COURS

1 *Les composés oxygénés*

Famille Suffixe	Groupe caractéristique	Formule générale et fonction
Les alcools Suffixe « **ol** »	$-OH$ Groupe hydroxyle	Fonction alcool $R-OH$ $R-CH_2-OH$ Alcool primaire 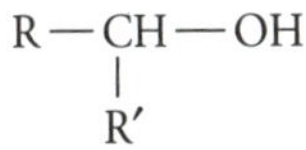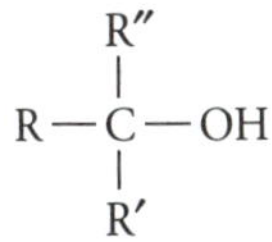 Alcool secondaire (R et R′ différents de H) Alcool tertiaire (R, R′ et R″ différents de H)
Les aldéhydes Suffixe « **al** »	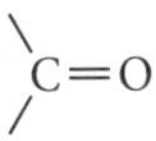 Groupe carbonyle	Fonction aldéhyde 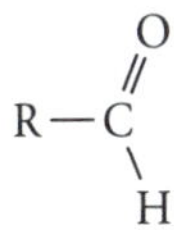
Les cétones Suffixe « **one** »		Fonction cétone 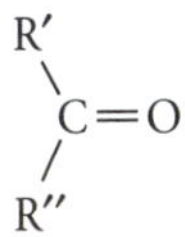
Les acides carboxyliques Suffixe « **oïque** »	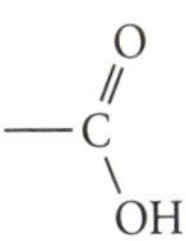 Groupe carboxyle	Fonction acide carboxylique 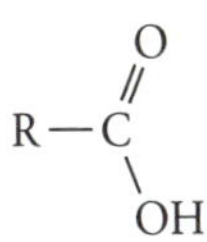
Les esters Suffixe « **oate** » d'alkyle	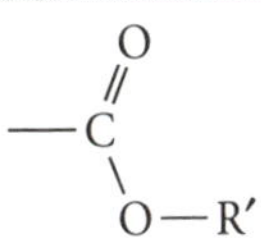 Groupe ester	Fonction ester 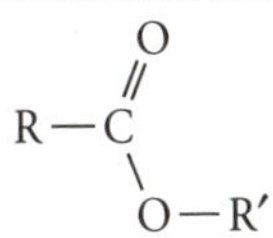

2 *Les composés azotés*

La désignation amine primaire, secondaire et tertiaire fait référence au nombre d'atomes de carbone liés à l'atome d'azote.

Famille Suffixe	Groupe caractéristique	Formule générale et fonction
Les amines Suffixe « **amine** »	$-NH_2$ Groupe amino $-N(R)-R_1$ N substitué et N, N disubstitué	$R-NH_2$ Amine primaire $R_1-N(R_2)-H$ Amine secondaire $R_3-N(R_2)-R_1$ Amine tertiaire
Les amides Suffixe « **amide** »	$-C(=O)-N<$ Groupe amide	Fonction amide $R-C(=O)-N(R_1)-R_2$

MÉTHODE

Identifier des groupes caractéristiques

L'aspartame est un édulcorant utilisé dans l'agroalimentaire de formule ci-dessous.
Indiquer le nom des groupes caractéristiques présents.

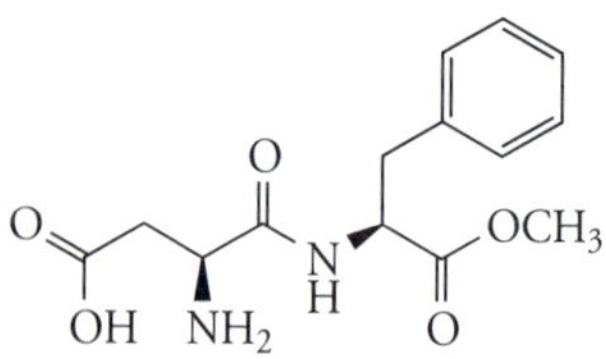

Solution

On reconnaît de gauche à droite :
le groupe carboxyle $-COOH$, puis un groupe amino $-NH_2$, un groupe amide $-C(=O)-NH-$ puis un groupe ester $-COO-R$.

Connaître les règles de nomenclature (1)

94

RAPPELS DE COURS

1 *Les alcanes*

Ce sont des hydrocarbures saturés à chaîne carbonée non cyclique, éventuellement ramifiée, de formule C_nH_{2n+2}.

A Alcanes à chaîne carbonée linéaire

Leur nom s'obtient en ajoutant le suffixe « ane » à un préfixe qui indique le nombre de carbones de la chaîne principale.

B Groupes alkyle

Si l'on enlève un atome d'hydrogène à un alcane, on obtient un groupe alkyle dont le nom s'écrit en remplaçant le suffixe « ane » par « yle ».

C Alcanes à chaîne ramifiée

Leur nom s'obtient en faisant précéder le nom de l'alcane se rapportant à la chaîne principale la plus longue d'un préfixe correspondant au groupe alkyle. On ajoute ensuite devant ce nom un nombre indice (minimal) indiquant la position du groupe alkyle sur la chaîne carbonée.

EXEMPLE Le 2-méthylbutane.

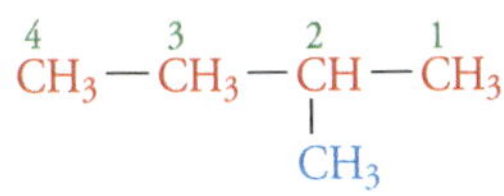

2 *Les alcènes*

Ce sont des **hydrocarbures** insaturés dont la molécule contient une liaison double carbone-carbone, de formule C_nH_{2n}.

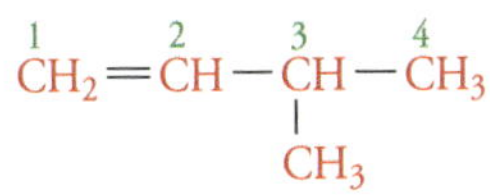

3-Méthylbut-1-ène

Le suffixe « ène » remplace le suffixe « ane » dans le nom de l'alcane donné par la chaîne principale. Un indice (minimal) précède le suffixe « ène » pour indiquer sa position.

3 *Les alcools*

▶ Le suffixe « ol » remplace le suffixe « ane » dans le nom de l'alcane donné par la chaîne principale.

▶ La chaîne principale est la chaîne carbonée linéaire la plus longue portant obligatoirement le groupe caractéristique, ici hydroxyle —OH. Un suffixe est précédé de l'indice, toujours minimal, de position du groupe caractéristique.

	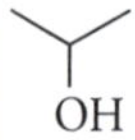	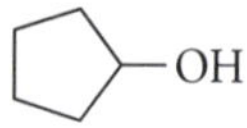	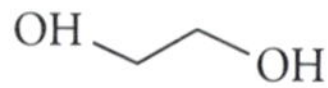
Propan-1-ol	Propan-2-ol	Cyclopentanol	Éthane-1,2-diol

Pour un alcane cyclique, le nom est précédé de « cyclo ». Un préfixe (di, tri, tétra…) indique le nombre de groupes, il est précédé de l'indice de position.

4 Les aldéhydes et les cétones

▶ Le suffixe est « al » pour les aldéhydes et « one » pour les cétones. Il remplace le suffixe « ane » dans le nom de l'alcane donné par la chaîne principale.

▶ Le carbone fonctionnel des aldéhydes, en bout de chaîne, correspond au carbone n° 1 de la chaîne principale, l'indice 1 n'est donc jamais indiqué.

EXEMPLE

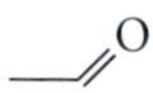

Éthanal

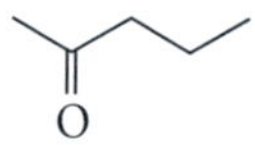

Pentan-2-one

MÉTHODE

Nommer des composés

Nommer le composé ci-contre :

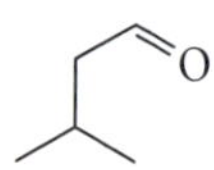

SOLUTION

La chaîne carbonée la plus longue possède 4 carbones.
On reconnaît sur le carbone 1 la fonction aldéhyde, il s'agit du butanal. De plus sur le carbone 3 est fixé un méthyle, d'où le nom de 3-méthylbutanal.

Connaître les règles de nomenclature (2)

RAPPELS DE COURS

1 Les acides carboxyliques

▶ Pour les acides carboxyliques, le suffixe « oïque » remplace le suffixe « ane » dans le nom de l'alcane donné par la chaîne principale et on fait précéder le nom du mot « acide ».

▶ Le carbone fonctionnel des acides se trouvant en bout de chaîne, il correspond au carbone n° 1 de la chaîne principale, l'indice 1 n'est donc jamais indiqué.

EXEMPLE

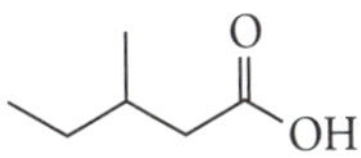

Acide 3-méthylpentanoïque

2 Les esters

Le suffixe « oate » remplace le suffixe « ane » dans le nom de l'alcane donné par la chaîne principale auquel on ajoute le nom du groupement alkyle.

EXEMPLE

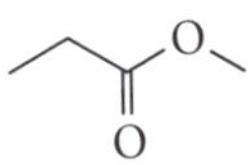

Propanoate de méthyle

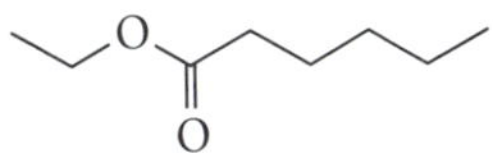

Hexanoate d'éthyle

3 Les composés azotés : amine et amide

▶ Les amines se reconnaissent par le suffixe « amine ». La chaîne la plus longue contenant l'atome d'azote N donne la racine du nom. Celui-ci est précédé de l'indice N suivi des autres groupes alkyles fixés sur l'azote s'il est substitué.

EXEMPLE

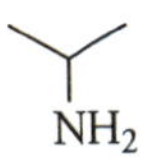

Propan-2-amine

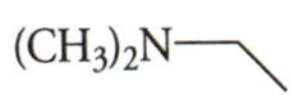

N, N Diméthyléthanamine

▶ Les amides se reconnaissent par le suffixe « amide ». La fonction se trouvant en bout de chaîne, l'indice 1 n'est jamais indiqué. Si l'azote est substitué par des groupes alkyles, ils sont précédés de l'indice N.

EXEMPLE

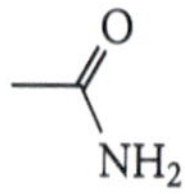

Éthanamide

4 Les composés polyfonctionnels

▶ Si plusieurs fonctions sont sur une même chaîne carbonée, d'après les règles officielles, il faut respecter certaines priorités.
La fonction alcool —OH est prioritaire sur la fonction amine. Le groupe NH_2 est indiqué alors comme substituant, soit amino.

EXEMPLE

3-aminopropan-1-ol

▶ La fonction acide carboxylique est prioritaire sur la fonction amine, elle est alors indiquée comme substituant (amino).
Il s'agit alors d'un **aminoacide** intervenant dans les réactions biochimiques. Le carbone fonctionnel (—COOH) porte le numéro 1, le carbone suivant c'est-à-dire le carbone n° 2 est appelé carbone α, le carbone n° 3, β, etc.

C—C—C—C—C—COOH
ε δ γ β α

Dans les acides α-aminés, le groupe amino se trouve sur le carbone α.

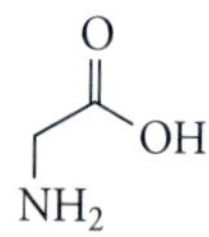

Acide-2-amino-éthanoïque

MÉTHODE

Nommer un composé carboné

Nommer le composé ci-contre :

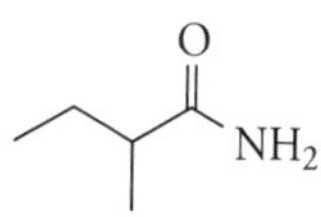

SOLUTION

On reconnait la fonction amide dont le carbone fonctionnel porte le numéro 1. La chaîne a 4 carbones, c'est la butanamide ; un méthyle se trouve sur le carbone 2, il s'agit du 2-méthylbutanamide.

Identifier les sites donneur et accepteur d'électrons

RAPPELS DE COURS

1 Les liaisons polarisées

▶ L'**électronégativité** d'un élément caractérise sa capacité à attirer les électrons lors de la formation d'une liaison chimique.

▶ La différence d'électronégativité entre des atomes permet de prévoir la polarité des liaisons qu'ils forment entre eux. Si les deux atomes sont différents, les électrons mis en commun sont attirés vers celui ayant la plus grande électronégativité. Cette liaison alors est **polarisée** ou **polaire** (→ ANNEXE, P. 359).

▶ L'atome le plus électronégatif porte un excès de charge négative et le moins électronégatif une fraction de charge positive. Ces excès de charges s'appellent des **charges partielles**, on les note δ.

EXEMPLE La liaison —C=O

Cette liaison est polarisée car l'oxygène est plus électronégatif que le carbone.

$\overset{\delta^+}{C}=\overset{\delta^-}{O}$

▶ Si les deux atomes sont identiques, la liaison est **apolaire**.

2 Site donneur et site accepteur d'électrons

▶ Un site **donneur d'électrons** (*nucléophile*) est un atome **riche en électrons.** Il peut s'agir d'un atome porteur d'une charge entière négative $D^{\ominus}$, d'une charge partielle négative $\delta^{\ominus}$ ou d'un atome possédant un ou plusieurs doublets non liants. Une liaison multiple constitue également un site donneur d'électrons.

▶ Un site **accepteur d'électrons** (*électrophile*) est un atome pauvre en électrons. Il peut s'agir d'un atome porteur d'une charge entière positive $A^{\oplus}$ ou d'une charge partielle positive $\delta^{\oplus}$.

3 Notion de mécanisme réactionnel

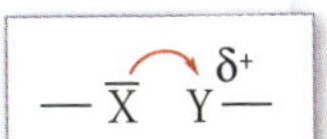

À l'échelle microscopique, le **mécanisme réactionnel** est la succession d'étapes ayant lieu lors du passage des réactifs aux produits. Chaque étape résulte de **l'interaction** entre un site donneur d'électron et un site accepteur de doublets d'électrons.

▶ La **formation d'une liaison** se schématise par une **flèche courbe** toujours orientée du site donneur (nucléophile) vers le site accepteur (l'électrophile).

▶ Lors de la rupture d'une liaison, généralement un site donneur récupère son doublet.

EXEMPLE L'hydratation d'un alcène en milieu acide.

Étape 1 : formation d'une liaison	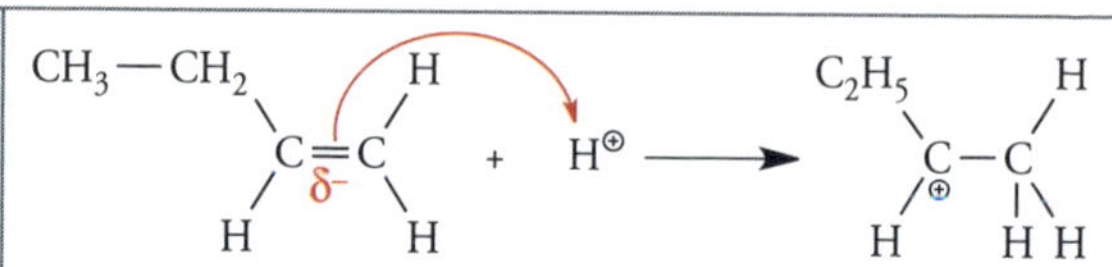
Étape 2 : formation d'une liaison	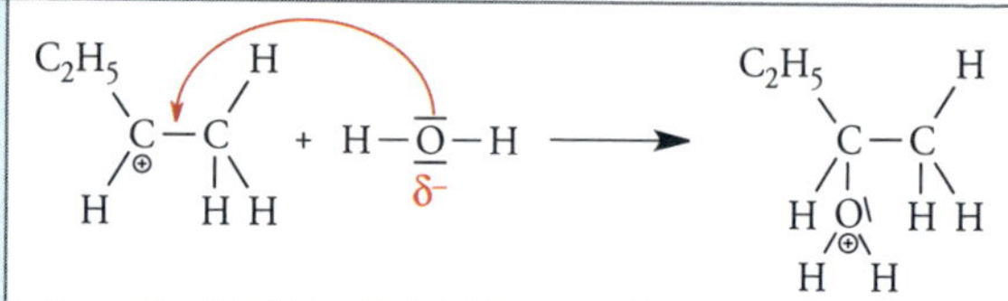
Étape 3 : rupture d'une liaison	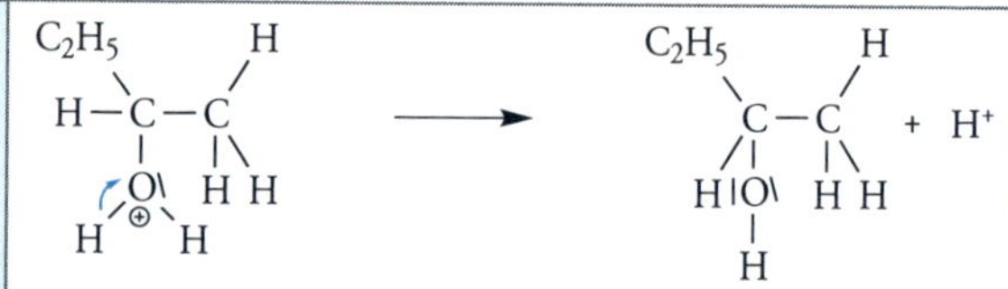

MÉTHODE

Repérer les sites donneur et accepteur

Réaction du chlorométhane avec les ions hydroxyde :

$$HO^- + CH_3{-}Cl \rightarrow CH_3{-}OH + Cl^-$$

1. Préciser les sites donneur et accepteur d'électrons de chaque réactif.

2. Avec des flèches courbes, expliquer la première étape du mécanisme réactionnel (rupture et formation de liaisons).

SOLUTION

1. Dans le chlorométhane, le carbone (δ^+) est moins électronégatif que le chlore (δ^-) donc la liaison C—Cl est polarisée. L'oxygène de l'ion hydroxyde porte une charge négative, c'est un site donneur. Il va réagir avec le carbone (δ^+) du C—Cl qui est un site accepteur.

2.

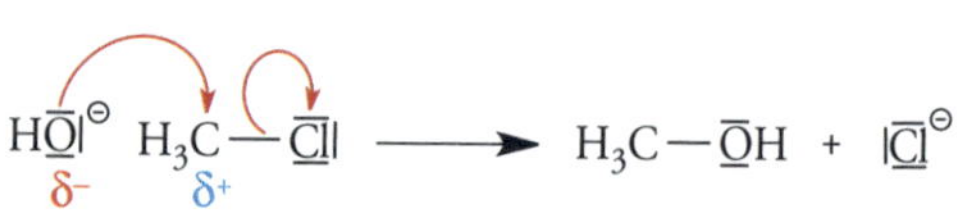

Connaître les grandes catégories de réactions chimiques

97

RAPPELS DE COURS

1 La réaction de substitution

Un réactif, ou une partie de celui-ci (ici Y), vient se **substituer** à une partie de l'autre réactif (ici X).

EXEMPLE $CH_3{-}CH_2{-}OH + H{-}Br \rightarrow CH_3{-}CH_2{-}Br + H_2O$

Ici, l'ion bromure du bromure d'hydrogène se substitue au groupe hydroxyle de l'éthanol.

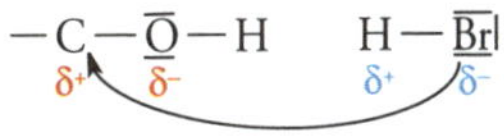

2 La réaction d'addition

L'un des réactifs vient se **fixer** sur une liaison double d'un alcène ou une liaison triple d'un alcyne ($-C{\equiv}C-$). Cette réaction conduit à la formation d'un seul produit.

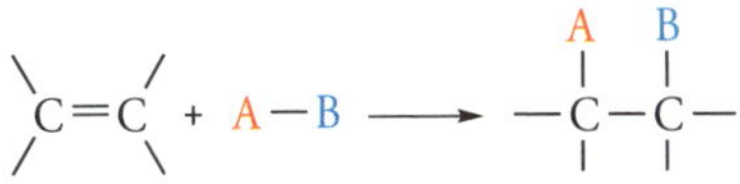

EXEMPLE L'addition de dibrome sur le propène conduit au 1,2-dibromopropane :

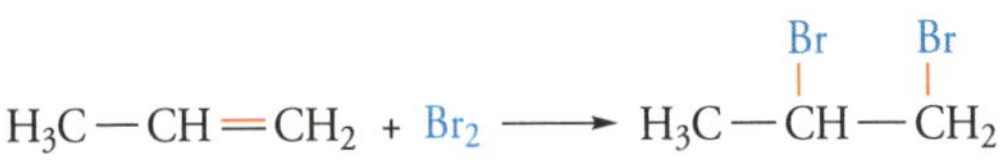

3 La réaction d'élimination

Au cours d'une telle réaction, une **double liaison** se forme, ce qui conduit à l'apparition de **sous-produits**.

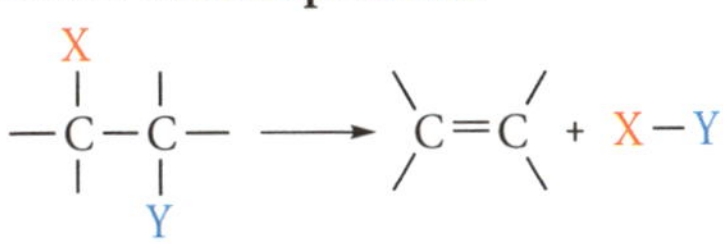

CHIMIE

EXEMPLE La déshydratation d'un alcool conduit à un alcène.

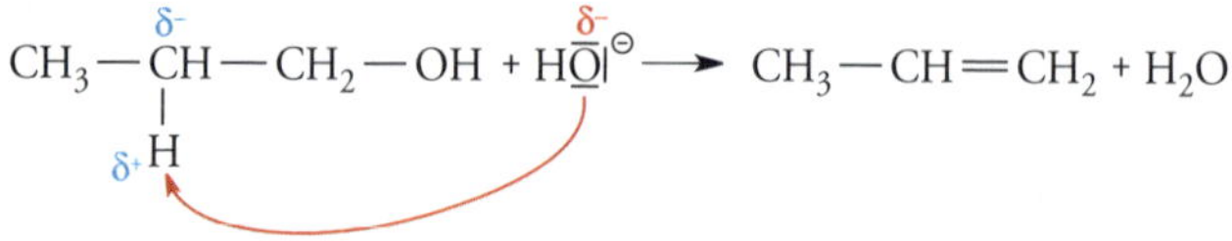

HO^- est une base forte qui arrache un proton au propan-1-ol.

MÉTHODE

Expliquer le mécanisme d'une réaction

On donne les deux étapes du mécanisme d'une réaction.

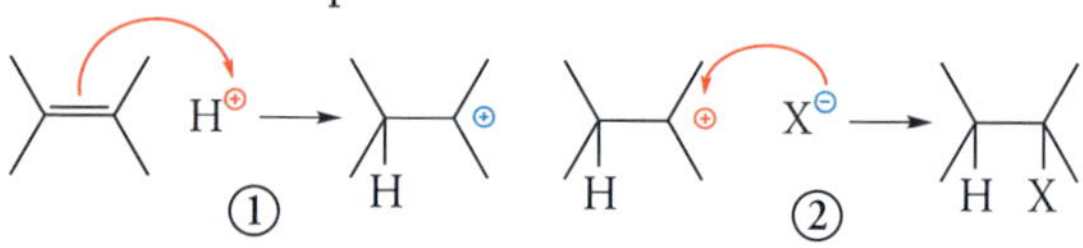

1. Justifier le sens des flèches indiqué dans chaque étape.
2. Écrire l'équation-bilan de la réaction.
3. Dans quelle catégorie se situe cette réaction ? Justifier.

SOLUTION

1. Dans l'étape 1, la double liaison C=C contient des électrons alors que le proton H^+ est un site déficitaire en électrons. La liaison C=C est donc susceptible de donner un doublet au site accepteur H^+. La flèche part bien du site donneur vers le site accepteur.
Dans l'étape 2, X^- est un site donneur alors que le composé chargé positivement est un site accepteur. La flèche part bien du site donneur vers le site accepteur.

2. L'équation-bilan s'écrit :

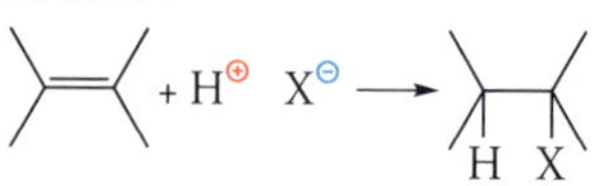

3. Il se forme un seul produit. Le réactif HX s'est fixé sur la double liaison, il s'agit d'une réaction d'addition.

Déterminer le caractère acide ou basique d'une solution

98

RAPPELS DE COURS

1 Définition du pH

▶ Le **pH**, abréviation de potentiel hydrogène, est un paramètre servant à définir si un milieu est acide ou basique. Il est sans unité et lié à la concentration en ions H_3O^+ présents dans le milieu par la relation :

$$pH = -\log([H_3O^+])$$

où $[H_3O^+]$ s'exprime en $mol \cdot L^{-1}$.
Cette relation est équivalente à :

$$[H_3O^+] = 10^{-pH}$$

▶ Le pH est un **facteur logarithmique** : il diminue d'une unité quand la solution devient dix fois plus acide, de deux unités quand elle devient 100 fois plus acide et ainsi de suite.

▶ Le pH d'une solution est d'autant plus faible que sa concentration en ions H_3O^+ est élevée.

2 Mesure du pH

▶ On mesure le pH à l'aide d'un **pH-mètre**. Cette mesure dépend de la concentration en ions H_3O^+ et de la température.

▶ Une incertitude de 0,05 unité sur la mesure du pH entraine une incertitude relative $\frac{U[H_3O^+]}{[H_3O^+]}$ de l'ordre de 10 % sur la concentration en ions H_3O^+ déduite de cette mesure.

En conséquence, toute concentration déduite d'une mesure de pH doit être exprimée avec, au maximum, deux chiffres significatifs (→ ANNEXE, P. 368).

▶ Une détermination approchée de la valeur du pH peut être faite à l'aide de **papier pH** ou d'**indicateurs colorés**. Ce sont des substances dont la couleur dépend du pH.

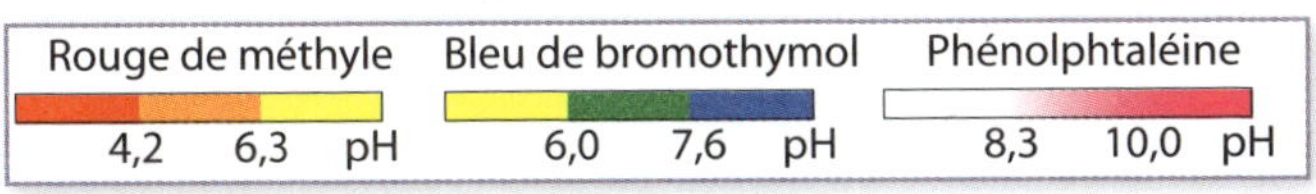

3 Caractère d'une solution

▶ À 25 °C, une solution aqueuse est neutre si elle contient autant d'ions H_3O^+ que l'eau pure, c'est-à-dire si $[H_3O^+] = 1{,}0 \times 10^{-7}\ mol \cdot L^{-1}$ soit pH = 7.

Le transfert d'un proton H^+ entre deux molécules d'eau donne un ion H_3O^+ et un ion hydroxyde HO^-. C'est l'**autoprotolyse de l'eau :**

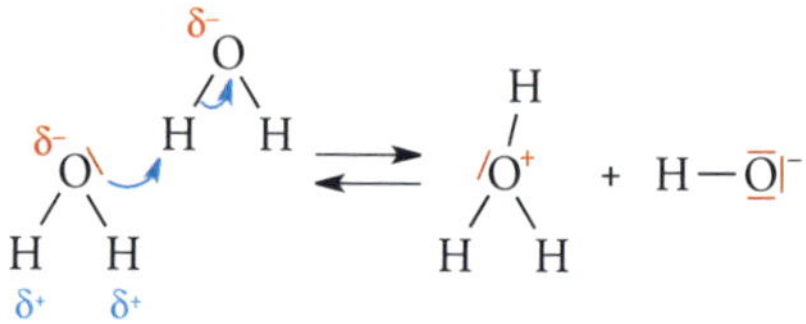

$$2\ H_2O \leftrightarrows H_3O + HO^-$$

▶ À 25 °C, une solution aqueuse est **acide** si elle contient plus d'ions H_3O^+ que l'eau pure, c'est-à-dire si $pH < 7$ et $[H_3O^+] > 1{,}0 \times 10^{-7}\ mol \cdot L^{-1}$.

▶ À 25 °C, une solution aqueuse est **basique** si elle contient moins d'ions H_3O^+ que l'eau pure, c'est-à-dire si $pH > 7$ et $[H_3O^+] < 1{,}0 \times 10^{-7}\ mol \cdot L^{-1}$.

▶ En général, l'ajout d'un acide diminue le pH d'une solution neutre ou basique ; inversement, l'ajout d'une base augmente le pH d'une solution acide ou neutre.

MÉTHODE

Déterminer le caractère acide ou basique d'une solution

Une solution diluée d'eau de javel a un pH de 10,9 à 25 °C.

1. Déterminer le pH d'une solution diluée de vinaigre blanc de concentration en ions $[H_3O^+] = 5{,}0 \times 10^{-3}\ mol \cdot L^{-1}$.

2. Que peut-on dire de la nature de ces solutions ?

SOLUTION

1. Pour la solution de vinaigre blanc $pH = -\log([H_3O^+]) = 2{,}3$.

2. Cette valeur est inférieure à 7, la solution diluée de vinaigre est donc acide alors que la solution diluée d'eau de Javel est basique $(pH = 10{,}9 > 7)$.

Calculer le pH d'un acide fort ou d'une base forte

99

RAPPELS DE COURS

1 *Le produit ionique de l'eau*

▶ Dans une solution aqueuse, pour une température donnée, le produit des concentrations en ions H_3O^+ et HO^-, appelé **produit ionique de l'eau K_e**, est toujours égal à la même constante. Il est indépendant des substances dissoutes et sans dimension.

$$K_e = [H_3O^+] \times [HO^-] = 1{,}0 \times 10^{-14} \text{ à } 25\ °C.$$

On utilise souvent la relation $pK_e = -\log(K_e)$; à 25 °C, $pK_e = 14$.

▶ Dans une solution neutre, en raison de la réaction d'autoprotolyse de l'eau, $[H_3O^+] = [HO^-] = 1{,}0 \times 10^{-7}\ mol \cdot L^{-1}$ et $K_e = 10^{-14}$ d'où $pH = \frac{1}{2} pK_e = 7$.

Pour une **solution acide**, $pH < 7$, $[H_3O^+] > 10^{-7}$ et $[HO^-] < 10^{-7}\ mol \cdot L^{-1}$.

Pour une **solution basique**, $pH > 7$, $[H_3O^+] < 10^{-7}$ et $[HO^-] > 10^{-7}\ mol \cdot L^{-1}$ car $K_e = 10^{-14}$ à 25 °C.

2 *Solutions aqueuses d'acide fort et de base forte*

▶ Un **acide fort** est une espèce chimique qui s'ionise totalement dans l'eau pour donner, entre autres, des ions oxonium H_3O^+.

EXEMPLE Le chlorure d'hydrogène :

$$HCl_{(g)} + H_2O_{(\ell)} \rightarrow H_3O^+ + Cl^-_{(aq)}$$

La flèche « → » indique une réaction totale.

La dissolution de n mol d'acide fort dans un volume V donne n mol d'ions oxonium en solution. Sa concentration vaut :

$$c = \frac{n}{V} \text{ et } [H_3O^+] = \frac{n}{V} = c \text{ et } pH = -\log([H_3O^+]) = -\log c.$$

Pour toute solution **d'acide fort**, de concentration apportée c, le pH est donné par $\mathbf{pH = -\log c}$ si :

$1{,}0 \times 10^{-6}\ mol \cdot L^{-1} < c < 5{,}0 \times 10^{-2}\ mol \cdot L^{-1}$.

▶ Une **base forte** est une espèce chimique qui se dissocie totalement dans l'eau ou réagit avec l'eau selon une réaction totale pour donner, entre autres, des ions hydroxyde HO^-.

CHIMIE

EXEMPLE L'hydroxyde de sodium :

$$NaOH_{(s)} \xrightarrow{H_2O} HO^-_{(aq)} + Na^+_{(aq)}$$

La dissolution de n mol de base forte dans un volume V donne n mol d'ions hydroxyde en solution. Sa concentration vaut : $c = \frac{n}{V}$ et $[HO^-] = \frac{n}{V} = c$ or $pH = -\log([H_3O^+]) = -\log\frac{K_e}{[HO^-]}$ soit $pH = 14 + \log c$.

Pour toute solution de **base forte**, de concentration apportée c, le pH est donné par **$pH = 14 + \log c$** si :

$1{,}0 \times 10^{-6}\ mol \cdot L^{-1} < c < 5{,}0 \times 10^{-2}\ mol \cdot L^{-1}$.

MÉTHODE

Utiliser les propriétés des acides et des bases fortes

On dispose d'une solution d'hydroxyde de sodium de pH égal à 12,5.

1. Quelle est la concentration en ions hydroxyde ?

2. Quelle est la concentration molaire c en hydroxyde de sodium sachant qu'il s'agit d'une base forte ?

SOLUTION

1. Connaissant le pH, on détermine la concentration en ions H_3O^+ :

$[H_3O^+] = 10^{-pH} = 10^{-12{,}5} = 3{,}2 \times 10^{-13}\ mol \cdot L^{-1}$.

Comme $K_e = [H_3O^+] \times [HO^-] = 10^{-14}$ à 25 °C, on déduit la concentration en ions hydroxyde :

$$c = [HO^-] = \frac{K_e}{[H_3O^+]} = \frac{10^{-14}}{3{,}2 \times 10^{-13}} = 3{,}1 \times 10^{-2}\ mol \cdot L^{-1}.$$

2. Il s'agit d'une base forte dont la réaction de dissociation dans l'eau est totale et $c = 3{,}1 \times 10^{-2}\ mol \cdot L^{-1}$.

	$NaOH_{(s)}$ →	$HO^-_{(aq)}$ +	$Na^+_{(aq)}$
État initial	c	0	0
État final	0	c	c

Identifier les couples acide/base 100

RAPPELS DE COURS

1 Définitions de Brönsted

▶ Un **acide HA** est une espèce chimique susceptible de céder un ou plusieurs protons H^+.

▶ Une **base A^-** est une espèce chimique susceptible de capter un ou plusieurs protons H^+.

▶ Un **couple acide/base** est constitué de deux espèces conjuguées qui échangent un proton selon le schéma : acide $\leftrightarrows$ base + H^+

2 Couples acide-base

▶ Un acide, ou une base, est **fort(e)** si sa réaction avec l'eau est **totale.** L'équation entre un acide fort et l'eau s'écrit :

$$HA + H_2O \rightarrow A^- + H_3O^+.$$

L'équation entre une base forte et l'eau s'écrit :

$$A^- + H_2O \rightarrow HA + HO^-.$$

Les espèces conjuguées d'un acide fort ou d'une base forte sont indifférents dans l'eau (ni acide, ni basique !).

EXEMPLE $HCl + H_2O \rightarrow Cl^- + H_3O^+$. L'ion chlorure ne réagit ni avec H_3O^+, ni avec l'eau, il est indifférent.

▶ Un **acide**, ou une **base**, est **faible** si sa réaction avec l'eau n'est **pas totale.** La réaction directe est limitée par la réaction inverse, cela conduit à un équilibre chimique signalé par une double flèche .

▶ La réaction entre un acide faible et l'eau s'écrit :

$$HA + H_2O \rightleftarrows A^- + H_3O^+, \text{ couple } HA / A^-.$$

On a un équilibre chimique car la base conjuguée A^- réagit avec les ions oxonium H_3O^+, les deux réactions ont lieu simultanément.
Dans une solution **d'acide faible** de concentration c, $[H_3O^+] < c$ et $pH > -\log c$.

▶ La réaction entre une base faible et l'eau s'écrit :

$$A^- + H_2O \rightleftarrows HA + HO^-, \text{ couple } HA / A^-.$$

L'acide conjugué HA réagit avec HO^-.
Dans une solution de **base faible** de concentration c, $[HO^-] < c$ et $pH < 14 + \log c$.

CHIMIE

▶ L'eau intervient dans deux couples acide / base.
L'eau est l'acide du couple H_2O / HO^- et la base du couple H_3O^+ / H_2O, c'est une espèce **amphotère** ou un ampholyte.

3 *Réactions acido-basiques*

Toute réaction acido-basique se traduit par le transfert d'un proton entre un acide et une base de deux couples. L'équation de la réaction s'écrit :

$$\text{acide 1} + \text{base 2} \rightleftarrows \text{base 1} + \text{acide 2}.$$

A Réactions des acides et des bases faibles avec l'eau

$CH_3 - CO_2H_{(aq)} + H_2O \rightleftarrows CH_3 - COO^-_{(aq)} + H_3O^+$;
$CH_3 - CO_2H / CH_3 - CO_2$ et H_3O^+ / H_2O sont les deux couples intervenants où l'eau joue le rôle de base.
$NH_3 + H_2O \rightleftarrows NH^+_{4(aq)} + HO^-_{(aq)}$;
NH_4^+ / NH_3 et H_2O / HO^- sont les deux couples intervenants où l'eau joue le rôle d'acide.

B Réactions entre un acide fort et une base forte

La réaction entre un acide fort et une base forte est rapide, exothermique et quasiment totale, elle a pour équation :

$$H_3O^+ + HO^-_{(aq)} \rightarrow 2H_2O.$$

Les deux couples de l'eau interviennent, il se produit un transfert de proton entre l'ion H_3O^+ et l'ion HO^-.

MÉTHODE

Distinguer des acides fort et faible

Une solution d'acide benzoïque $C_6H_5 - CO_2H$ de concentration $c = 4{,}0 \times 10^{-3}\,\text{mol} \cdot \text{L}^{-1}$ a un pH de 3,3.

1. S'agit-il d'un acide fort ou faible ?
2. Identifier les couples mis en jeu.

SOLUTION

1. $[H_3O^+] = 10^{-3,3} = 5{,}0 \times 10^{-4}\,\text{mol} \cdot \text{L}^{-1} < c$, il y a moins d'ions H_3O^+ que d'acide benzoïque initial. Ce dernier réagit avec l'eau de façon limitée, c'est un acide faible.
2. L'équation s'écrit : $C_7H_6O_{2(aq)} + H_2O \rightleftarrows C_7H_5O^-_{2(aq)} + H_3O^+$
Les couples mis en jeu sont $C_6H_5 - CO_2H_{(aq)} / C_6H_5 - CO_2{}^-{}_{(aq)}$ et H_3O^+ / H_2O.

Établir le domaine de prédominance d'un couple acide/base 101

RAPPELS DE COURS

1 Notion d'équilibre chimique

▶ Dans certaines réactions chimiques, le réactif limitant ne disparaît pas totalement à l'état final : la transformation chimique atteint un **équilibre** lorsque la concentration des espèces présentes n'évolue plus.

▶ Cet équilibre traduit l'existence de deux transformations chimiques inverses l'une de l'autre et se produisant simultanément.

2 Constante d'acidité K_a d'un couple acide/base et pK_a

▶ L'état d'équilibre où les concentrations de l'acide et de sa base conjuguée n'évoluent plus se traduit par une constante propre à chaque couple acide/base, et qui ne dépend que de la température.

▶ Un couple acide/base faible HA / A^- est caractérisé par sa **constante d'acidité K_a** grandeur sans dimension, définie par :

$$K_a = \frac{[A^-] \times [H_3O^+]}{[HA]}$$

où $[HA]$, $[A^-]$ et $[H_3O^+]$ sont les concentrations molaires à l'**état final.**

K_a caractérise l'équilibre : $HA + H_2O \rightleftarrows A^- + H_3O^+$.

▶ Le pK_a d'un couple acide/base est défini par $pK_a = -\log K_a$. Pour tout couple acide/base en solution aqueuse : $0{,}0 < pK_a < 14$.

$$pK_a = -\log K_a \quad \text{soit} \quad K_a = 10^{-pK_a}$$

▶ Dans toute solution aqueuse, l'eau est en large excès, elle n'intervient pas dans l'expression de la constante d'acidité.

EXEMPLE Le couple acide éthanoïque/ion éthanoate à 25 °C $CH_3COOH_{(aq)}/CH_3COO^-_{(aq)}$; $K_a = 1{,}6 \times 10^{-5}$ soit $pK_a = 4{,}8$ à 25 °C.

3 Diagramme de prédominance d'un couple acide/base

▶ Une espèce X prédomine sur l'espèce Y dès que sa concentration est supérieure à celle de l'espèce Y : $[X] > [Y]$.

CHIMIE

▶ Le **pK_a** d'un couple, $HA_{(aq)}/A^-_{(aq)}$ est lié au pH de la solution par la relation :

$$pH = pK_a + \log\frac{[A^-]}{[HA]}$$

Si HA et A^- ont même concentration alors $pH = pK_a$.
Si HA prédomine sur A^-, soit $[HA] > [A^-]$, alors $pH < pK_a$.
Si A^- prédomine sur HA, soit $[A^-] > [HA]$, alors $pH > pK_a$.

▶ Diagramme de prédominance

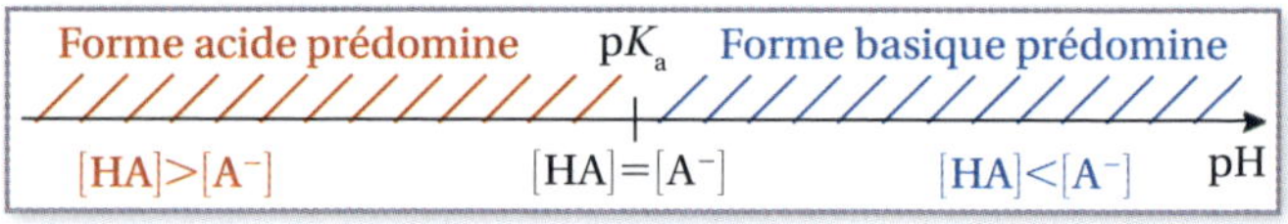

4 « Force » d'un acide ou d'une base

▶ Pour un acide faible de concentration donnée, plus la valeur de K_a du couple est grande (et donc plus le pK_a est faible), plus l'acide réagit avec l'eau, plus le pH est petit, plus l'acide est fort.

▶ Inversement, une base est d'autant plus forte que sa constante K_a est petite et son pK_a est grand.

▶ Plus l'acide d'un couple est fort, plus sa base conjuguée est faible.

MÉTHODE

Établir un diagramme de prédominance

L'acide acétylsalicylique ou aspirine $C_9H_8O_4$, noté HA, est l'acide conjugué de l'ion acétylsalicylate $C_9H_7O_4^-$ noté A^-. Le pK_a de ce couple vaut 3,5 à 37 °C. À cette température le pH est égal à environ 1,5 dans l'estomac, 6,0 dans le duodénum et 7,4 dans le sang. Quelle est l'espèce prédominante dans l'estomac, le duodénum et dans le sang ?

SOLUTION

$pK_a = 3{,}5$ alors si $pH < 3{,}5$ c'est HA qui prédomine et si $pH > 3{,}5$ alors c'est A^- qui prédomine.
Dans l'estomac, à pH = 1,5 ($1{,}5 < pK_a$) c'est la forme acide HA qui prédomine, en revanche dans le sang et dans le duodénum c'est la base conjuguée A^- qui prédomine ($pH > pK_a$).

Contrôler le pH des solutions

102

RAPPELS DE COURS

1 *L'effet tampon*

▶ Une solution a un **effet tampon** lorsqu'une addition modérée d'acide ou de base, ou une dilution modérée, n'entraîne qu'une faible variation de son pH.

▶ Une **solution tampon** contient à la fois un acide faible et sa base conjuguée en concentrations voisines ; le pH **contrôlé** est alors proche du pK_a de ce couple. Pour un **mélange équimolaire** d'un acide faible et de sa base conjuguée le pH est égal au pK_a du couple. Son pouvoir tampon est alors **maximal**.

▶ Il existe trois méthodes de préparation d'une telle solution. Par le mélange :

- d'une même quantité de matière d'un acide faible HA et de sa base conjuguée A^- ;
- d'un acide faible et un peu de base forte (dans des proportions où le pH du mélange sera voisin de pK_a) : $HA + HO^- \rightarrow A^- + H_2O$;
- d'une base faible et un peu d'acide fort (dans des proportions où le pH du mélange sera voisin de pK_a) : $A^- + H_3O^+ \rightarrow HA + H_2O$.

Le pH d'une telle solution et toujours égal à :

$$pH = pK_a + \log\frac{[A^-]}{[HA]}$$

2 *Exemples*

▶ La présence dans la même molécule de deux groupements antagonistes, l'un acide —COOH, l'autre basique $—NH_2$, confère des propriétés particulières aux **acides α-aminés.**

$—NH_2$ est susceptible de capter un proton pour donner $—NH_3^+$ et —COOH de céder un proton pour donner $—COO^-$. Ils ont un caractère amphotère.

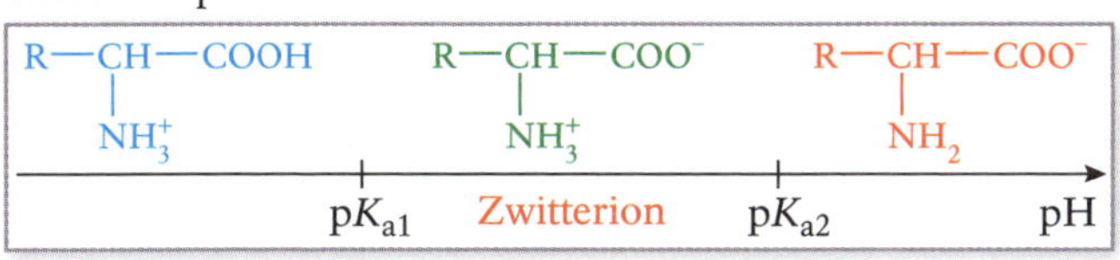

CHIMIE

Le pouvoir tampon des acides aminés est maximal quand le pH ambiant est proche de la valeur de pK_{a1} ou pK_{a2}.
Les polypeptides et les protéines sont, par conséquent, des substances amphotères et ont également des pouvoirs tampon.

▶ Le pH **du sang** est voisin de $7,4$. Le couple tampon sanguin le plus important est : dioxyde de carbone dissous/ion hydrogénocarbonate, $CO_2, H_2O_{(aq)}$ / $HCO_{3(aq)}^-$ de $pK_{a1} = 6,4$.

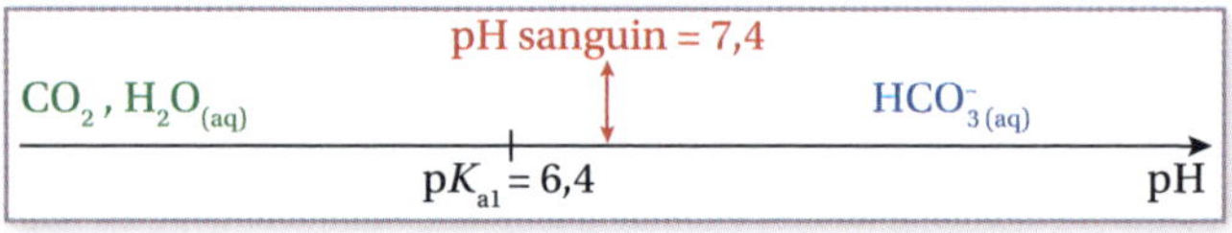

L'ajout d'un acide fort (ions H_3O^+) produit la réaction $HCO_3^- + H_3O^+ \rightarrow CO_2 + 2H_2O$, tout se passe comme si l'acide fort était remplacé par un acide faible.
L'ajout d'une base forte (ions HO^-) produit la réaction $CO_2, H_2O + HO^- \rightarrow HCO_3^- + H_2O$, tout se passe comme si la base forte était remplacée par une base faible.
Le pH est à peine modifié par l'ajout d'un acide ou d'une base. Les couples tampon ne peuvent toutefois pas résister à un apport massif d'acide, les organes régulateurs interviennent alors (rein, poumons).

MÉTHODE

Réguler un pH

On souhaite réaliser une réaction enzymatique dans un milieu tamponné à pH $= 7,4$. À l'aide des pK_a de l'acide phosphorique (H_3PO_4), indiquer quel couple permet de réguler ce pH. Justifier la réponse.
Données : $pK_1(H_3PO_4 / H_2PO_4^-) = 2,15$;
$pK_2(H_2PO_4^- / HPO_4^{2-}) = 7,2$; $pK_3(HPO_4^{2-} / PO_4^{3-}) = 12,3$.

SOLUTION

Le diagramme de prédominance de H_3PO_4 est :

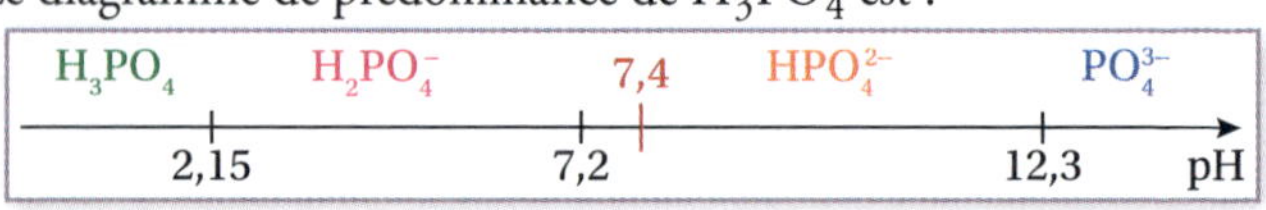

Le pH cherché est proche de pK_2, on utilise le couple $H_2PO_4^-$ / HPO_4^{2-} car, à pH = $7,2$, ces deux espèces sont en concentrations égales, elles forment une solution tampon.

Appliquer les principes de la chimie verte

103

RAPPELS DE COURS

1 *Développement durable*

▶ L'expression « **développement durable** » a été définie en **1987** dans le rapport de la Commission mondiale sur l'environnement et le développement ; sa définition est la suivante : « Le développement durable est un développement qui répond aux besoins du présent sans compromettre la capacité des générations futures de répondre aux leurs ».

▶ En 1990, la promulgation de la loi de prévention de la pollution par les États-Unis marque un tournant décisif pour l'industrie, et notamment l'industrie chimique : plutôt que de traiter les déchets industriels produits, l'objectif est dorénavant de modifier les procédés pour prévenir la pollution. C'est ainsi que le concept de **chimie verte** est né.

2 *Principes de la chimie verte*

▶ En 1991, l'*U.S. Environmental Protection Agency* en donne cette **définition** : « La chimie verte a pour but de concevoir des produits et des procédés chimiques permettant de réduire ou d'éliminer l'utilisation et la synthèse de substances dangereuses. »

▶ Des chimistes américains ont alors développé **12 principes** de sa mise en œuvre.

1. Prévenir : la réduction de la production de déchets est préférable à l'investissement dans leur assainissement ou leur élimination.
2. Avoir recours à l'économie d'atomes : le but est de concevoir des synthèses optimisant l'incorporation au cours du procédé des matériaux utilisés dans le produit final.
3. Utiliser des synthèses chimiques moins nocives pour l'homme et l'environnement.
4. Concevoir des produits chimiques moins dangereux.
5. Utiliser des solvants et auxiliaires plus sécuritaires.
6. Améliorer les rendements énergétiques.
7. Utiliser des matières premières renouvelables.

CHIMIE

8. Réduire les quantités de sous-produits obtenus ; limiter voire éliminer l'utilisation d'agents bloquants qui agissent sur la protection/déprotection de fonctions chimiques par exemple.
9. Utiliser des catalyseurs : favoriser les synthèses utilisant les réactifs catalytiques les plus sélectifs.
10. Concevoir des substances non persistantes.

EXEMPLE Le dichlorodiphényltrichloroéthane (DDT) a été utilisé massivement dans les années 1940 dans la lutte contre le paludisme. Cependant ses propriétés physico-chimiques en font un polluant organique persistant. Son usage est aujourd'hui très réglementé.

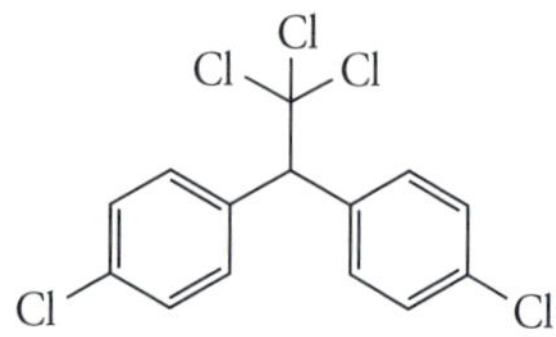

11. Lutter en temps réel contre la pollution. Surveiller, contrôler en cours de production l'apparition de substances dangereuses.
12. Mettre en œuvre une chimie sécuritaire afin de prévenir les accidents.

▶ La chimie verte a connu depuis un **développement mondial** considérable dans pratiquement tous les domaines de recherche.

MÉTHODE

Analyser un texte

« La mise au point du procédé catalytique d'obtention de l'ibuprofène au début des années 1990 a permis l'élimination totale des déchets que générait sa synthèse en six étapes durant les années 1960. À l'époque, la production de 13 000 tonnes de cet anti-inflammatoire engendrait 20 000 tonnes de déchets ! »
1. Relever dans ce texte ce qui détermine la mise en œuvre de la chimie verte dans la synthèse de ce médicament.
2. Quels en sont les principes respectés ?

SOLUTION
1. La catalyse est ici déterminante !
2. Les principes de la chimie verte 1, 2, 3, 6, 8 et 9 sont respectés.

Économiser les atomes et réduire les déchets

104

RAPPELS DE COURS

1 L'économie atomique

▶ L'**économie atomique** ou utilisation atomique (UA) est le rapport de la masse molaire du produit recherché sur la somme des masses molaires de tous les produits apparaissant dans l'équation de la réaction.

▶ Pour l'équation $A + B \rightarrow C + D + E$, l'économie atomique pour le produit C est :

$$UA = \frac{M_c}{M_c + M_D + M_E} \quad \text{ou} \quad UA = \frac{M_c}{M_A + M_B}$$

soit

$$UA = \frac{M_{(\text{produit recherché})}}{\sum_f M_{(\text{produit } f)}} = \frac{M_{(\text{produit recherché})}}{\sum_i M_{(\text{réactif } i)}}$$

▶ L'économie atomique est le pourcentage en masse des atomes de réactifs intégrés dans le produit recherché. Le reste des atomes forme des déchets à traiter en recyclage ou à détruire, ce qui occasionne un impact environnemental et financier.
Plus l'utilisation atomique est proche de 100 %, plus le procédé d'obtention du produit souhaité est efficace.

2 Le facteur E

▶ Le **facteur *E*** est le rapport entre la masse des déchets et la masse du produit recherché :

$$E = \frac{\sum_j M_{(\text{déchet } j)}}{M_{(\text{produit recherché})}} \quad \text{d'où } UA = \frac{1}{1+E}$$

▶ Plus le facteur E est **proche de zéro**, plus le procédé d'obtention du produit souhaité est efficace.
Le facteur E montre que la chimie pharmaceutique génère des quantités de déchets très importantes dues à la complexité des produits synthétisés.

CHIMIE

3 Respecter l'environnement

▶ Recherche le type de réaction **réduisant** ou supprimant les **déchets**. Les réactions d'addition et de réarrangement (pas de déchets) permettent une bonne économie d'atomes par rapport aux réactions de substitution ou d'élimination (génération de produits secondaires).

▶ **Catalyser** les réactions afin d'augmenter la sélectivité (obtenir moins de sous-produits) et de réduire la consommation d'énergie. Son intérêt économique et environnemental en fait un pilier de la chimie verte.

▶ Utiliser des **réactifs verts** non toxiques pour l'homme et l'environnement. Choisir un solvant « vert », l'eau étant le meilleur des solvants. Le CO_2, renouvelable, bon marché, non inflammable, est également un bon candidat.

▶ Recycler pour réduire le **volume des déchets** et contribuer à **préserver les ressources naturelles.**

▶ L'**écobilan** consiste à analyser les étapes de la « vie » d'un produit, de sa production à son élimination, selon quatre paramètres : énergie consommée, pollution de l'air, pollution de l'eau et masse des déchets produits énergétique et environnemental. Il permet de juger de la pertinence du recyclage considéré.

MÉTHODE

Interpréter des données

La synthèse du $C_6H_5 - COCH_3$ s'effectue par oxydation de son alcool selon deux procédés.
Procédé (1) par l'oxyde de chrome : UA = 42 %.
Procédé (2) catalytique : UA = 87 %.
Interpréter et commenter ces valeurs.

SOLUTION

Le procédé catalytique (2) utilise 87 % des atomes des réactifs contre 42 % pour le procédé (1). Il est donc plus efficace et produit moins de déchets, ce qui est un plus financièrement et environnementalement.

Doser par étalonnage

105

RAPPELS DE COURS

1 Préparer des solutions étalons

▶ On prépare, par **dilution** d'une solution de l'espèce X de concentration connue, appelée **solution mère**, différentes solutions, appelées **solutions filles** ou solutions étalons.

▶ Au cours de ces dilutions, la quantité de matière de soluté est conservée, soit $n_{\text{mère}} = n_{\text{fille}}$ d'où $c_{\text{mère}} \times V_{\text{mère}} = c_{\text{fille}} \times V_{\text{fille}}$.

▶ Le **facteur de dilution** f caractérise la dilution réalisée : $f = \dfrac{C_{\text{mère}}}{C_{\text{fille}}} = \dfrac{V_{\text{fille}}}{V_{\text{mère}}}$. Diluer 10 fois signifie que le facteur de dilution est égal à 10. On dilue alors au dixième.

▶ Un **matériel de précision** est indispensable pour réaliser une dilution ; il comprend :
– une pipette jaugée pour prélever le volume $V_{\text{mère}}$;
– une fiole jaugée de volume V_{fille}.

Le rapport $\dfrac{V_{\text{fiole}}}{V_{\text{pipette}}}$ doit être égal au facteur de dilution.

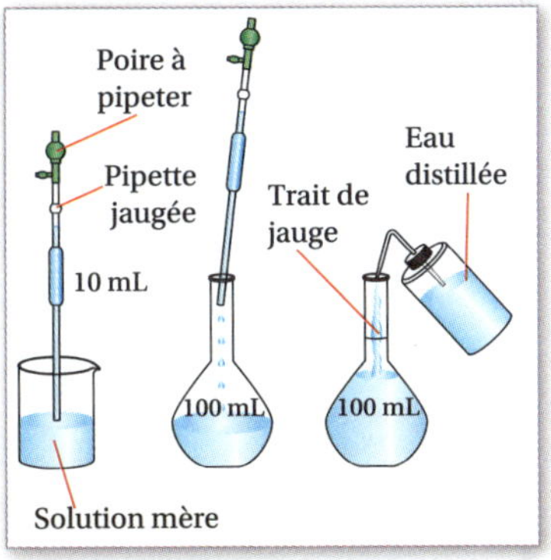

2 Établir et exploiter la courbe d'étalonnage

▶ Pour les différentes solutions étalons de l'espèce X, de concentrations connues, on mesure une **grandeur physique** G (absorbance, conductivité…) liée directement à la concentration de X.

▶ On trace alors la courbe d'évolution de G en fonction de la concentration [X], appelée **courbe d'étalonnage**.

▶ L'exploitation de cette courbe permet de déterminer une concentration à partir de la mesure de G de la solution inconnue.

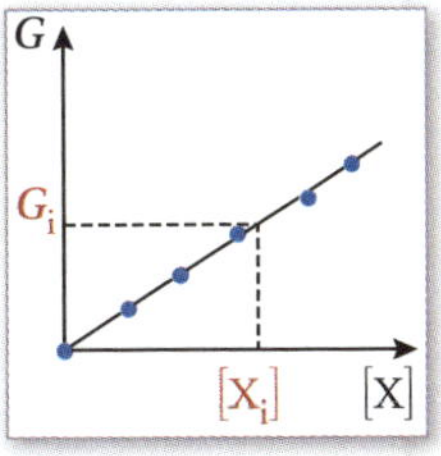

CHIMIE

3 Dosage par spectrophotométrie

▶ Pour une longueur d'onde donnée, le spectrophotomètre mesure l'**absorbance A** de la solution contenue dans sa cuve. Celle-ci dépend directement de la concentration de l'espèce absorbante X selon la relation : $A = k[X]$.
Pour obtenir la valeur de [X] avec une **précision maximale**, il faut travailler à la longueur d'onde maximale λ_{max} du signal d'absorbance. On la détermine à partir du spectre d'absorption de l'espèce à doser mais aussi à partir de ceux des autres espèces présentes susceptibles d'absorber.
Il faut s'assurer qu'à cette longueur d'onde choisie, seule l'espèce à doser absorbe car $A = A_i + A_j$.

▶ Pour **étalonner** le spectrophotomètre, une solution de référence est utilisée dont l'absorbance constitue le « zéro ». La solution de référence est généralement le solvant dans lequel est dissoute l'espèce X à analyser.

▶ On mesure l'absorbance de chaque solution étalon pour tracer la courbe d'étalonnage $A = f([X])$; on obtient une droite passant par l'origine.
Pour **déterminer la concentration** inconnue d'une solution, on mesure son absorbance A_i. La valeur obtenue est reportée sur la courbe d'étalonnage permettant la lecture de la concentration recherchée $[X_i]$.

MÉTHODE

Déterminer une concentration

Pour contrôler la concentration en permanganate de potassium d'un antiseptique, un dosage par étalonnage est réalisé. La modélisation de la courbe d'étalonnage obtenue donne $A = 2\,212{,}7c$. Le spectrophotomètre est réglé sur la longueur d'onde 530 nm. L'absorbance mesurée pour l'antiseptique est 0,13.
Déterminer la concentration en permanganate de l'antiseptique.

Solution

$A = 2\,212{,}7c$. Pour $A = 0{,}13$, la concentration en permanganate est $c = \dfrac{0{,}13}{2\,122{,}7} = 6{,}1 \times 10^{-5}$ mol · L^{-1}.
En reportant sur la courbe la valeur 0,13, on doit retrouver la même valeur $c = 6{,}1 \times 10^{-5}$ mol · L^{-1}.

Doser par titrage direct

RAPPELS DE COURS

1 Principe du dosage direct

▶ Lors d'un titrage direct, une réaction chimique se produit entre le **réactif titré**, placé dans un bécher, et le **réactif titrant** de concentration connue placée dans une burette graduée.

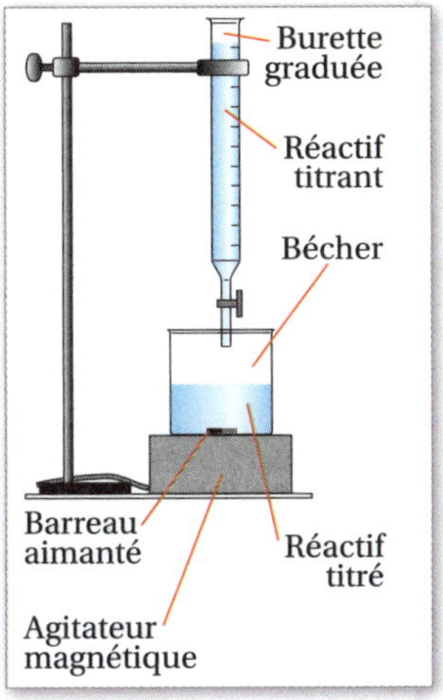

▶ La **réaction chimique** du titrage, appelée réaction support du dosage, doit être totale, rapide et unique, c'est-à-dire non perturbée par des réactions parasites créant d'autres produits.

2 Équivalence d'un titrage

▶ **Avant l'équivalence,** le réactif titré présent dans le bécher consomme tout le réactif titrant versé, on dit que le réactif titrant est limitant.

▶ **À l'équivalence** du titrage, le mélange des deux réactifs est stœchiométrique. Les deux réactifs ont été consommés, ils sont limitants. La connaissance de V_E, **volume de solution titrante versée,** de concentration c_1, dans une prise d'essai de solution à titrer de volume V_2, permet de déterminer la concentration c_2 de l'espèce à titrer.

▶ **Après l'équivalence,** le réactif titré a disparu. On ajoute en excès le réactif titrant qui ne réagit plus. Le réactif titré devient alors limitant.

EXEMPLE Titrage de l'eau oxygénée par du permanganate de potassium. L'équation de la réaction s'écrit :

$$2\,MnO_4{}^-{}_{(aq)} + 5\,H_2O_{2(aq)} + 6\,H^+{}_{(aq)} \rightarrow 2\,Mn^{2+}{}_{(aq)} + 5\,O_{2(g)} + 8\,H_2O_{(\ell)}$$

$n(MnO_4^-)_0 = c_1V_E$ et $n(H_2O_2)_0 = c_2V_2$.

Les deux réactifs sont totalement consommés à l'équivalence, on a $c_1V_E - 2x_{max} = 0$ et $c_2V_2 - 5x_{max} = 0$ soit $c_1V_E = 2x_{max}$ et $c_2V_2 = 5x_{max}$ d'où, en égalisant les valeurs de x_{max}, $\frac{c_1V_E}{2} = \frac{c_2V_2}{5}$.

On en déduit alors la concentration de la solution à titrer c_2.

3 Repérer l'équivalence d'un titrage

▶ Le **repérage de l'équivalence** s'effectue en suivant l'évolution d'une observable, comme le changement de teinte :
- d'une des deux solutions titrante ou titrée ;
- d'un indicateur, versé initialement dans le bécher.

Le titrage est alors qualifié de **colorimétrique**. Au passage à l'équivalence, on doit observer ce changement de couleur à la goutte près, pour une bonne précision.

▶ L'**observable** peut être une grandeur physique dont on suit l'évolution (pH, conductivité…). À l'équivalence, on note une **variation marquée** de cette grandeur, on déduit alors V_E (→ FICHES 107 ET 108).

MÉTHODE

Traduire l'équivalence d'un dosage

On dose le diiode présent dans un volume V de solution d'antiseptique par une solution de thiosulfate de sodium de concentration c_{thio}. La réaction support du dosage s'écrit :

$$I_{2(aq)} + 2\ S_2O_3^{2-}{}_{(aq)} \rightarrow 2\ I^-{}_{(aq)} + S_4O_6^{2-}{}_{(aq)}$$

Données : couples mis en jeu : $I_2\ /\ I^-$ (jaune/incolore) et $S_4O_6^{2-}\ /\ S_2O_3^{2-}$ (incolore/incolore).

Établir la relation entre V, c la concentration en diiode de l'antiseptique, c_{thio} et V_E le volume de thiosulfate versé à l'équivalence.

SOLUTION

$$I_{2(aq)} + 2\ S_2O_3^{2-}{}_{(aq)} \rightarrow 2\ I^-{}_{(aq)} + S_4O_6^{2-}{}_{(aq)}.$$

$n(I_2)_0 = cV$ et $n\left(S_2O_3^{2-}\right)_0 = c_{thio}V_E$.

À l'équivalence, les deux réactifs sont totalement consommés, on a $cV - x_{max} = 0$ et $c_{thio}V_E - 2x_{max} = 0$

d'où $cV = \frac{c_{thio}V_E}{2}$ soit $c = \frac{c_{thio}V_E}{2V}$.

Doser par conductimétrie

107

RAPPELS DE COURS

1 Définition et loi de Kohlrausch

▶ La **conductimétrie** permet l'étude quantitative de la conductivité des électrolytes, solutions conductrices du courant électrique constituées d'ions mobiles (des cations et des anions). Cette technique consiste à mesurer la conductance G d'une solution conductrice. La conductance G, exprimée en siemens (S), est l'inverse de la résistance $R(\Omega)$: $G = \frac{I}{U} = \frac{1}{R}$.

Le conductimètre affiche la **conductivité σ** :

$$\sigma = \frac{\ell}{S} \times G$$

σ en $S \cdot m^{-1}$
G, conductance, en siemens (S)
ℓ, distance entre les plaques, en m
S, surface d'une plaque, en m^2

▶ La **conductivité** d'une solution est fonction des concentrations des espèces chargées la constituant (loi de Kohlrausch) :

$$\sigma = \sum_i \lambda_i^0 [X_i]$$

σ, conductivité de la solution, en $S \cdot m^{-1}$
$[X_i]$ désigne la concentration d'une espèce ionique présente dans la solution, en $mol \cdot m^{-3}$
λ_i^0 désigne la conductivité molaire de chaque ion présent, exprimée en $S \cdot m^2 \cdot mol^{-1}$

Dans une **solution diluée**, chaque ion se comporte comme s'il était seul. La conductivité σ dépend de la nature des ions, de leurs concentrations et de la température.

2 Dosages par étalonnage et par titrage direct

▶ Pour une **solution diluée** de l'espèce ionique $\left(M^+_{(aq)}, X^-_{(aq)}\right)$ $\sigma = (\lambda_{M^+} + \lambda_{X^-}) \times c$.

▶ On mesure la conductivité de solutions étalons et on trace la courbe d'étalonnage $\sigma = f(c)$. En reportant sur cette courbe la mesure de la conductivité d'une solution inconnue, on peut déterminer sa concentration.

CHIMIE

▶ Comme chaque ion conduit le courant différemment, la conductivité de la solution varie au fur et à mesure de la disparition des ions titrants et titrés, et de l'apparition des ions produits par la réaction de dosage. Quand l'équivalence est dépassée, la conductivité varie encore, mais uniquement en raison de l'ajout des ions titrants non consommés. Pour des solutions suffisamment diluées, la courbe $\sigma = f(V_{\text{versé}})$ est constituée de segments de droites dont l'intersection permet de repérer l'équivalence et de déterminer le volume versé en ce point. On peut expliquer l'évolution de la conductivité σ en comparant la conductivité molaire λ propre à chaque ion dans la solution.

MÉTHODE

Interpréter une courbe de titrage conductimétrique

On titre une solution d'acide chlorhydrique par une solution d'hydroxyde de sodium (soude). On suit la conductivité de la solution en fonction du volume V_b de soude versé. Justifier l'allure de la courbe obtenue.

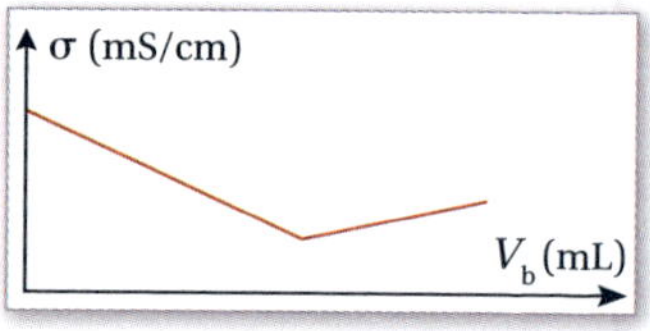

Données :

conductivités molaires ioniques (en $mS \cdot m^2 \cdot mol^{-1}$ à 25 °C)

Ions	H_3O^+	Na^+	HO^-	Cl^-
λ	34,98	5,01	19,92	7,63

Solution

L'équation de la réaction s'écrit : $H_3O^+ + HO^- \rightarrow 2H_2O$.

Les ions $Na^+_{(aq)}$ et $Cl^-_{(aq)}$ sont des ions spectateurs, ils n'apparaissent pas dans l'équation.

Au début du titrage, dans la solution, sont présents les ions H_3O^+ et $Cl^-_{(aq)}$. Avant l'équivalence, le réactif titrant versé est limitant : les ions HO^- réagissent complètement avec les ions H_3O^+ alors $[H_3O^+]$ diminue et $[Na^+]$ croit. Mais $\lambda(H_3O^+) >> \lambda(Na^+)$ donc la conductivité du mélange décroît.

Après l'équivalence, le réactif titré est limitant, les ions HO^- sont en excès, donc $[HO^-]$ et $[Na^+]$ augmentent et la conductivité croît.

Ainsi, à l'équivalence, la conductivité est minimale.

RAPPELS DE COURS

1 Titrage pH-métrique

▶ On suit l'évolution du pH au fur et à mesure de l'ajout de la solution titrante dans la prise d'essai de la solution titrée. La courbe $pH = f(V_2)$ présente un saut de pH repéré par un point d'inflexion qui correspond au **point d'équivalence** E et autour duquel la courbe est symétrique.
Deux méthodes permettent de trouver la position du point E.

A La méthode des tangentes

▶ On trace une tangente Δ_1 à la courbe avant le saut de pH. Puis on trace Δ_2, parallèle à Δ_1 et tangente à la courbe après le saut de pH.

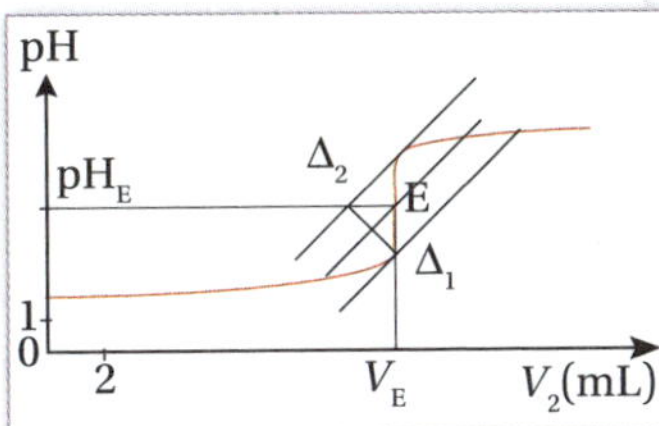

▶ On construit le segment perpendiculaire à Δ_1 et à Δ_2, puis la médiatrice de ce segment. Cette médiatrice coupe la courbe $pH = f(V_2)$ au point E d'abscisse V_E.

B La courbe dérivée $\frac{dpH}{dV_2}$

Le saut de pH à l'équivalence correspond à une pente maximale de la courbe $pH = f(V_2)$ donc à un extremum de la courbe dérivée. Cet extremum (ici un maximum) repère le point d'abscisse V_E.
À partir de la détermination de V_E, on déduit la concentration c_1 de la solution S_1 à titrer.

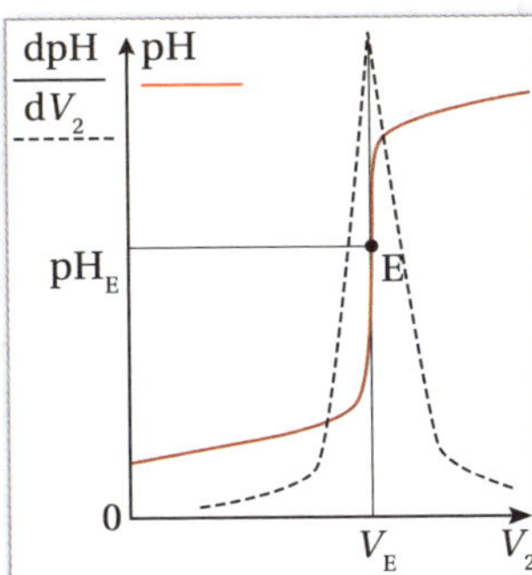

2 Titrage colorimétrique

▶ Un **indicateur coloré** est un couple noté HIn / In^- dont les formes acide HIn et basique In^- ont des couleurs différentes.

▶ On appelle **zone de virage** l'intervalle de pH pour lequel la couleur de l'indicateur est la superposition des deux teintes. Cette zone se situe environ entre pH = $pK_A - 1$ et pH = $pK_A + 1$.

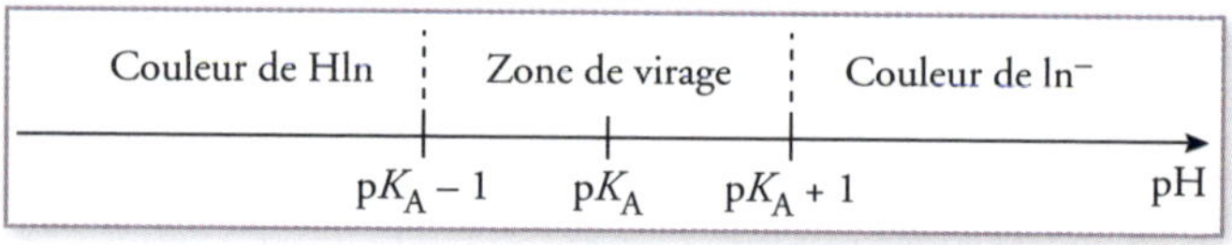

▶ L'indicateur coloré choisi pour suivre un titrage acido-basique doit :
- être introduit en très petite quantité (quelques gouttes) car c'est un couple acide/base qui pourrait perturber la réaction étudiée ;
- avoir sa zone de virage contenue dans le saut de pH de la réaction étudiée.

▶ Lors du titrage, avec le bon indicateur, on doit observer ainsi le virage à la goutte près.

MÉTHODE

Exploiter une courbe de titrage

On dose 20,0 mL d'une solution d'acide éthanoïque par une solution de soude de concentration :
$c' = 1{,}50 \times 10^{-1}\,\text{mol}\cdot\text{L}^{-1}$.
L'équation du dosage est :
$CH_3CO_2H + HO^- \rightarrow CH_3COO^- + H_2O$

1. Déterminer les coordonnées du point équivalent.
2. Justifier la valeur du pH_E.

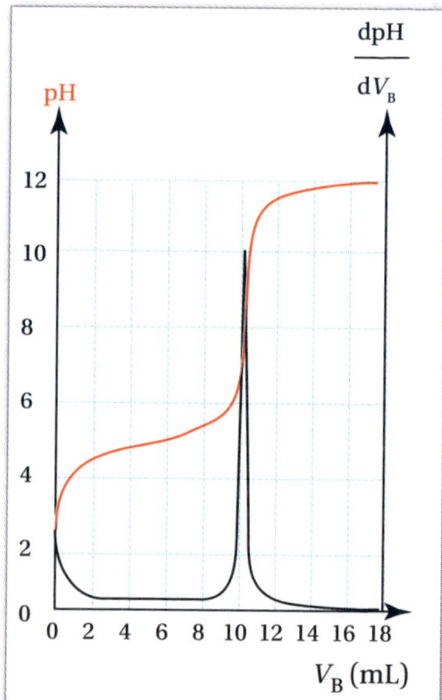

SOLUTION

1. L'extremum de la courbe dérivée permet de déterminer $V_E = 10$ mL. Pour $V_E = 10$ mL, on lit $pH_E = 9$.

2. À l'équivalence, les deux réactifs sont limitants, la solution contient l'ion éthanoate, espèce basique, ce qui explique la valeur du pH_E supérieure à 7. Il s'agit d'un dosage d'un acide faible, puisque l'on retrouve une solution de sa base conjuguée à l'équivalence.

RAPPELS DE COURS

1 Paramètres expérimentaux d'une synthèse organique

▶ Les réactifs sont choisis en fonction de leur nature, leurs proportions nécessaires pour optimiser le rendement expérimental, la durée de réaction…
Les réactifs secondaires et éventuellement les conditions expérimentales particulières (solvant, température, temps de réaction…) sont mentionnés sur la flèche de l'équation de la réaction.

▶ Le choix du **solvant** est capital. Sa polarité ou non s'avère déterminante pour le mécanisme réactionnel et le rendement global.

▶ Un **catalyseur** permet une synthèse plus rapide, en moins d'étapes et plus sélective. Une réaction catalysée se révèle plus économique, en temps, en énergie et en traitements.

▶ La **température** et la **pression** sont des facteurs influençant la cinétique et le rendement d'une réaction. Mais, leur emploi est énergivore et nécessite une mise en œuvre plus lourde.

2 Déterminer le rendement d'une synthèse

▶ Il faut calculer les **quantités de matière** de réactifs introduites initialement pour identifier le réactif limitant.
On détermine une quantité de matière n (en mol) :

- à partir d'une masse de réactif solide avec $n = \frac{m}{M}$; m masse en g et M masse molaire en $g \cdot mol^{-1}$;
- à partir d'un volume de réactif liquide connaissant le densité ou la masse volumique ρ : $d = \frac{\rho_{liq}}{\rho_{eau}}$ avec $\rho_{eau} = 1\ g \cdot mL^{-1}$ et $\rho = \frac{m}{V}$ d'où $n = \frac{m}{M} = \frac{\rho V}{M}$ avec ρ en $g \cdot mL^{-1}$, V en mL et M masse molaire en $g \cdot mol^{-1}$.

▶ À partir de l'équation de la réaction et des quantités connues de réactifs on identifie le **réactif limitant** et on détermine la valeur de l'**avancement maximal** x_{max}.

CHIMIE

▶ À partir de l'équation de la réaction et de x_{max}, on calcule alors la quantité maximale de produit formé soit la quantité maximale théorique que l'on devrait obtenir.

▶ Le **rendement** global expérimental est le rapport entre la masse expérimentale de produit obtenu et la masse théorique de produit correspondant à un rendement de 100 % (elle est toujours calculée à partir du réactif limitant initial) :

$$r = \frac{\text{masse de produit obtenu}}{\text{masse de produit théorique}} = \frac{m_{exp}}{m_{théorique}} = \frac{n_{exp}}{n_{théorique}}$$

où n_{exp} et $n_{théorique}$ représentent les quantités de matière.

MÉTHODE

Calculer un rendement

Au cours d'un protocole expérimental non décrit ici, on synthétise 6,90 g de 2-méthylbut-2-ène par déshydratation de 25,0 mL de 2-méthylbutan-2-ol en milieu acide suivant la réaction :

$$C_5H_{11}{-}OH \rightarrow C_5H_{10} + H_2O.$$

Déterminer le rendement de cette synthèse.

	2-méthylbutan-2-ol	2-méthylbut-2-ène
Densité	0,806	0,66
Masse molaire ($g \cdot mol^{-1}$)	88,0	70,0

Solution

On détermine la quantité de matière initiale de réactif. Ce réactif est liquide et on connait sa densité donc on connait sa masse volumique $\rho = d\,\rho_{eau}$ avec $\rho_{eau} = 1\ g \cdot mL^{-1}$ d'où :

$$n = \frac{m}{M} = \frac{\rho V}{M} = \frac{0,806 \times 25,0}{88,0} = 2,29 \times 10^{-1}\ \text{mol}.$$

D'après l'équation de la réaction, 1 mol d'alcool donne 1 mol d'alcène, on devrait donc obtenir au maximum $2,29 \times 10^{-1}$ mol d'alcène soit une masse $m_{théorique} = nM$:

$m_{théorique} = 2,29 \times 10^{-1} \times 70,0 = 16,0$ g.

Le rendement est $r = \frac{m_{exp}}{m_{théorique}} = \frac{6,90}{16,0} = 0,431$ soit 43,1 %.

RAPPELS DE COURS

1 Montage de synthèse

Le **montage à reflux** permet de chauffer les réactifs liquides ou dissous dans un solvant pendant une longue durée. Les espèces devenues gazeuses se condensent dans le réfrigérant vertical et refluent à l'état liquide dans le ballon afin d'éviter toute perte de matière.

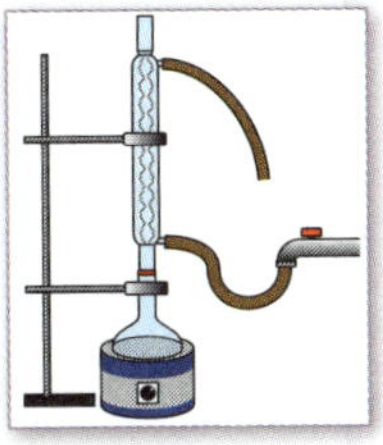

2 Isoler, purifier le produit synthétisé

En fin de réaction, il faut isoler le produit recherché de toutes les autres espèces présentes et éliminer le solvant. Il existe plusieurs méthodes.

A L'extraction liquide-liquide

▶ L'ampoule à décanter sert à extraire une espèce A dissoute dans un solvant S_1. Pour cela, on utilise un solvant extracteur S_2, non miscible avec S_1, dans lequel A est plus soluble.

▶ La position des phases dépend de leur densité, la phase la moins dense correspond à la phase supérieure.

▶ Lorsque l'on cherche à isoler le produit formé dans le solvant S_2, on parle **d'extraction**.

▶ Lorsque l'on veut éliminer une espèce autre que le produit de la phase S_1, on parle de **lavage** de S_1 par le solvant S_2.
Afin d'éliminer toute trace d'eau, on sèche souvent la phase organique récupérée avec le sulfate de magnésium anhydre.

B La filtration

▶ Lorsqu'on veut éliminer de petites quantités de solide en suspension dans un liquide, on réalise une filtration classique ou une filtration sous vide, plus rapide et plus efficace.

CHIMIE

C La purification par recristallisation

On choisit un solvant dans lequel le produit A synthétisé est soluble à chaud et insoluble à froid. A étant insoluble à froid, il recristallise au fur et à mesure que la température baisse.

D La purification par distillation

On sépare deux liquides miscibles dont les températures d'ébullition sont différentes (une différence d'au moins 15 à 20 °C). Les vapeurs formées montent dans la colonne à distiller, elles contiennent essentiellement le liquide dont la température d'ébullition est la plus basse. Elles se condensent dans le tube réfrigérant grâce à la circulation d'eau froide. On obtient à la sortie le distillat.

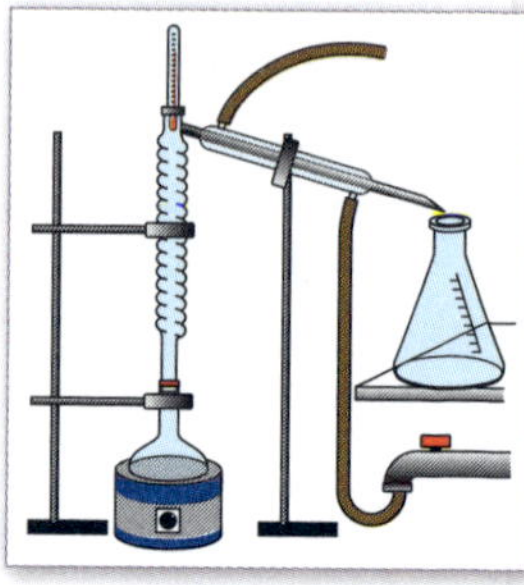

3 *Valider le produit synthétisé*

Plusieurs méthodes d'analyse existent.

- On peut déterminer certaines **caractéristiques physiques** du produit obtenu comme la température de changement d'état, la densité…
- La **chromatographie** permet d'identifier une espèce synthétisée et de vérifier sa pureté.
- On peut également réaliser les **spectres infrarouge et RMN** du produit synthétisé pour confirmer la structure du produit formé.

MÉTHODE

Analyser un produit synthétisé

La benzocaïne est synthétisée à partir de l'acide 4-aminobenzoïque et de l'éthanol. On effectue une chromatographie sur couche mince. Le solide synthétisé est-il pur ?

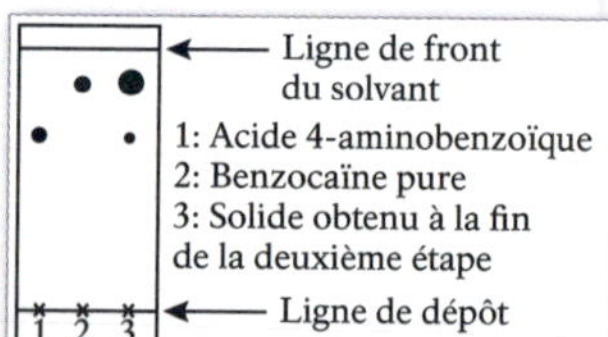

SOLUTION

Le chromatogramme présente deux taches pour le solide 3 : une tache à la même hauteur que celle de la benzocaïne 2 et une autre à la même hauteur que le réactif de départ 1. Donc le solide contient majoritairement de la benzocaïne, il n'est pas pur.

Choisir un réactif, protéger des fonctions

111

RAPPELS DE COURS

1 Chimiosélectivité

Réaliser une réaction chimique sur un groupe caractéristique choisi d'une molécule s'avère difficile. Aussi, est-il indispensable d'utiliser un réactif chimiosélectif qui attaque préférentiellement le site choisi.

EXEMPLE Une molécule possède un groupe ester et un groupe cétone. Le réactif $LiAlH_4$ réduit les deux groupes carbonyles alors que le réactif $NaBH_4$ ne réduit que le groupe cétone ; il est dit **chimiosélectif**.

2 Protection d'une fonction

Le but d'une protection est de préserver une fonction au cours d'une synthèse en l'empêchant de réagir. Les fonctions à préserver étant protégées, il est possible de modifier une autre partie de la molécule. Puis, on restaure la fonction protégée par déprotection. Les étapes de protection et de déprotection doivent avoir des rendements proches de 100 %.

3 Synthèse sélective d'un peptide

Contrôler la réactivité des groupes amine et acide carboxylique des acides α-aminés est essentiel pour la synthèse des peptides. La condensation de deux acides α-aminés peut conduire sans précaution à quatre dipeptides différents.

EXEMPLE Pour obtenir le dipeptide HglyAlaOH à partir de la glycine et de l'alanine, on bloque les groupes qui ne participent pas à la réaction et on active celui qui y contribue.

1. Blocage du groupe —COOH de l'alanine pour la formation du groupe ester, alors moins réactif que l'acide.

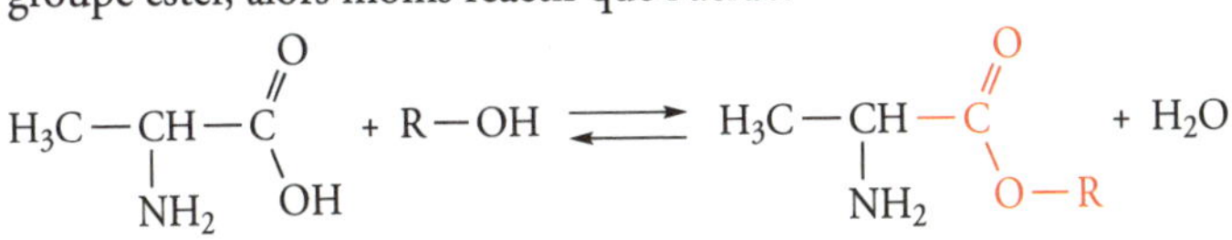

2. Blocage de la fonction amine $—NH_2$ de la glycine pour la formation d'un groupe amide pour diminuer sa réactivité.

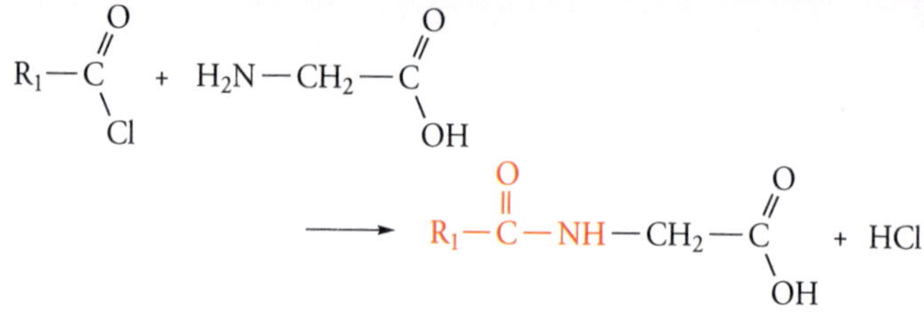

3. Activation du groupe —COOH de la glycine pour la formation d'un groupe –COCl plus réactif.

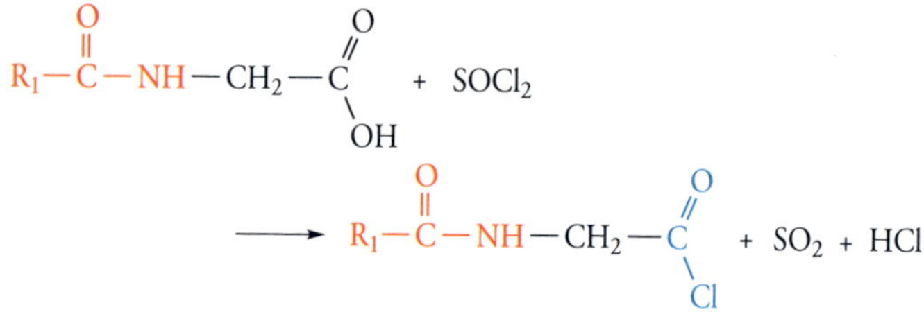

4. Formation de la liaison peptidique entre les deux réactifs.

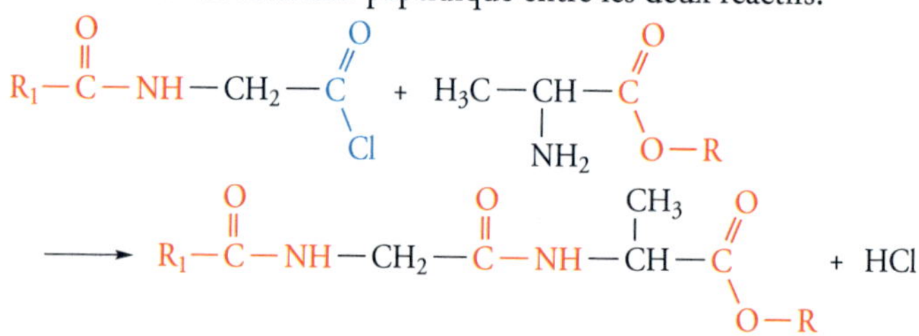

5. Une réaction d'hydrolyse permet ensuite la déprotection des groupes bloqués et la formation du dipeptide HglyAlaOH.

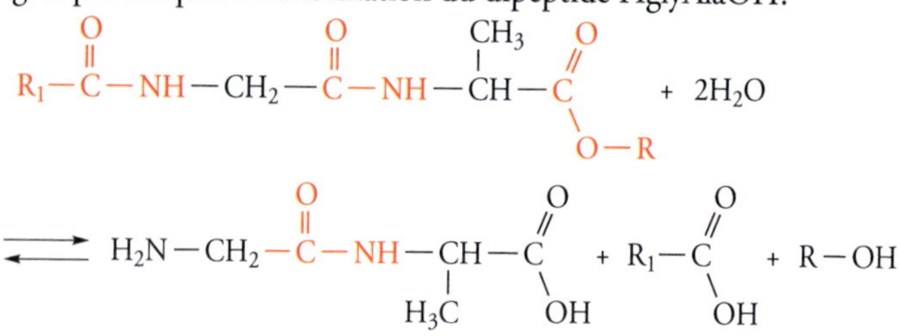

HGly-AlaOH

SVT

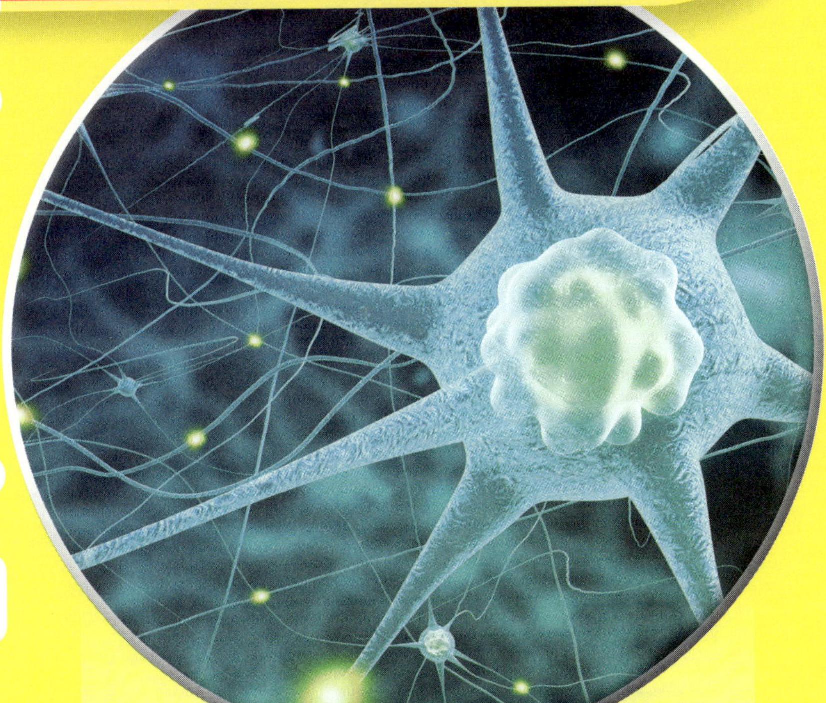

SOMMAIRE
SVT

CHECK LIST

Le brassage génétique

OK ☑

Diversification des êtres vivants

OK ☑

Un regard sur l'évolution de l'Homme

OK ☑

La vie fixée chez les plantes

OK ☑

Le domaine continental et sa dynamique

OK ☑

Enjeux planétaires contemporains

OK ☑

Crédits iconographiques

p. 5-a ph © SPL/Biosphoto • p. 5-b ph © LookatSciences • p. 42 ph © Hervé Conge • p. 44 ph © SPL/Biosphoto • p. 65 ph © Hervé Conge • p. 88-a ph © S. Gschmeissner/SPL/Biosphoto • p. 88-b ph © Zucker/Phototake/BSIP • p. 89 ph © Pr D. Zagury/Université Pierre & Marie Curie • p. 103 ph © Visuals Unlimited/BSIP

Méiose et passage à l'haploïdie 112

1 *Cellules diploïdes et cellules haploïdes*

▶ La plupart des organismes pluricellulaires sont diploïdes : ils possèdent des cellules **diploïdes** (à 2*n* chromosomes), qui contiennent des paires de chromosomes homologues. Les seules cellules **haploïdes** (à *n* chromosomes) qu'ils possèdent sont les gamètes, qui comportent un seul chromosome de chaque paire.

Doc. **Caryotype féminin (cellule somatique) (a) et caryotype d'un gamète femelle (b).**

a.

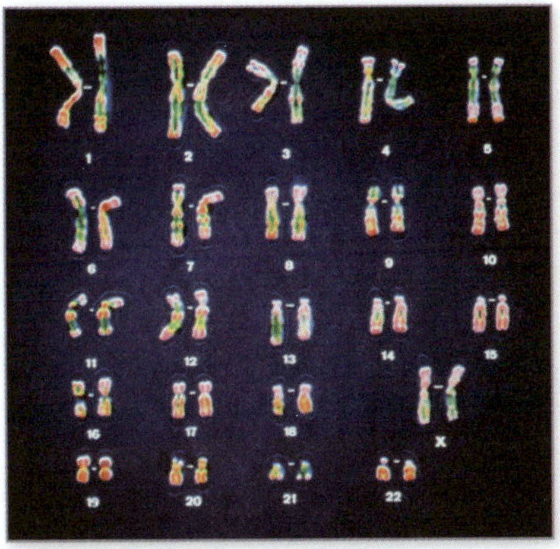

b.

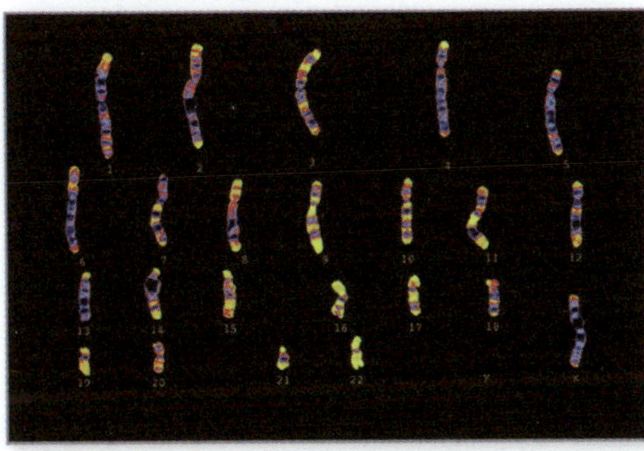

▶ Ainsi, dans l'espèce humaine, le caryotype d'une cellule somatique est $2n = 46$ chromosomes (DOC. a), alors qu'il est de $n = 23$ dans les gamètes (DOC. b).

▶ La **méiose** (→ ANNEXE, P. 371-372) est un ensemble de deux divisions cellulaires successives, précédées d'une seule réplication d'ADN, qui permet de faire passer le nombre de chromosomes par cellule de $2n$ à n.

2 Les deux divisions de la méiose

A La première division

▶ En début de méiose, suite à la réplication d'ADN, les chromosomes sont formés de deux chromatides.

▶ Les chromosomes homologues vont **s'apparier** puis se placer à l'équateur de la cellule.

▶ Les chromosomes homologues vont **migrer** de façon aléatoire aux deux pôles de la cellule.

▶ En fin de première division, on obtient **deux cellules filles haploïdes**, qui contiennent chacune n chromosomes formés de deux chromatides.

B La deuxième division

▶ Elle n'est pas précédée d'une réplication d'ADN et elle correspond à une mitose classique.

▶ Les chromosomes se placent à l'équateur de la cellule.

▶ Les chromatides de chaque chromosome se séparent et migrent vers les pôles de la cellule.

▶ À l'issue de la deuxième division, les quatre cellules filles obtenues sont haploïdes et contiennent ***n* chromosomes** formés d'une seule chromatide.

▶ La méiose a donc permis le passage d'une cellule diploïde, ayant des chromosomes à deux chromatides, à **quatre cellules haploïdes** possédant des chromosomes à **une seule chromatide**.

1 *Le brassage intrachromosomique*

▶ Au début de la méiose, en prophase I, des échanges de fragments de chromatides, donc des échanges d'allèles, se produisent entre les chromosomes homologues appariés : c'est le **crossing-over** (DOC. 1).

▶ Au cours du crossing-over, l'échange d'allèles est à l'origine d'une nouvelle combinaison d'allèles, différente de la combinaison d'allèles parentale : on parle de **brassage intrachromosomique**.

2 *Crossing-over et remaniements chromosomiques*

▶ Le phénomène de crossing-over se produit à chaque méiose, sauf exception, et seul l'emplacement du crossing-over change d'une méiose à l'autre (DOC. 2), ce qui est à l'origine d'une grande **diversité de combinaisons alléliques**.

DOC. 1 **Paire de chromosomes homologues appariés en prophase I de méiose (a) et schéma interprétatif du crossing-over (b).**

a.

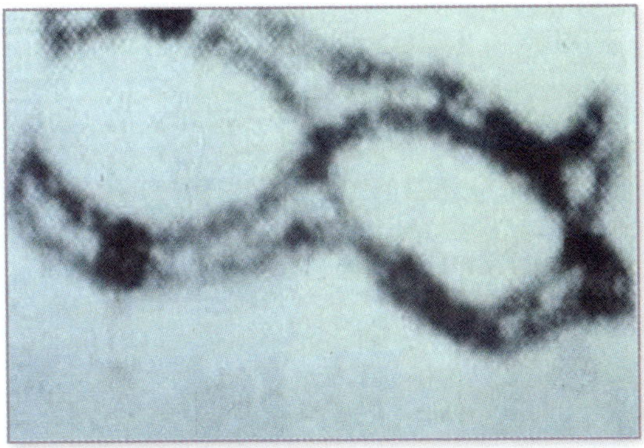

b.

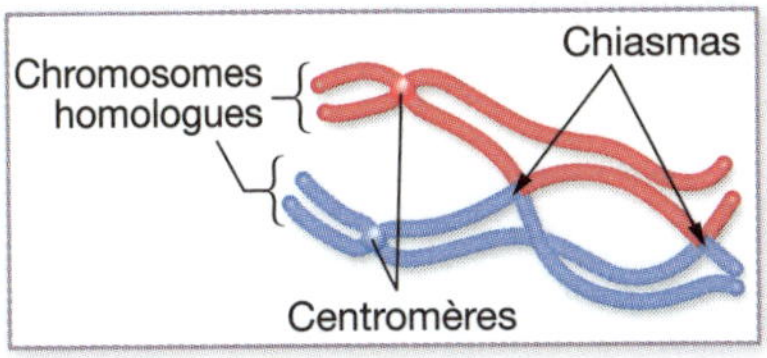

SVT

Doc. 2 Variabilité de la position du crossing-over et diversité des gamètes.

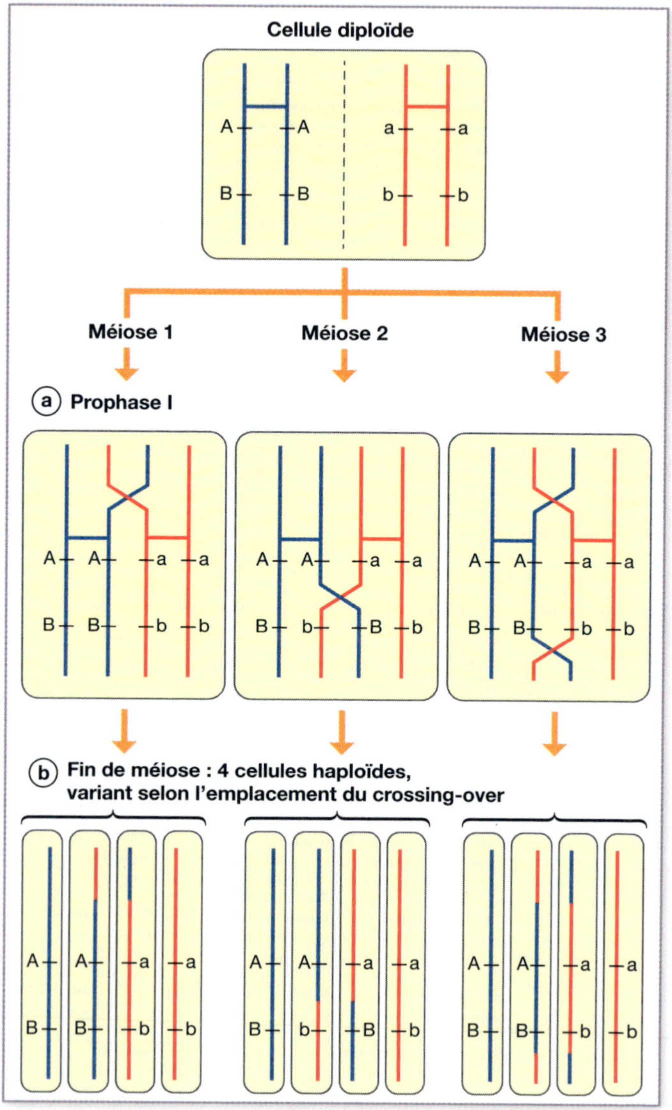

Brassages et diversité des gamètes (2)

114

1 Le brassage interchromosomique

▶ Au cours de l'anaphase de la première division de la méiose, les deux **chromosomes homologues** de chaque paire **se séparent** de façon **aléatoire**.

▶ Cette séparation des chromosomes homologues conduit à un brassage entre les chromosomes, d'autant plus important que le nombre de paires de chromosomes est élevé : on parle de **brassage interchromosomique** (DOC.).

▶ La combinaison des brassages intra- et interchromosomiques conduit à une **diversité potentiellement infinie de gamètes**, grâce à la migration aléatoire des chromosomes homologues lors du brassage interchromosomique, qui ont été remaniés lors du brassage intrachromosomique.

2 La fécondation

▶ La **fécondation** accroît la diversité génétique en associant au hasard deux gamètes ayant subi les brassages de la méiose. En rétablissant la diploïdie, elle participe donc à la **stabilité du caryotype** de l'espèce.

▶ La fécondation correspond à la fusion des noyaux haploïdes d'un gamète mâle et d'un gamète femelle et aboutit à une cellule œuf, le **zygote**, diploïde, dont la diversité génétique potentielle est immense.

▶ Seule une fraction de ces zygotes est **viable** et se développe.

▶ Chaque zygote possède une **combinaison originale** des allèles des gènes de ses parents. Ainsi, chaque individu est unique du point de vue génétique.

▶ Le brassage des gènes qui a eu lieu au cours de la méiose est donc amplifié par la rencontre au hasard des différents types de gamètes lors de la fécondation.

▶ Ces deux phénomènes, complémentaires, sont à l'origine de **l'unicité et de la diversité génétique** des individus.

Doc. Le brassage interchromosomique pour une cellule à $2n = 4$ permet d'obtenir avec une probabilité égale quatre types de gamètes différents.

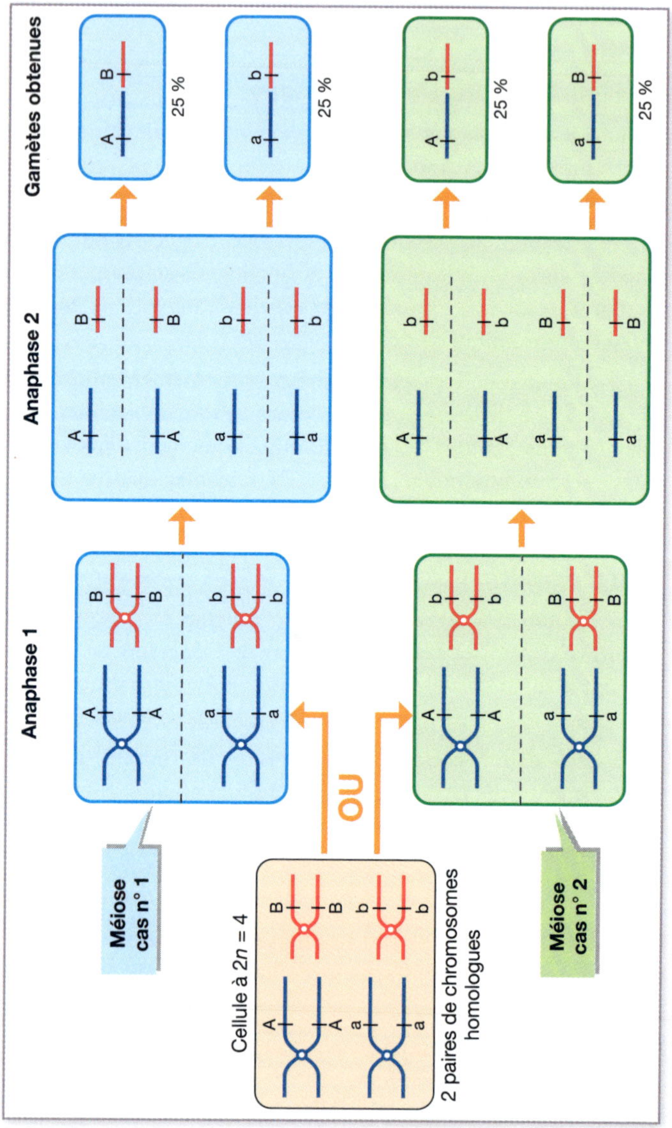

Analyse statistique des brassages génétiques

115

L'analyse statistique des résultats d'un croisement permet d'identifier les mécanismes chromosomiques du brassage génétique au cours de la méiose et de la fécondation et ainsi de savoir si les gènes sont portés par des **chromosomes différents** ou par un **même chromosome.**

L'analyse génétique repose sur l'analyse d'un **croisement-test** (ou **test-cross**), c'est-à-dire un croisement entre des individus F1, hétérozygotes, et des individus homozygotes récessifs.

1 *Principes généraux*

▶ Les individus F1, c'est-à-dire de première génération, proviennent de parents homozygotes pour les caractères étudiés.

▶ À partir des résultats observés en F1, on détermine les relations de **dominance** exercées entre les deux allèles des gènes considérés.

▶ Les **proportions des phénotypes** obtenus à l'issue du test-cross permettent de déduire les différents **types de gamètes** produits par les individus de F1.

2 *Premier cas : les phénotypes issus du test-cross sont en quantités égales*

Doc. 1 Résultat d'un croisement-test avec brassage interchromosomique chez la drosophile.

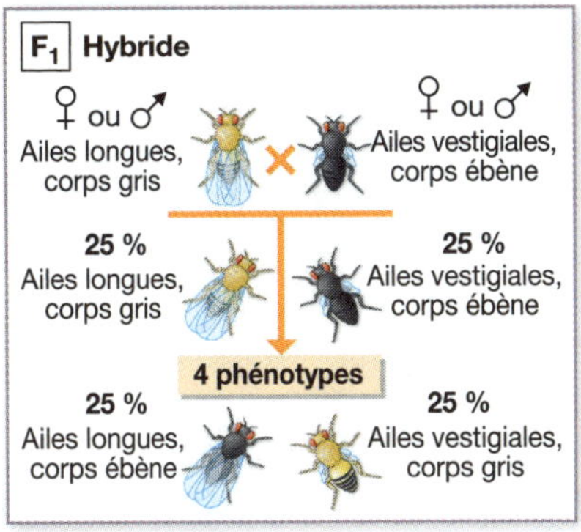

SVT

▶ Si les résultats du test-cross engendrent **quatre phénotypes en quantités égales**, cela montre que les gènes sont **indépendants**, portés par des **chromosomes différents** : les individus F1 ont produit 4 types de gamètes différents avec une probabilité égale lors du brassage interchromosomique.

▶ On présente les proportions des phénotypes issus du test-cross à l'aide d'un **échiquier de croisement des gamètes**.

3 *Deuxième cas : les phénotypes issus du test-cross ne sont pas en quantités égales*

▶ Si les résultats du test-cross donnent beaucoup **plus de phénotypes parentaux que de phénotypes recombinés**, cela montre que les gènes sont **liés**, portés par **la même paire de chromosomes**.

▶ Les phénotypes recombinés s'expliquent par le **crossing-over** en début de méiose, lors de la formation des gamètes des individus F1. Le faible nombre de phénotypes recombinés s'explique par le fait que le brassage intrachromosomique n'est pas systématique à chaque méiose pour les allèles considérés.

▶ On explique les phénotypes issus du test-cross en réalisant une **interprétation chromosomique**, mettant ainsi en évidence le **brassage intrachromosomique**.

Doc. 2 Résultat d'un croisement-test avec brassage intrachromosomique chez la drosophile.

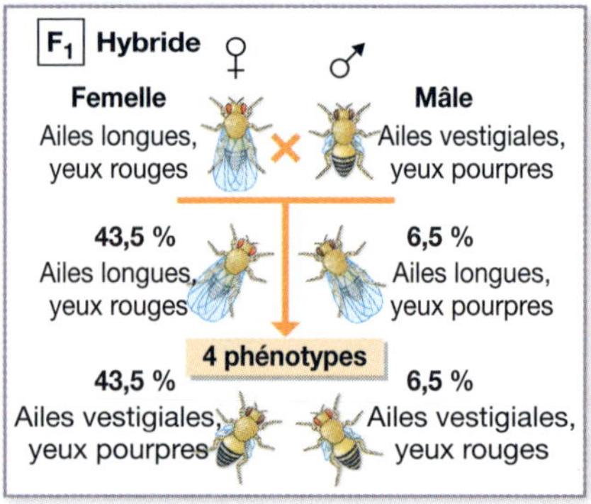

Il arrive que la méiose ne se déroule pas normalement et conduise alors à des **gamètes génétiquement anormaux**.
Les anomalies de la méiose ont des conséquences le plus souvent néfastes mais peuvent parfois être aussi sources de **diversification génétique**.

1 *La non-disjonction des chromosomes*

▶ Un mouvement anormal de certains chromosomes lors de la méiose, chez l'un ou l'autre des parents, produit des gamètes présentant un nombre inhabituel de chromosomes.

▶ Les anomalies sont dues à une **non-disjonction des chromosomes homologues** au cours de la première division de méiose ou des **chromatides** lors de la deuxième division de méiose, ce qui produit d'une part des gamètes avec un chromosome en excès, d'autre part des gamètes auxquels il manque un chromosome.

Doc. 1 Deux exemples de méioses anormales.

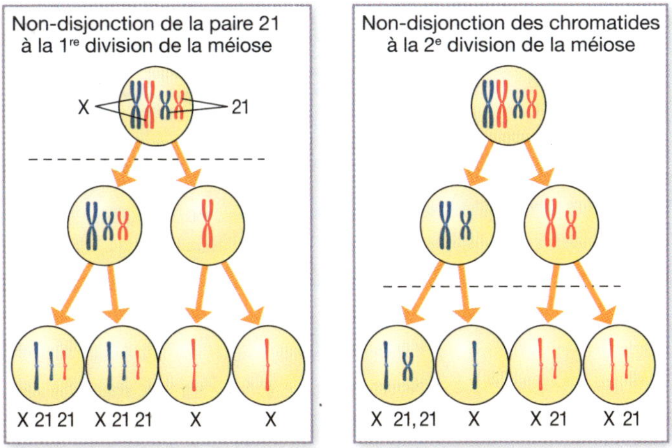

▶ Après la fécondation de l'un de ces gamètes anormaux avec un gamète normal, il y a formation d'un zygote **trisomique** ou **monosomique**.

SVT

▶ Les anomalies chromosomiques peuvent concerner toutes les paires de chromosomes et sont relativement fréquentes, mais la plupart sont éliminées car les zygotes ne seront pas viables.

▶ Les anomalies portant sur les chromosomes sexuels sont viables à partir du moment où un chromosome X est présent (syndrome de Turner, XO et syndrome de Klinefelter, XXY), ainsi que certaines trisomies portant sur les chromosomes 13, 18 et 21, dont la plus fréquente est la trisomie 21.

2 *Un crossing-over inégal*

▶ Un crossing-over inégal entre chromosomes homologues lors de la méiose peut parfois aboutir à une **duplication** de gènes, c'est-à-dire à la naissance de deux gènes identiques à partir d'un seul.

▶ Dans ce cas, l'un des deux chromosomes perd un fragment d'ADN, et l'autre chromosome portera le gène initial ainsi que le fragment contenant la copie du gène venant du chromosome homologue.

▶ Le mécanisme de duplication, en créant de nouveaux gènes à partir du gène initial, peut être source de **diversification du vivant**, générant des familles multigéniques, comme les gènes des pigments rétiniens (vus en 1re S).

Doc. 2 Crossing-over inégal et duplication d'un gène.

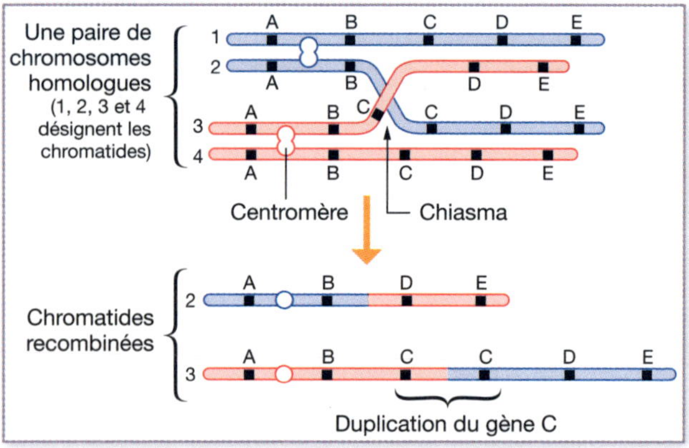

Diversification des génomes par transfert de gènes

Au-delà des mutations et des brassages génétiques (dont les duplications) au cours de la méiose et de la fécondation, il existe d'autres mécanismes de **diversification génétique** des génomes ayant un rôle majeur dans la diversification des êtres vivants.

1 Le transfert par voie virale, source de modification des génomes

▶ Le **transfert par voie virale** correspond à l'acquisition par des cellules eucaryotes de matériel génétique étranger (virus…).

▶ Ce transfert est réalisé par des **rétrovirus**, dont l'information génétique se présente sous forme d'**ARN** (acide ribonucléique). Ils ont la capacité de transformer une copie de leur ARN en ADN qui peut être intégré de manière durable dans le génome de la cellule infectée. On parle alors de **virus endogène**.

▶ Si cette intégration se fait au sein du génome des cellules germinales (spermatozoïde ou ovule), le matériel génétique étranger intégré se transmet à la descendance par le biais de la fécondation. 8 % du génome humain serait ainsi issu d'un transfert par voie virale.

▶ L'une des propriétés des virus permettant ce transfert génétique est leur capacité à fusionner avec la membrane plasmique d'une cellule afin d'y pénétrer. Cela est rendu possible par l'existence de protéines à la surface des virus qui, en interagissant avec les récepteurs situés sur les cellules cibles, rendent possible la fusion du virus avec la cellule infectée (DOC. 1).

DOC. 1 Infection d'une cellule par un rétrovirus.

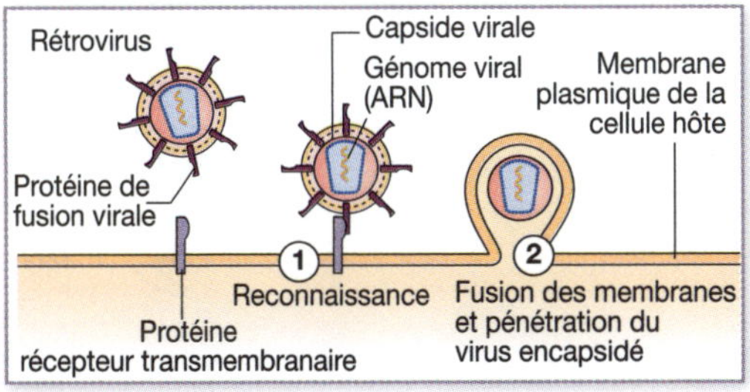

SVT

2 Le gène de la syncytine, un exemple de gène transféré par voie virale

▶ Deux gènes d'origine virale codant pour ce type de fusion cellulaire ont été identifiés dans le génome humain. Il s'agit de gènes codant pour deux protéines, les **syncytines 1 et 2**.

▶ Cette protéine humaine a une séquence d'acides aminés très proche de celle d'une protéine de fusion virale, ce qui témoigne de son origine (DOC. 2).

Doc. 2 Comparaison d'un extrait des séquences de la syncytine 1 humaine et de la protéine de fusion virale *env*.

Séquence de la syncytine 1 humaine	Met Ala Leu Pro Tyr His Ile Phe Leu Phe
Séquence de la protéine de fusion virale *env*	Met Ala Leu Pro Tyr His Thr Phe Leu Phe

Les séquences présentent une forte similitude.

▶ Les syncytines ne s'expriment qu'au niveau du **placenta**, et jouent un rôle fondamental dans sa mise en place.

▶ En effet, lors de la nidation dans l'utérus chez les mammifères placentaires, un **syncytium cellulaire** (tapis cellulaire multinucléé issu de la fusion de nombreuses cellules) de cellules maternelles et fœtales se met en place.

▶ Il va constituer une zone d'échanges privilégiée. De nombreux échanges vont se dérouler tout au long de la grossesse entre le sang maternel et le sang fœtal. Ce syncytium est à l'origine de la structure d'échanges qu'est le placenta.

▶ Cette fusion cellulaire est rendue possible par l'expression des syncytines d'origines virales à la surface des cellules placentaires de la mère et du fœtus.

▶ Ce transfert viral constitue bien une source de diversification des êtres vivants car il est à l'origine de la mise en place d'une nouvelle structure, le placenta.

Hybridation, polyploïdisation et diversification des génomes

1 La polyploïdisation, processus d'évolution majeure de la taille du génome

▶ La taille d'un génome n'est pas proportionnelle à la complexité de l'organisme. Ainsi, certains poissons et certaines plantes ont un génome 40 fois plus grand que celui de l'Homme.

▶ La **ploïdie** d'une cellule caractérise le nombre d'exemplaires de ses chromosomes. Les cellules eucaryotes sont généralement haploïdes (n chromosomes) ou diploïdes ($2n$ chromosomes). Dans certains cas on peut observer un nombre supérieur à 2, on parle alors de **polyploïdie**. Elle concerne essentiellement les végétaux (50 % d'espèces polyploïdes) et quelques animaux.

▶ La polyploïdie génère un **gigantisme** des plantes, notamment au niveau de la fleur et donc des fruits. C'est pourquoi on l'observe régulièrement dans les espèces cultivées.

EXEMPLES Le blé sauvage diploïde $2n = 14$ chromosomes, le blé dur cultivé $4n = 28$, ou le blé tendre $6n = 42$.

▶ On distingue des polyploïdies :

- Avec un **nombre pair** de chromosomes ($4n$, $6n$... où n est le nombre de chromosomes) et provenant d'une division cellulaire non complète qui aboutit au doublement de la quantité de chromosomes dans la même cellule. Les individus sont alors **fertiles** car un nombre pair de chromosomes permet la réalisation de la méiose.
- Avec un **nombre impair** de chromosomes ($3n$, $5n$...) et provenant de l'union de gamètes (de la même espèce ou non) à ploïdie différente (DOC. 1). Les individus sont généralement **stériles**, en raison de l'impossibilité d'une répartition équitable des chromosomes homologues au cours de la méiose.

▶ La polyploïdisation contribue massivement à l'**évolution en taille des génomes**, en augmentant la quantité de matériel génétique. On voit ici une source de diversification des génomes puisqu'il y a augmentation du nombre de gènes susceptibles de subir des mutations à l'origine de nouvelles protéines.

SVT

Doc. 1 Mise en place d'une polyploïdie de nombre impair, par méiose suivie de fécondation.

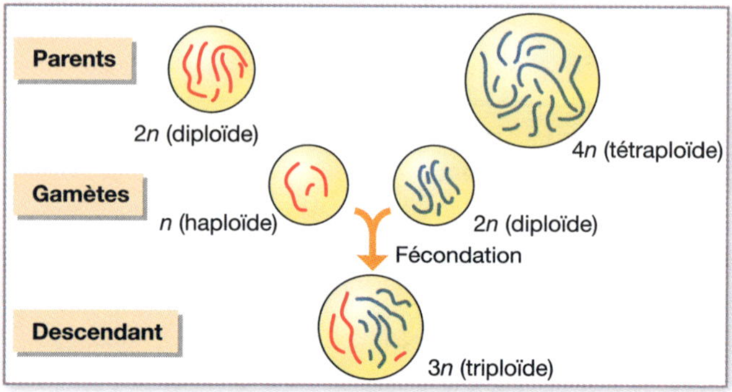

2 *Le couple hybridation-polyploïdisation, source de diversification des êtres vivants*

▶ Il est possible d'envisager que deux espèces différentes se reproduisent entre elles. On parle d'**hybridation**. Toutefois, l'hybride obtenu ne présente qu'un exemplaire de chaque chromosome (pas d'homologue). La méiose à l'origine de la production des gamètes ne pourra donc pas se dérouler et l'individu sera stérile.

▶ Si l'hybridation est suivie d'une **polyploïdisation**, chaque chromosome est alors présent en nombre pair. La méiose est alors possible, l'hybride est donc fertile.

▶ Le **couple hybridation-polyploïdisation** est donc source de **spéciation**. Cela a par exemple été observé dans l'apparition d'une espèce de plante aquatique, connue depuis la fin du XIXe siècle, la spartine de Townsend, issue de l'hybridation de deux anciennes espèces (DOC. 2).

Doc. 2 La diversité des spartines, résultat du couple hybridation/polyploïdisation.

Spartina maritima (2*n*) × *Spartina alterniflora* (2*n*)

↓ Hybridation

Spartina towsendii
stérile (2*n*)

Polyploïdisation ↓

Spartina towsendii
fertile (4*n*)

Diversification des êtres vivants et gènes du développement

▶ Des mutations de certains gènes entraînent le développement d'organes **surnuméraires** ou anormalement placés.

▶ Ainsi, il existe des gènes dont le rôle est de guider la mise en place du **plan d'organisation de l'organisme**, c'est-à-dire du positionnement des organes. Ces gènes du développement sont qualifiés de **gènes architectes.**

▶ Ils ont été observés dans de nombreux groupes d'êtres vivants très éloignés phylogénétiquement. Leurs séquences nucléotidiques sont très proches. On parle d'**homologie de séquences** (DOC. 1).

DOC. 1 Comparaison d'extraits de séquence du gène du développement Hoxb-6 dans trois espèces animales.

Homme →	ACCAGACGCTGGAGCTGGAGAAGGAGTTTCACTAC
Souris →	-------C-----------------A--------T
Drosophile →	-------T--A-----A---------------T-

Le « – » indique une homologie. On observe une homologie de 92 % entre l'Homme et la souris, et de 89 % avec la drosophile (mouche).

▶ L'homologie de ces séquences nucléotidiques peut paraître en contradiction avec la diversité des êtres vivants.

▶ Le développement est une cascade de phénomènes agissant sur une structure formée précédemment. Toute modification d'une étape modifie le résultat final.

▶ La diversité des êtres vivants peut donc s'expliquer par des variations dans la chronologie du développement, le degré et la localisation d'expression des **gènes du développement**.

▶ Par exemple, chez les vertébrés, le gène du développement Hoxd-13 s'exprime dans les différentes régions du membre et de la nageoire lors du développement :
– dans un premier temps, ce gène s'exprime dans la partie basse du bourgeon de membre ou de la nageoire et est à l'origine de la formation de la base osseuse du membre (humérus, radius, cubitus) ou de ses homologues osseux de la nageoire ;

– dans un deuxième temps, l'expression du gène se poursuit à l'extrémité antérieure du bourgeon du membre et sur ses bords inférieur et supérieur guidant la mise en place des doigts.

▶ Chez les téléostéens (majorité des poissons actuels), l'expression demeure inchangée, seuls des rayons dermiques vont se former (DOC. 2).

DOC. 2 Le développement comparé du membre et de la nageoire sous l'action du gène Hoxd-13.

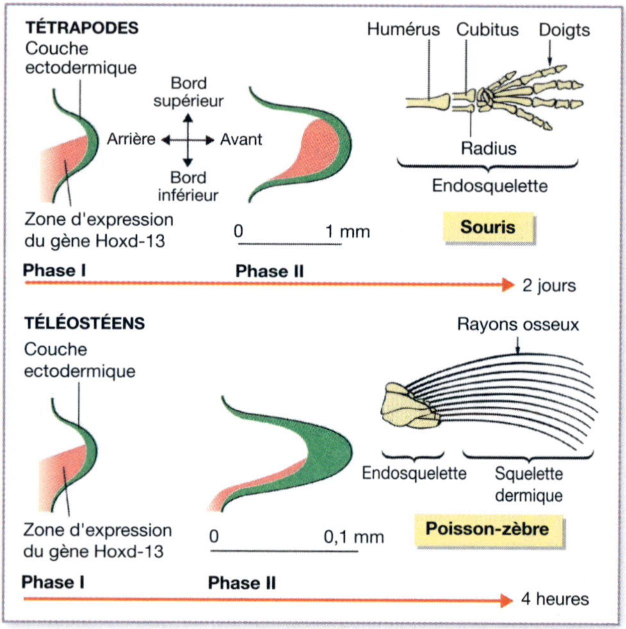

▶ Des formes vivantes différentes peuvent donc résulter d'une modification du développement plus que d'une différence génétique.

1 Diversification par association des organismes

▶ On appelle **association d'organismes** l'interaction durable entre des organismes d'espèces différentes.

▶ La **symbiose** est la plus connue de ces interactions. Elle correspond à l'association obligatoire de deux espèces qui, toutes deux, tirent profit de cette interaction.

▶ Les **lichens** sont par exemple issus de l'association symbiotique entre une algue unicellulaire et un champignon (DOC. 1).

Doc. 1 Structure d'un lichen.

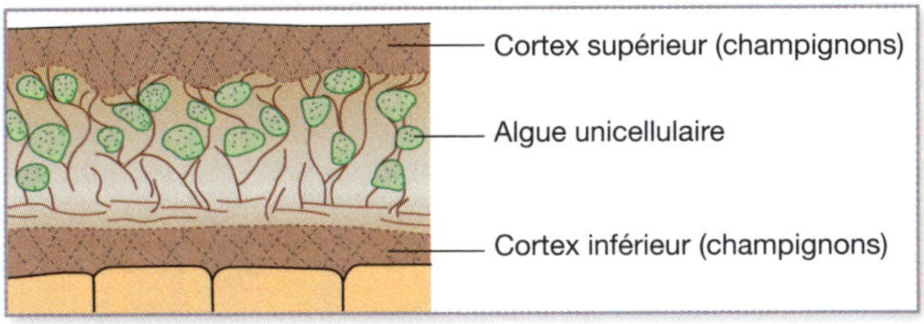

▶ Les chloroplastes des cellules chlorophylliennes sont aussi issus de la symbiose d'une **cyanobactérie** (bactéries capables de réaliser la photosynthèse) dans une **cellule eucaryote** non photosynthétique primitive (DOC. 2).

Doc. 2 Origine symbiotique des cellules de la lignée verte.

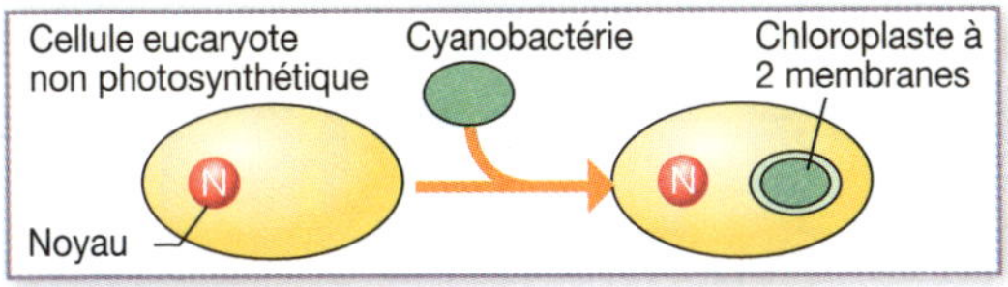

2 Diversification par transfert des comportements

▶ Une source de diversité des êtres vivants peut être **acquise** après la naissance par apprentissage et transmise d'une génération à l'autre par voie non génétique.

▶ Les **comportements animaux** entrent en partie dans ce cadre. Certains, très stéréotypés, apparaissent **innés**, d'autres très variables selon les individus apparaissent plutôt **acquis** après la naissance et fruits d'un **apprentissage**.

▶ C'est le cas par exemple de l'apprentissage du chant chez les pinsons.

- Le jeune pinson acquiert après la naissance plusieurs thèmes de chant en écoutant ses parents. Le chant se précise et se complexifie petit à petit durant la **phase d'apprentissage** qui dure 10 mois. Selon le lieu de naissance et donc les congénères à sa proximité, le chant sera différent, ce qui prouve l'importance du **contexte** environnemental dans l'apprentissage du chant. On distingue, rien que dans le sud-ouest de la France, 14 chants différents chez les pinsons (DOC. 3).
- Sur des jeunes pinsons élevés seuls, on note un chant qui restera très **primitif**, simple, ce qui montre l'importance des adultes dans l'apprentissage du chant.
- L'expérience sonore doit être faite précocement, sinon le jeune pinson n'est plus capable d'adapter son chant à celui entendu. Cette période est qualifiée de **période critique**. Elle se caractérise par une **plasticité cérébrale** qui autorise les apprentissages, dont celui du langage.

DOC. 3 Analyse comparée du chant de deux espèces de pinsons. Chant du pinson de Cahors (a) et chant du pinson des Landes (b).

Les chants apparaissent totalement différents en raison d'un apprentissage distinct. Les tracés en rouge correspondent aux fréquences (en kHz) émises lors du chant.

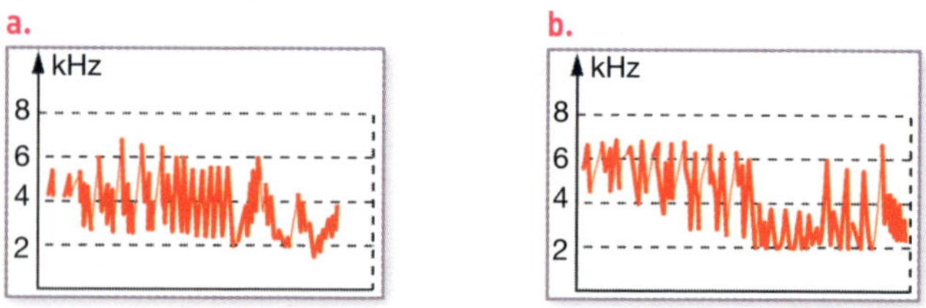

▶ Pour d'autres espèces d'oiseaux, à la fois l'écoute des adultes et l'entraînement à répéter le pépiement permettent d'améliorer le chant.

Origine de la diversification des populations

121

Les populations présentent une grande **diversité génétique**, entre autres du fait de l'existence de nombreux allèles pour chaque gène résultant de mutations aléatoires.

1 *Influence de la pression du milieu*

▶ Une **population** est un ensemble d'individus appartenant à la même espèce et occupant un même territoire géographique. Les différentes populations d'une même espèce sont, en des lieux différents, soumises à des contraintes distinctes à l'origine de leur diversification.

▶ Les conditions du milieu (risque de prédation, etc.) sont contraignantes pour les individus et, en fonction des caractères dont ils disposent, ceux-ci ont une plus ou moins grande capacité à survivre : on parle de **survie différentielle** qui modifie leur capacité à transmettre un caractère à la descendance ; il s'agit de **sélection naturelle.**

Doc. Détermination de la survie relative en fonction du milieu de vie.

La phalène du bouleau est un papillon existant sous une forme claire et une forme sombre. Dans cette expérience, des phalènes sont capturées puis marquées avant d'être relâchées soit dans la région non polluée de Dorset, soit dans la région polluée de Birmingham. Quelques jours après, les phalènes sont de nouveau capturées et dénombrées. Les formes sombres dominent en milieu pollué, car elles sont moins facilement détectables par les prédateurs, les troncs d'arbres étant assombris à cause de la pollution.

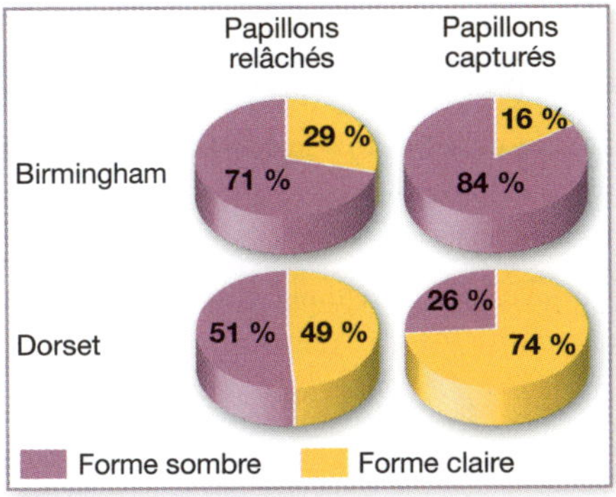

SVT

▶ Sous l'effet de la pression du milieu, la survie différentielle est à l'origine de **la modification de la diversité des populations au cours du temps** puisque l'allèle permettant de développer le caractère avantageux est davantage transmis.

2 *Influence de la concurrence entre les êtres vivants*

En milieu naturel, les ressources, surtout alimentaires, sont souvent en quantités limitées et induisent une compétition. Cette **concurrence entre êtres vivants** génère des changements de la diversité des populations au cours des générations.

EXEMPLE Dans les îles Galapagos, les pinsons Géospize fuligineux et Géospize à bec moyen ont des becs de longueurs similaires lorsqu'ils vivent sur des îles distinctes. Ils ne sont pas en compétition bien qu'ils consomment la même nourriture. Lorsqu'ils coexistent sur une même île, la taille de leur bec change au cours des générations : celui du « fuligineux », dont les individus, qui ont moins facilement accès à la nourriture, finissent par mourir de faim et ne plus générer de descendance, devient plus court que celui du « bec moyen ».

3 *Influence du hasard*

▶ La répartition des allèles lors de la formation des gamètes ou de la fécondation se fait au hasard. Cela engendre une variation aléatoire de la fréquence des allèles d'un même gène, appelée **dérive génétique** et ayant une action d'autant plus forte que la population contient peu d'individus.

▶ Tout allèle peut donc disparaître ou se répandre dans une population. La dérive accroît la diversité génétique entre les populations de petite taille.

4 *Évolution et transformation des populations*

▶ Sous l'action des **contraintes liées à la vie en milieu naturel**, les populations se transforment au cours du temps par modification de la viabilité et de la fertilité des individus.

▶ **L'évolution génétique** des populations dépend aussi du nombre de descendants par individu : plus un individu a une descendance viable et nombreuse, plus ses allèles se répandent dans la population.

1 La biodiversité, résultat de l'évolution

▶ La biodiversité est source de transformation des espèces existantes et de naissance de nouvelles espèces au cours du temps.

▶ Le **concept** d'espèce est complexe et délicat à définir. Il a ainsi connu de multiples définitions au cours de l'histoire de la biologie.

▶ La **définition** de l'espèce repose sur des critères variés et dépend des objectifs que l'on se fixe.

2 La notion d'espèce dans l'histoire de la biologie

▶ Au début du XVIIIe siècle, Linné, en voulant réaliser un essai de classification, base la première définition de l'espèce sur des **critères phénotypiques héréditaires.** On regroupe alors au sein d'une espèce les individus qui se ressemblent, l'objectif étant de classer les espèces à un moment donné de l'histoire de la Terre.

▶ Par la suite, au milieu du XVIIIe siècle, Buffon considère comme fondamental le **critère d'interfécondité** pour définir l'espèce. Des individus appartiennent à une même espèce s'ils peuvent **se reproduire** et engendrer une **descendance féconde.**

EXEMPLE Jument × Âne → Mulet (stérile). Le croisement est ici possible mais, le mulet étant stérile, on en déduit que la jument et l'âne forment deux espèces différentes.

▶ Ces deux définitions ont ensuite été réunies par Cuvier à la fin du XVIIIe siècle : « Une espèce est un ensemble d'individus nés les uns des autres et qui **se ressemblent morphologiquement.** »

▶ En 1942, Ernst Mayr définit l'espèce comme un ensemble de groupes de populations naturelles capables de se reproduire, mais **isolés du point de vue reproductif** des autres groupes. C'est cette définition qui est aujourd'hui utilisée.

SVT

3 *L'espèce, une entité limitée dans le temps*

▶ La notion **d'isolement reproductif** est essentielle puisque des individus qui se ressemblent ne sont pas forcément de la même espèce. Cet isolement, d'origine génétique, implique la rupture des échanges génétiques entre individus.

▶ Les **mécanismes d'isolement reproductif** sont variés : forme des organes reproducteurs non compatibles, périodes de reproduction non synchronisées, milieux de vie différents…

▶ Une population d'individus identifiés comme formant une espèce n'est définie que durant un laps de temps fini car :
– si un nouveau groupe d'individus isolés de l'espèce initiale s'individualise, une **nouvelle espèce** est définie. Cela implique un processus de **spéciation** avec acquisition d'un isolement reproductif (DOC.) ;
– si un ensemble d'individus cesse d'être isolé génétiquement ou qu'il ne comporte plus de représentants, l'**espèce disparaît**.

DOC. Naissance d'une nouvelle espèce par mise en place d'un isolement reproductif.

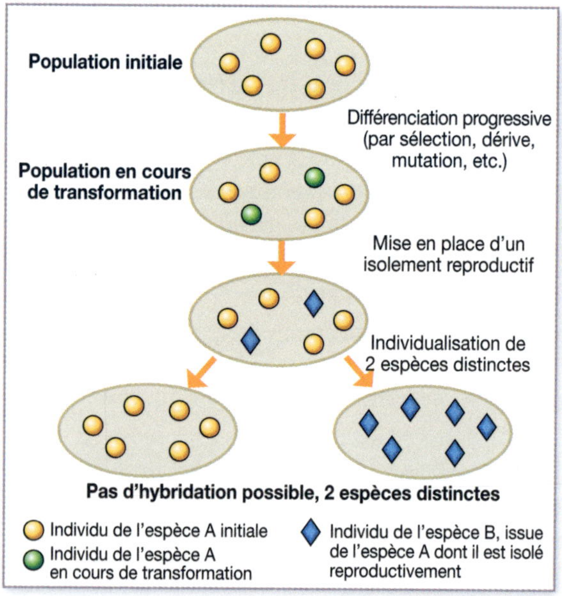

L'Homme, un primate proche du chimpanzé

123

L'étude comparée des pigments rétiniens (opsines) réalisée en 1re S a permis de placer l'Homme parmi les primates, et en particulier parmi les « grands singes », groupe dont font partie le chimpanzé, le gorille, l'orang-outan et le gibbon.

1 L'Homme est génétiquement proche du chimpanzé

▶ La comparaison des séquences des gènes qui codent pour différentes enzymes chez les primates montre que les séquences de l'Homme et du chimpanzé ont la plus grande similitude. **Le plus proche parent de l'Homme** parmi les « grands singes » est donc **le chimpanzé.**

▶ Au total, on admet actuellement que les génomes du chimpanzé et de l'Homme diffèrent de 1,2 % pour les gènes codant pour des protéines.

2 Des positions différentes des gènes chez les deux espèces

▶ La comparaison des chromosomes de ces deux espèces montre que le positionnement des gènes est souvent similaire. Cependant, il existe dans certains cas des inversions dans la position des gènes sans toutefois qu'il y ait modification de leurs séquences.

▶ L'Homme et le chimpanzé **se distinguent** donc par la **position de certains gènes.**

Doc. 1 Comparaison des chromosomes 18 de l'Homme et du chimpanzé.

Chaque couleur représente une zone dans laquelle les gènes se suivent de la même façon dans les deux espèces. Les zones blanches sont des zones n'ayant pas de correspondance dans l'autre chromosome.

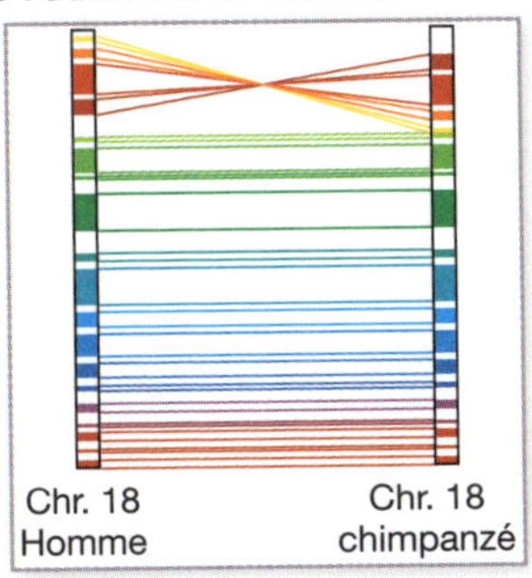

SVT

3 *Une chronologie différente dans l'expression de certains gènes*

▶ Homme et chimpanzé sont différents sur le plan morphologique alors qu'ils sont proches génétiquement. Ce paradoxe s'explique par une **chronologie différente de l'expression de certains de leurs gènes**, en particulier au cours du développement.

▶ Le développement pré- et postnatal de l'Homme est caractérisé par rapport à celui du chimpanzé par des phases embryonnaire, lactéale (jusqu'à la 1re molaire) et de croissance plus longues. La **chronologie** de ces différentes phases est **en partie contrôlée génétiquement** (→ FICHE 119).

▶ Chez l'Homme, des mutations des gènes contrôlant le développement du crâne seraient responsables du blocage du développement de celui-ci, d'où une absence de prognathisme (face projetée vers l'avant). Contrairement à celui du chimpanzé, le crâne humain adulte conserve donc des caractères juvéniles : crâne arrondi, face verticale et trou occipital centré.

▶ De plus, le cerveau plus volumineux de l'Homme serait dû à une plus longue phase embryonnaire (multiplication active des cellules nerveuses) et à une croissance postnatale importante.

▶ Des différences de phénotype peuvent donc être importantes entre deux espèces pourtant proches génétiquement.

4 *L'influence de l'environnement*

▶ Le phénotype humain et celui des « grands singes » n'est pas totalement génétiquement déterminé. L'environnement (dont la relation aux autres) intervient aussi : c'est le cas par exemple de la capacité à utiliser des outils. Certains comportements sont transmis par l'apprentissage et non par les gènes (→ FICHE 120).

▶ Le phénotype des humains, comme celui des « grands singes » proches d'eux, s'acquiert donc au cours du développement pré- et postnatal sous l'effet de **l'interaction entre l'expression génétique et l'environnement**.

La diversité des primates fossiles 124

L'Homme étant proche des « grands singes », il partage une partie de son histoire avec celle, plus générale, des primates. L'étude des fossiles des primates est donc fondamentale pour mieux comprendre l'histoire de l'Homme.

1 *Les fossiles des premiers primates*

▶ Datés **de – 65 à – 50 millions d'années, les premiers primates fossiles montrent que ces derniers étaient variés** (une trentaine d'espèces ont été identifiées) et ne ressemblaient ni à l'Homme actuel, ni aux autres singes : ils étaient de petite taille mais avaient déjà une vie arboricole comme la plupart des primates actuels.

▶ Les premiers fossiles ressemblant aux singes actuels n'apparaissent que vers – 35 millions d'années.

2 *La diversité des grands primates fossiles*

▶ Les grands primates actuels, ainsi nommés à cause de leur grande taille, regroupent l'Homme et les « grands singes » (orang-outan, gorille et chimpanzé).

▶ **La diversité des grands primates est aujourd'hui réduite** car chacun d'eux n'est représenté que par deux espèces, voire une seule (*Homo sapiens* pour l'Homme).

▶ **Les grands primates ont été, dans le passé, un groupe très diversifié** : entre – 25 et – 5 millions d'années, une centaine d'espèces ont régné en Eurasie et en Afrique. Suite à un changement climatique, vers – 9 millions d'années, la grande majorité de ces espèces disparaissent, et seules les espèces tropicales essentiellement africaines vont survivre.

▶ C'est donc dans cette période charnière, située entre – 9 et – 5 millions d'années, et probablement en Afrique, que l'on peut situer l'ancêtre commun à l'Homme et au chimpanzé. Malheureusement, très peu de fossiles de cette époque ont été trouvés jusqu'à présent en Afrique : Toumaï (*Sahelanthropus tchadensis*), 6 à 7 Ma, ou *Orrorin tugenensis* (6 Ma) et *Ardipithecus kadabba* (5,2 à 5,8 Ma).

▶ Ces espèces présentent un mélange (ou une mosaïque) de caractères que l'on retrouve actuellement :
– chez l'Homme, comme des signes de bipédie : trou occipital avancé pour Toumaï, grande taille du fémur et col du fémur développé pour Orrorin ;
– mais aussi chez le chimpanzé : un volume crânien de 360 cm^3 pour Toumaï et des canines développées pour Orrorin et Ardipithécus.

▶ Aucun de ces fossiles ne peut être à coup sûr considéré comme un ancêtre de l'Homme ou du chimpanzé. **L'ancêtre commun à l'Homme et au chimpanzé**, qui n'était ni un Homme ni un chimpanzé, reste donc **hypothétique**.

▶ Cet ancêtre commun devait posséder toutes les caractéristiques morphologiques, anatomiques et comportementales actuellement communes à l'Homme et au chimpanzé. À partir de la comparaison Homme-chimpanzé (→ ANNEXE, P. 373), il est possible d'en tracer le **portrait-robot** : il devait avoir une taille de 1 m pour 30 à 40 kg, une capacité crânienne de 300 à 400 cm^3, une bipédie occasionnelle, devait vivre en communauté et avait la capacité de confectionner et d'utiliser des outils rudimentaires.

3 Les fossiles plus récents

▶ Les fossiles, datés de – 4,2 à – 1 million d'années, montrent l'existence de deux groupes très diversifiés : les **australopithèques** (8 espèces) et les **paranthropes** (3 espèces).

▶ Ces espèces possèdent toutes des indices d'**une bipédie** fondamentalement **différente des « grands singes »**, mais pas aussi affirmée que celle de l'Homme. Leurs capacités crâniennes restent faibles : 380 à 450 cm^3 pour les australopithèques, 420 à 600 cm^3 pour les paranthropes. Des outils rudimentaires en pierre taillée (→ FICHE 125) sont associés à certains paranthropes.

▶ Ces fossiles ne peuvent cependant pas être considérés comme des ancêtres du genre *Homo* (→ FICHE 126) : les australopithèques possèdent avec ce genre un ancêtre commun, lui aussi hypothétique. Ils montrent en revanche que **l'histoire évolutive de l'Homme a été buissonnante** et comporte plusieurs rameaux.

Les caractéristiques du genre *Homo* 125

Les premiers représentants du genre *Homo* apparaissent en Afrique avant la disparition des australopithèques et des paranthropes avec lesquels ils ont cohabité. Le genre *Homo* regroupe plusieurs espèces fossiles, et l'Homme (*Homo sapiens*) est le seul représentant actuel de ce genre.

1 *Les primates fossiles du genre* Homo

Doc. Répartition dans le temps des différentes espèces du genre *Homo*.

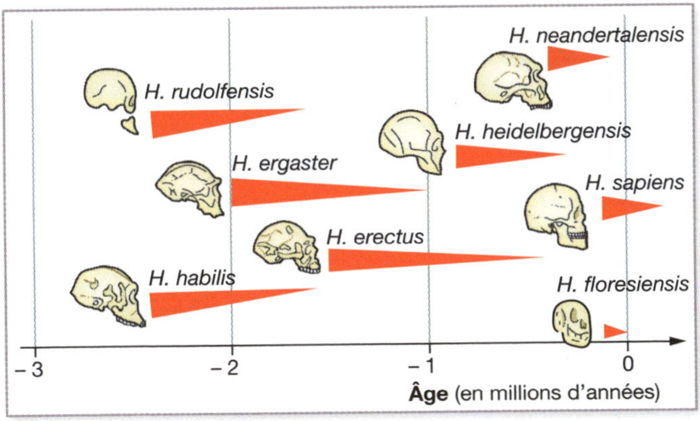

► À partir de – 2,5 millions d'années (DOC.), on trouve, uniquement en Afrique, des restes fossiles des premiers représentants du genre *Homo* : *Homo habilis* et *Homo rudolfensis*. Ces deux espèces ont une capacité crânienne comprise entre **600 et 750 cm^3**. Par rapport aux australopithèques, leur face est réduite (avec un prognathisme faible) et ils possèdent **une bipédie plus affirmée** mais encore différente des hommes modernes.

Des outils rudimentaires, ou **galets aménagés**, sont associés à ces restes fossiles et sont attribués à ces deux espèces, même si les paranthropes qui coexistaient avec elles à cette époque ont été capables eux aussi de réaliser ces outils.

SVT

▶ Avant la disparition des premiers représentants du genre *Homo*, deux nouvelles espèces apparaissent, *Homo ergaster*, vers – 2 millions d'années, et *Homo erectus*, vers – 1,7 million d'années. Les restes fossiles correspondent à des **individus plus grands** (1,70 m en moyenne) avec une **bipédie comparable à la nôtre** et des crânes d'une capacité comprise entre **800 et 1 100 cm^3**. Leur maîtrise de la bipédie a contribué à leur **migration hors du continent africain** puisque des fossiles ont été trouvés en Europe du Sud, au Proche-Orient et en Asie orientale. Ces deux espèces devaient probablement déjà être capables de langage articulé, **maîtrisaient le feu** et fabriquaient des outils taillés sur les deux faces, les **bifaces.**

▶ Avant la disparition d'*Homo erectus*, on trouve, il y a environ 600 000 ans, une nouvelle espèce : *Homo heidelbergensis*, qui annonce une évolution vers l'Homme actuel avec une capacité crânienne moyenne de 1 200 cm^3. Cette espèce s'est différenciée en Afrique, en Europe et en Asie jusqu'à l'apparition d'*Homo neandertalensis* vers – 300 000 ans et d'*Homo sapiens* vers – 200 000 ans.

▶ *Homo neandertalensis* possédait des caractères proches de l'Homme actuel avec une capacité crânienne égale, voire supérieure, à *Homo sapiens* mais, en revanche, une charpente osseuse robuste et les os des membres légèrement incurvés, signe d'une forte musculature. Avant de disparaître vers – 30 000 ans, il va cohabiter avec *Homo sapiens* et partager des **pratiques culturelles diversifiées** comme la fabrication d'outils sophistiqués ou les rites funéraires. C'est ensuite avec *Homo sapiens* qu'apparaissent les premières manifestations artistiques.

2 Les caractéristiques des espèces du genre Homo

Bien que l'appartenance au genre *Homo* de certaines de ces espèces fossiles soit encore discutée (→ FICHE 126), on peut affirmer que **les espèces du genre *Homo* se distinguent par** :

– des **caractères anatomiques**, notamment une face réduite, une mandibule parabolique, un dimorphisme sexuel peu marqué sur le squelette, un style de bipédie avec trou occipital avancé et une aptitude à la course à pied ;

– une **production d'outils complexes** et une **variété des pratiques culturelles** (maîtrise du feu, rites funéraires…), mais de façon non exclusive.

La phylogénie du genre *Homo*

Un arbre phylogénétique est une représentation qui permet de rendre compte des relations de parenté entre les êtres vivants.

1 Le principe de construction d'un arbre phylogénétique

▶ Les relations de parenté sont déduites de l'analyse de caractères morphologiques, anatomiques ou embryologiques.

▶ Pour chaque caractère étudié, il est essentiel de déterminer son état primitif ou dérivé car le **seul fait de partager des états dérivés de caractères témoigne d'une étroite parenté**.

▶ L'**état dérivé** d'un caractère apparaît dans le temps, après l'état ancestral ou **primitif**, il correspond à une **innovation évolutive**. Tous les individus qui possèdent un même état dérivé d'un caractère l'ont acquis d'un **ancêtre commun** chez qui il est apparu pour la première fois.

▶ Dans un arbre phylogénétique, chaque nœud correspond à un ancêtre commun. Ce dernier reste hypothétique et ne correspond pas à une espèce fossile précise. Les innovations évolutives sont placées entre chaque nœud.

2 Plusieurs arbres phylogénétiques pour le genre Homo

▶ Suivant le caractère choisi pour établir une phylogénie, il est possible d'obtenir des arbres phylogénétiques différents.

▶ Par exemple, en choisissant les caractères « trou occipital » et « capacité cérébrale », il est possible de construire l'arbre 1 (DOC.). Cet arbre montre qu'*Homo habilis* est plus apparenté avec *Paranthropus robustus* pour ces deux caractères, son appartenance au genre *Homo* est donc controversée.

▶ Le caractère « forme de la cage thoracique » permet de préciser la phylogénie du genre *Homo* avec deux espèces plus apparentées : *H. sapiens et H. neandertalensis* car elles partagent le caractère dérivé « cage thoracique en forme de tonneau » (arbre 2, DOC.).

Doc. Deux arbres phylogénétiques possibles de certaines espèces du genre *Homo*.

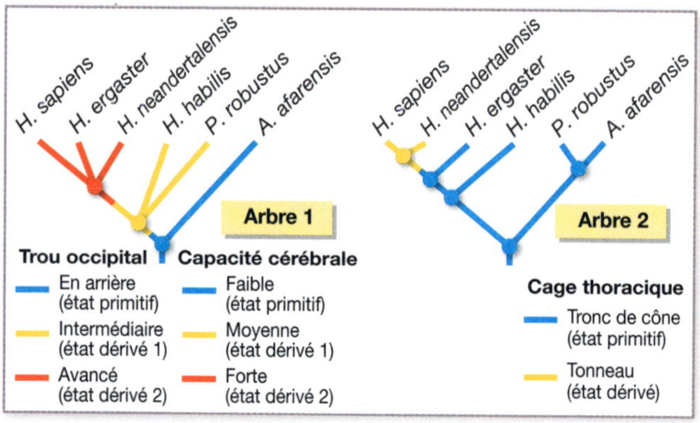

3 *Les phylogénies établies à partir de caractères culturels*

▶ Le genre *Homo* a longtemps été caractérisé par son habileté à fabriquer des outils, d'où le nom d'*Homo habilis*, « l'Homme habile » donné à son premier représentant. L'attribution spécifique de cette capacité au genre *Homo* est aussi controversée.

▶ En effet, plusieurs espèces (*H. habilis, H. rudolfensis* et deux espèces de paranthropes) ont été associées aux plus anciens outils de pierre taillée, sans que l'on soit capable de savoir laquelle de ces espèces a inventé l'outil de pierre taillée : **l'invention de l'outil n'est donc pas un caractère dérivé du genre *Homo***.

▶ En revanche, la fabrication des bifaces peut être associée à *Homo ergaster* (« l'Homme artisan »), et si *H. sapiens* et *H. neandertalensis* ont développé un outillage diversifié, ce n'est qu'avec *H. sapiens* qu'apparaissent les premières manifestations artistiques.

▶ Il n'y a donc pas d'**arbre phylogénétique consensuel** du genre *Homo* car la construction précise de cet arbre est controversée dans le détail, selon les caractères étudiés.

Caractéristiques des plantes associées à la vie fixée

127

Les plantes à fleurs (angiospermes) ont une vie dite fixée en raison de leurs racines qui les ancrent dans le sol. Leur organisation fonctionnelle est en relation avec les exigences de celle-ci (→ ANNEXE, P. 374).

1 *Les contraintes de la vie fixée*

▶ Les plantes assurent leur vie à l'interface entre l'air et le sol. Le milieu aérien est un milieu desséchant et le sol dispose de ressources nutritives diluées et dispersées. Ils sont tous deux **variables** dans le temps.

▶ Comme les plantes sont immobiles, elles doivent avoir des structures leur permettant de survivre dans ces conditions. Ainsi, au cours de l'évolution, différents **processus trophiques** (de nutrition), ainsi que des systèmes de **protection**, de **communication** et de **reproduction** se sont mis en place.

2 *Une organisation morphologique*

▶ Une plante est divisible en **trois structures** adaptées à la vie fixée : les racines, la tige et les feuilles.

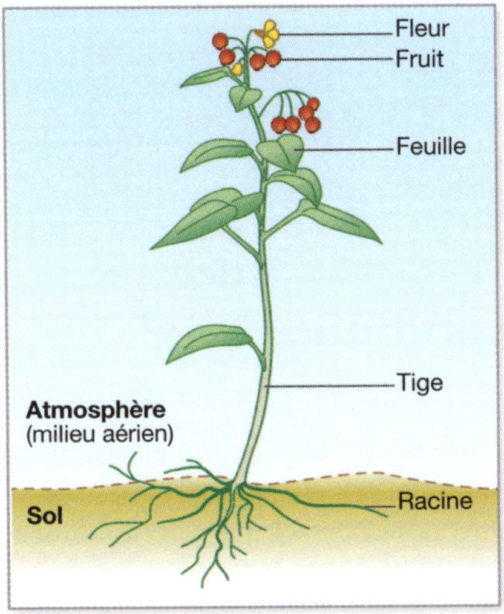

▶ **Les racines :** elles ont un double rôle.

– Elles assurent l'**ancrage** de la plante et lui procurent une **résistance au vent**, mais sont aussi à l'origine de son immobilité. La plante est dépendante des variations de son milieu de vie dont elle ne peut fuir les contraintes.

– Elles sont aussi l'interface de **prélèvement de l'eau et des ions,** assurant ainsi la nutrition minérale de la plante indispensable à sa vie et à la réalisation de la photosynthèse.

La racine principale et ses ramifications recouvertes de **poils absorbants** accroissent la **surface d'échanges** avec le sol et ainsi les prélèvements permettant de pallier la grande dilution des ressources.

▶ **Les feuilles :** elles sont le siège d'**échanges gazeux** (prélèvement de CO_2 et rejet d'O_2). Leur **rapport surface/volume très fort** procure une surface d'échanges très importante avec le milieu, permettant un intense échange de gaz et une réception de la lumière optimale.

▶ **La tige :** elle comporte des tissus **de soutien rigides** permettant à la plante de lutter contre la gravité et assure la **circulation de matières** entre les racines et les feuilles.

3 *Des tissus conducteurs reliant les organes*

▶ Tous les organes de la plante comportent des **tissus conducteurs** assurant le transport de deux types de sèves (DOC.).

Doc. Coupe transversale dans une tige de clématite.

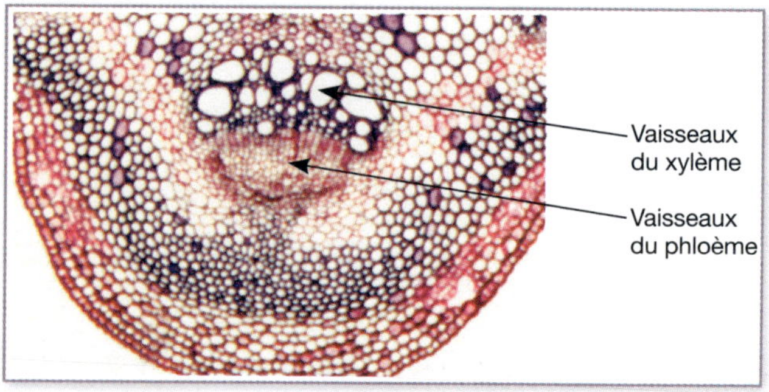

▶ La **sève brute**, riche en ions et eau, est transportée vers le haut de la plante, dans les vaisseaux du **xylème**. La **sève élaborée**, riche en sucres, est transportée vers le bas de la plante, dans les vaisseaux du **phloème.**

Structures et mécanismes de défense des plantes

128

1 Des mécanismes de protection contre les prédateurs et envahisseurs

▶ Les **téguments**, qui recouvrent les surfaces en contact avec le milieu extérieur, sont le premier rempart et peuvent être munis d'épaisses écorces gênant la pénétration des parasites ou d'épines qui dissuadent les prédateurs.

▶ Les plantes disposent également de **mécanismes de défense**.

• Des mécanismes de **défenses passives peu spécifiques** de l'envahisseur. Ils consistent en la production de toxines, comme des sucres cyanogènes qui libèrent du cyanure mortel après ingestion (par exemple, le manioc) ou encore des neurotoxiques, comme la caféine et la morphine, qui peuvent perturber l'état du prédateur au point qu'il n'attaque plus la plante (par exemple, la nicotine libérée par le tabac déclenche la mort des chenilles qui mangent ses feuilles).

• Des mécanismes de **défenses actives plus spécifiques**. La détection de protéines de l'envahisseur par des protéines de la plante déclenche une réaction de production d'antimicrobiens ou encore la mort des cellules infestées. Par exemple, l'attaque de la pomme de terre par le mildiou déclenche la libération de substances aux propriétés antifongiques.

2 Des structures de résistance aux variations saisonnières

A Résistance au manque d'eau à la saison sèche

▶ La présence d'une **cuticule** au niveau des feuilles (couche de substances cireuses les recouvrant) ou de cutine au niveau des tiges les rend imperméables. Ces substances de nature **lipidique** sont **hydrophobes**. Elles diminuent donc les pertes d'eau. L'**imperméabilité** facilite la résistance de la plante en période ou en région sèche (DOC.).

▶ La **régulation de l'ouverture des stomates** (lieu des échanges gazeux liés à la photosynthèse) permet la régulation des pertes d'eau au niveau des feuilles.

SVT

Afin de limiter les pertes d'eau par évaporation, certaines espèces ont des stomates uniquement sur la face inférieure des feuilles ou enfermés au sein de cryptes les isolant du milieu aérien (DOC.).

Doc. **Coupe transversale dans une feuille de laurier-rose.**

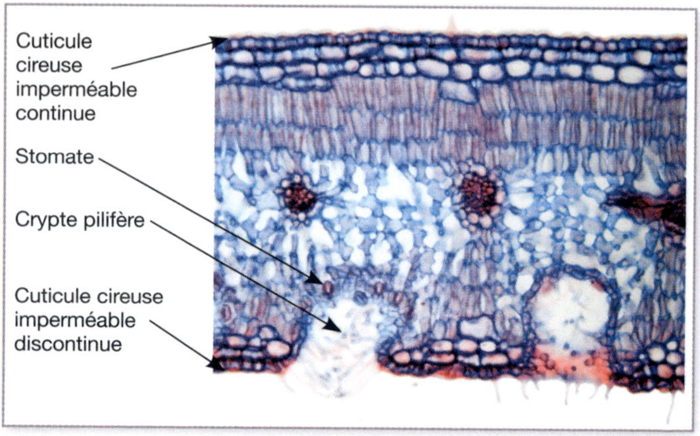

B Résistance à l'excès d'eau à la saison humide

Les pluies abondantes saturent d'eau les sols poreux et les appauvrissent en dioxygène, avec un risque d'asphyxie des racines. Les plantes soumises régulièrement à ces contraintes d'inondations saisonnières disposent de tissus racinaires riches en **espaces intercellulaires**, permettant de stocker de l'air le temps que la décrue s'opère.

C Synchronisation des cycles de développement et des saisons

▶ La **germination** et le **développement** de la plupart des plantes interviennent essentiellement au printemps. Cela permet d'assurer une floraison, une reproduction et une fructification avant la période de sécheresse.

▶ Les **graines** constituent des formes de résistance permettant le passage de l'hiver grâce à des réserves et une entrée en vie ralentie.

▶ Le passage à une saison rude déclenche la **production d'hormones** qui activent l'accumulation de réserves, la chute des feuilles et l'entrée en dormance des bourgeons.

La fleur, organe de reproduction des angiospermes

129

La fleur est la structure permettant d'assurer la pérennité des espèces chez les végétaux, malgré l'éloignement relatif des gamètes lié à la vie fixée des plantes.

1 *Morphologie de la fleur*

▶ La fleur est l'organe reproducteur des angiospermes (DOC. 1). Elle est composée de **pièces florales** disposées en cercles concentriques.

▶ De l'extérieur vers l'intérieur de la fleur on distingue :
– des **pièces stériles** : les sépales et les pétales ;
– des **pièces fertiles** : l'appareil reproducteur mâle, formé des **étamines** qui sont constituées d'un filament, le **filet**, au sommet duquel sont suspendues les **anthères** contenant les gamètes mâles, les **grains de pollen**.

▶ L'appareil reproducteur femelle, le **pistil**, est situé au centre de la fleur et se compose à la base d'un ovaire contenant les gamètes femelles, les ovules, et surmonté d'un style.

Doc. 1 Structure de la fleur d'angiosperme.

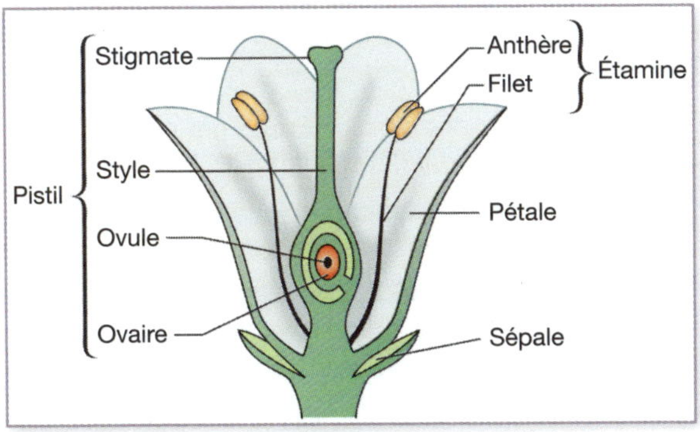

▶ L'étude anatomique d'une fleur conduit à la construction de son **diagramme floral** qui est une représentation schématique de la position et de la quantité des pièces florales (DOC. 2).

SVT

Doc. 2 Diagramme floral de la fleur d'arabette des dames (à gauche) et de son mutant agamous (à droite).

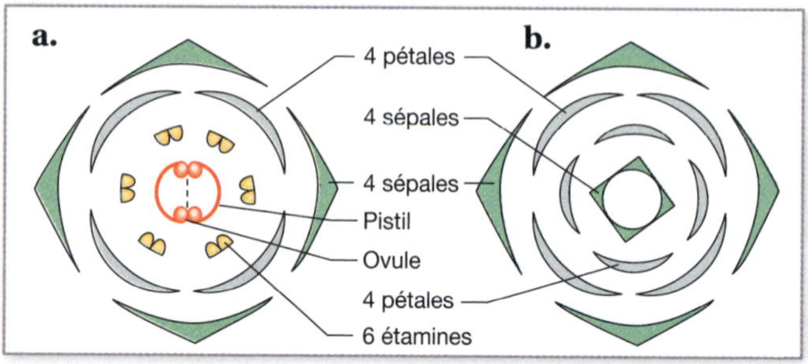

2 *Contrôle génétique de la mise en place de la fleur*

▶ Le nombre et la disposition des pièces florales sont constants au sein d'une espèce. En revanche, il a été observé que la mutation de certains gènes entraîne une anomalie de forme de la fleur (DOC. 2). Il y a donc un **contrôle génétique** de la mise en place de la fleur.

▶ L'organisation florale est contrôlée par des **gènes du développement**. Chaque groupe de gènes ne s'exprime que sur une partie de la fleur : soit à la périphérie, soit au centre, soit dans la portion intermédiaire.

▶ Dans chaque portion de la fleur, les gènes s'exprimant déterminent ainsi le type de pièce florale qui va se développer. Ils ont une **expression séquentielle** dans l'espace qui conduit à la formation de la fleur (DOC. 3).

Doc. 3 Détermination des pièces florales par expression séquentielle des gènes du développement.

Le gène A s'exprime à l'extérieur de la fleur, le gène C au centre de la fleur et le gène B en position intermédiaire. Les gènes A et C s'excluent, c'est-à-dire que si A s'exprime, le gène C ne s'exprime pas et vice versa.

Activité des gènes	Extérieur de la fleur →			Intérieur de la fleur
A	■	■		
B		■	■	
C			■	■
	Sépale	Pétale	Étamine	Pistil

1 *La pollinisation*

▶ La reproduction chez les végétaux est obtenue par dépôt du grain de pollen au sommet du style à la base duquel se situe le ou les ovule(s) au sein de l'ovaire. On parle de **pollinisation**.

▶ Les plantes étant fixes, la pollinisation est facilitée par des **facteurs environnementaux**, comme l'action du **vent** qui permet le transport du grain de pollen d'une fleur à une autre. Certains dispositifs allégeant le grain de pollen peuvent également faciliter son transport entre deux plantes fixes.

▶ La plupart des plantes à fleurs ont une pollinisation qui dépend **d'insectes pollinisateurs**. Leur frottement involontaire aux étamines lorsqu'ils viennent se nourrir du nectar d'une fleur fait tomber du pollen qui s'accroche à eux (DOC. 1). Le pollen est ensuite déposé de la même façon sur le pistil d'une autre fleur lorsqu'ils vont s'y nourrir.

DOC. 1 La pollinisation chez les angiospermes.

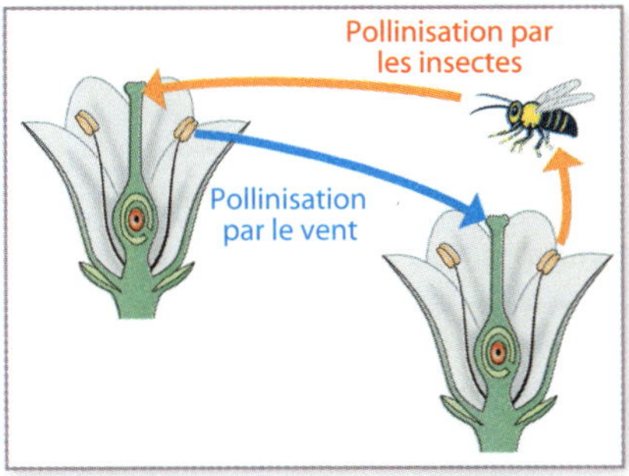

▶ Ce mode de pollinisation est le fruit d'une lente **coévolution** permettant une adaptation à la vie fixée ; les plantes développent des couleurs, formes et odeurs, attractives pour les insectes qui, quant à eux, développent des appendices buccaux de prélèvement du nectar adaptés à une ou deux espèces spécifiques.

SVT

2 La transformation de la fleur en fruit

▶ L'ovule fécondé par le grain de pollen se transforme en **graine** qui contient la descendance de la plante dont elle devient le **vecteur de dispersion** (DOC. 2). La graine assure ainsi la **survie de l'espèce.**

▶ Cette dispersion peut se faire sur des distances importantes grâce à différents dispositifs.

▶ **L'ovaire** après fécondation se transforme en **fruit** qui contient la ou les graines selon le nombre d'ovules présents. Le fruit peut avoir un **rôle protecteur** contre les milieux parfois très secs, mais il peut aussi avoir un **rôle attracteur** pour les animaux, notamment lorsqu'il est coloré.

DOC. 2 La transformation de la fleur en fruit.

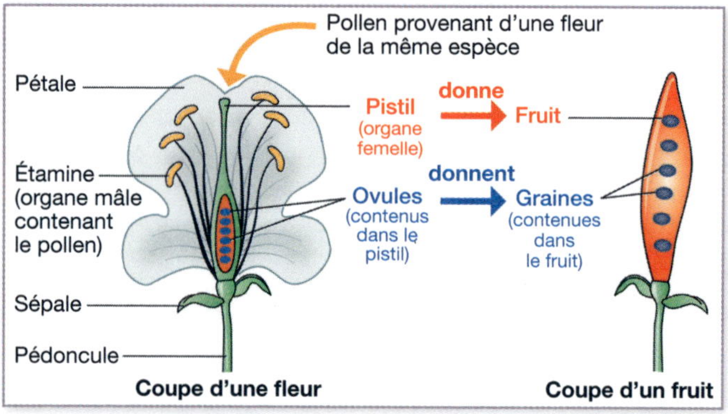

3 La dispersion des graines favorisée par la coévolution

Des mécanismes, résultats d'une lente coévolution, permettent la **dispersion des graines** et donc de l'espèce sur de larges territoires. Ils peuvent être :
– des **crochets** permettant aux graines de s'accrocher aux poils des animaux ;
– des **graines suffisamment résistantes** pour résister à un passage dans l'intestin d'un animal et pouvant germer très loin de leur lieu de consommation après rejet dans les déjections ;
– des **formes attractives** pour des animaux faisant des réserves de graines qu'ils enterrent (l'attractivité est souvent couplée à la résistance des graines).

Les caractéristiques du domaine continental

131

Une vision rapide de la Terre pourrait laisser penser que les continents se limitent aux régions émergées. Pour les géologues, le domaine continental ne correspond pas uniquement aux terres émergées mais aussi à la croûte continentale.

1 *Une croûte continentale plus épaisse que la croûte océanique*

▶ Si la profondeur moyenne des océans est de – 3 800 m, l'altitude moyenne des continents est de + 840 m et peut atteindre près de 9 000 m dans les chaînes de montagnes les plus hautes.

▶ Les limites géographiques océans – continents ne se superposent pas exactement aux limites géologiques entre croûtes continentale et océanique car au niveau des **marges continentales**, zones de transition, une partie de la croûte continentale est immergée (DOC. 1).

▶ En profondeur, la limite inférieure des croûtes terrestres est marquée par une surface de discontinuité, responsable de la réflexion des ondes sismiques et mise en évidence par Mohorovičic en 1909, le **Moho**. 6-10km sous c. océanique
30-70km sous c. continentale

DOC. 1 Passage croûte continentale – croûte océanique au niveau d'une marge passive.

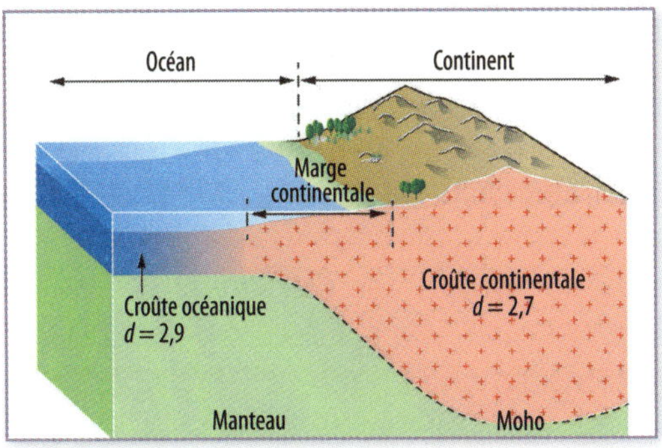

croute océanique : gabbro basalte
croute continentale : granite

SVT

▶ Le Moho est situé en moyenne entre 30 et 40 km de profondeur au niveau des continents mais sa profondeur peut atteindre 60 km sous les chaînes de montagnes. La **croûte continentale** est donc **plus épaisse** (35 km en moyenne) que la croûte océanique (7 km en moyenne).

2 Une croûte continentale de plus faible densité que la croûte océanique

▶ Contrairement à la croûte océanique formée essentiellement de basaltes et de gabbros, la croûte continentale renferme une grande diversité de roches (DOC. 2).

▶ Cependant, les roches formant la croûte continentale (gneiss, granites et granodiorites) ont des compositions voisines du granite. **La croûte continentale peut donc être qualifiée de « granitique »** alors que la croûte océanique est « basaltique ».

DOC. 2 Diversité et densité des roches de la croûte continentale.

Roches	Volume %	Densités
Sédimentaires Argiles, calcaires, sables, grès	7	1,8 à 3,2
Métamorphiques Gneiss, schistes	48	2,7 à 2,9
Magmatiques Granites, granodiorites	45	2,4 à 2,8

▶ La densité moyenne de la croûte continentale, estimée à partir des différentes roches qui la constituent, est de 2,7 (DOC. 2). **La croûte continentale a donc une densité plus faible** que celle la croûte océanique, de 2,9 en moyenne.

▶ Les différences d'altitude entre continents et océans s'expliquent donc par des différences dans la nature et la densité des roches qui constituent la croûte océanique et la croûte continentale.

L'âge de la croûte continentale 132

La plus vieille croûte océanique ne dépasse pas 200 millions d'années (Ma) alors que la croûte continentale date par endroits de plus de 4 milliards d'années (Ga) : par exemple, au nord du Québec, des roches ont été datées à 4,28 Ga (→ ANNEXE, P. 375).

1 Le principe de la radiochronologie -> que pour c continentale.

▶ La radiochronologie est fondée sur la décroissance radioactive naturelle de certains éléments chimiques incorporés dans les minéraux des roches lors de leur formation.

▶ L'élément « père », radioactif, se désintègre au cours du temps en un élément « fils », radiogénique. Au fur et à mesure que le temps s'écoule, le nombre d'atomes de l'élément père diminue et celui de l'élément fils augmente : la décroissance d'un élément radioactif est donc fonction du temps.

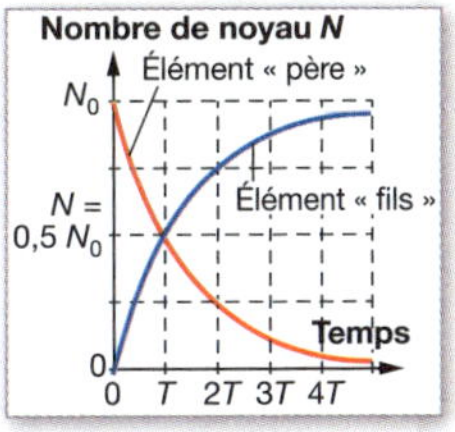

▶ Chaque élément est caractérisé par sa période T de demi-vie, c'est-à-dire le temps au bout duquel 50 % de l'élément radioactif s'est désintégré.

2 Des roches datées par radiochronologie

▶ Le rubidium (^{87}Rb), un atome radioactif qui se désintègre en ^{87}Sr, est présent dans les roches de la croûte continentale. La méthode rubidium/strontium est donc une méthode fréquemment utilisée pour les dater, d'autant plus que la période du rubidium est particulièrement longue (T = 49 Ga).

▶ Le strontium possède deux isotopes : le ^{87}Sr, dont la quantité augmente au cours du temps par désintégration du ^{87}Rb (isotope radioactif) et le ^{86}Sr, dont la quantité reste stable au cours du temps car il n'est ni radioactif ni radiogénique.

▶ À t_0, au moment de leur cristallisation, les minéraux incorporent ces trois isotopes mais dans des proportions différentes (DOC. 1).

Doc. 1 Représentation schématique des rapports isotopiques de trois minéraux.

Les quantités indiquées sont arbitraires. Légende : ^{87}Rb ; ^{87}Sr initial ; ^{86}Sr ; ^{87}Sr radiogénique

	Minéral A	Minéral B	Minéral C
t_0	18 ; 4 ; 12	12 ; 1 ; 3	6 ; 2 ; 6
$^{87}Sr/^{86}Sr$	4/12 soit 1/3	1/3	2/6 soit 1/3
$^{87}Rb/^{86}Sr$	18/12 soit 1,5	12/3 soit 4	6/6 soit 1

► À t_0, les minéraux incorporant des quantités variables de ^{87}Rb ont donc des rapports $^{87}Rb/^{86}Sr$ initialement différents. En revanche, les rapports $^{87}Sr/^{86}Sr$ sont les mêmes pour tous.

► Au cours du temps, le ^{87}Rb se désintégrant en ^{87}Sr, le rapport $^{87}Sr/^{86}Sr$ de chaque échantillon augmente et celui de $^{87}Rb/^{86}Sr$ diminue.

Doc. 2 Modélisation de l'évolution des rapports isotopiques.

Actuel	12 ; 10 (6 + 4) ; 12	8 ; 5 (4 + 1) ; 3	4 ; 4 (2 + 2) ; 6
$^{87}Sr/^{86}Sr$	10/12 soit 5/6	5/3	4/6 soit 2/3
$^{87}Rb/^{86}Sr$	12/12 soit 1	8/3	4/6 soit 2/3

► Les rapports $^{87}Rb/^{86}Sr$ et $^{87}Sr/^{86}Sr$ s'alignent dans un graphique et permettent de tracer une **droite isochrone.**

► Cette droite, de type $y = ax + b$, a un coefficient directeur qui peut être déterminé graphiquement (DOC. 3) et dont la valeur, qui augmente avec le temps, permet de déterminer l'âge de la roche.

Doc. 3 Droite isochrone à partir de trois minéraux.

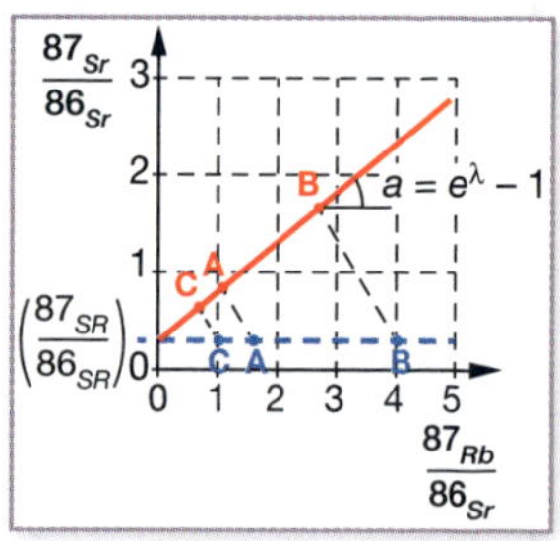

Chaînes de montagnes, isostasie et racine crustale

133

L'épaisseur de la croûte continentale peut doubler au niveau des chaînes de montagnes (→ FICHE 131) : il semble donc exister un lien entre l'altitude des reliefs continentaux et l'épaisseur de la croûte continentale.

1 Principe d'isostasie et altitude des continents

▶ En raison de sa faible densité, la croûte continentale repose en équilibre sur le manteau, plus dense. Cet état d'équilibre ou **isostasie** est réalisé en profondeur, au niveau d'une surface virtuelle dite **surface de compensation** où la masse des roches situées au-dessus est la même en tout point.

▶ Bien que les roches de la croûte et du manteau soient beaucoup plus rigides que l'eau, la croûte continentale « flotte » sur le manteau. La charge excédentaire due à une chaîne de montagnes est compensée, en vertu du principe d'Archimède, par une force opposée induite par **une racine crustale** en profondeur.

▶ Airy, en 1855, a proposé un modèle où la croûte continentale de faible densité « flotte » sur un manteau plus dense : les reliefs élevés présentent une croûte plus épaisse que la normale associée à une racine crustale profonde à l'intérieur du manteau plus dense.

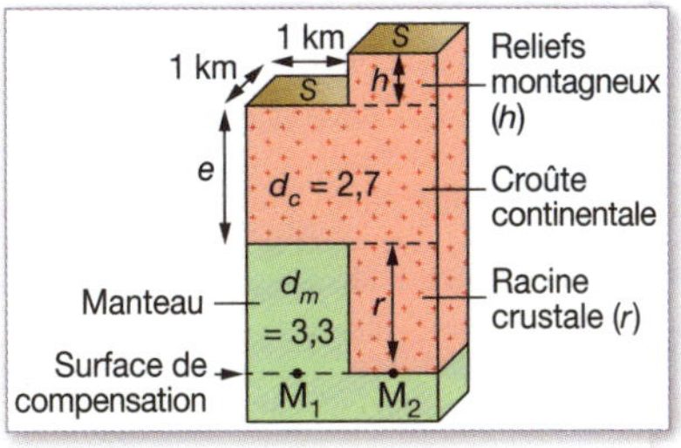

▶ À partir de ce modèle et en choisissant une surface de compensation située au niveau de la racine crustale, il est possible de calculer la masse de chaque colonne de roches au-dessus des points M_1 et M_2.

La masse des deux colonnes est égale au produit de leur volume (surface × hauteur) par leur masse volumique (ou densité) :

$M_1 = Sed_c + Srd_m \qquad M_2 = S(h + e + r)d_c$

SVT

Considérant des colonnes de 1 km^2 de surface :

$M_1 = ed_c + rd_m \qquad M_2 = (h + e + r)d_c$

D'après la définition de l'isostasie, les masses des colonnes de roches situées au-dessus de M_1 et M_2 sont identiques :

$ed_c + rd_m = (h + e + r)d_c$

D'où la valeur de la racine crustale :

$$r = \frac{hd_c}{d_m - d_c}$$

Soit, pour **un relief de 4 km d'altitude, une racine crustale de 18 km** et une croûte épaisse de 4 + 35 + 18 = 57 km.

2 *Isostasie à l'échelle de la lithosphère*

▶ Le modèle d'Airy est cohérent avec les mesures par les méthodes sismiques sur la profondeur du Moho au niveau des chaînes de montagnes (→ ANNEXE, P. 376) et rend bien compte des **variations locales** d'épaisseur de la croûte continentale.

▶ La lithosphère continentale, en raison de la faible densité de sa croûte, repose sur une asthénosphère plus dense mais aussi moins visqueuse : **la lithosphère continentale est donc aussi en équilibre sur l'asthénosphère.**

▶ En revanche, et en raison de sa rigidité importante, la lithosphère présente un fléchissement sous le poids de la chaîne de montagnes en répartissant la charge sur une plus vaste étendue. À l'échelle de la lithosphère, **l'isostasie est donc régionale** (DOC.).

Doc. Isostasie à l'échelle de la lithosphère continentale au niveau d'une chaîne de montagnes.

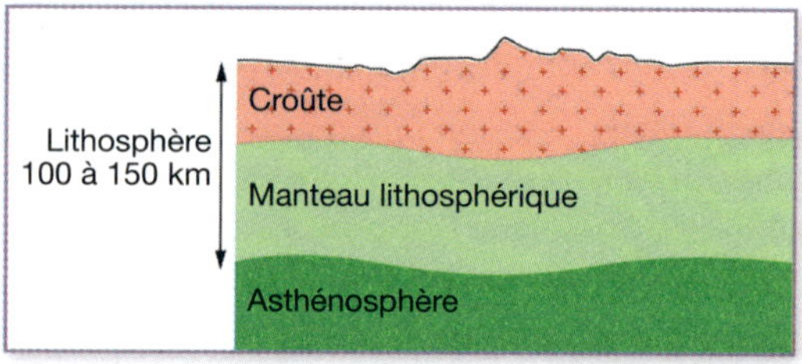

Origine de l'épaississement crustal 134

De nombreux indices géologiques, à différentes échelles, montrent que l'épaississement de la croûte continentale au niveau des chaînes de montagnes est lié à un raccourcissement latéral.

1 *Des indices tectoniques du raccourcissement*

De nombreuses structures tectoniques témoignent de l'existence de forces compressives et d'un raccourcissement dans les chaînes de montagnes (→ ANNEXE, P. 376) :
– des déformations souples, **les plis**, ou cassantes, **les failles inverses** ;
– **des chevauchements**, lorsqu'un des deux blocs recoupés par une faille passe au-dessus de l'autre bloc ;
– **des nappes de chevauchement** ou **charriages**, structures chevauchantes où des terrains anciens ont été déplacés, parfois sur plusieurs dizaines de km et viennent recouvrir des terrains plus récents.

▶ Les profils sismiques réalisés au niveau des Alpes (→ ANNEXE, P. 376) montrent une **superposition de nappes** de roches, séparées par de grands chevauchements traversant à la fois la croûte et le manteau.

▶ L'épaississement de la croûte continentale au niveau des chaînes de montagnes est donc lié à un empilement de nappes provoqué par un raccourcissement horizontal lors de la convergence de deux plaques continentales.

2 *Des indices pétrographiques du raccourcissement*

▶ Les roches, entraînées en profondeur par les grands chevauchements, subissent, sous l'effet de la variation de la pression et de la température, des transformations à l'état solide que l'on regroupe sous le terme de **métamorphisme.**

▶ Ces transformations métamorphiques s'accompagnent :
– d'une formation de nouveaux minéraux plus stables dans les nouvelles conditions pression – température qui règnent en profondeur ;
– d'une **déshydratation** suite à ces transformations.

▶ La déshydratation des roches métamorphiques peut être à l'origine de roches issues de la fusion partielle (les migmatites) ou totale (les granites) de la croûte continentale.

▶ De telles roches remontées à la surface par un chevauchement et sont visibles dans l'Himalaya (DOC. ET FICHE 136).

▶ Les travaux réalisés en laboratoire (DOC.) suggèrent que ces roches se sont formées à des températures comprises entre 500 et 650 °C et à une profondeur comprise entre 10 et 30 km.

Doc. Quelques minéraux des roches métamorphiques de l'Himalaya et leur domaine de stabilité pression – température.

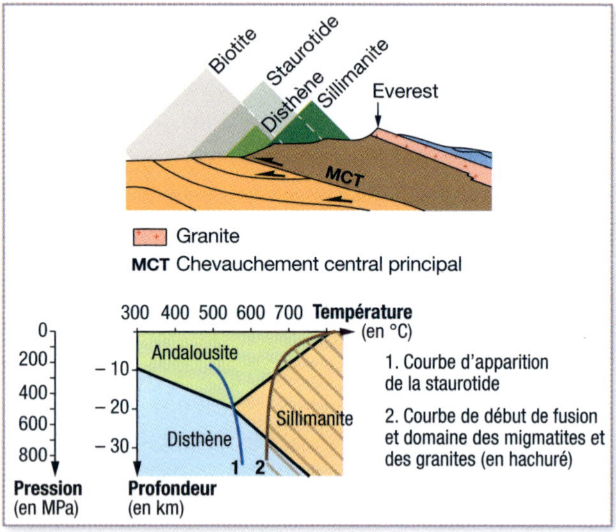

Les trois minéraux andalousite, disthène et sillimanite sont stables dans les domaines pression – température correspondant à leurs couleurs respectives.

▶ Ces roches sont donc bien les témoins des conditions pression – température liées à l'empilement de nappes de roches dans une chaîne de montagnes.

Traces d'un domaine océanique dans les chaînes de montagnes

135

1 *Des roches témoins d'un océan disparu*

▶ Dans les chaînes de montagnes affleurent **des ophiolites** ou **complexes ophiolitiques** constitués par une association de plusieurs roches comprenant, de haut en bas : des sédiments océaniques comme les radiolarites, des basaltes en coussins, des gabbros et des péridotites.

▶ Cette association de roches est caractéristique d'une lithosphère océanique formée à l'axe d'une dorsale océanique.

▶ La présence d'un alignement d'ophiolites ou « **suture ophiolitique** » (DOC. 1) témoigne de l'existence d'un océan aujourd'hui disparu et dont des lambeaux de la lithosphère ont été incorporés à la chaîne de montagnes lors de la collision des deux plaques continentales.

DOC. 1 Suture ophiolitique dans les Alpes.

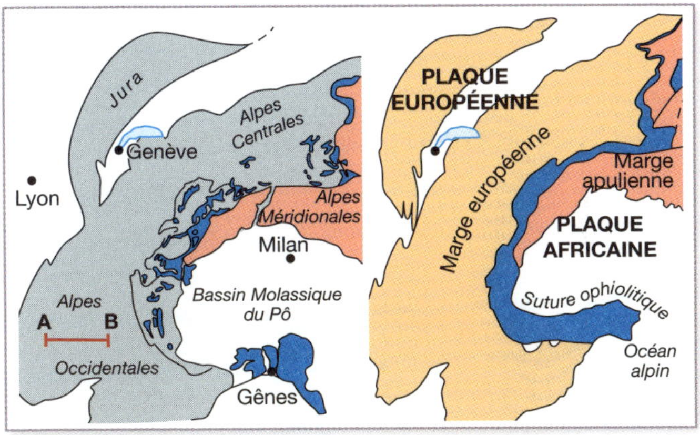

Localisation des ophiolites (en bleu) et interprétation tectonique (à droite).

2 *Les marges continentales passives de l'océan aujourd'hui disparu*

▶ Dans les Alpes occidentales, certains massifs présentent des affleurements de roches continentales fracturées par une série de **failles normales** plus ou moins parallèles.

SVT

Doc. 2 Blocs basculés de Taillefer et de Rochail.

Coupe géologique selon A – B (localisée sur le document de gauche).

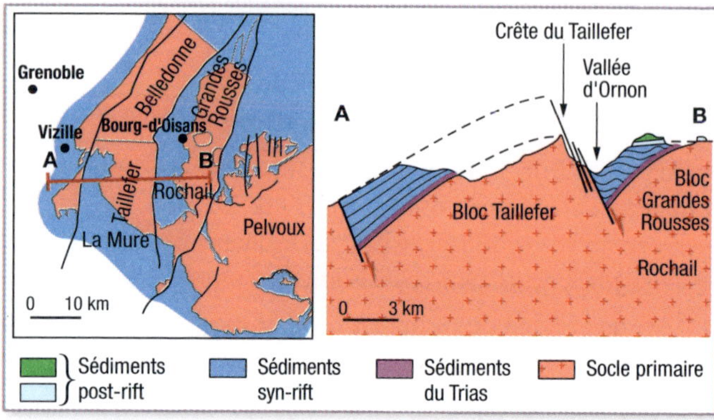

▶ Ces failles délimitent **des blocs basculés**, larges de plusieurs kilomètres, ménageant entre eux des zones où des sédiments océaniques se sont accumulés (DOC. 2).

▶ Failles normales et blocs basculés sont des structures caractéristiques des **marges continentales passives** actuelles, zones de transition vers la croûte océanique où la croûte continentale s'amincit progressivement (DOC. 3).

Doc. 3 Une marge continentale passive actuelle.

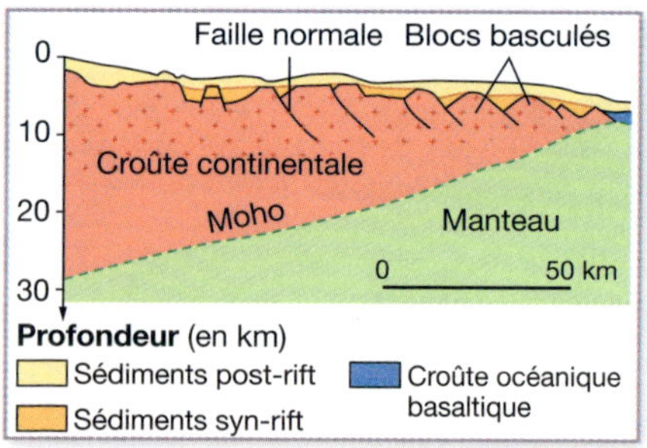

▶ Cette région des Alpes est donc le témoin de l'ancienne marge de la plaque européenne.

Un scénario type de l'histoire d'une chaîne de montagnes

Les mécanismes de formation des chaînes de montagnes sont complexes. Cependant, il est possible de reconstituer un scénario type de l'histoire d'une chaîne de montagnes, comme celle de l'Himalaya par exemple.

1 *Des indices géologiques*

Doc. 1 Coupe géologique schématique de la chaîne Himalayenne.

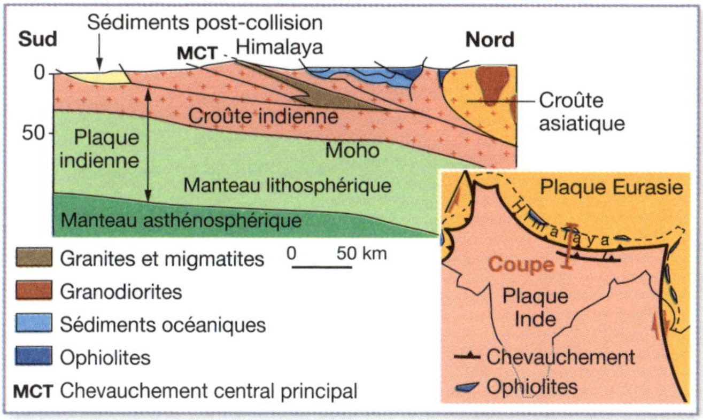

▶ Les **ophiolites** témoignent qu'un océan séparait deux plaques lithosphériques continentales : la plaque indienne au sud et la plaque eurasienne au nord.

▶ Des roches plutoniques, les **granodiorites**, sont les témoins d'une activité magmatique (→ FICHE 138) liée à la subduction de l'océan qui séparait ces deux plaques.

▶ Les **chevauchements** sont à l'origine de l'épaississement de la croûte lors de la collision des deux marges continentales.

▶ **Granites** et **migmatites** sont un indice d'une fusion partielle ou totale de la croûte en profondeur (→ FICHE 134).

2 *Vers un scénario possible*

▶ La convergence de deux plaques continentales (dans l'exemple choisi, Inde et Eurasie) entraîne la **subduction** de la lithosphère océanique qui les séparait, au niveau d'une marge continentale active, sous la plaque Eurasie. Cette subduction est accompagnée d'un magmatisme caractéristique, volcanisme en surface et plutonisme en profondeur (→ FICHE 138).

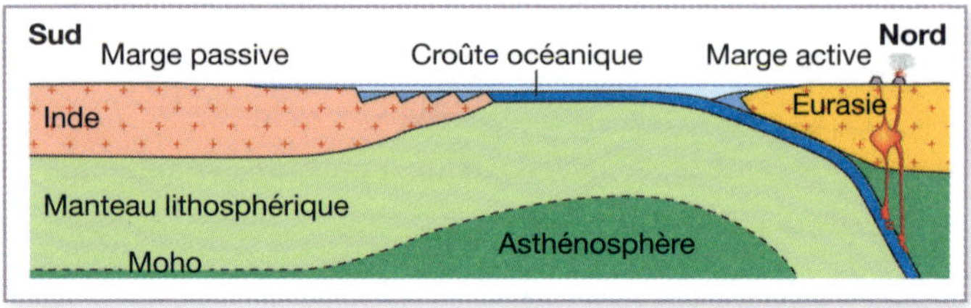

▶ Lorsque toute la lithosphère océanique a disparu par subduction, les deux plaques continentales entrent en contact. Une partie des matériaux de la croûte continentale est entraînée dans le plan de subduction, on parle de subduction continentale.

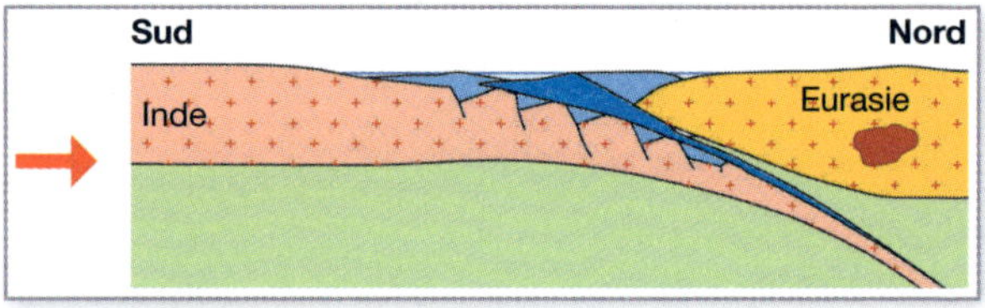

▶ La lithosphère continentale continue de subduire mais la partie supérieure de la croûte continentale ne peut pas être entraînée dans le plan de subduction du fait de sa faible densité. La croûte continentale subit donc un écaillage et s'épaissit par **empilement de nappes de chevauchement** dans la zone de contact entre les deux plaques : c'est la **collision**.

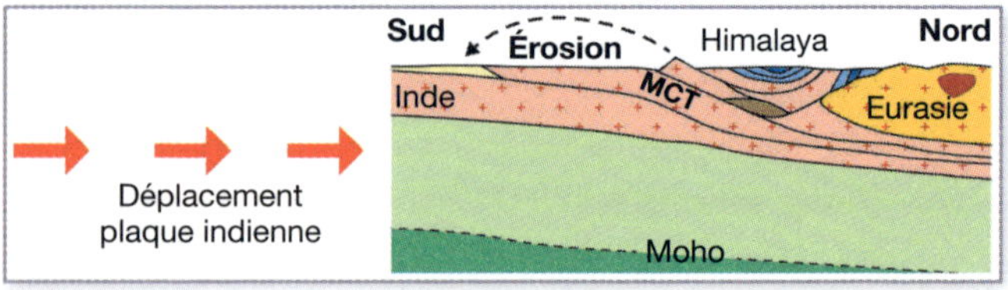

▶ L'épaississement crustal s'accompagne en profondeur de métamorphisme et de la fusion de la croûte continentale avec formation de granites (→ FICHE 134) et en surface de l'élévation des reliefs qui sont soumis à l'érosion dès qu'ils se forment, entraînant le dépôt des sédiments post-collision (→ FICHE 139).

Conséquences et origine de la subduction

Les matériaux océaniques et continentaux entraînés en profondeur au cours de la subduction qui précède la collision vont subir, sous l'effet des variations de la pression et de la température, un **métamorphisme.**

1 *Les transformations minéralogiques au cours de la subduction*

▶ Des témoins minéralogiques (voir schéma de gauche) de ce métamorphisme se trouvent par exemple dans les Alpes :
– au niveau du Queyras (Q), dans les roches métamorphisées de la croûte océanique : la **glaucophane**, une amphibole caractéristique d'une association minéralogique ou faciès « schistes bleus » ;
– dans le massif du Viso (V), dans ces mêmes roches métamorphisées, une association **jadéite**, pyroxène et **grenat**, typique du faciès « éclogite » ;
– dans le massif de Dora Maira (DM), dans des roches métamorphisées de la croûte continentale, une forme de haute pression du quartz : **la coésite.**

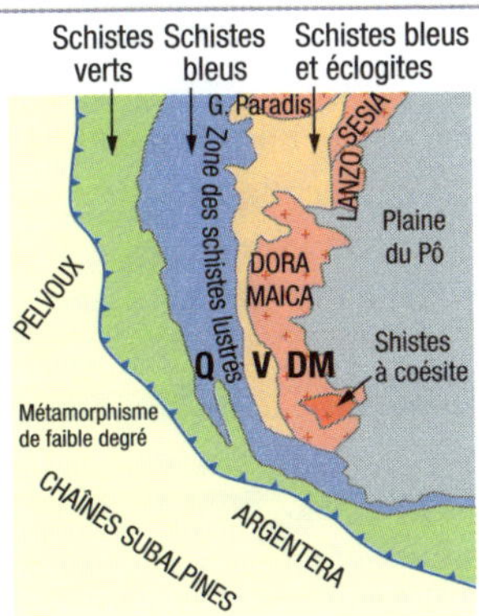

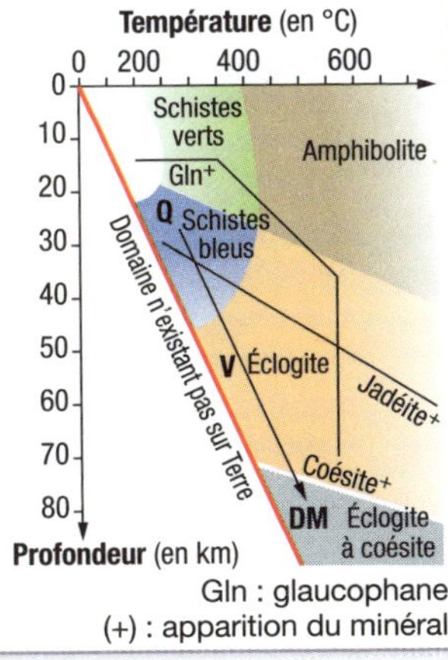

▶ Les travaux expérimentaux (trajet pression-température, schéma de droite) montrent que ces minéraux se forment dans des conditions pression – température différentes, ce qui témoigne que les roches océaniques et continentales ont été entraînées jusqu'à plus de 80 km de profondeur.

▶ Ces transformations minéralogiques sont donc les traces d'un **métamorphisme haute pression** qui se réalise à grande profondeur au cours de la subduction.

2 *L'origine de la subduction*

▶ Au niveau de la dorsale, la lithosphère océanique qui vient de se former est chaude et peu épaisse. Sa densité est plus faible que celle de l'asthénosphère.

▶ Au fur et à mesure de son éloignement de l'axe de la dorsale, **la lithosphère océanique se refroidit.**

▶ La limite thermique entre lithosphère et asthénosphère s'enfonce, **la lithosphère océanique devient donc plus épaisse** par accolement de manteau lithosphérique à sa base.

▶ Le manteau lithosphérique étant plus dense que le manteau asthénosphérique, **la densité de la lithosphère océanique augmente donc parallèlement à son refroidissement et à son épaississement.** Cette augmentation de densité est responsable de l'enfoncement du plancher océanique, on parle de **subsidence thermique**. Du fait de la résistance mécanique de l'asthénosphère à l'enfoncement, la subduction de la lithosphère océanique n'est possible que lorsque sa densité va au-delà du seuil d'équilibre entre lithosphère et asthénosphère, c'est-à-dire au bout de 150 à 180 Ma. En surface, l'âge de la lithosphère océanique n'excède donc pas 200 Ma (→ ANNEXE, P. 375).
La différence de densité entre la lithosphère océanique âgée et l'asthénosphère est donc la principale cause de la subduction. En exerçant ainsi une traction, la lithosphère océanique plongeante est un moteur de la dynamique des plaques (→ FICHE 142).

Production de croûte continentale dans les zones de subduction

138

1 *Le magmatisme des zones de subduction*

▶ Dans les zones de subduction, des volcans émettent, lors d'éruptions fréquemment explosives, des laves souvent visqueuses et riches en gaz. Le refroidissement rapide de ces laves, en surface, est à l'origine de **roches volcaniques à texture microlitique** : andésites, dacites et rhyolites. **Des roches plutoniques, à texture grenue**, voisines du granite comme la granodiorite, témoignent aussi de l'existence d'un magma ayant cristallisé lentement en profondeur.

▶ Toutes ces roches magmatiques ont la particularité de posséder des **minéraux hydroxylés** (avec des groupements OH) comme l'amphibole ou la biotite. De plus, la composition minéralogique semblable de ces roches indique qu'elles se sont formées à partir de la cristallisation d'un même magma.

Doc. 1 Mise en place des roches magmatiques au niveau d'une zone de subduction.

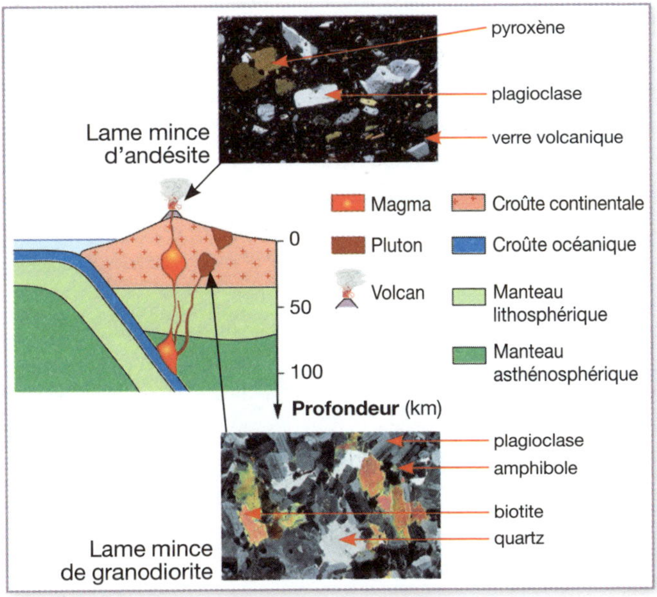

SVT

2 L'origine du magmatisme

▶ Avant qu'elle subisse la subduction, la **croûte océanique est très hydratée** : les circulations hydrothermales à travers cette croûte aboutissent à la transformation et à l'hydratation des roches qui la constituent et, de plus, les sédiments marins qui la recouvrent sont riches en eau.

▶ Les roches de la croûte océanique entraînées dans la zone de subduction sont transformées **par métamorphisme**. Ces réactions métamorphiques, qui aboutissent à la formation de minéraux comme la glaucophane ou la jadéite, de plus en plus pauvres en eau, entraînent une **déshydratation de la croûte océanique** au cours de la subduction.

▶ Cette déshydratation de la croûte océanique subduite va donc libérer l'eau que la croûte océanique a emmagasinée au cours de son histoire.

▶ L'eau libérée va provoquer l'hydratation puis la fusion partielle des péridotites du manteau sus-jacent (DOC. 1)

▶ En effet, la fusion expérimentale des péridotites montre que **l'eau favorise la fusion des péridotites** en abaissant leur température de fusion. Ainsi, des péridotites hydratées peuvent fondre à une température inférieure à 1 000 °C (DOC. 2).

▶ Si une fraction du magma issu de la fusion des péridotites arrive en surface (volcanisme), la plus grande partie donne des roches plutoniques, voisines du granite (granitoïdes). Ainsi, un magma d'origine mantellique aboutit à la création de nouveau matériau continental : c'est l'**accrétion continentale**.

DOC. 2 Les conditions de la fusion des péridotites.

Courbes de fusion partielle (solidus) et de fusion totale (liquidus) des péridotites pour différentes conditions expérimentales.

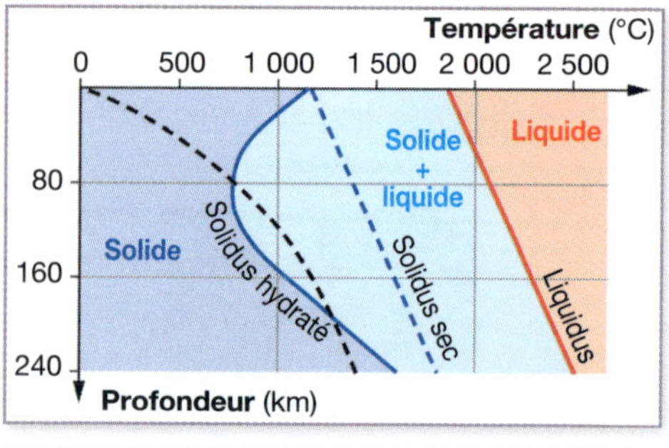

1 Les chaînes de montagnes anciennes, témoins de la disparition des reliefs

▶ Les massifs anciens (Massif armoricain, Massif central, etc.) ont des reliefs moins élevés que les chaînes récentes.

Doc. 1 Répartition des terrains métamorphiques et granitiques en France.

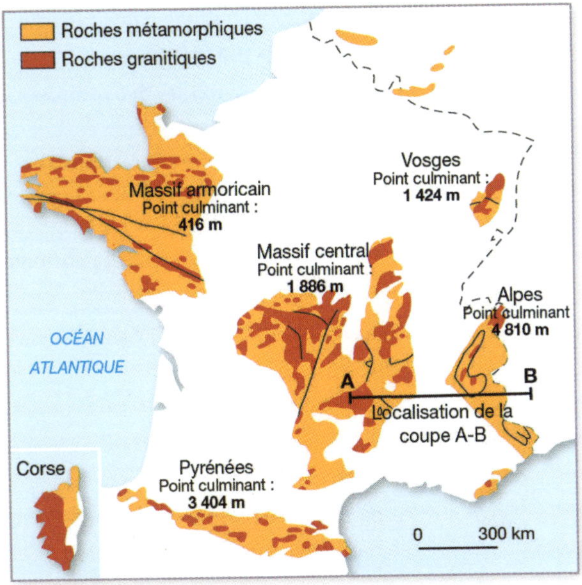

▶ Les roches formées ou transformées en profondeur, comme les roches granitiques et les roches métamorphiques, affleurent plus largement dans les chaînes de montagnes anciennes que dans les chaînes récentes (Alpes et Pyrénées, (DOC. 1)).

▶ L'effacement des reliefs au niveau des chaînes anciennes s'accompagne non seulement de la disparition des parties superficielles mais aussi d'un retour à une croûte d'épaisseur normale, c'est-à-dire 35 km (DOC. 2).

Doc. 2 Coupe est-ouest à travers les Alpes et le Massif central.

La coupe indiquée est la coupe A – B localisée sur le doc. 1.

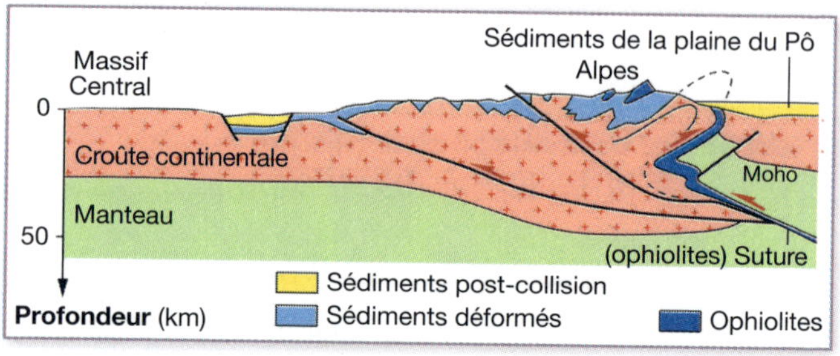

2 *Les chaînes de montagnes, des systèmes dynamiques et instables*

▶ Les chaînes de montagnes sont des **systèmes dynamiques** (doc. 3). Leurs reliefs élevés résultent à la fois :

– de mécanismes responsables de leur élévation : contraintes tectoniques liées au rapprochement des deux plaques lithosphériques qui entrent en collision et « poussée d'Archimède » liée à la racine crustale ;

– de mécanismes qui tendent à les faire disparaître : effondrement de la montagne sous son propre poids et érosion.

Doc. 3 Les différents paramètres intervenant dans le relief des chaînes de montagnes.

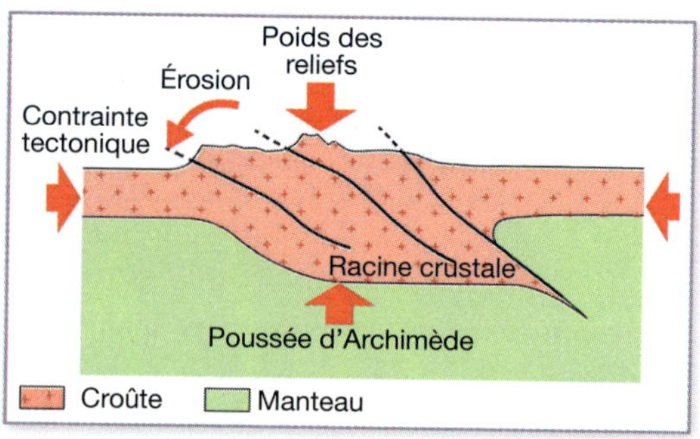

▶ Ce sont aussi des **systèmes instables** car, dès la naissance des reliefs, des mécanismes tendent à les détruire jusqu'à ce que la croûte continentale épaissie retrouve son épaisseur normale (30 km environ) au bout de quelques dizaines de millions d'années.

140 Mécanismes à l'origine de la disparition des reliefs

1 Altération, érosion et disparition des reliefs

▶ Dès leur naissance, les reliefs des chaînes de montagnes sont exposés aux agents atmosphériques et subissent alors altération puis érosion (→ ANNEXE, P. 377).

▶ L'**altération** désigne l'ensemble des mécanismes physiques ou chimiques qui transforment les roches en petites particules et libèrent les ions constitutifs de ces roches.

▶ Les particules libérées par l'altération sont ensuite arrachées par l'eau ou le vent et subissent ainsi l'**érosion**. Altération et érosion contribuent donc à l'effacement des reliefs.

▶ Les produits du démantèlement des reliefs sont ensuite transportés, le plus souvent par l'eau, sous forme de particules solides ou sous forme d'ions. Après un **transport** plus ou moins long, les particules se déposent ou les ions précipitent pour former des sédiments qui s'accumulent dans des **lieux de sédimentation** (bassins sédimentaires) plus ou moins éloignés des reliefs érodés, comme c'est le cas pour la chaîne Himalayenne (DOC. 1).

DOC. 1 Accumulation des sédiments issus de l'érosion de la chaîne Himalayenne.

Exprimée en $km^3 \cdot an^{-1}$ dans les bassins sédimentaires asiatiques (**a**) et en km d'épaisseur de sédiments dans le golfe du Bengale (**b**).

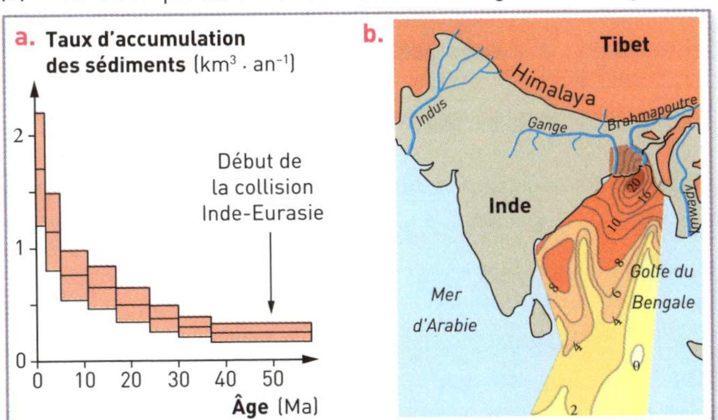

2 *Phénomènes tectoniques et disparition des reliefs*

▶ Après la collision, l'effet conjugué du poids des reliefs et de la poussée d'Archimède de la racine crustale génère une force verticale supérieure à la contrainte tectonique horizontale : la chaîne de montagnes s'effondre sous son propre poids.

▶ La conséquence de cet effondrement gravitaire post-collision est une **extension**, avec développement de **failles normales** et amincissement de la croûte continentale.

▶ Cet amincissement conduit ainsi à la remontée vers la surface de roches situées dans la partie profonde des chaînes de montagnes (→ FICHE 139).

▶ Des **phénomènes tectoniques** comme les failles normales, qui accompagnent l'extension post-collision, participent donc, comme l'érosion, à l'effacement des reliefs.

Doc. 2 Les mécanismes à l'origine de la disparition des reliefs.

a. Au cours de la collision : altération et érosion dominent.

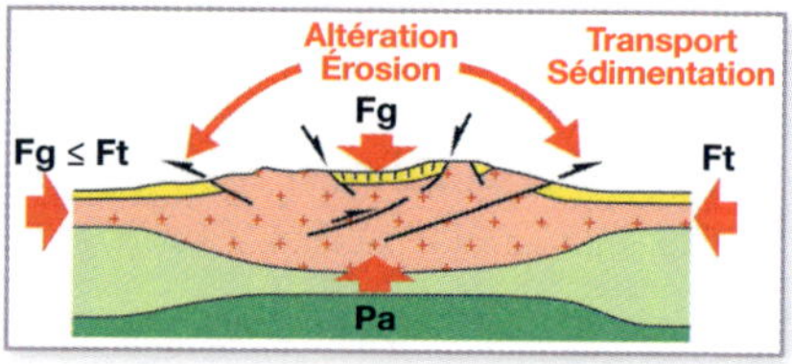

b. Collision achevée : les phénomènes tectoniques dominent.

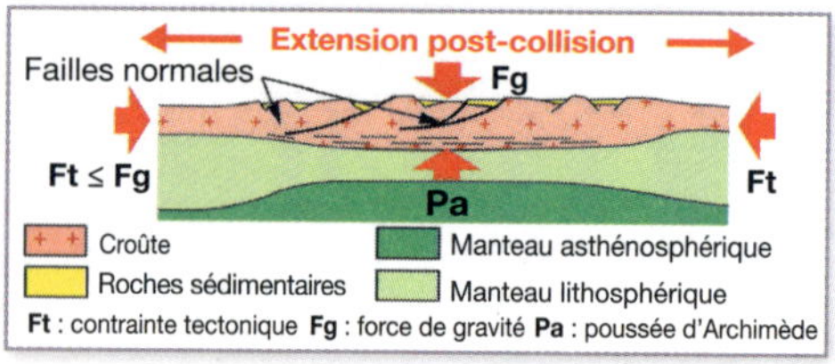

▶ L'ensemble de ces phénomènes constitue un vaste recyclage de la croûte continentale. En effet, les sédiments qui proviennent du démantèlement des reliefs peuvent ensuite être de nouveau incorporés dans une chaîne de montagnes où ils seront alors transformés en roches métamorphiques ou granitiques.

Les propriétés thermiques de la Terre

141

La Terre, de par sa position dans le système solaire, reçoit beaucoup d'énergie du soleil. L'énergie solaire est en partie responsable des conditions physico-chimiques qui règnent à la surface de la Terre. Cependant, un flux thermique d'origine interne se dirige aussi vers sa surface.

1 *Le gradient géothermique, une valeur mesurée*

▶ Au-delà de 15 mètres sous la surface de la Terre, la température des roches ne dépend plus ni de l'énergie solaire reçue en surface ni des variations climatiques ou saisonnières, mais des conditions géologiques existant en profondeur.

▶ Les mesures de température, effectuées par exemple par une sonde dans des forages, montrent que, dans les premiers kilomètres de la croûte terrestre, **la température croît avec la profondeur**.

▶ Cet accroissement de la température en fonction de la profondeur, ou **gradient géothermique** est en **moyenne**, sur la planète, de **33 °C · km^{-1}** pour la croûte continentale et, en France, de 40 °C · km^{-1}.

2 *Le flux géothermique, une valeur estimée*

▶ L'augmentation de la température en profondeur montre qu'un flux thermique atteint la surface en provenance des profondeurs de la Terre.

▶ Le **flux géothermique** correspond au flux thermique traversant une surface terrestre donnée par unité de temps. Il est **exprimé généralement en mW · m^{-2}**.

▶ La valeur du flux est obtenue en multipliant la conductivité thermique des roches par le gradient géothermique. La conductivité thermique se mesure en laboratoire, sur les échantillons de roches récoltées dans les forages. Le flux géothermique est ainsi **estimé à partir de plusieurs forages voisins** avec une incertitude de l'ordre de 10 %.

▶ Le flux géothermique est d'environ 70 mW · m^{-2} en moyenne à la surface du globe, mais il est **inégalement réparti** : environ de 60 mW · m^{-2} au niveau des continents, il peut atteindre 250 mW · m^{-2} à l'axe des dorsales océaniques (DOC. 1). Il existe donc un lien entre flux géothermique et tectonique des plaques (→ FICHE 142).

Doc. 1 Carte mondiale du flux géothermique.

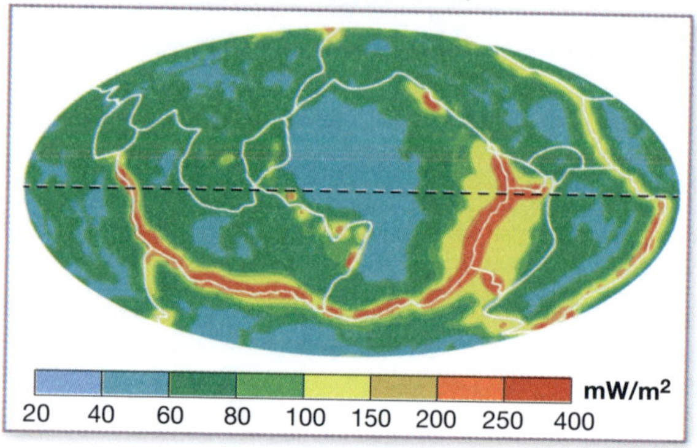

3 *L'origine du flux géothermique*

▶ Le flux thermique a pour origine principale la **désintégration des éléments radioactifs** contenus dans les roches. C'est le cas par exemple des isotopes de l'uranium (^{238}U et ^{235}U), du thorium (^{232}Th) et du potassium (^{40}K) qui, en se désintégrant spontanément, libèrent de l'énergie thermique.

▶ Les concentrations en éléments radioactifs ne sont pas uniformes dans les différentes enveloppes de la Terre (**doc. 2**) : elles sont importantes dans les roches de la croûte continentale, cependant, si on tient compte des volumes de ces enveloppes, elles ne produisent qu'un tiers de l'énergie. Les deux tiers restants le sont par **le manteau qui est donc l'enveloppe terrestre qui produit le plus d'énergie**.

Doc. 2 Énergie thermique issue de la radioactivité dans les différentes enveloppes du globe terrestre.

Enveloppes du globe terrestre	Volume (km^3)	Teneur en uranium (tonne/km^3)	Puissance dégagée par km^3 (W/km^3)	Puissance totale (W)
Croûte continentale	$4,5 \times 10^9$	1 800	1 700	$7,65 \times 10^{12}$
Croûte océanique	$4,0 \times 10^9$	300	340	$1,36 \times 10^{12}$
Manteau	920×10^9	30	30	20 à 30×10^{12}
Noyau	180×10^9	?	?	1 à 10×10^{12}

La Terre, une machine thermique 142

L'inégale répartition du flux géothermique à la surface de la Terre est liée à la tectonique des plaques. La mise en évidence des mécanismes de transfert de l'énergie interne vers la surface est un moyen de comprendre le fonctionnement global de la planète.

1 La conduction thermique

▶ Dans un corps non déformable, un transfert thermique s'effectue depuis une zone chaude vers une zone froide, sans mouvement de matière par **conduction.**

▶ Ce transfert, de type diffusif, se réalise de proche en proche, d'atome à atome mais, comme la conductibilité thermique des roches est très faible, ce **mécanisme est très lent** : il faut 100 Ma pour traverser 50 km de lithosphère par conduction.

▶ Si toute l'énergie interne de la Terre était dissipée uniquement par conduction, le flux géothermique devrait être homogène à la surface du globe. La conduction ne peut donc expliquer à elle seule ni le flux élevé au niveau des dorsales océaniques (→ FICHE 141) ni le mouvement des plaques.

2 La convection mantellique

▶ Dans un corps déformable, la mise en mouvement de la matière va permettre un transfert thermique par **convection.** C'est le cas par exemple d'un corps chauffé par le bas et refroidi par le haut : la matière froide, plus dense, descend et la matière chaude, plus légère, monte.

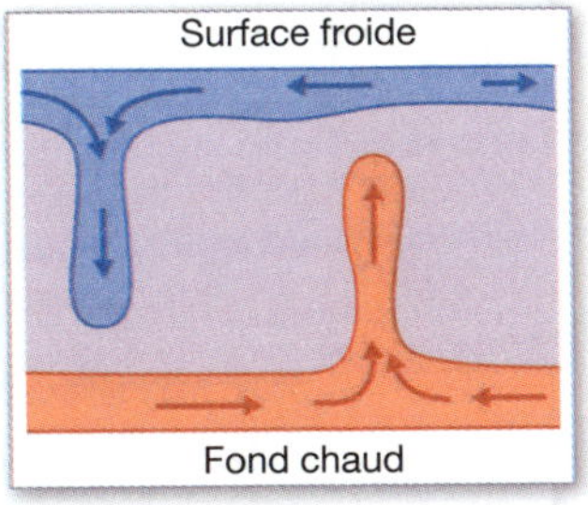

▶ Ce mécanisme est induit et entretenu par une différence de densité de la matière, d'origine thermique. Il assure un transfert thermique beaucoup **plus efficace** que la conduction.

▶ La mise en évidence des mouvements de convection dans le manteau, principale enveloppe responsable du flux géothermique, est possible par la tomographie sismique.

SVT

▶ Les images tomographiques montrent que le **flux géothermique, élevé** au niveau des dorsales océaniques, traduit une ascension de matériaux chauds à leur niveau, associée à la **production de nouvelle lithosphère**.

▶ Au contraire, dans les **zones de subduction**, le plongement d'une lithosphère océanique froide et âgée devenue plus dense que l'asthénosphère (→ FICHE 137) entraîne un **flux faible**.

Doc. Tomographie sismique à travers le globe terrestre.

Une accélération de vitesse correspond à une zone froide (en bleu), et une diminution de vitesse à une zone chaude (en rouge).

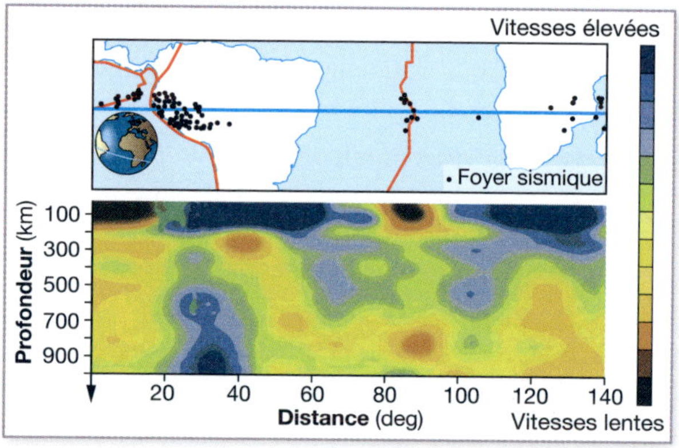

▶ La tomographie sismique montre de plus :
– que dans la majorité des zones de subduction, la lithosphère froide plonge jusqu'à la limite manteau-noyau ;
– que la remontée du manteau chaud, à l'aplomb des dorsales, ne provient pas de la base du manteau mais d'une profondeur d'environ 200 km. Seuls les points chauds sont associés à un flux ponctuel remontant de la limite manteau-noyau.

▶ Ces données permettent de construire un **modèle de la dynamique du manteau** (→ ANNEXE, P. 378) dans le cadre de la tectonique globale. La subduction de la lithosphère océanique froide et dense déclenche une descente active de matière froide dans le manteau. Au niveau des dorsales, la remontée de matériaux chauds vient alors compenser de manière passive l'écartement des plaques en surface. Dans ce modèle, seuls les points chauds représentent la trace d'une remontée active et ponctuelle de manteau d'origine profonde.

L'énergie géothermique, une ressource inépuisable

143

La géothermie, du grec *géo* (terre) et *thermos* (chaleur), est la science qui étudie les phénomènes thermiques internes du globe terrestre. Par extension, ce terme désigne aussi les techniques d'exploitation de cette source d'énergie.

1 Différents types de gisements géothermiques

▶ L'énergie géothermique est généralement stockée dans des **nappes d'eaux chaudes**, ou aquifères, plus ou moins profonds. L'exploitation se fait à l'aide de forages comprenant un puits d'extraction et un puits de réinjection de l'eau.

▶ Ces réservoirs géothermiques sont situés :
– soit dans des contextes géologiques privilégiés, comme par exemple les zones volcaniques où les eaux sont chauffées par **le flux géothermique élevé** ;
– soit dans les bassins sédimentaires, où des **roches poreuses ou perméables** (grès, conglomérats, sables) contiennent des eaux chaudes, situées à plus de 1 000 m de profondeur en raison de l'augmentation du gradient géothermique normal dans ces zones.

▶ Il est aussi possible d'extraire l'énergie de roches sèches chaudes fracturées dans lesquelles de l'eau sous pression est injectée car un fluide est nécessaire pour transférer l'énergie vers la surface.

2 L'énergie géothermique est variable suivant les contextes géologiques en France

▶ Dans les **zones volcaniques**, en contexte de subduction (Guadeloupe, Martinique) ou de point chaud (La Réunion), les réservoirs atteignent des températures supérieures à 150 °C. L'eau est captée sous forme de vapeur pour **la production d'électricité** : c'est la **géothermie haute énergie** (→ ANNEXE, P. 379).

▶ Dans les **bassins sédimentaires**, les aquifères situés :
– entre 1 500 et 2 000 m de profondeur ont des eaux à moins de 90 °C : c'est la **géothermie basse énergie** ;

SVT

– entre 2 000 et 3 000 m de profondeur ont des eaux dont les températures sont comprises entre 90 et 150 °C : c'est la **géothermie moyenne énergie** (→ ANNEXE, P. 379).

▶ Dans ces deux cas, l'énergie est insuffisante pour produire de l'électricité mais permet le chauffage des habitations et certaines applications industrielles (DOC.).

Doc. Usages possibles de l'énergie géothermique en fonction de la température des fluides.

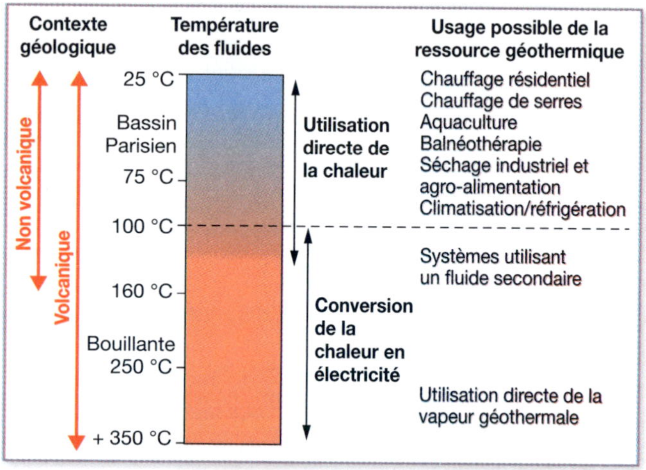

▶ La **géothermie profonde des roches chaudes fracturées** correspond à la création artificielle d'un gisement haute énergie : l'eau injectée dans la roche, à 4 ou 5 km de profondeur, se réchauffe en circulant dans les failles et la vapeur qui s'en dégage permet la production d'électricité. Un projet est en cours par exemple en Alsace (site de Soultz-sous-Forêts), région où le flux géothermique est élevé du fait de la remontée du manteau sous un rift continental (fossé Rhénan).

▶ Dans tous ces gisements, le prélèvement d'énergie par l'Homme ne représente qu'une **infime partie** de celle qui est dissipée par le globe terrestre. La géothermie représente donc une **ressource énergétique inépuisable**. De plus, elle libère peu ou pas de gaz à effet de serre dans l'atmosphère, elle constitue donc une excellente option du développement durable. Son accessibilité reste cependant une limite à son exploitation.

La domestication des plantes

144

Les plantes représentent, pour l'Homme, de multiples ressources (alimentaires, vestimentaires, etc.). Celui-ci, afin de tirer le meilleur parti des cultures, a très tôt essayé de sélectionner les **caractères** les plus **avantageux** par le biais de **croisements**. On parle de **domestication**.

1 *Techniques d'amélioration des plantes*

▶ Les **techniques de croisements** permettent d'obtenir des **hybrides** et de créer de **nouvelles variétés**. Elles vont donc être source d'augmentation de la biodiversité.

▶ La sélection de caractères avantageux pour l'Homme chez la **plante domestiquée** (rendement, apport nutrionnel) se fait aux dépens des caractères favorables à la plante sauvage en milieu naturel (rusticité, survie, propagation des graines…).

▶ De nombreuses plantes cultivées ont subi cette domestication. Le **maïs**, plante originaire d'Amérique du Sud rapportée par Christophe Colomb lors de ses voyages, n'était pas adapté à la consommation humaine (car il créait des carences en vitamine B_3) mais l'était pour le bétail.

▶ L'Homme a par la suite réalisé de nombreux croisements, et de multiples variétés de maïs ont ainsi été créées, dont celles consommées aujourd'hui. Toutes ces variétés actuelles sont très éloignées du **maïs sauvage, la téosinte** (DOC. 1).

Doc. 1 Comparaison maïs sauvage – maïs domestiqué.

Caractère	Téosinte	Maïs domestiqué
Épis	Petits	Grande taille
Graines	Peu nombreuses (6 à 12)	Très nombreuses (plusieurs centaines)
Tégument de la graine	Peu digeste	Très digeste
Aptitude à la dispersion	Forte	Faible
Rendement	460 kg/ha	2 000 kg/ha

SVT

▶ La variété sauvage, dont les graines sont robustes, permet une bonne dispersion de l'espèce (*via* les déjections, → FICHE 130), alors que la variété domestiquée totalement inadaptée aux conditions d'un milieu naturel assure un bien meilleur rendement.

2 Génie génétique et modification du génome des plantes cultivées

▶ Avec l'essor de la **génétique moléculaire**, de nouveaux procédés de modification des plantes ont été mis au point.

▶ La **transgenèse** est une technique permettant d'agir directement sur le génome des plantes cultivées, en insérant un gène d'intérêt dans le génome de la plante. Elle est basée sur l'**universalité** du **code génétique** qui permet d'insérer dans n'importe quelle espèce n'importe quel gène, quelle que soit son origine (animale, végétale, etc.).

▶ L'organisme obtenu possède alors une nouvelle propriété, et est qualifié d'**OGM (organisme génétiquement modifié)**.

EXEMPLE Le principal dévastateur du maïs est la larve d'un papillon, la pyrale, qui creuse sa tige et ses épis. Une bactérie du sol, *Bacillus thuringiensis*, produit une protéine capable de tuer la pyrale qui l'a ingérée. Des scientifiques ont transféré ce gène bactérien dans le génome du maïs afin qu'il produise lui-même cet « insecticide naturel ».

DOC. 2 Un exemple de transgenèse : l'obtention du maïs Bt.

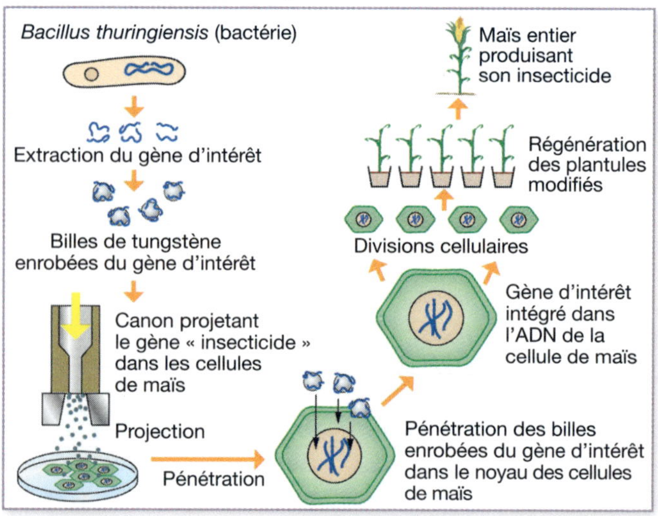

Organes, cellules et molécules de l'immunité

145

Le système immunitaire comprend des organes, des cellules et des molécules, dont le rôle est de contribuer au **maintien de l'intégrité de l'organisme.** Il tolère normalement les constituants de l'organisme, mais réagit lorsqu'il perçoit un signal dangereux provenant d'un dérèglement interne (modification des cellules de l'organisme), ou d'une agression externe (pénétration d'éléments étrangers).
Le système immunitaire agit alors en réduisant ou en éliminant le trouble qui est à l'origine de sa mise en action, grâce à ses différents effecteurs.

1 *Les organes lymphoïdes, organes de l'immunité*

▶ Les **organes lymphoïdes primaires** sont la moelle rouge des os et le thymus, et les **organes lymphoïdes secondaires** sont les ganglions lymphatiques, la rate et le tissu lymphoïde associé aux muqueuses (amygdales, végétations…).

▶ La moelle rouge des os est le lieu de production de toutes les cellules de l'immunité. Elle est située essentiellement dans les os plats et aux extrémités des os longs.

▶ Les organes lymphoïdes primaires sont les lieux de maturation des lymphocytes. Ils y acquièrent leur **immunocompétence**, c'est-à-dire des récepteurs membranaires qui leur permettront de reconnaître des éléments étrangers ou des cellules modifiées de l'organisme.

Doc. 1 Localisation des organes lymphoïdes.

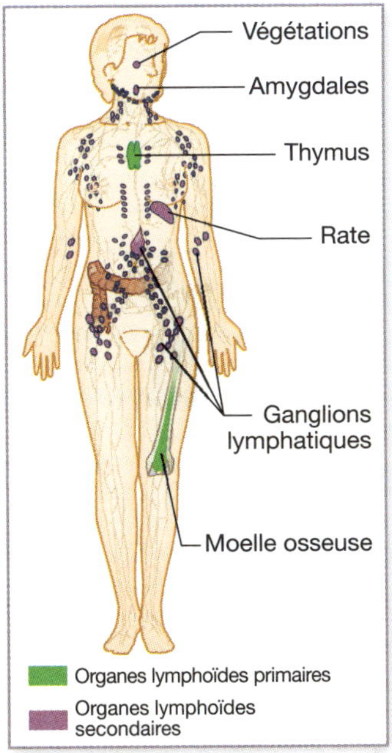

SVT

▶ Les organes lymphoïdes secondaires sont les lieux de **stockage** des cellules de l'immunité, et c'est à leur niveau que se fera éventuellement la rencontre entre les cellules immunitaires et les éléments étrangers.

2 Les cellules de l'immunité

▶ Ce sont les globules blancs, ou **leucocytes** (DOC. 2), qui participent à la défense de l'organisme. Certains jouent un rôle dans **l'immunité innée**, présente dès la naissance et première à agir, d'autres interviennent dans **l'immunité adaptative**, propre aux vertébrés, et qui s'ajoute à l'immunité innée en permettant une action plus spécifique.

Doc. 2 Les différents types de leucocytes.

Immunité innée				Immunité adaptative
Granulocyte	Monocyte	Macrophage	Mastocyte	Lymphocytes B et lymphocytes T
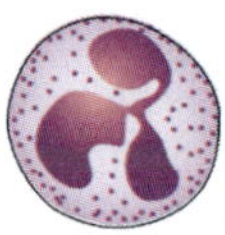	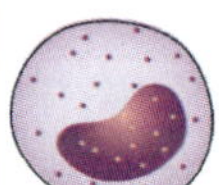	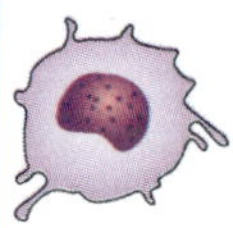	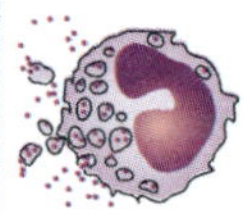	
10 à 15 µm	15 à 30 µm	20 à 70 µm	10 à 20 µm	10 µm

3 Les molécules de l'immunité

▶ Les molécules de l'immunité jouent un rôle dans l'immunité innée et dans l'immunité adaptative, et circulent librement dans le sang et la lymphe.

▶ On distingue les **anticorps** (ou **immunoglobulines**), les **interleukines** et la **perforine**, qui interviennent chacune dans la réponse immunitaire.

La réaction inflammatoire, un exemple d'immunité innée

146

L'immunité innée est la première à intervenir lors de situations variées (lésion d'un tissu, infection, cancer). La **réaction inflammatoire aiguë** (très rapidement mise en œuvre) en est le mécanisme essentiel. Elle agit seule dans un premier temps, puis va préparer le déclenchement de la réponse immunitaire adaptative et se prolongera durant toute la réponse immunitaire.

1 *Les symptômes stéréotypés de la réaction inflammatoire*

▶ La réaction inflammatoire se déclenche dès qu'un tissu est atteint. Elle a pour but de mobiliser un maximum de cellules immunitaires sur le lieu de la lésion.

▶ Elle débute par la libération de **médiateurs chimiques** par les mastocytes et certains granulocytes.

▶ Les médiateurs chimiques de l'inflammation permettent d'augmenter la dilatation des vaisseaux sanguins (vasodilatation) situés près de la lésion.

▶ La **vasodilatation** accroît l'augmentation du débit sanguin vers la lésion, d'où la **rougeur** et la **chaleur** des tissus concernés.

Doc. 1 Première phase de la réaction inflammatoire.

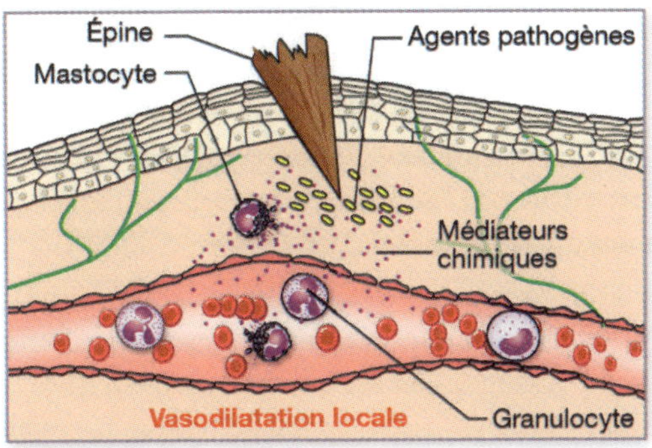

▶ Les médiateurs chimiques ont aussi pour rôle d'**augmenter la perméabilité au plasma des vaisseaux sanguins.** Le plasma s'échappe

SVT

alors de la circulation sanguine et s'accumule localement, causant un gonflement du tissu, ou **œdème**.

▶ L'œdème est responsable de la compression des terminaisons nerveuses, à l'origine d'une sensation de **douleur**.

▶ Les agents pathogènes sont piégés dans un caillot et ne peuvent se propager dans les tissus environnants.

2 Mobilisation des phagocytes pour la réaction inflammatoire

▶ Dès le début de l'inflammation, le lieu de la lésion est envahi par de nombreux **phagocytes** (monocytes, granulocytes et certains macrophages).

▶ Les phagocytes passent du sang vers les cellules du tissu infecté.

▶ Les monocytes se différencient en macrophages qui réalisent, avec les granulocytes, la phagocytose, afin d'éliminer les agents pathogènes et les débris cellulaires.

DOC. 2 Seconde phase de la réaction inflammatoire.

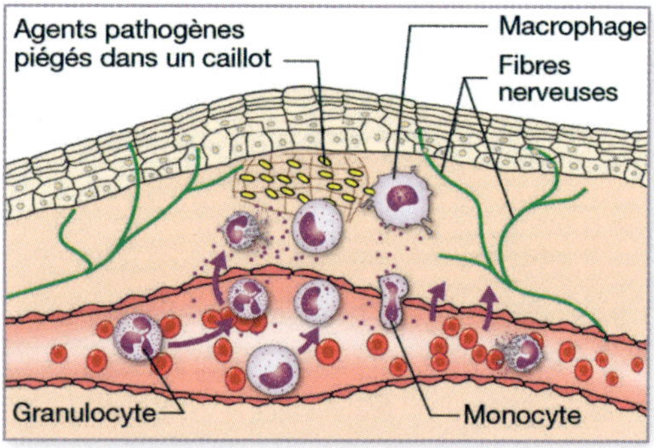

▶ À l'issue de la phagocytose, les macrophages deviendront des **cellules présentatrices de l'antigène**, préparant ainsi le déclenchement de l'immunité adaptative (→ FICHE 149).

▶ L'objectif de la réaction inflammatoire est d'éliminer les agents pathogènes de la région lésée afin de permettre la guérison. Mais, parfois, la réponse immunitaire est chronique (exemple dans le cas des maladies auto-immunes), et un traitement par **médicaments anti-inflammatoires** est alors prescrit par le médecin, afin de réduire l'inflammation ainsi que la douleur (effet **antalgique**).

Les anticorps, molécules effectrices spécifiques de l'immunité adaptative 147

▶ L'immunité innée est largement répandue chez les êtres vivants, alors que l'**immunité adaptative** apparaît au cours de l'évolution avec les vertébrés ; elle s'ajoute à l'immunité innée et en renforce l'action.

▶ En effet, que l'infection soit ou non maîtrisée par l'immunité innée, la réponse immunitaire adaptative assure une action spécifique contre des antigènes. Un **antigène** est une molécule ou partie de molécule qui déclenche une réponse immunitaire.

1 *Nature biochimique et structure d'un anticorps*

▶ Lors de la réponse immunitaire adaptative, des molécules spécifiques appelées **anticorps**, sont produites. Un individu est dit **séropositif** lorsqu'il y a présence dans son plasma et sa lymphe d'anticorps **spécifiques** d'un antigène donné.

▶ Un anticorps est une protéine appelée **immunoglobuline**.

▶ Il est constitué de **4 chaînes polypeptidiques** identiques deux à deux : **2 chaînes lourdes** (environ 400 acides aminés) et **2 chaînes légères** (environ 200 acides aminés), reliées entre elles par des ponts disulfures.

▶ Chaque chaîne est formée d'une **partie constante**, identique d'une molécule d'immunoglobuline à l'autre, et d'une **partie variable** qui représente le site de liaison à l'antigène.

▶ Un anticorps possède deux sites de liaison à l'antigène, constitués d'acides aminés appartenant à un fragment de chaîne lourde et à un fragment de chaîne légère.

▶ Ces deux sites sont **identiques pour le même anticorps** mais varient d'un anticorps à l'autre.

▶ Ceci est à l'origine de la **spécificité** de la reconnaissance de l'antigène, qui peut être une molécule ou une partie de molécule (→ ANNEXE, P. 380).

2 *Formation de complexes immuns et neutralisation de l'antigène*

▶ La fixation d'un anticorps sur un antigène conduit à la formation d'un complexe antigène-anticorps appelé **complexe immun**. Les anticorps neutralisent ainsi l'antigène, mais ne sont pas capables de le détruire.

▶ C'est un autre mécanisme, la **phagocytose**, qui va permettre la destruction de l'antigène. L'extrémité des parties constantes des chaînes lourdes de la molécule d'anticorps se fixe sur les phagocytes, qui vont éliminer les complexes immuns.

3 *L'origine des anticorps*

▶ Les **plasmocytes** sont les cellules productrices des anticorps. Ils sont issus de la **différenciation des lymphocytes B**. Ce sont des cellules riches en réticulum endoplasmique granulaire (REG), spécialisées dans la synthèse des protéines.

▶ Plasmocytes et lymphocytes B apparaissent en réponse à la pénétration d'un antigène. Ce sont des effecteurs de l'immunité adaptative.

Doc. Lymphocyte B (a) et plasmocyte (b) observés au MET.

a.

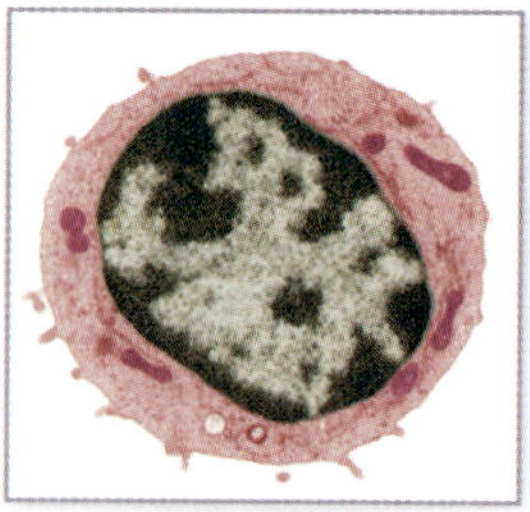

b.

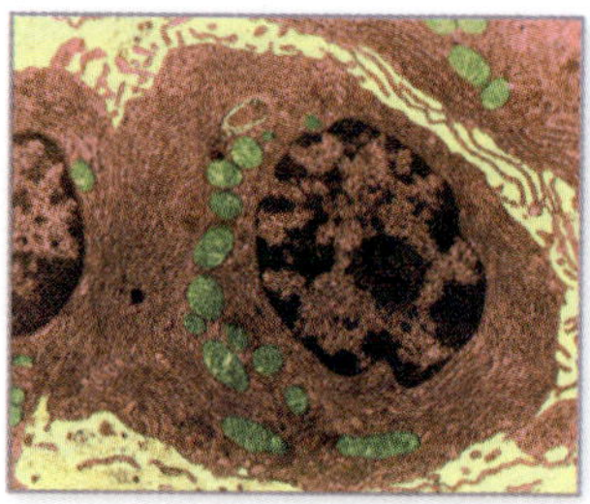

Les LTc, cellules effectrices spécifiques de l'immunité adaptative 148

Des cellules, les lymphocytes T cytotoxiques (LTc), interviennent aussi dans la réponse immunitaire adaptative. Ce sont des cellules effectrices, dont le rôle est d'**éliminer toute cellule infectée** ou **toute cellule modifiée** de l'organisme, qui constitue une **cellule cible** pour les LTc.

1 *Le rôle des LTc*

▶ Une cellule infectée par un virus, par exemple, exprime à sa surface des **fragments peptidiques** issus des protéines du virus. Ces fragments peptidiques représentent des antigènes et déclenchent une réponse immunitaire spécifique. Ainsi, les cellules infectées pourront être reconnues puis **lysées** (détruites) par les LTc (DOC. 1).

DOC. 1 Destruction d'une cellule infectée par un LTc (observé au MET).

a.

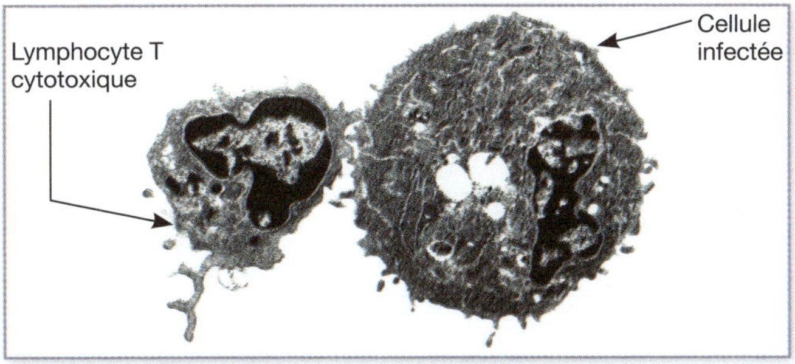

b.

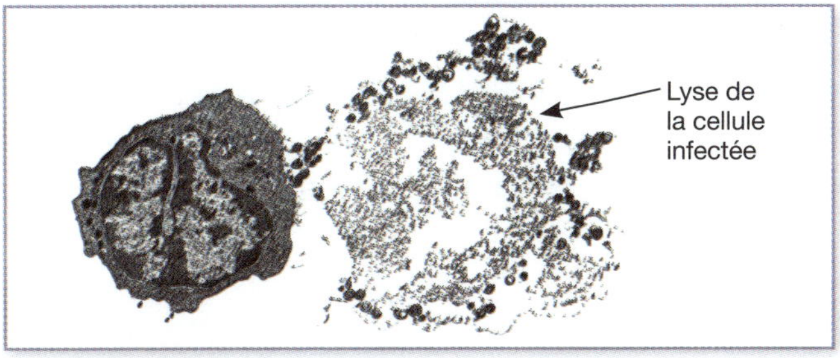

SVT

▶ Les cellules cancéreuses et les cellules étrangères introduites dans l'organisme par transfusion sanguine ou par greffe d'organe sont aussi des cellules cibles pour les LTc.

▶ Les LTc détruisent les cellules modifiées ou infectées par contact, grâce à des molécules de **perforine,** une protéine qu'ils sécrètent et qui est libérée par des vésicules. La perforine entraîne la formation de **pores** dans la membrane de la cellule infectée (DOC. 2). De l'eau et des sels entrent par ces pores, ce qui provoque l'éclatement de la cellule cible. Les débris sont ensuite éliminés par les phagocytes.

DOC. 2 Mode d'action de la perforine libérée par les LTc.

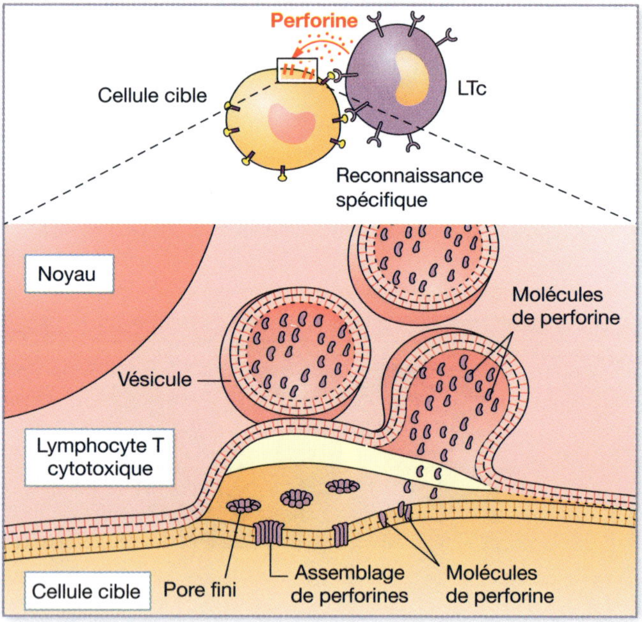

2 *Les cellules à l'origine des LTc*

Certaines cellules, appelées **LT CD8**, sont des cellules qui préexistent aussi dans l'organisme avant tout contact avec l'antigène. Les LT CD8, suite à la pénétration d'un antigène dans l'organisme, se transforment en LTc, qui sont alors capables de fabriquer des molécules de perforine.

L'immunité adaptative, prolongement de l'immunité innée

149

Les molécules et les cellules de l'immunité adaptative ne deviendront effectrices qu'après une première rencontre avec un antigène grâce à trois étapes : **sélection**, **amplification**, et **différenciation clonales.**

1 *La reconnaissance de l'antigène*

▶ Les lymphocytes T (LT) acquièrent leurs récepteurs, après maturation dans le **thymus.** Cette acquisition leur apporte leur capacité à reconnaître l'antigène.

▶ Les lymphocytes B (LB) sont en revanche capables de reconnaître l'antigène à la sortie de la **moelle osseuse.**

▶ Chaque population (clone) de LB ou de LT ne porte qu'**un seul type de récepteur**, spécifique d'un antigène donné, et les récepteurs, présents en de nombreux exemplaires, sont ancrés dans la membrane des lymphocytes.

▶ Les récepteurs des LB sont des anticorps membranaires, caractérisés par leurs deux sites identiques de liaison à l'antigène, alors que les récepteurs des LT (récepteurs T), ne comportent qu'un seul site de reconnaissance.

▶ La reconnaissance de l'antigène par un clone de LB se fait de façon directe, par liaison de l'antigène avec un anticorps membranaire spécifique du LB. Les récepteurs des LT reconnaissent quant à eux des fragments peptidiques venant de l'antigène, présentés par des cellules dendritiques ou des macrophages, nommées alors **cellules présentatrices de l'antigène.**

2 *La sélection clonale*

▶ La reconnaissance de l'antigène se fait par les clones de LB et LT ayant des récepteurs spécifiques de cet antigène : c'est la **sélection clonale.** Elle a lieu dans les organes lymphoïdes secondaires.

▶ Chaque clone est constitué de plusieurs milliers de cellules spécialisées dans la reconnaissance spécifique d'un antigène.

▶ La sélection clonale concerne les **LB**, les **LT CD8** et une autre catégorie de cellules, les **LT CD4**.

3 *L'amplification et la différenciation clonales*

▶ Au cours de cette phase, les lymphocytes sélectionnés vont se multiplier activement, de façon à former un clone de plusieurs milliers de cellules identiques. On parle d'**expansion**, ou **amplification clonale**.

▶ L'amplification clonale est suivie de la **différenciation** des LB et LT CD8, qui deviennent des cellules effectrices : les LB se différencient en **plasmocytes**, sécréteurs d'anticorps circulants, et les LT CD8 en **LT cytotoxiques effecteurs**.

▶ Ces étapes d'amplification et de différenciation ne pourraient avoir lieu sans la coopération des LB et LT CD8 avec une catégorie de lymphocytes, qui a un **rôle pivot** dans la réponse immunitaire : les **LT CD4**.

▶ Les LT CD4 reconnaissent, comme les LT CD8, un antigène entré dans l'organisme grâce à leurs récepteurs membranaires (récepteurs T), ce qui entraîne leur multiplication et leur différenciation en **LT auxiliaires**.

▶ Une partie de ces LT auxiliaires va être mise en **mémoire**, et ils s'activeront rapidement lors d'une éventuelle prochaine rencontre avec le même antigène.

▶ L'autre partie des LT auxiliaires va sécréter de l'**interleukine 2**, messager chimique dont le rôle est primordial dans la communication entre les cellules immunitaires.

▶ En effet, l'interleukine 2 est une protéine indispensable à l'expansion clonale et à la **différenciation des LB et LT CD8** présélectionnés.

▶ Sous l'effet de l'interleukine, les LB évoluent en **LB mémoires** et en **plasmocytes** sécréteurs d'anticorps circulants, qui formeront des complexes immuns après reconnaissance de l'antigène. Cette réponse immunitaire qui met en jeu les LB s'appelle la **réponse immunitaire humorale adaptive**.

▶ L'interleukine permet aussi la **différenciation des LT CD8 en LTc**, qui détruiront par contact les cellules infectées.

Diversité des cellules de l'immunité adaptative et dysfonctionnements du système immunitaire

150

Le système immunitaire, normalement, ne réagit pas contre les propres composantes de l'organisme. Or, il arrive que le système immunitaire attaque les cellules et tissus de l'organisme, il en résulte alors une **maladie auto-immune**. Le système immunitaire peut aussi être en défaut, par manque de protection contre les antigènes, il en résulte un **déficit immunitaire**, comme dans le cas du sida.

1 Diversité des clones de LB et LT

▶ Le système immunitaire est capable de reconnaître un nombre pratiquement illimité d'antigènes, grâce aux récepteurs des LB et des LT. Or, pour fabriquer tous ces récepteurs, l'organisme possède un nombre de gènes limité, qui ne dépasse pas quelques milliers.

▶ Les gènes codant pour les récepteurs des LB et des LT sont des gènes morcelés, résultant de **l'association de plusieurs segments de gènes**. C'est la **combinaison aléatoire** de ces segments qui constitue le gène de structure codant pour tel ou tel récepteur.

▶ Ce sont donc des **mécanismes génétiques originaux** qui permettent de produire des LB et des LT d'une très grande diversité.

Doc. Des mécanismes génétiques originaux à l'origine de plusieurs types de récepteurs.

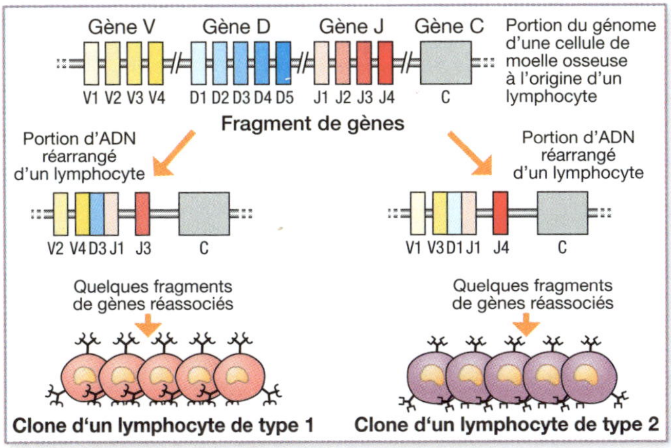

SVT

▶ Le répertoire des récepteurs des LB et LT étant produit au hasard des recombinaisons génétiques, il y a un risque que certains de ces récepteurs aux antigènes soient capables de reconnaître les molécules du soi, et soient donc des **lymphocytes autoréactifs**.

2 *Élimination des clones de LB et LT autoréactifs*

▶ Les réponses immunitaires innée et adaptative fonctionnent de façon interdépendante et permettent un état de **non-réactivité** contre les propres composantes de l'organisme.

▶ Cet état est permis par **l'élimination** des lymphocytes autoréactifs ou par **leur répression** (ils sont maintenus inactifs), car ils constituent une menace pour l'organisme.

▶ La **maturation du système immunitaire** permet d'éviter le déclenchement d'une telle réponse. Elle résulte d'un **équilibre** entre la production des lymphocytes et la répression ou l'élimination des lymphocytes autoréactifs.

3 *Défaillances du système immunitaire*

▶ Parfois, une combinaison de plusieurs facteurs (environnementaux, génétiques, infectieux) peut conduire à une **maladie auto-immune**, qui survient lorsque les **lymphocytes autoréactifs sont fortement activés**, permettant le déclenchement d'une réponse immunitaire contre les propres composantes de l'organisme.

▶ Dans le cas du syndrome d'immunodéficience acquise (**sida**), un virus, le **VIH**, prend le système immunitaire pour cible et va provoquer son affaiblissement progressif. Les cellules cibles du VIH sont principalement les **LT CD4**, dans lesquels le virus se multiplie avant de les détruire.
Or les LT CD4 jouent un **rôle central** dans l'immunité adaptative, et la diminution progressive de leur nombre supprime la coopération entre les cellules immunitaires. Ceci conduit à **l'effondrement des défenses immunitaires**, ce qui se traduit par l'apparition des **maladies opportunistes**, caractérisant la phase de sida déclaré (→ ANNEXE, P. 381).

Le **phénotype immunitaire**, au niveau moléculaire, correspond à l'ensemble des **récepteurs des LB et LT** que possède un individu à un moment donné de sa vie. Il change sans cesse, face à la grande diversité des antigènes rencontrés par l'individu, et permet donc à celui-ci de **s'adapter aux modifications de son environnement.**

1 *Mémoire immunitaire et vaccination*

▶ La **vaccination** repose sur la **mémoire immunitaire** ; elle consiste à déclencher une réponse immunitaire afin que l'organisme produise des cellules mémoires, dont la durée de vie est en général d'une dizaine d'années mais peut atteindre plus de 60 ans (cas de la rougeole).

▶ La première rencontre avec un antigène engendre une **réponse immunitaire primaire**, qui se traduit par un délai d'apparition des anticorps de plusieurs jours, le temps que l'antigène soit reconnu, et que les LB activés se multiplient et se différencient en plasmocytes, sécréteurs d'anticorps.

▶ Certains LB ne se différencient pas en plasmocytes, mais génèrent des **lymphocytes B mémoires**. Des **LT CD4** sont aussi mis en mémoire à partir des LT CD4 sélectionnés.

▶ La deuxième rencontre avec le même antigène entraîne la **réponse secondaire**, plus ample, rapide, et efficace. Les lymphocytes mis en mémoire lors de la réponse primaire réagissent très rapidement, ils sont beaucoup plus nombreux que les **lymphocytes naïfs** de même

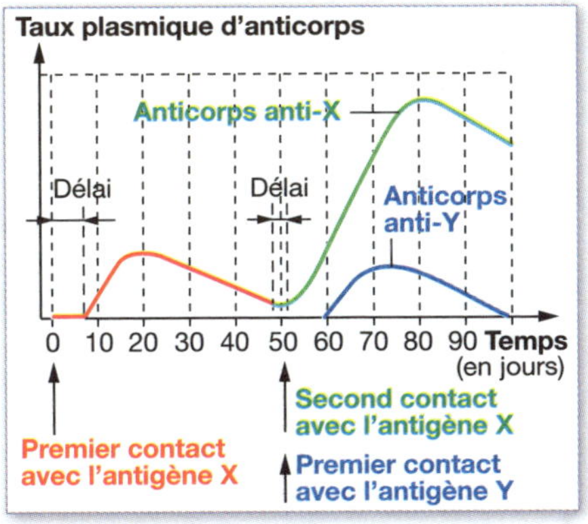

spécificité dont ils sont issus. Ainsi, les anticorps sont sécrétés plus rapidement par les plasmocytes issus de ces LB mémoires, et en plus grande quantité.

▶ Les **produits immunogènes** injectés lors de la vaccination peuvent être des micro-organismes entiers, tués ou vivants, mais en ce cas atténués, ou des particules virales…

▶ Le pouvoir immunogène de l'antigène peut être augmenté grâce à la présence d'un **adjuvant**, qui sera mélangé à l'antigène, et injecté avec celui-ci.

▶ L'adjuvant du vaccin a pour rôle de **stimuler la réponse innée**, indispensable à l'installation de la réaction adaptative, sans toutefois causer d'effets secondaires. Il prépare l'organisme au déclenchement de la réponse immunitaire adaptative, de même que la réaction inflammatoire prépare la réaction adaptative naturelle.

▶ La **vaccination systématique** des populations permet à la fois la protection de l'individu vacciné et une protection collective, limitant le risque d'infection pour les individus non efficacement vaccinés.

2 *Évolution du phénotype immunitaire au cours de la vie*

▶ Le phénotype immunitaire d'un individu se forge tout au long de sa vie, au gré des expositions aux antigènes rencontrés. Il change donc sans cesse, en s'adaptant à l'environnement dans lequel évolue l'individu.

▶ L'évolution du phénotype immunitaire se fait naturellement, quand l'individu est en contact avec un antigène, ou artificiellement, lors de la vaccination.

▶ Il existe une certaine plasticité du système immunitaire adaptatif, mais qui est limitée par la compétition entre les lymphocytes naïfs et les lymphocytes mémoires. En effet, **l'organisme produit des lymphocytes naïfs de façon continue et aléatoire tout au long de la vie de l'individu**, surtout pendant son enfance.

▶ Mais, au fur et à mesure du temps, le **pool de lymphocytes mémoires augmente**, et devient beaucoup plus important que celui des lymphocytes naïfs de même spécificité, et la durée de vie des lymphocytes mémoires est beaucoup plus longue. Ainsi, le pool des lymphocytes mémoires finit par être dominant au cours des années.

Le réflexe myotatique, un outil diagnostique

152

Lors d'un examen médical, l'intégrité du système neuromusculaire peut être vérifiée par un léger choc sur un tendon qui engendre la contraction réflexe du muscle auquel il est relié. Selon le tendon sollicité, on parlera de **réflexe rotulien** ou **achilléen.**

1 *L'initiation du réflexe myotatique*

▶ Le point de départ du réflexe myotatique nécessite la détection de l'étirement d'un muscle. Celle-ci est réalisée par des **récepteurs** sensibles à l'étirement : les **fuseaux neuromusculaires** (FNM), cellules musculaires modifiées, présentes à l'intérieur du muscle en parallèle des fibres musculaires, et associées à des fibres nerveuses sensitives (DOC. 1).

▶ Un choc sur un tendon provoque l'étirement du muscle auquel il est relié, et donc des FNM. Leur étirement déclenche la genèse de **messages nerveux sensitifs** (ou **afférents**) proportionnels au degré de leur étirement.

Doc. 1 Les fuseaux neuromusculaires, des récepteurs à l'étirement.

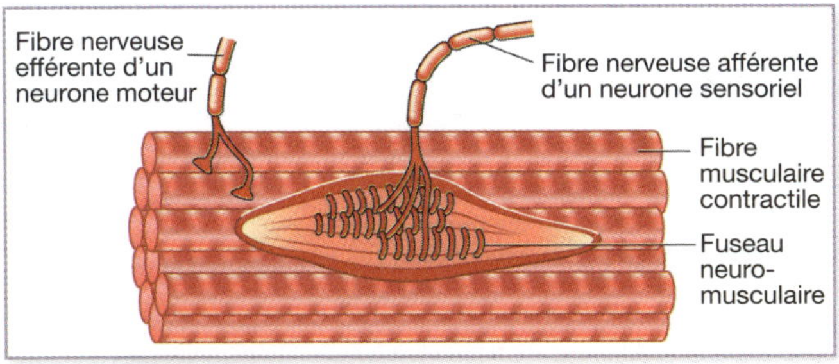

2 *Les voies nerveuses empruntées lors du réflexe myotatique*

▶ Chaque fibre nerveuse sensitive issue des FNM correspond au prolongement **d'un neurone sensoriel** qui assure la propagation d'un message nerveux afférent en direction d'un centre nerveux, ici la moelle épinière.

▶ Ce neurone sensoriel entre en contact au niveau de la **substance grise** de la moelle épinière avec un **motoneurone** qui va générer un message moteur réflexe adapté à l'intensité du stimulus perçu. Les **fibres nerveuses motrices** issues des motoneurones quittent la moelle épinière par la racine ventrale et véhiculent des **messages moteurs** ou **efférents** à destination du muscle étiré.

▶ La moelle épinière constitue le **centre nerveux intégrateur** du réflexe myotatique et est un élément clef du fonctionnement de **l'arc réflexe** (DOC. 2) qui débute au niveau du récepteur sensoriel et s'achève au niveau de l'**effecteur**.

DOC. 2 L'arc réflexe.

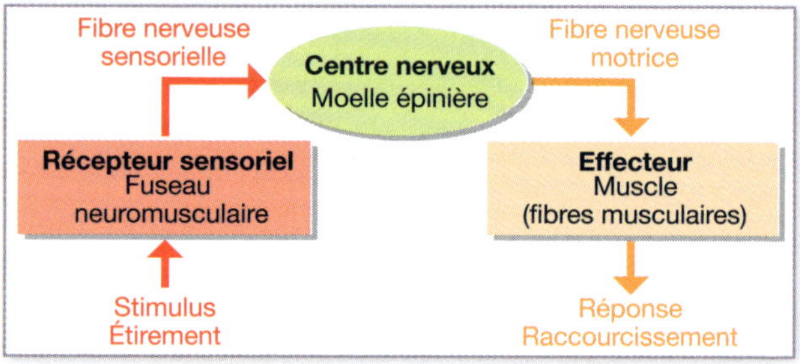

3 *Le caractère monosynaptique du réflexe myotatique*

Le circuit nerveux à l'origine du réflexe myotatique met en jeu deux neurones, l'un sensoriel, l'autre moteur, en contact au niveau d'une synapse située dans la substance grise de la moelle épinière. Comme une seule synapse est mise en jeu dans ce réflexe, il est qualifié de **monosynaptique**.

4 *Le muscle, organe effecteur du réflexe myotatique*

▶ Un muscle est composé de **fibres musculaires**, effecteurs du réflexe myotatique, qui vont se contracter lorsque **les messages nerveux moteurs** arrivent au niveau d'une **synapse neuromusculaire**, jonction entre une fibre nerveuse efférente et une fibre musculaire.

▶ En réponse à l'étirement du muscle, la stimulation motrice des fibres musculaires entraîne leur contraction, donc leur raccourcissement et celui du muscle auxquelles elles appartiennent (→ ANNEXE, P. 382).

Nature et codage des messages nerveux

153

Les messages nerveux afférents comme efférents sont véhiculés par des neurones. Le **neurone sensoriel** envoie un message provenant du fuseau neuromusculaire vers la moelle épinière qui envoie à son tour un message moteur vers l'organe effecteur, le muscle.

1 *Caractéristiques structurales et fonctionnelles du neurone*

▶ Un neurone est une cellule nerveuse formée d'un **corps cellulaire**, comportant le noyau, et des **prolongements** qui en sont issus appelés **fibres nerveuses**. On distingue les **dendrites**, prolongements courts, qui véhiculent les messages nerveux vers le corps cellulaire, et **l'axone**, long prolongement qui véhicule les messages provenant du corps cellulaire.

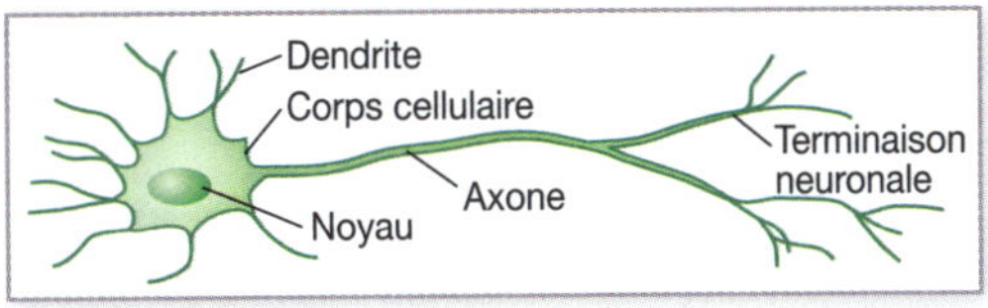

▶ L'introduction d'une microélectrode de part et d'autre de la fibre nerveuse permet de mettre en évidence **une différence de potentiel transmembranaire**, en l'absence de toute activité de la cellule. Ce potentiel montre que les fibres nerveuses sont chargées électriquement au repos, on parle de **potentiel de repos**. Ce potentiel de repos a une valeur de – 70 mV : l'intérieur est chargé électriquement par rapport à l'extérieur de la fibre (DOC. 1).

2 *Réponse d'une fibre nerveuse à la stimulation*

▶ La stimulation d'une fibre nerveuse se traduit par une modification de son état électrique. Pour des intensités croissantes de stimulation, il apparaît une dépolarisation de la membrane plasmique. Au-delà d'un certain **seuil de stimulation**, la fibre répond par un phénomène électrique de grande ampleur, qui est bref, transitoire et stéréotypé : le **potentiel d'action** (DOC. 1).

▶ Il constitue le **signal unitaire** du message nerveux et se divise en 3 phases. Le potentiel d'action débute par une **dépolarisation** de –70 à +30 mV puis continue avec une **phase de repolarisation** (+30 à –70 mV) accompagnée d'une phase d'**hyperpolarisation** (–70 à –80 mV).

▶ La naissance d'un potentiel d'action n'est possible que si la membrane de la fibre nerveuse est dépolarisée localement au-delà d'une valeur seuil. En dessous, il n'y a pas de réponse de la part du neurone et, quand le seuil est atteint, la réponse du neurone est toujours la même quelle que soit l'intensité de stimulation : on parle de **loi du tout ou rien.**

Doc. 1 Notion de potentiels de repos et d'action.

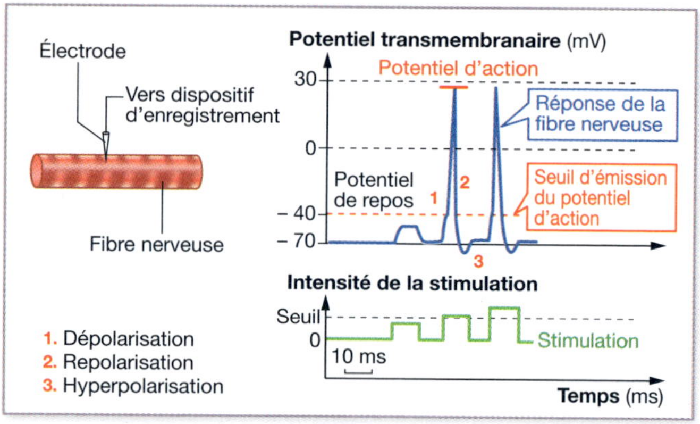

3 *Codage du message nerveux*

La fréquence des potentiels d'action augmente proportionnellement à l'intensité de stimulation : on dit que le message nerveux est **codé en fréquence** (DOC. 2).

Doc. 2 Réponse de la fibre en fonction de l'intensité de stimulation.

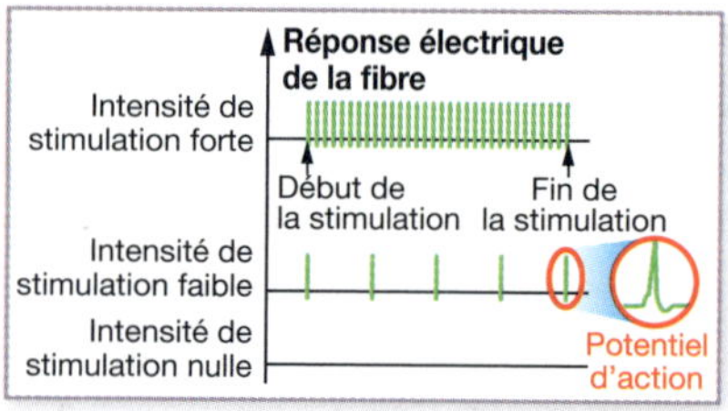

La synapse neuromusculaire, une synapse chimique

La synapse, zone de jonction entre deux neurones ou entre un neurone et une fibre musculaire, ne présente pas de continuité membranaire entre les deux structures. Cela empêche tout transfert de l'information sous forme électrique. Il y a donc à ce niveau une nécessaire modification de la **nature de l'information** pour permettre sa transmission.

1 Structure d'une synapse neuromusculaire

▶ La zone de contact entre l'extrémité d'un **axone** de neurone moteur et une fibre musculaire est appelée **synapse neuromusculaire.**

▶ L'extrémité du **neurone présynaptique** présente une structure particulière, le **bouton synaptique**, qui établit un contact avec un **neurone postsynaptique** ou une **fibre musculaire.**

▶ La synapse correspond à cette zone entre le bouton présynaptique et le neurone postsynaptique, séparés par la **fente synaptique.**

Doc. 1 Une synapse neuromusculaire.

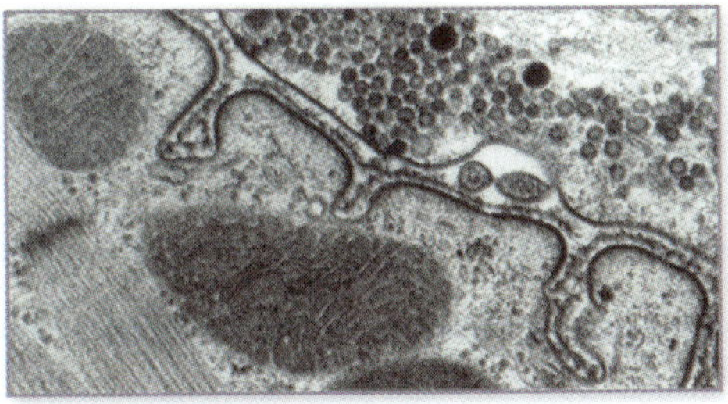

▶ On observe dans le cytoplasme du neurone présynaptique un grand nombre de **vésicules synaptiques**, contenant des molécules appelées **neuromédiateurs**, à l'origine de la fonctionnalité de la synapse.

2 Fonctionnement de la synapse neuromusculaire

▶ L'arrivée d'un potentiel d'action à l'extrémité du bouton synaptique, entraîne le **déplacement** des vésicules de neuromédiateurs et leur **fusion** avec la membrane du neurone présynaptique.

SVT

▶ Les neuromédiateurs sont alors déversés dans la fente synaptique, on parle d'**exocytose**.

▶ La quantité de neuromédiateurs déversée est proportionnelle à la fréquence des potentiels d'action arrivant à la synapse. Le signal électrique codé en fréquence de potentiels d'action est donc converti en signal par un **codage chimique** en **concentration** de neuromédiateurs.

▶ Le neuromédiateur libéré par exocytose dans le cas de la synapse neuromusculaire, l'**acétylcholine**, se fixe sur des **récepteurs spécifiques** de l'élément postsynaptique, entraînant la dépolarisation de la membrane.

▶ Si la dépolarisation est suffisante (selon la quantité de neurotransmetteur libérée au niveau de la synapse), il naît un **potentiel d'action musculaire** qui se propage dans la cellule musculaire, permettant sa contraction (DOC. 2).

DOC. 2 Le fonctionnement de la synapse neuromusculaire.

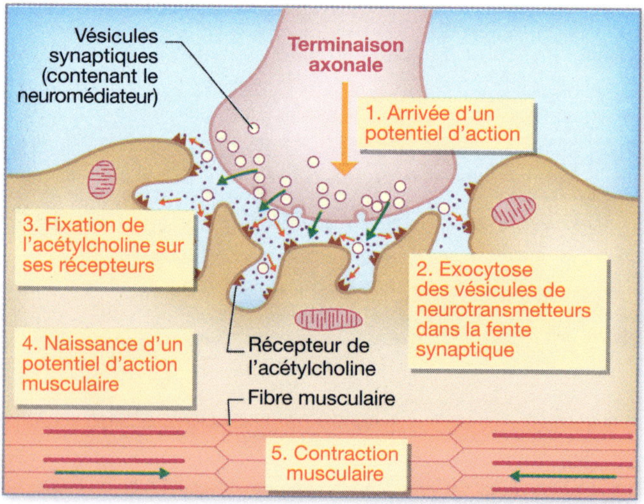

▶ Il existe aussi des synapses entre deux neurones, appelées **synapses neuro-neuroniques**. Des substances pharmacologiques, telles les antidouleurs, peuvent agir en modifiant leur fonctionnement, notamment au niveau de la moelle épinière ou du cerveau en bloquant la libération de neurotransmetteurs spécifiques à la transmission du message à l'origine de la douleur.

Le système nerveux central, composé notamment du cerveau et du cervelet, constitue une structure qui intègre des informations sensorielles mais qui va aussi être capable de générer des actes moteurs complexes comme ceux du mouvement volontaire.

1 *Mise en évidence de l'existence d'un cortex cérébral moteur*

▶ Il est possible de détecter, grâce à des techniques d'imagerie médicale, les zones du cerveau mises en activité lors des mouvements volontaires (DOC. 1).

DOC. 1 IRM fonctionnelle associée à une activité de mouvement volontaire de la main.

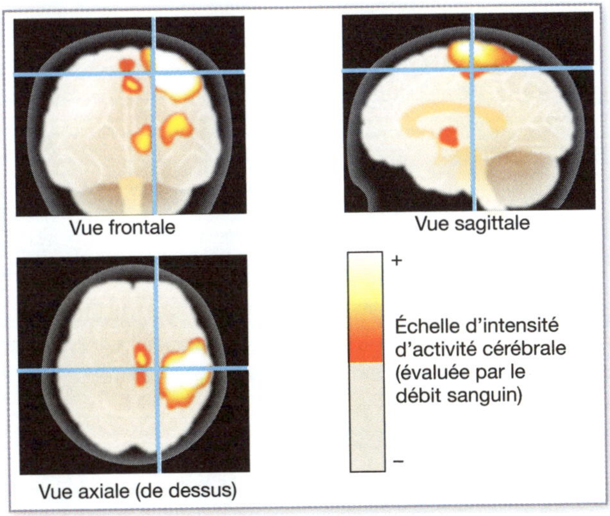

▶ La motricité volontaire met en jeu des circuits de neurones localisés à la périphérie du cerveau et formant le cortex cérébral. Les zones mises en jeu lors de l'activité motrice volontaire forment les aires motrices du cortex. Elles sont situées au niveau du cortex frontal (DOC. 2).

▶ Le cortex moteur présente une **organisation spatiale**, c'est-à-dire que chaque zone du cortex moteur est spécialisée dans la commande d'un seul muscle ou d'un faible nombre de muscles correspondant à une zone précise du corps (→ FICHE 156).

Doc. 2 Les aires motrices cérébrales.

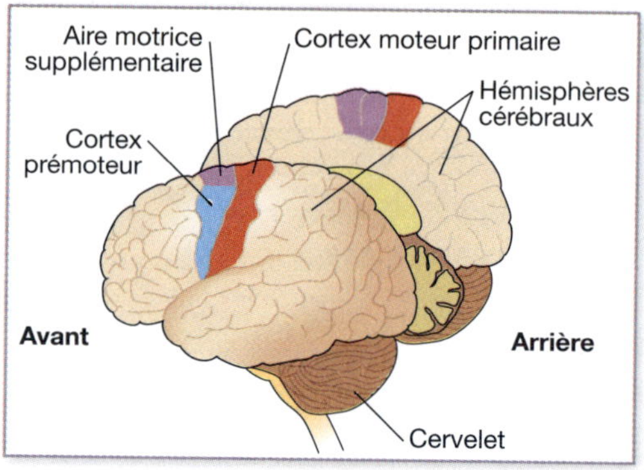

2 *Du cerveau au mouvement*

▶ Des lésions de la moelle épinière ont des conséquences différentes selon l'endroit de la lésion et peuvent entraîner une **paralysie** (hémiplégie, tétraplégie, etc.). Cela montre que c'est la moelle épinière qui véhicule les messages moteurs du cortex.

▶ Ces **voies motrices descendantes**, formées de faisceaux de neurones, vont contrôler le fonctionnement des motoneurones cibles dans la substance grise de la moelle épinière.

▶ Chaque corps cellulaire de motoneurone peut recevoir des messages moteurs et sensoriels de diverses origines (cérébrales ou périphériques) qu'il intègre et transforme en un **message moteur unique**. On parle **d'intégration nerveuse**.

▶ Chaque fibre musculaire ne peut recevoir des messages que d'un seul motoneurone, ce qui permet une **régulation fine** de la contraction musculaire et donc du mouvement.

▶ Certaines pathologies peuvent résulter d'anomalies touchant le système nerveux central et se traduire par des dysfonctionnements des muscles.

Des accidents vasculaires cérébraux localisés dans le cortex moteur peuvent être source de perte de motricité d'ampleur variable. Toutefois, si les lésions sont d'un niveau limité, une récupération semble possible.

1 Des cartes motrices propres à chacun

▶ Le cortex moteur présente une **organisation fonctionnelle** où chaque zone commande un seul ou un faible nombre de muscles. Il en résulte une **carte motrice** : certaines zones du corps occupent, au niveau du cortex, une place bien plus grande que d'autres en raison de la complexité et de la finesse des mouvements des zones qu'elles gouvernent (DOC. 1).

Doc. 1 Carte motrice corporelle du cortex moteur.

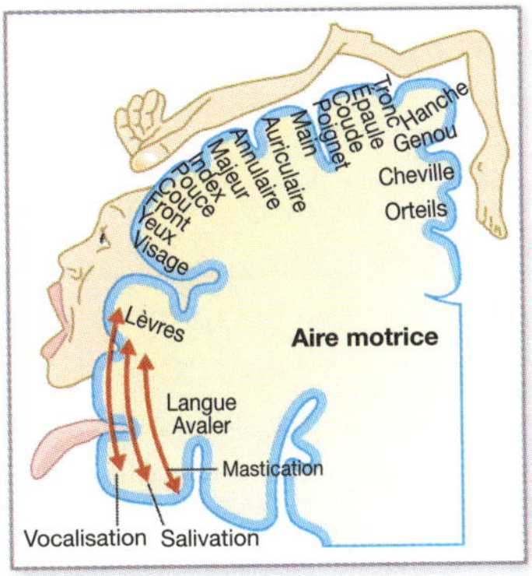

▶ La carte est différente pour chaque individu ; lors du développement, de l'apprentissage post-natal des gestes ou de l'entraînement, les **structures corticales peuvent se réorganiser** afin de réaliser certains mouvements avec plus de finesse, modifiant ainsi la carte motrice précédente.

▶ Cette capacité d'apprentissage du mouvement est en relation avec l'existence d'une **plasticité cérébrale**. Celle-ci s'observe par exemple chez les violonistes, dont la dextérité et la finesse des mouvements des doigts et du bras s'acquièrent au cours de l'apprentissage et de l'entraînement. Ainsi, les violonistes présentent une carte motrice corticale avec la zone de commande du bras et de la main plus volumineuse que la moyenne (DOC. 2).

Doc. 2 Comparaison d'une région cérébrale du cortex moteur.

Différence relative dans le volume de substance grise (corps cellulaires des neurones) du cortex moteur entre un musicien professionnel, un musicien amateur et un non-musicien.

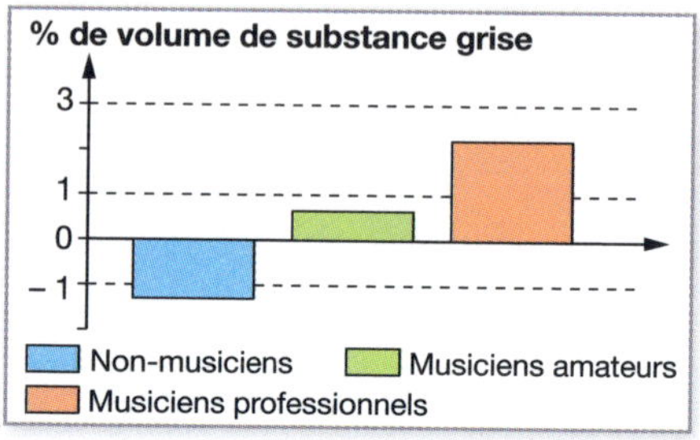

2 Plasticité cérébrale post-lésionnelle

▶ Lors d'un **accident vasculaire cérébral (AVC)**, souvent lié à l'obstruction d'un vaisseau, le cortex moteur peut être touché, entraînant des **paralysies** plus ou moins étendues selon les régions atteintes. La paralysie s'observe du côté opposé à la lésion cérébrale et affecte les muscles des membres commandés par la zone endommagée.

▶ Suite à un AVC, une **rééducation fonctionnelle** est mise en place. Elle consiste en l'entraînement et la stimulation de la zone paralysée de manière régulière. Si l'AVC a affecté la capacité de langage, un entraînement est réalisé par des exercices d'orthophonie. Les troubles liés à la mobilité des membres sont traités par des exercices d'entraînement à la marche en kinésithérapie, par exemple.

▶ Cet entraînement peut permettre une **réorganisation partielle** du cortex cérébral moteur : la zone défaillante est remplacée par des neurones d'une autre zone du cortex. Cela permet un retour partiel voire total de la commande motrice.

▶ En fonction de l'âge, la plasticité cérébrale, et donc la capacité de récupération, est variable. Plus l'âge est avancé, moins celle-ci est grande.

▶ Les capacités de remaniement liées à la plasticité cérébrale se réduisent tout au long de la vie, de même que le nombre de neurones. C'est donc un capital à préserver et à entretenir, en particulier par des activités assurant une stimulation cérébrale régulière.

Annexes

- Formulaire de mathématiques
- Aide-mémoire de physique
- Aide-mémoire de chimie
- Schémas de référence en SVT

Combinatoire

Factorielle

$n! = 1 \times 2 \times 3 \times \ldots \times n$; $0! = 1$; $1! = 1$

Triangle de Pascal

1						
1	1					
1	2	1				
1	3	3	1			
1	4	6	4	1		
1	5	10	10	5	1	
1	6	15	20	15	6	1

Coefficients binomiaux

$$\binom{n}{p} = \frac{n(n-1)\ldots(n-p+1)}{p!} = \frac{n!}{p!(n-p)!}$$

$$\binom{n}{p} = \binom{n}{n-p} \text{ et } \binom{n+1}{p+1} = \binom{n}{p} + \binom{n}{p+1} \text{ (formule de Pascal)}$$

Probabilités

Si A et B sont incompatibles :

$p(\mathrm{A} \cup \mathrm{B}) = p(\mathrm{A}) + p(\mathrm{B})$.

Dans le cas général : $p(\mathrm{A} \cup \mathrm{B}) = p(\mathrm{A}) + p(\mathrm{B}) - p(\mathrm{A} \cap \mathrm{B})$.

$p(\overline{\mathrm{A}}) = 1 - p(\mathrm{A})$; $p(\Omega) = 1$; $p(\varnothing) = 0$.

Probabilité conditionnelle de A sachant que B est réalisé

- $p_{\mathrm{B}}(\mathrm{A}) = \dfrac{p(\mathrm{A} \cap \mathrm{B})}{p(\mathrm{B})}$ (avec $p(\mathrm{B}) \neq 0$)
- Formule des probabilités composées :

$$p(\mathrm{A} \cap \mathrm{B}) = p_{\mathrm{B}}(\mathrm{A}) \times p(\mathrm{B}) = p_{\mathrm{A}}(\mathrm{B}) \times p(\mathrm{A})$$

- A et B sont indépendants si et seulement si $p(\mathrm{A} \cap \mathrm{B}) = p(\mathrm{A})\,p(\mathrm{B})$
- Si $\mathrm{A}_1, \ldots, \mathrm{A}_n$ forment une partition de A :

$$\begin{aligned} p(\mathrm{A}) &= p(\mathrm{A} \cap \mathrm{A}_1) + p(\mathrm{A} \cap \mathrm{A}_2) + \ldots + p(\mathrm{A} \cap \mathrm{A}_n) \\ &= p_{\mathrm{A}_1}(\mathrm{A})\,p(\mathrm{A}_1) + p_{\mathrm{A}_2}(\mathrm{A})\,p(\mathrm{A}_2) + \ldots + p_{\mathrm{A}_n}(\mathrm{A})\,p(\mathrm{A}_n) \\ &= \sum_{i=1}^{n} p_{\mathrm{A}_i}(\mathrm{A})\,p(\mathrm{A}_i) \end{aligned}$$

Nombres complexes

Forme algébrique

$z = x + \mathrm{i}y \left(x \in \mathbb{R}\,;\, y \in \mathbb{R}\right)$

Forme trigonométrique

$z = \rho(\cos\theta + \mathrm{i}\sin\theta) = \rho\mathrm{e}^{\mathrm{i}\theta}$ où ρ est le module et θ l'argument de z.

Opérations algébriques

$z + z' = (x + \mathrm{i}y) + (x' + \mathrm{i}y') = (x + x') + \mathrm{i}(y + y')$

$zz' = (x + \mathrm{i}y)(x' + \mathrm{i}y') = (xx' - yy') + \mathrm{i}(xy' + x'y)$

Conjugué

- $z = x + \mathrm{i}y = \rho\mathrm{e}^{\mathrm{i}\theta}$ et $\overline{z} = x - \mathrm{i}y = \rho\mathrm{e}^{-\mathrm{i}\theta}$ donc $\arg(\overline{z}) = -\arg(z)$.
- $x = \dfrac{1}{2}(z + \overline{z})$
- $\overline{z + z'} = \overline{z} + \overline{z'}$
- $z\overline{z} = x^2 + y^2 = |z|^2$
- $y = \dfrac{1}{2\mathrm{i}}(z - \overline{z})$
- $\overline{zz'} = \overline{z}\,\overline{z'}$
- $\dfrac{1}{z} = \dfrac{\overline{z}}{z\overline{z}} = \dfrac{x}{x^2 + y^2} + \mathrm{i}\dfrac{-y}{x^2 + y^2}$

  $= \dfrac{1}{\rho}\mathrm{e}^{-\mathrm{i}\theta}$
- Si $|z| = 1$, $\overline{z} = \dfrac{1}{z}$.

Module et argument d'un produit, d'un quotient

- $zz' = \left(\rho\mathrm{e}^{\mathrm{i}\theta}\right)\left(\rho'\mathrm{e}^{\mathrm{i}\theta'}\right) = \rho\rho'\mathrm{e}^{\mathrm{i}(\theta+\theta')}$
- $|zz'| = |z||z'|$
- $z^n = \left(\rho\mathrm{e}^{\mathrm{i}\theta}\right)^n = \rho^n\mathrm{e}^{\mathrm{i}n\theta}, n \in \mathbb{Z}$
- $\dfrac{z}{z'} = \dfrac{\rho\mathrm{e}^{\mathrm{i}\theta}}{\rho'\mathrm{e}^{\mathrm{i}\theta'}} = \dfrac{\rho}{\rho'}\mathrm{e}^{\mathrm{i}(\theta-\theta')}$
- $\left|\dfrac{z}{z'}\right| = \dfrac{|z|}{|z'|}$

Inégalité triangulaire

$\big||z| - |z'|\big| \leqslant |z + z'| \leqslant |z| + |z'|$

Variables aléatoires discrètes

Loi de probabilité

x	x_1	x_2	…	x_n
$p(X = x)$	p_1	p_2	…	p_n

Espérance mathématique : $E(X) = \sum_{i=1}^{n} p_i x_i$

Variance :

$$V(X) = \sum_{i=1}^{n} p_i \left(x_i - E(X)\right)^2 = \sum_{i=1}^{n} p_i x_i^2 - \left(E(X)\right)^2$$

$$= E\left(X^2\right) - \left(E(X)\right)^2$$

Écart type : $\sigma(X) = \sqrt{V(X)}$

Loi binomiale $\mathcal{B}(n\,;p)$

Pour n épreuves indépendantes avec une probabilité de succès p :

$p(X = k) = \binom{n}{k} p^k (1-p)^{n-k}$ pour tout $k \in \{0, 1, \ldots, n\}$

$E(X) = np$

$V(X) = np(1-p)$

Lois continues à densité

Loi uniforme sur $[a\,;b]$

Densité : $f(x) = \begin{cases} 0 \text{ si } x \notin]a\,;b[\\ \dfrac{1}{b-a} \text{ si } x \in [a\,;b] \end{cases}$

Espérance : $\dfrac{a+b}{2}$

Variance : $\dfrac{(b-a)^2}{12}$

Loi de durée de vie sans vieillissement ou loi exponentielle

Densité : $f(x) = \begin{cases} 0 \text{ si } x < 0 \\ \lambda e^{-\lambda x} \text{ si } x \geqslant 0 \end{cases}$

Espérance : $\dfrac{1}{\lambda}$

Variance : $\dfrac{1}{\lambda^2}$

Loi normale $\mathcal{N}(\mu, \sigma^2)$

Espérance : μ Variance : σ^2

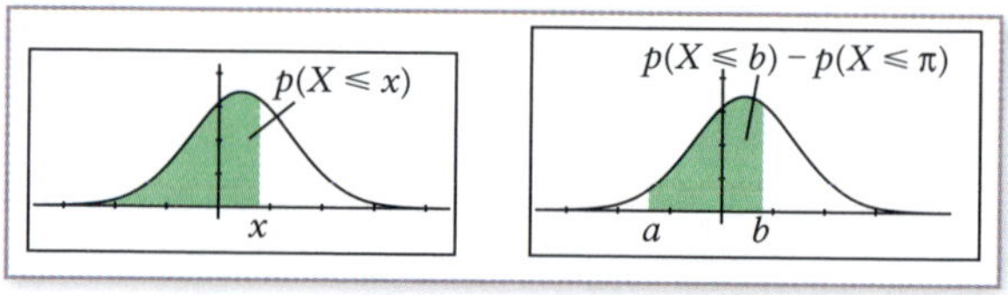

$p(\mu - \sigma \leqslant X \leqslant \mu + \sigma) \approx 0{,}68$ (à 10^{-2} près)

$p(\mu - 2\sigma \leqslant X \leqslant \mu + 2\sigma) \approx 0{,}95$ (à 10^{-2} près)

$p(\mu - 3\sigma \leqslant X \leqslant \mu + 3\sigma) \approx 0{,}997$ (à 10^{-3} près)

Loi normale centrée réduite $\mathcal{N}(0,1)$

Espérance : 0 (variable centrée) Variance : 1 (variable réduite)

Pour $\Pi(x) = p(X \leqslant x)$, on a : $\Pi(x) + \Pi(-x) = 1$.

Si X suit la loi $\mathcal{N}(\mu, \sigma^2)$, alors $\dfrac{X-\mu}{\sigma}$ suit la loi $\mathcal{N}(0,1)$.

Donc : $p(X \leqslant x) = p\left(\dfrac{X-\mu}{\sigma} \leqslant \dfrac{x-\mu}{\sigma}\right) = \Pi\left(\dfrac{x-\mu}{\sigma}\right)$

Théorème de Moivre-Laplace

Si n est grand, on peut approcher la loi binomiale $\mathcal{B}(n\,;p)$ par la loi normale $\mathcal{N}(np, npq)$.

Intervalles de fluctuation – Intervalle de confiance

Pour tout $\alpha \in \left]0\,;1\right]$, u_α est défini par $\Pi(u_\alpha) = 1 - \dfrac{\alpha}{2}$.

- Intervalle de fluctuation I_α

Soit une modalité se trouvant dans une population avec la proportion p **connue** ou **estimée.** Avec un échantillon de taille n,

$$\mathrm{I}_\alpha = \left[p - u_\alpha \frac{\sqrt{pq}}{\sqrt{n}}\,;p + u_\alpha \frac{\sqrt{pq}}{\sqrt{n}}\right]$$

Si n est suffisamment grand, la probabilité pour que la modalité se trouve dans I_α est égale à $1-\alpha$.

- Intervalle de confiance de niveau 0,95 :

$$\left[f - \frac{1}{\sqrt{n}}\,;f + \frac{1}{\sqrt{n}}\right]$$

Une modalité M se trouve dans une population avec la proportion p **inconnue.**

f est la fréquence de la modalité M dans un échantillon de taille n.

Identités remarquables

Elles sont valables dans $\mathbb{C}$, donc également dans $\mathbb{R}$.

- $(a+b)^2 = a^2 + 2ab + b^2$
- $(a-b)^2 = a^2 - 2ab + b^2$
- $(a+b)^3 = a^3 + 3a^2b + 3ab^2 + b^3$
- $(a-b)^3 = a^3 - 3a^2b + 3ab^2 - b^3$
- $(a+b)^n = \sum_{k=0}^{n} \binom{n}{k} a^{n-k} b^k$
  $= a^n + \binom{n}{1} a^{n-1} b + \ldots + \binom{n}{k} a^{n-k} b^k + \ldots + b^n$
- $a^2 - b^2 = (a+b)(a-b)$
- $a^2 + b^2 = (a+\mathrm{i}b)(a-\mathrm{i}b)$
- $a^n - b^n = (a-b) \sum_{k=0}^{n-1} a^{n-1-k} b^k \ (n \geqslant 1)$

Trigonométrie

Cosinus et sinus

$\overline{\mathrm{OP}} = \cos\theta$

$\overline{\mathrm{OQ}} = \sin\theta$

$\cos^2\theta + \sin^2\theta = 1$

$\tan\theta = \dfrac{\sin\theta}{\cos\theta}$ pour $\theta \neq \dfrac{\pi}{2} + k\pi$

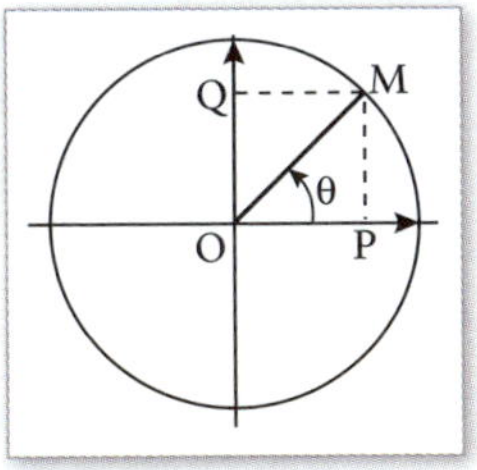

Valeurs remarquables

	0	$\frac{\pi}{6}$	$\frac{\pi}{4}$	$\frac{\pi}{3}$	$\frac{\pi}{2}$	π
sin	0	$\frac{1}{2}$	$\frac{\sqrt{2}}{2}$	$\frac{\sqrt{3}}{2}$	1	0
cos	1	$\frac{\sqrt{3}}{2}$	$\frac{\sqrt{2}}{2}$	$\frac{1}{2}$	0	-1
tan	0	$\frac{\sqrt{3}}{3}$	1	$\sqrt{3}$	non définie	0

▶ Formules de transformation

$x_M = \cos(a)$; $y_M = \sin(a)$

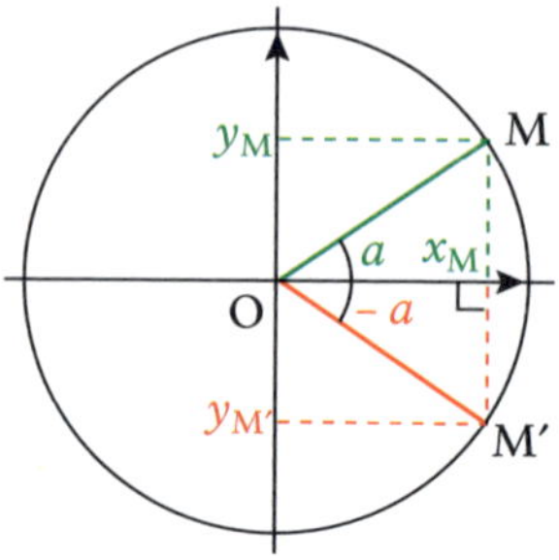

$\cos(-a) = \cos(a)$
$\sin(-a) = -\sin(a)$

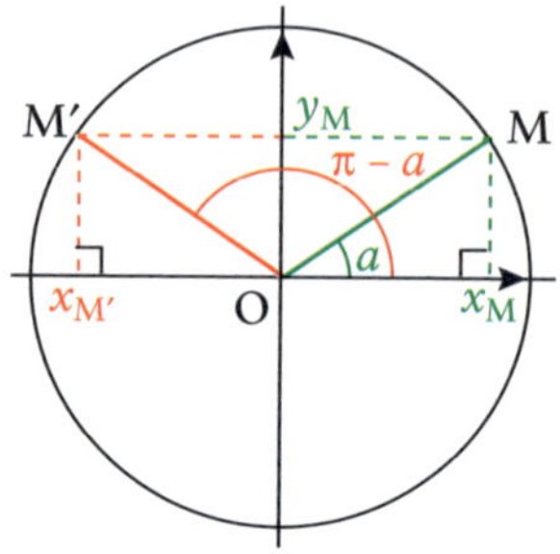

$\cos(\pi - a) = -\cos(a)$
$\sin(\pi - a) = \sin(a)$

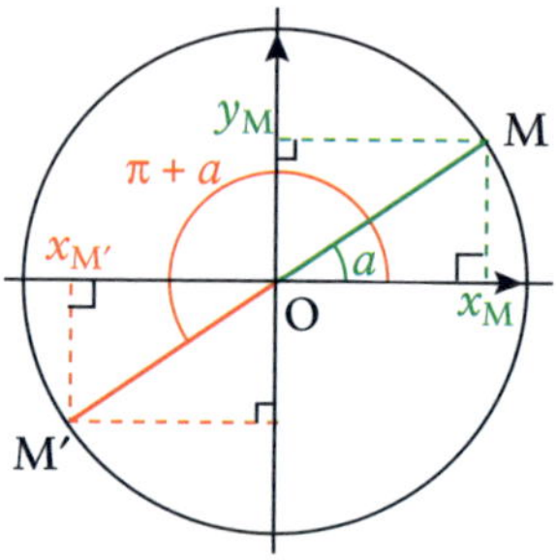

$\cos(\pi + a) = -\cos(a)$
$\sin(\pi + a) = -\sin(a)$

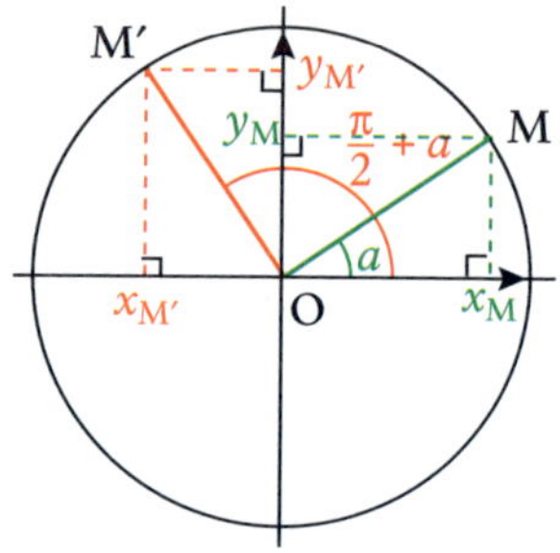

$\cos(\pi/2 + a) = -\sin(a)$
$\sin(\pi/2 + a) = \cos(a)$

Équations du second degré

Soit a, b, c des nombres réels, $a \neq 0$, et $\Delta = b^2 - 4ac$.
L'équation $az^2 + bz + c = 0$ admet :

- si $\Delta \geqslant 0$, une ou deux solutions réelles :

$$z_1 = \frac{-b + \sqrt{\Delta}}{2a} \text{ et } z_2 = \frac{-b - \sqrt{\Delta}}{2a}$$

- si $\Delta < 0$, deux solutions complexes conjuguées :

$$z_1 = \frac{-b + \mathrm{i}\sqrt{-\Delta}}{2a} \text{ et } z_2 = \frac{-b - \mathrm{i}\sqrt{-\Delta}}{2a}$$

Dans tous les cas : $az^2 + bz + c = a(z - z_1)(z - z_2)$

$$z_1 + z_2 = -\frac{b}{a} \qquad z_1 z_2 = \frac{c}{a}$$

Fonctions usuelles

Propriétés algébriques

Fonction exponentielle

Il existe une unique fonction f dérivable sur $\mathbb{R}$ telle que $f' = f$ et $f(0) = 1$.

C'est la fonction exponentielle.

$e^0 = 1$

$e^1 = e \approx 2{,}718$

$e^{a+b} = e^a e^b$

$e^{a-b} = \dfrac{e^a}{e^b}$

$\left(e^a\right)^b = e^{ab}$

$\exp(x) = e^x$	$-\infty$	0	1	$+\infty$
e^x	0 ↗	1 ↗	e ↗	$+\infty$

Fonction logarithme

Il existe une unique fonction f dérivable sur $\mathbb{R}^{+*}$, telle que pour tout x et tout y : $f(xy) = f(x) + f(y)$ et $f(1) = 0$.

C'est la fonction logarithme népérien.

$\ln x = \displaystyle\int_1^x \frac{dt}{t} (x > 0)$

Si $x \in \left]-\infty ; +\infty\right[$ et $y \in \left]0 ; +\infty\right[$:

$y = \exp x = e^x \Leftrightarrow x = \ln y$

$\ln 1 = 0$; $\ln e = 1$

$\ln ab = \ln a + \ln b$

$\ln \dfrac{a}{b} = \ln a - \ln b$

$\ln\left(a^n\right) = n \ln(a)$

x	0	1	e	$+\infty$
$\ln x$	‖ $-\infty$ ↗	0 ↗	1 ↗	$+\infty$

Limites usuelles des fonctions ln et exp et des suites

Fonctions

- Comportement à l'infini

$\lim\limits_{x \to +\infty} \ln x = +\infty$

$\lim\limits_{x \to +\infty} e^x = +\infty$; $\lim\limits_{x \to -\infty} e^x = 0$

- Comportement à l'origine

$\lim\limits_{x \to 0} \ln x = -\infty$

- Croissances comparées à l'infini, $\alpha > 0$

$\lim\limits_{x \to +\infty} \dfrac{e^x}{x} = +\infty$ $\qquad$ $\lim\limits_{x \to +\infty} \dfrac{e^x}{x^\alpha} = +\infty$

$\lim\limits_{x \to -\infty} xe^x = 0$ $\qquad$ $\lim\limits_{x \to -\infty} x^\alpha e^x = 0$, quand elle existe

$\lim\limits_{x \to +\infty} \dfrac{\ln x}{x} = 0$ $\qquad$ $\lim\limits_{x \to +\infty} \dfrac{\ln x}{x^\alpha} = 0$

- Comportement à l'origine

$\lim\limits_{h \to 0} \dfrac{\ln(1+h)}{h} = 1$ $\qquad$ $\lim\limits_{h \to 0} \dfrac{e^h - 1}{h} = 1$

$(1+h)^\alpha = 1 + \alpha h + h\varepsilon(h)$ avec $\alpha \neq 0$ et $\lim\limits_{h \to 0} \varepsilon(h) = 0$

Suites

- Si $\alpha > 0$, $\lim\limits_{n \to +\infty} n^\alpha = +\infty$
- si $\alpha < 0$, $\lim\limits_{n \to +\infty} n^\alpha = 0$
- Si $q > 1$, $\lim\limits_{n \to +\infty} q^n = +\infty$
- si $-1 < q < 1$, $\lim\limits_{n \to +\infty} q^n = 0$
- Si $q \leqslant -1$, q^n n'a pas de limite quand $n \to +\infty$

Dérivées et primitives

Primitives

u est une fonction dérivable. a, b et n sont des nombres réels.

$f(x)$	$F(x)$	Remarque
x^n	$\dfrac{x^{n+1}}{n+1}$	$n \neq -1$
$\dfrac{1}{x}$	$\ln(x)$	$x > 0$ ou $x < 0$
$(ax+b)^n$	$\dfrac{1}{a}\dfrac{(ax+b)^{n+1}}{n+1}$	$a \neq 0\,; n \neq -1$
$u'u^n$	$\dfrac{u^{n+1}}{n+1}$	$n \neq -1$
$\dfrac{u'}{\sqrt{u}}$	$2\sqrt{u}$	$u(x) > 0$
$\dfrac{1}{ax+b}$	$\dfrac{1}{a}\ln(ax+b)$	$a \neq 0\,; ax+b > 0$
$\dfrac{u'}{u}$	$\ln(u)$	$u(x) > 0$
e^{ax+b}	$\dfrac{1}{a}\mathrm{e}^{ax+b}$	$a \neq 0$
$u'\mathrm{e}^u$	e^u	
$\cos(ax+b)$	$\dfrac{1}{a}\sin(ax+b)$	$a \neq 0$
$\sin(ax+b)$	$-\dfrac{1}{a}\cos(ax+b)$	$a \neq 0$

Opérations sur les dérivées

- $(u+v)' = u' + v'$
- $(\mathrm{e}^u)' = \mathrm{e}^u u'$
- $(v \circ u)' = (v' \circ u)u'$
- $(uv)' = u'v + uv'$
- $(ku)' = ku'$ (k constante)
- $(u^\alpha)' = \alpha u^{\alpha-1}u'$
- $(\ln u)' = \dfrac{u'}{u}$ (u à valeurs strictement positives)
- $\left(\dfrac{1}{u}\right)' = -\dfrac{u'}{u^2}$
- $\left(\dfrac{u}{v}\right)' = \dfrac{u'v - uv'}{v^2}$

MATHÉMATIQUES

Dérivées

$f(x)$	$f'(x)$	Intervalle de validité
$x^n, n \in \mathbb{N}^*$	nx^{n-1}	$]-\infty ; +\infty[$
$\frac{1}{x}$	$-\frac{1}{x^2}$	$]-\infty ; 0[$ ou $]0 ; +\infty[$
$\frac{1}{x^n}, n \in \mathbb{N}^*$	$-\frac{n}{x^{n+1}}$	$]-\infty ; 0[$ ou $]0 ; +\infty[$
$\sqrt{x}$	$\frac{1}{2\sqrt{x}}$	$]0 ; +\infty[$
$x^\alpha, \alpha \in \mathbb{R}$	$\alpha x^{\alpha-1}$	$]0 ; +\infty[$
$\ln x$	$\frac{1}{x}$	$]0 ; +\infty[$
e^x	e^x	$]-\infty ; +\infty[$
$\cos x$	$-\sin x$	$]-\infty ; +\infty[$
$\sin x$	$\cos x$	$]-\infty ; +\infty[$

Calcul intégral

Formules fondamentales

Si F est une primitive de f, alors $\int_a^b f(t)\,dt = F(b) - F(a)$.

Si $g(x) = \int_a^x f(t)\,dt$, alors $g'(x) = f(x)$.

$$f(x) - f(a) = \int_a^x f'(t)\,dt$$

Formule de Chasles

$$\int_a^c f(t)\,dt = \int_a^b f(t)\,dt + \int_b^c f(t)\,dt \;;\; \int_b^a f(t)\,dt = -\int_a^b f(t)\,dt$$

Linéarité

α et $\beta \in \mathbb{R}$. $\int_a^b (\alpha f(t) + \beta g(t))\,dt = \alpha \int_a^b f(t)\,dt + \beta \int_a^b g(t)\,dt$.

Positivité

Si $a \leqslant b$ et $f \geqslant 0$, alors $\int_a^b f(t)\,dt \geqslant 0$.

Intégration d'une inégalité, $a \leqslant b$

Si $f \leqslant g$, alors $\int_a^b f(t)\,dt \leqslant \int_a^b g(t)\,dt$.

Si $m \leqslant f \leqslant M$, alors $m(b-a) \leqslant \int_a^b f(t)\,dt \leqslant M(b-a)$.

Valeur moyenne de f sur $[a ; b]$: $\frac{1}{b-a}\int_a^b f(t)\,dt$

Suites

Les formules sont valables dans $\mathbb{C}$, donc également dans $\mathbb{R}$.

Suites arithmétiques

Premier terme u_0 ; raison r ; $u_{n+1} = u_n + r$; $u_n = u_0 + nr$

Suites géométriques

Premier terme u_0 ; raison q ; $u_{n+1} = qu_n$; $u_n = u_0 q^n$

Si $q \neq 1$, $S_n = 1 + q + \ldots + q^n = \sum_{k=0}^{n} q^k = \frac{1 - q^{n+1}}{1 - q}$.

Si $q = 1$, $S_n = n + 1$.

Suites convergentes

Toute suite croissante (resp. décroissante) majorée (resp. minorée) converge.

Suites divergentes

- Toute suite croissante non majorée tend vers $+\infty$.
- Toute suite décroissante non minorée tend vers $-\infty$.

Théorème des gendarmes

Soit $u_n \leqslant v_n \leqslant w_n$ à partir d'un certain rang.

- Si $u_n \to \ell$ et $w_n \to \ell$, alors $v_n \to \ell$ ($\ell \in \mathbb{R}$)
- Si $u_n \to +\infty$, alors $v_n \to +\infty$.
- Si $w_n \to -\infty$, alors $v_n \to -\infty$.

Algorithmique

▶ Test conditionnel

```
SI <condition 1> ALORS <action 1>
SINON <action 2>
Fin SI
```

REMARQUE « SINON » est facultatif.

▶ Itération

- POUR

```
POUR i variant de 1 à n
PAS 2
        <action dépendant de k>
Fin POUR
```

REMARQUE le PAS peut être n'importe quel entier.

- TANT QUE

```
TANT QUE k ⩽ n
<action dépendant de k>
Fin de TANT QUE
```

Géométrie dans l'espace

▶ Produit scalaire

Dans un repère orthonormé $\left(\mathrm{O}\,;\vec{i}\,;\vec{j}\right)$ avec $\vec{u}(x\,;y\,;z)$ et $\vec{u}'(x'\,;y'\,;z')$,

$\vec{u}\cdot\vec{u}' = xx' + yy' + zz'$ $\qquad$ $\|\vec{u}\|^2 = x^2 + y^2 + z^2$

▶ Équations de plans et de droites

- Plan $\mathcal{P}$ passant par A et de vecteur normal $\vec{n}$.

$\mathrm{M} \in \mathcal{P} \Leftrightarrow \overrightarrow{\mathrm{AM}}\cdot\vec{n} = 0$.

- Une équation cartésienne est de la forme $ax + by + cz + d = 0$ où $\vec{n}(a\,;b\,;c)$ est normal à $\mathcal{P}$.
- Équations paramétriques (de paramètre λ) de la droite $\mathcal{D}$ passant par $\mathrm{A}(x_0\,;y_0\,;z_0)$ et de vecteur directeur $\vec{u}(\alpha\,;\beta\,;\gamma)$

$$\begin{cases} x = x_0 + \lambda\alpha \\ y = y_0 + \lambda\beta \\ z = z_0 + \lambda\gamma \end{cases}$$

Ondes et matière

Définitions

- Une **onde** correspond à un transport d'énergie sans transport de matière. Après le passage de l'onde, le milieu retrouve son état initial.
- Une **onde mécanique** se propage dans un milieu matériel ; la matière est déplacée au passage de l'onde et reprend ensuite sa place.
- Une **onde électromagnétique** se propage dans le vide et dans certains milieux matériels dits transparents pour l'onde considérée ; elle entraîne une perturbation des champs électrique et magnétique à son passage.
- Dans le cas des **ondes longitudinales**, la perturbation est parallèle à la direction de propagation.

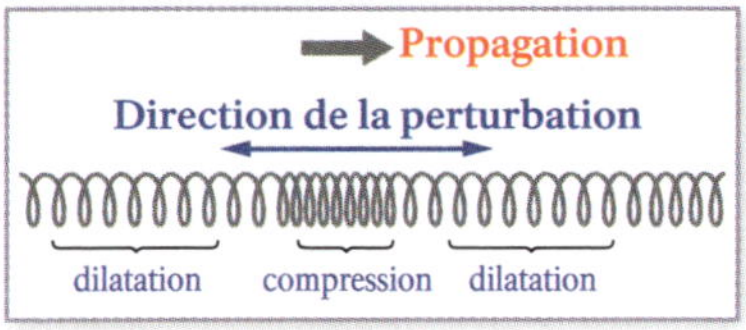

- Dans le cas des **ondes transversales**, la perturbation est perpendiculaire à la direction de propagation.

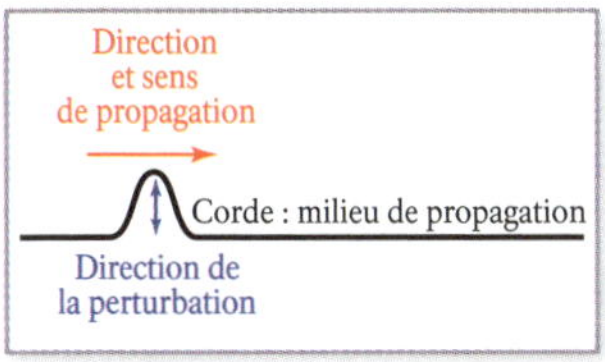

Ondes périodiques sinusoïdales

- La **longueur d'onde** λ est la plus petite distance séparant deux points de l'espace se trouvant à tout instant dans le même état vibratoire.
- La **période** T est la plus petite durée séparant deux instants où un même point de l'espace se trouve dans le même état vibratoire.
- La **célérité** v est la vitesse de propagation de l'onde.
- Périodicité temporelle et périodicité spatiale sont liées :

$\lambda = v \times T$(λ en m ; v en $m \cdot s^{-1}$; T en s).

Ondes sismiques et ondes sonores

Ondes sismiques

- Les ondes longitudinales P (*primary*) se propagent plus rapidement.
- Les ondes transversales S (*secondary*) se propagent moins rapidement.

Ondes sonores

- Un **son** est une vibration mécanique longitudinale à laquelle est sensible l'oreille humaine. Sa fréquence est comprise entre 20 Hz et 20 000 Hz.
- L'**amplitude** du signal renseigne sur l'intensité du son.
- Sa **fréquence** renseigne sur sa hauteur : plus la fréquence est élevée, plus le son est aigu (haut) ; plus elle est basse, plus le son est grave (bas).
- La forme du signal renseigne sur son **timbre** qui permet de différencier la voix de deux personnes chantant la même note.

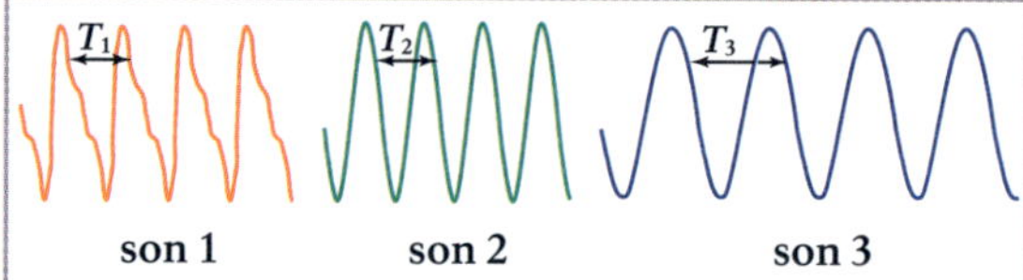

Sons 1 et 2 : même note, timbre différent. Son 3 : plus grave que les sons 1 et 2. Sons 1, 2 et 3 = même intensité.

- Le **spectre** d'un son complexe est composé de plusieurs fréquences. La plus basse (f_1 sur le schéma) est appelée **fondamental**. Les fréquences plus élevées (f_2 et f_3) sont les **harmoniques.**

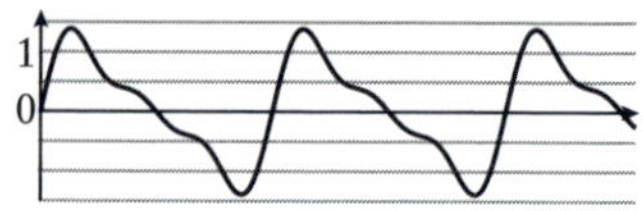

Son complexe

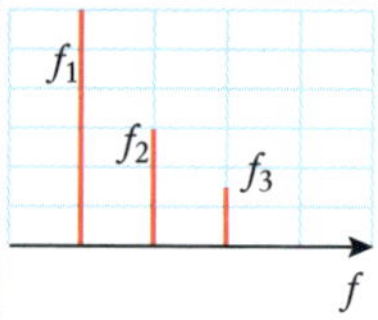

Spectre

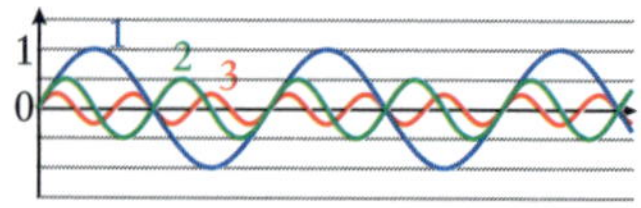

Sons purs (sinusoïde) de fréquences f_1, f_2 et f_3 dont la superposition correspond au son complexe.

Effets des ondes

Une onde mécanique véhicule de l'**énergie mécanique** pouvant mettre en mouvement la matière. Les effets augmentent beaucoup plus rapidement que l'intensité du phénomène.

Niveau sonore L d'un son

$$L = 10 \log \frac{I}{I_0}$$

L sans dimension. Unité : dBA
I_0 plus petite intensité décelable par l'oreille, $I_0 = 10^{-12}\ \text{W} \cdot \text{m}^{-2}$.
I et I_0 en $\text{W} \cdot \text{m}^{-2}$.

Magnitude d'un séisme (exemple de l'échelle de Richter)

$$M = \log \frac{A}{A_0}$$

M sans dimension A et A_0 en unités arbitraires.
A donné en fonction de l'intensité de référence A_0 (ex : $A = 4 \times 10^7\ A_0$).

Expression du décalage Doppler

Lorsqu'une source est en mouvement par rapport à un observateur, la fréquence et la longueur d'onde que celui-ci perçoit sont différentes de celles de la source.

- **Source s'approchant de l'observateur : $f' > f'$ et $\lambda' < \lambda$;**

$$f' = f\frac{V}{V - v} \quad \text{et} \quad \lambda' = \lambda - VT$$

- **Source s'éloignant de l'observateur : $f' < f'$ et $\lambda' > \lambda$;**

$$f' = f\frac{V}{V + v} \quad \text{et} \quad \lambda' = \lambda + VT$$

PHYSIQUE

Diffraction et interférences

Diffraction

▶ Une onde est perturbée par un **obstacle** ou une **ouverture** dont la taille est de l'ordre de la longueur d'onde : elle se **diffracte**. L'ouverture ou l'obstacle se comportent alors comme une nouvelle source.

▶ Des figures de diffraction sont également observables lorsque se manifeste le **caractère ondulatoire** de particules.

EXEMPLE : ***La diffraction d'électrons.***

$\theta = \frac{\lambda}{a}$ Pour de petits angles, $\tan\theta \approx \theta$ et on a $\theta \approx \tan\theta = \frac{d}{2D}$.

Interférences

▶ Deux ondes issues de deux sources, dites **cohérentes**, peuvent interférer et l'on peut alors observer une **figure d'interférence.**

EXEMPLE : ***Les interférences sur l'eau.***

- Cela se produit entre autres lorsque les deux ondes se propagent dans un même milieu et que leur déphasage reste constant.

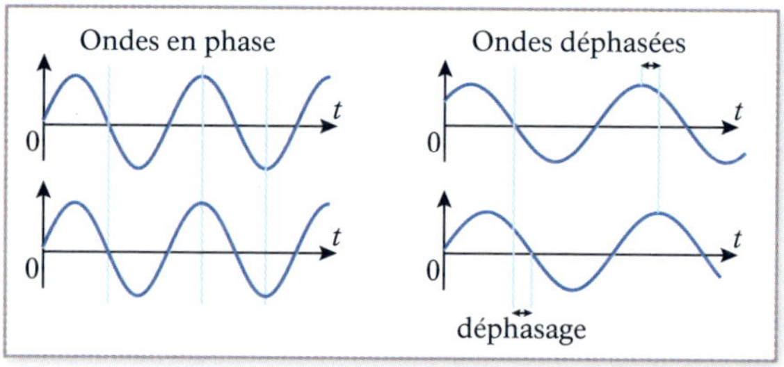

▶ La figure d'interférence, stable au cours du temps, présente des points où la perturbation est maximale (**interférences constructives**), d'autres où elle est nulle (**interférences destructives**).

▶ Interférence constructive :

$$d = n\lambda \text{ ou } d = 2n\frac{\lambda}{2} \quad (d = d_1 - d_2 \text{ ; voir schéma})$$

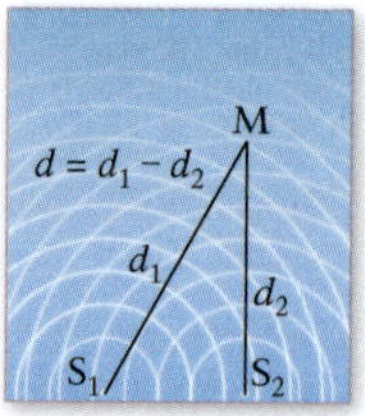

▶ Interférence destructive :

$$d = \left(n + \frac{1}{2}\right)\lambda \text{ ou } d = (2n+1)\frac{\lambda}{2}$$

Constantes et grandeurs courantes

Constantes	Symbole	Valeur
Constante d'Avogadro	N_A	$6,02 \times 10^{23}$ mol^{-1}
Vitesse de la lumière (vide)	c	$3,00 \times 10^{8}$ m · s^{-1}
Constante de gravitation	G	$6,67 \times 10^{-11}$ N · m² · kg^{-2}
Constante (loi de Coulomb)	k	$9,0 \times 10^{9}$ N · m² · C^{-2}
Constante de Planck	h	$6,63 \times 10^{-34}$ J · s

Grandeur	Symbole	Unité
Masse	M ou m	kg
Longueur	ℓ	m
Temps	T ; t ; τ	s
Vitesse	v	m · s^{-1}
Accélération	a	m · s^{-2}
Quantité de mouvement	$\vec{p}$	kg · m · s^{-1}
Force	$\vec{F}$	N *newton*
Champ de pesanteur	$\vec{g}$	N · kg^{-1} ou m · s^{-2}
Pression	p	Pa *pascal* (ou bar)
Température	T (θ)	K *kelvin* (ou °C)
Charge	q	C *coulomb*
Intensité	I	A *ampère*
Tension, potentiel électrique	U, E	V *volt*

Grandeur	Symbole	Unité
Champ électrique	E	V · m^{-1}
Résistance	R	Ω *ohm*
Puissance	P	W *watt*
Flux thermique	Φ	W *watt*
Intensité d'un son	I	W · m^{-2}
Énergie, travail	E, W	J *joule*
Quantité de chaleur	Q	J *joule*
Capacité thermique massique	c	J. · kg^{-1} · K^{-1}
Niveau sonore	L	dB *décibel*
Magnitude	M	dB *décibel*

Cinématique

Description des mouvements

Un mouvement est relatif, il dépend du référentiel de l'observateur. À un référentiel, on associe un repère.

EXEMPLE : ***Référentiel terrestre, géocentrique, héliocentrique.***

Grandeurs vectorielles

- Vecteur position : $\overrightarrow{OM} = x\vec{i} + y\vec{j} + z\vec{k}$.
- Vecteur vitesse : $\vec{v} = \lim\limits_{\Delta t \to 0} \dfrac{\Delta\overrightarrow{OM}}{\Delta t} = \dfrac{d\overrightarrow{OM}}{dt}$.
- Vecteur quantité de mouvement :
$\vec{p} = m\vec{v}$ soit $p = mv_x\vec{i} + mv_x\vec{j} + mv_x\vec{k}$.
- Vecteur accélération : $\vec{a} = \lim\limits_{\Delta t \to 0} \dfrac{\Delta\vec{v}}{\Delta t} = \dfrac{d\vec{v}}{dt} = \dfrac{d^2\overrightarrow{OM}}{dt^2}$.
- Dans le repère mobile de Frénet, on a $\vec{v} = v\vec{t}$ et $\vec{a} = \dfrac{dv}{dt}\vec{t} + \dfrac{v^2}{R}\vec{n}$.

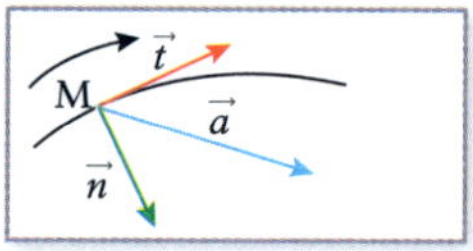

Mouvements particuliers

Nom du mouvement	Trajectoire	Vitesse	Accélération
Rectiligne uniforme	Droite	Constante	Nulle
Rectiligne uniformément varié	Droite	Fonction affine du temps $(v = at + v_0)$	Constante
Circulaire uniforme	Cercle	Vitesse v constante	Constante (v^2/R)

Lois de Newton

▶ **Première loi** (principe d'inertie) : il existe des référentiels appelés référentiels galiléens dans lesquels la quantité de mouvement d'un système isolé se conserve. $\vec{p} = \overrightarrow{C^{te}} \Leftrightarrow \sum \overrightarrow{F_{ext}} = \vec{0}$.

▶ **Deuxième loi** : dans un référentiel galiléen : $\sum \overrightarrow{F_{ext}} = \dfrac{\overrightarrow{\mathrm{d}p}}{\mathrm{d}t}$.

Cette loi implique que la quantité de mouvement d'un système isolé se conserve (1re loi).

▶ **Troisième loi** (principe des actions réciproques) : que deux corps A et B soient au repos ou animés d'un mouvement quelconque, la force exercée par A sur B est opposée à la force exercée par B sur A : $\vec{F}_{A/B} = -\vec{F}_{B/A}$.

Lois de Kepler

Il s'agit de trois lois **empiriques** (énoncées à la suite d'observations astronomiques).

1. Les planètes décrivent des ellipses dont le Soleil est un des foyers.
2. Le segment qui joint le Soleil à une planète balaie des aires égales en des temps égaux.
3. Si on note T la période de révolution T et a le demi grand-axe, le rapport T^2/a^3 est une constante caractéristique du Soleil.

Mouvements particuliers

Mouvement circulaire uniforme de rayon R

Dans le référentiel héliocentrique considéré comme galiléen, la deuxième loi de Newton s'écrit :

$$m_P a = \frac{v^2}{m_P R} = G m_P \frac{M_S}{R^2} \text{ donc } v = \sqrt{\frac{GM_S}{R}}.$$

À une valeur de la vitesse ne correspond donc qu'une seule altitude possible et réciproquement.

Comme $vT = 2\pi R$, on a $\dfrac{T^2}{R^3} = \dfrac{4\pi^2}{GM_S}$.

($\dfrac{4\pi^2}{GM_S}$ est la constante de la 3e loi de Kepler).

PHYSIQUE

Mouvements particuliers (suite)

Mouvements dans le champ uniforme $\vec{g}$

Accélération

$$\sum \vec{F} = \frac{d\vec{p}}{dt} = m\vec{a} = m\vec{g} \text{ d'où } \vec{a} = \vec{g}$$

Cas d'une vitesse initiale verticale

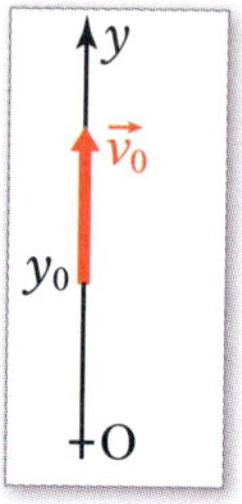

Si la vitesse initiale est verticale, le mouvement se fait selon cet axe. Avec les orientations du schéma : $y = -\frac{1}{2}gt^2 + v_0t + y_0$

v_0 est positive si la vitesse initiale est orientée vers le haut, v_0 est négative si la vitesse initiale est orientée vers le bas.

Cas d'une vitesse initiale inclinée sur l'horizontale

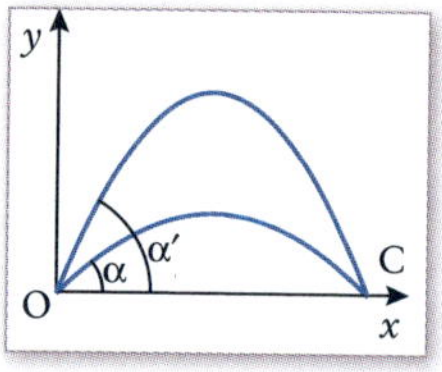

$x = v_0 \cos\alpha t$ et $y = -\frac{1}{2}gt + (v_0 \cos\alpha)t$

$y = -\frac{1}{2}g\frac{x^2}{v_0^2 \cos^2 a} + x\tan\alpha$

Pour une même vitesse initiale v_0, deux angles α et α' permettent d'atteindre la cible C, et on a $\alpha + \alpha' = \frac{\pi}{2}$

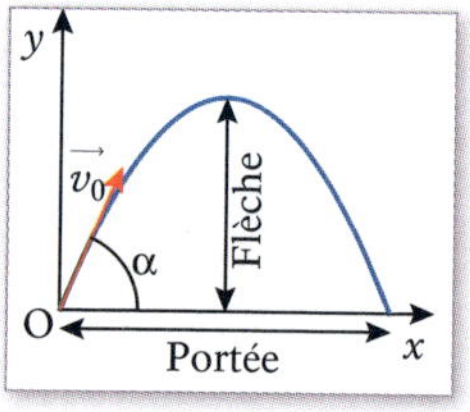

On définit la **flèche** $\frac{v_0^2 \sin^2\alpha}{2g}$

et la **portée** $\frac{v_0^2 \sin 2\alpha}{g}$.

Mouvements dans un champ uniforme $\vec{E}$

Accélération

$$\sum \vec{F} = \frac{d\vec{p}}{dt} = m\vec{a} = q\vec{E} \text{ d'où } \vec{a} = \frac{q\vec{E}}{m}.$$

Équations du mouvement :

Si $\vec{v_0}$ est perpendiculaire à $\vec{E}$: $y = \frac{1}{2}\frac{qE}{m}t^2$;

$x = v_0t$ et $y = \frac{1}{2}\frac{qE}{mv_0^2}x^2$.

Travail d'une force

▶ Travail sur un trajet AB d'une force constante :

$$W\left(\vec{F}\right)_{A \to B} = \vec{F} \cdot \overrightarrow{AB}.$$

▶ Pour un trajet AB quelconque, le travail est dit :

– **moteur**, si $W\left(\vec{F}\right)_{A \to B} > 0$: la force favorise le déplacement ;

– **résistant**, si $W\left(\vec{F}\right)_{A \to B} < 0$: la force s'oppose au déplacement.

▶ Une force est dite **conservative** si le travail (W) est indépendant du chemin suivi (il ne dépend que des points de départ et d'arrivée). Lorsqu'une force est conservative, on peut définir une énergie porentielle.

EXEMPLE : ***L'énergie potentielle de pesanteur*** $\left(\mathbf{E_{pp}}\right)$.

Oscillateurs

Pendule simple

Le fil est supposé sans masse et inextensible, la masse est ponctuelle ; T^2 est proportionnel à la longueur du fil et $T = 2\pi\sqrt{\frac{1}{g}}$.

La période T ne dépend pas de la masse suspendue au fil.

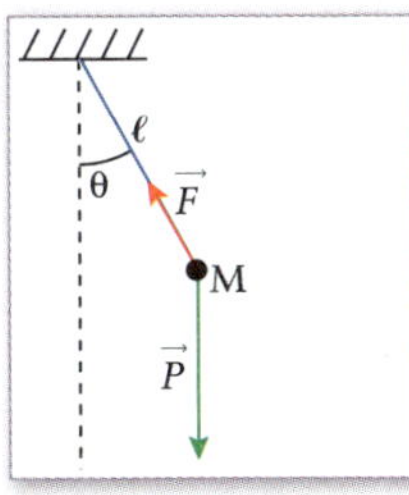

Dispositif solide-ressort

Le ressort est supposé sans masse, la masse est ponctuelle.

La **période** du dispositif **solide-ressort** est donnée par $T = 2\pi\sqrt{\frac{m}{k}}$.

La force de rappel vaut :

$\vec{F} = -kx\vec{i}$.

O est la position du solide au repos.

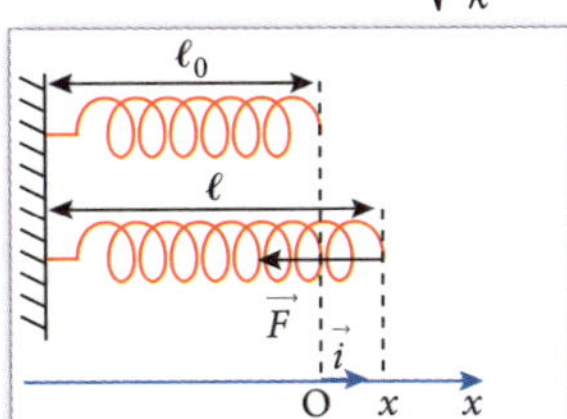

Amortissement

▶ Pour les systèmes **conservatifs**, il y a **conservation de l'énergie** mécanique totale :

$$E_m = E_c + E_{pp}$$

Au cours du mouvement, l'énergie potentielle se transforme en énergie cinétique et réciproquement.

▶ Dans la réalité, de l'énergie est **dissipée** sous forme de chaleur : les oscillations s'amortissent, l'énergie mécanique totale diminue.

EXEMPLE : ***Un pendule peut difficilement être utilisé pour la mesure du temps car les oscillations vont cesser et la période se modifier.***

Temps

▶ Postulats d'Einstein

Les lois de la physique sont les mêmes dans tous les **référentiels galiléens** (reprise du postulat de Galilée).

La célérité de la lumière dans le vide est **la même** dans tous les référentiels galiléens.

▶ Temps absolu et temps relatif

L'expérience courante nous montre un temps absolu : le temps s'écoule de la même façon dans tous les référentiels. Seule peut changer la date choisie comme origine.

Du postulat d'Einstein selon lequel la célérité de la lumière dans le vide est la même dans tous les référentiels galiléens, il résulte que le temps ne s'écoule pas de la même façon dans tous les repères galiléens.

▶ Dilatation des durées

Si un référentiel R_1 se déplace à une vitesse v proche de la vitesse c de la lumière par rapport à un référentiel R_0, une durée Δt mesurée dans R_0 est supérieure à la **durée propre** $\Delta\tau$ mesurée dans R_1.

On montre que :

$$\Delta t = \gamma \Delta\tau$$

où γ est le coefficient $\gamma = \dfrac{1}{\sqrt{1 - \dfrac{v^2}{c^2}}}$.

Transferts thermiques

Énergie interne U

Pour une température donnée, U est la somme des énergies cinétiques et des énergies potentielles microscopiques de toutes les particules.

Capacité thermique massique c

Chauffer ou refroidir un corps, c'est apporter ou prélever une quantité de chaleur Q qui va augmenter ou diminuer l'énergie interne d'une quantité ΔU.
Cette variation dépend de la nature du corps considéré. Pour un corps donné de masse m :

$$\Delta U = Q_{\text{échangée}} = cm\Delta T.$$

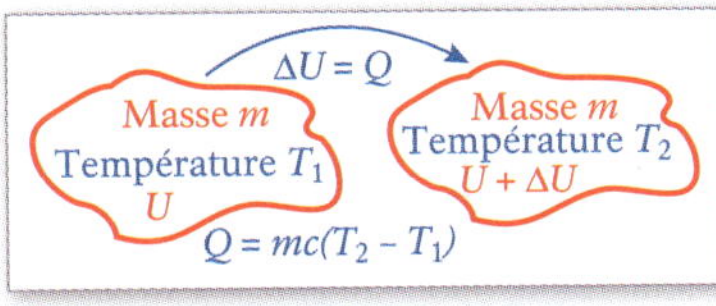

Transferts thermiques

▶ Le **transfert thermique** se fait toujours du corps le plus chaud vers le corps le plus froid. On distingue **convection** (avec transport de matière), **conduction** (à travers la matière sans transport de matière) et **rayonnement** (possible à travers le vide)

▶ Le **flux thermique** Φ traversant une paroi par unité de temps est

$$\Phi = \frac{S}{R}(T_1 - T_2)$$

où $T_1 > T_2$. R est la résistance thermique du matériau et S la surface de la paroi.
Lorsque plusieurs matériaux sont accolés, les résistances thermiques s'ajoutent.

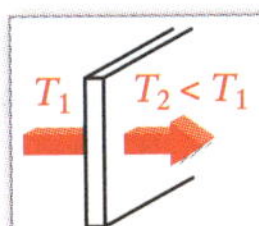

▶ Pendant une durée Δt, la paroi transmet une quantité de chaleur Q et une **puissance thermique** P :

$$Q = \frac{S}{R}(T_1 - T_2)\Delta t \quad \text{et} \quad P = \frac{S}{R}(T_1 - T_2).$$

▶ Le **transfert thermique** Q et le travail W sont les seules façons d'échanger de l'énergie ΔE entre deux systèmes :

$$\Delta E = \Delta E_{\text{méca}} + \Delta U = \Delta E_c + \Delta E_p + \Delta U = W + Q.$$

Transferts quantiques d'énergie

Niveaux d'énergie

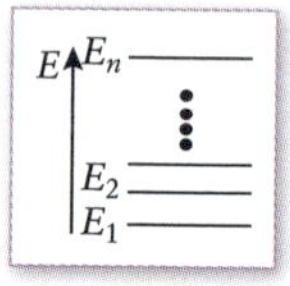

▶ Un atome dans l'état d'énergie E_n peut **absorber** ou **émettre** une radiation électromagnétique de fréquence ν. Cela se produit s'il existe un état E_p de l'atome tel que :

$$\nu = \frac{|E_n - E_p|}{h}$$

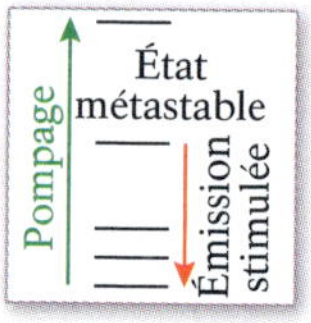

▶ Des atomes excités peuvent se désexciter de façon spontanée et le phénomène est alors aléatoire. Après pompage optique, la désexcitation peut être stimulée pour qu'elle se produise en phase pour tous les atomes et l'onde lumineuse peut être amplifiée. On réalise alors un LASER (*Light Amplificated Stimulated Radiation*).

Dualité onde-corpuscule

▶ L'énergie E d'un photon correspondant à l'onde lumineuse de fréquence f et de longueur d'onde dans le vide λ est : $E = hf$.

▶ De même, à toute particule, massique ou non, de quantité de mouvement p on associe la longueur d'onde $\lambda = h/p$.

Transmettre et stocker de l'information

Signaux analogique et numérique

▶ **Analogique** : son amplitude varie continûment. Peut être transmis par voie hertzienne mais pas par transmission guidée.

▶ **Numérique** : son amplitude ne peut prendre qu'un nombre discret de valeurs. En binaire : 2^n valeurs possibles pour un codage n bits.

Chaîne de transmission

▶ Pour une transmission guidée, on opère une conversion analogique numérique en trois étapes : **échantillonnage**, **quantification**, **numérisation.** À la réception on décode le signal numérique pour retrouver le signal initial.

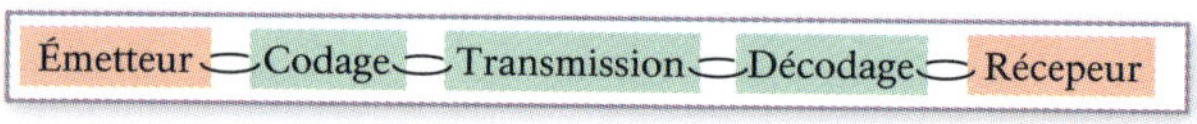

Données

Électronégativité selon l'échelle de Pauling

Symbole	H	C	N	O
Nom	Hydrogène	Carbone	Azote	Oxygène
χ	2,2	2,5	3,0	3,5

Symbole	S	F	Cl	Br
Nom	Soufre	Fluor	Chlore	Brome
χ	2,6	4,0	3,2	3,0

Conductivité molaire ionique

Cations monochargés en solution aqueuse à 25 °C

Nom	Symbole	σ ($S \cdot m^2 \cdot mol^{-1}$)
Oxonium	$H_3O^+_{(aq)}$	$379,8 \times 10^{-4}$
Potassium	$K^+_{(aq)}$	$73,4 \times 10^{-4}$
Sodium	$Na^+_{(aq)}$	$50,1 \times 10^{-4}$
Ammonium	$NH^+_{4(aq)}$	$73,5 \times 10^{-4}$
Argent	$Ag^+_{(aq)}$	$61,9 \times 10^{-4}$
Lithium	$Li^+_{(aq)}$	$38,7 \times 10^{-4}$

Anions monochargés en solution aqueuse à 25 °C

Nom	Symbole	σ^o ($S \cdot m^2 \cdot mol^{-1}$)
Hydroxyde	$HO^-_{(aq)}$	$198,6 \times 10^{-4}$
Bromure	$Br^-_{(aq)}$	$78,1 \times 10^{-4}$
Chlore	$Cl^-_{(aq)}$	$76,3 \times 10^{-4}$
Éthanoate	$CH_3CO^-_{2(aq)}$	$40,9 \times 10^{-4}$
Méthanolate	$HCO^-_{2(aq)}$	$54,6 \times 10^{-4}$
Benzoate	$C_6H_5{}^-COO^-_{(aq)}$	$32,3 \times 10^{-4}$

Nomenclature

Formule brute (C_nH_{2n+2})	Nom	Formule brute (C_nH_{2n+2})	Nom
CH_4	Méthane	C_6H_{14}	Hexane
C_2H_6	Éthane	C_7H_{16}	Heptane
C_3H_8	Propane	C_8H_{18}	Octane
C_4H_{10}	Butane	C_9H_{20}	Nonane
C_5H_{12}	Pentane	$C_{10}H_{22}$	Décane

Formule brute (C_nH_{2n+2})	Nom
CH_3	Méthyle
C_2H_5	Éthyle
C_3H_7	Propyle

Quelques formules utiles

- Concentration

$$C = \frac{n}{V}$$

C en $mol \cdot L^{-1}$
n, quantité de matière en mol
V, volume de solution en L

- Masse volumique

$$\mu = \frac{m}{V}$$

μ en $kg \cdot m^{-3}$
m en g et V en L

- Densité d'un liquide

$$d = \frac{\mu_{liq}}{\mu_{eau}}$$

d sans unité
avec $\mu_{eau} = 1\ kg \cdot m^{-3}$

- Quantité de matière

$$n = \frac{m}{M}$$

n en mol
m, masse en g
M, masse molaire en $g \cdot mol^{-1}$

RMN du proton (H)

Valeurs des déplacements chimiques en RMN du proton

R est un groupe aliphatique (alkyle) et Ar un groupe aromatique

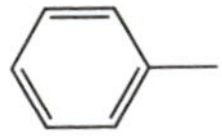

Les déplacements chimiques sont donnés en ppm

Protons CH_3		Protons CH_2		Protons CH	
Lié à un carbone tétraédrique		Lié à un carbone tétraédrique		Lié à un carbone tétraédrique	
CH_3-C	0,9	CH_2-C	1,3	CH-C	1,5
CH_3-C-NH_2 (ou NR_2)	1,15	CH_2-C-NH_2 (ou NR_2)	1,3	CH-C-OH (ou OR)	1,6-2
CH_3-C-Ar	1,25	CH_2-C-Ar	1,6	CH-C-C1	1,6
CH_3-C-OH (ou OR)	1,15-1,3	CH_2-C-OH (ou OR)	1,8		
En α d'une insaturation		En α d'une insaturation		En α d'une insaturation	
CH_3-C=C	1,6	CH_2-C=C	2,1-2,3	CH-C=C	2,5
CH_3-CO-OR	2,0	CH_2-C≡C	2,6	CH-C≡N	2,7
CH_3-CO-OH	2,1	CH_3-CO-OR	2,2	CH-CO-OH	2,6
CH_3-CO-NH_2 (ou NR_2)	2-2,1	CH_2-CO-OH	2,35	CH-CO-R	2,5-2,7
CH_3-C=C-C=0	2	CH_2-CO-NH_2 (ou NR_2)	2,1-2,2	CH-Ar	3,0
CH_3-CO-R	2,1-2,2	CH_2-C=C-C=0	2,4	CH-CO-Ar	3,3
CH_3-Ar	2,3-2,4	CH_2-CO-R	2,4		
CH_3-CO-Ar	2,6	CH_2-Ar	2,7		
		CH_2-CO-Ar	2,9		

CHIMIE

Valeurs des déplacements chimiques en RMN du proton

Protons CH_3		Protons CH_2		Protons CH	
Lié à un carbone tétraédrique		Lié à un carbone tétraédrique		Lié à un carbone tétraédrique	
CH_3-NH_2 (ou NR_2)	2,1-2,3	CH_2-NH_2 (ou NR_2)	2,5	$CH-NH_2$	2,9
$CH_3-NH-COR$	2,8-2,9	$CH_2-NH-COR$	3,3	$CH-NH-COR$	3,8-4,1
CH_3-OR	3,3	CH_2-OR	3,4	$CH-OR$	3,7
CH_3-OH	3,4	CH_2-OH	3,6	$CH-OH$	3,9
CH_3-OCOR	3,7	CH_2-OCOR	4,2	$CH-OCOR$	4,8-5,1
CH_3-OAr	3,8	CH_2-OAr	4,0	$CH-OAr$	4,0
CH_3-NO_2	4,3	CH_2-NO_2	4,4	$CH-NO_2$	4,5-4,7

Autres protons				
Ar–H	6,5-8,2	Amide	$-CONH_2$	6,0-8,9
			$-CONH$	
R–CH=O	9,5-10	Amine	$R-NH_2$	0,6-5,0
			R–NH–	
–C=CH–	4,5-6,0	Acide	R–COOH	10,5-12,5

Spectre électromagnétique

- Énergie d'un photon

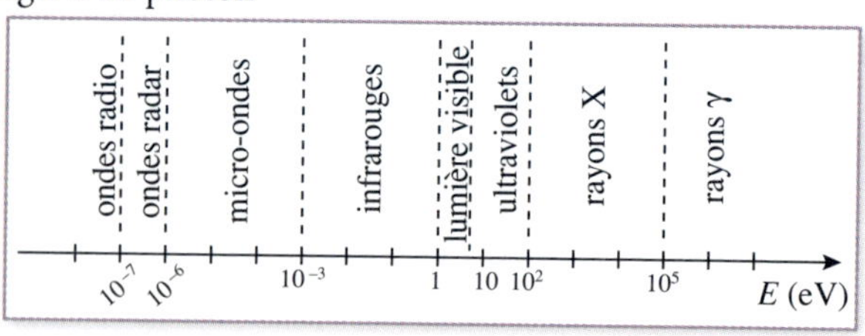

- Fréquence

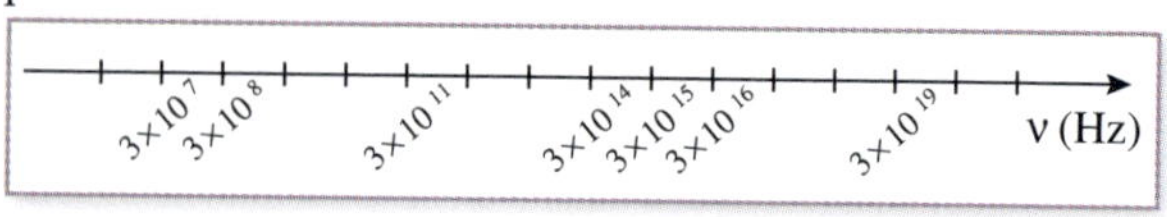

- Longueur d'onde

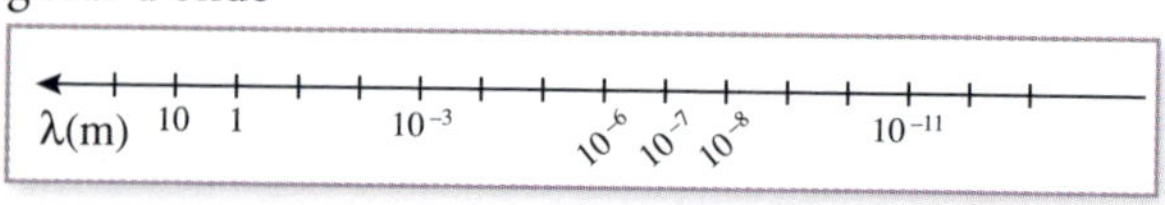

Table infrarouge

▶ **Nombres d'onde des vibrations de valence et de déformation**

Groupement	Liaison	Nombre d'onde (cm^{-1})	Nature de la vibration	Intensité
Alcools et phénols	O–H libre	3 650-3 590	Élongation	Variable et fine
Alcools et phénols	O–H assoc	3 400-3 200	Élongation	Forte et large
Acides	O–H assoc	3 300-2 500	Élongation	Forte et très large
Amines primaires	N–H	3 500-3 410	Élongation	Moyenne
Amines secondaires	N–H	3 500-3 310	Élongation	Moyenne
≡C–H alcynes	C–H	3 300	Élongation	Moyenne et fine

Groupement	Liaison	Nombre d'onde (cm^{-1})	Nature de la vibration	Intensité
Aromatiques	C–H	3 080-3 030	Élongation	Moyenne
$HC{=}CH_2$ (vinyl)	C–H	3 095-3075 3040-3 010	Élongation Élongation	Moyenne Moyenne
HC=CH ou C=CH alcènes	C–H	3 040-3 010	Élongation	Moyenne
$–CH_3$ alcanes	C–H	≈ 2 960 ≈ 2 870	Élongation asym Élongation sym	Forte Forte
$–CH_2–$ alcanes	C–H	≈ 2 925 ≈ 2 850	Élongation asym Élongation sym	Forte Moyenne à forte
Aldéhydes	C–H	2 900-2 800 2 775-2 700	Élongation Élongation	Faible Moyenne

Table infrarouge (suite)

▶ Nombres d'onde des vibrations de valence et de déformation

Groupement	Liaison	Nombre d'onde (cm^{-1})	Nature de la vibration	Intensité
Aldéhydes aliphatiques	C=O	1 740-1 720	Élongation	Forte
Aldéhydes	C=O	1 715-1 690	Élongation	Forte
Cétones aliphatiques	C=O	1 725-1 705	Élongation	Forte
Cétones aromatiques	C=O	1 700-1 670	Élongation	Forte
Acides	C=O	1 725-1 700	Élongation	Forte
Amides	C=O	1 650-1 700	Élongation	Forte
Esters	C=O	1 750-1 730	Élongation	Forte

Alcanes	C–C	1 000-1 200	Élongation	Forte
Alcènes	C=C	1 675-1 645	Élongation	Moyenne
Alcynes	C ≡ C	2 100-2 260	Élongation	Fme
Aromatiques	C=C	1 600 ; 1 580 ; 1 500 ; 1 450	Élongation 4 bandes	Variables

Groupement	**Liaison**	**Nombre d'onde (cm^{-1})**	**Nature de la vibration**	**Intensité**
Amines aliphatiques	C−N	1 220-1 020	Élongation	Moyenne
Amines aromatiques	C−N	1 360-1 180	Élongation	Moyenne à forte
Esters	C−O	1 300-1 050	Élongation 2 bandes	Fortes
Acides	C−O	1 300-1 200	Élongation	Forte
Alcools tertiaires	C−O	1 200-1 125	Élongation	Variable
Alcools secondaires	C−O	1125-1 085	Élongation	Variable
Alcools primaires	C−O	1 085-1 050	Élongation	Variable
Éthers C−O−C	C−O	1150-1 020	Élongation	Forte

Longueur d'onde et couleur

Spectre continu de la lumière blanche

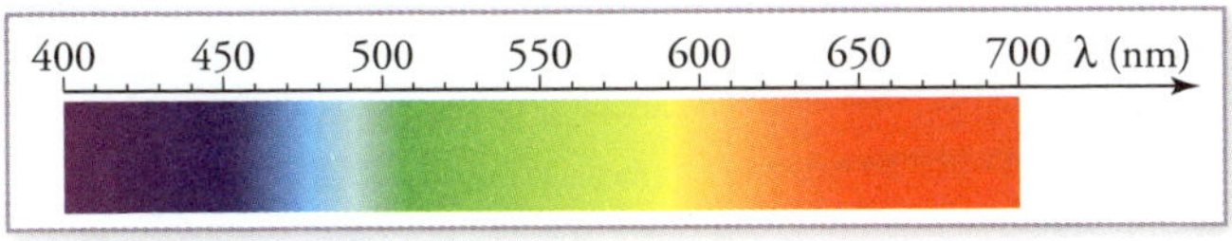

Quelques repères

Couleur	Violet	Indigo	Bleu	Vert	Jaune	Orange	Rouge
λ en nm	400-420	420-470	470-490	490-570	570-580	580-640	640-800

Cercle chromatique : couleurs complémentaires

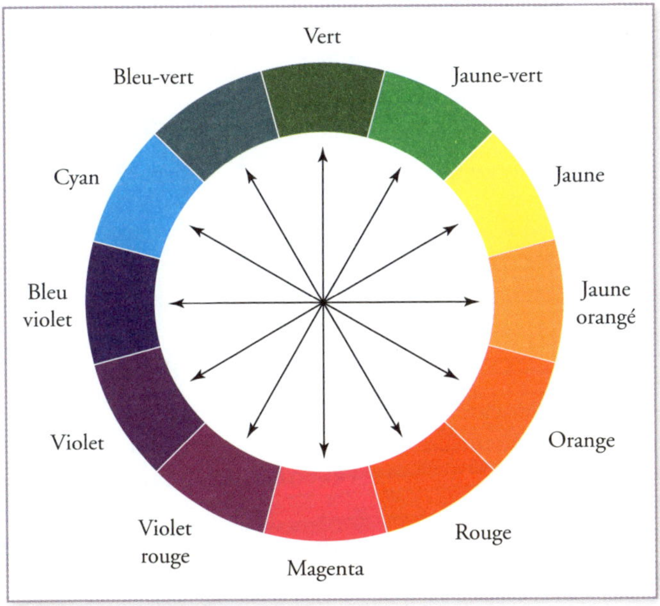

Présentation d'un résultat numérique

Donner le bon nombre de chiffres significatifs

Chiffres significatifs

Dans un nombre, les chiffres autres que zéro sont significatifs. Les zéros, s'ils sont placés en tête du nombre, ne sont pas significatifs.

EXEMPLE : ***6,80 a 3 chiffres significatifs et 0,68 a 2 chiffres significatifs.***

Si on ne dispose pas d'information concernant la manière dont les nombres sont obtenus, le nombre de chiffres significatifs indique la précision. Par convention, on considérera que le dernier chiffre significatif est connu à $\pm 0{,}5$.

EXEMPLE : ***Écrire $m = 11{,}60$ kg signifie que $11{,}595 \text{ kg} < m < 11{,}605 \text{ kg}$.***

Lors de conversions d'unités ou de passage d'unités à leurs multiples ou sous multiples, il faut veiller à la conservation du nombre de chiffres significatifs.

Chiffres significatifs après un calcul

Il faut arrondir le résultat obtenu par un calcul afin d'exprimer le résultat avec une précision égale à celle de la donnée utilisée la moins précise. Pour une addition ou une soustraction, le résultat ne doit pas avoir plus de décimales que la donnée qui en a le moins.
Pour une multiplication ou une division, le résultat ne doit pas avoir plus de chiffres significatifs que la donnée qui en a le moins.

EXEMPLE : $\underset{4\text{ C.S.}}{25{,}42} \times \underset{3\text{ C.S.}}{72{,}5} = \underset{3\text{ C.S.}}{1{,}84 \times 10^3}$

Présentation d'un résultat

Le résultat d'une mesure doit comporter obligatoirement : la valeur mesurée ou la valeur moyenne, l'incertitude et le symbole de l'unité. Selon le cas, on indique le niveau de confiance, le plus souvent 95 %.
Compte tenu des conditions de mesures la plupart des résultats seront donnés avec un seul chiffre significatif pour l'incertitude $U(\text{G})$.

Comparer un résultat avec une valeur de référence

On détermine l'écart relatif par rapport à une grandeur de référence :

$$\text{écart relatif} = \left| \frac{\text{valeur expérimentale} - \text{valeur de référence}}{\text{valeur de référence}} \right| \times 100$$

Si cet écart est inférieur à 5 % on considére que les résultats sont concordants.

Les pictogrammes de sécurité

Pictogramme	Signification et précautions à prendre
	Nocif ou nocif – Danger sur la santé Ces produits peuvent irriter, provoquer des allergies, empoisonner. Éviter l'ingestion, l'inhalation et le contact avec la peau et les yeux.
	Corrosif – Danger de corrosion Ces produits peuvent ronger la peau, les yeux, attaquer les métaux. Éviter le contact avec la peau, les yeux et les vêtements.
	Inflammable – Danger d'incendie Ces produits peuvent s'enflammer. Tenir loin des flammes et des sources de chaleur, refermer le flacon.
	Comburant – Produit comburant Ces produits peuvent provoquer ou aggraver un incendie. Tenir loin des flammes et des substances combustibles
	Explosif – Danger d'explosion Ces produits peuvent exploser. Éviter les chocs et tenir loin des flammes et des sources de chaleur.
	Dangereux pour l'environnement – Danger pour l'environnement Ces produits ont des effets néfastes sur l'environnement. Récupérer dans un centre de collecte de déchets.
	Toxique – Danger de toxicité aiguë Ces produits peuvent produire des effets néfastes ou empoisonner. Proscrire l'ingestion, l'inhalation et le contact avec la peau et les yeux.
	Sensibilisant – Danger pour la santé Ces produits peuvent être cancérogènes, mutagènes, toxiques. Ils doivent être manipulés avec les protections adéquates.
	Gaz sous pression ou réfrigéré – Danger d'explosion Ces produits peuvent exploser, provoquer des brûlures par le froid. Produits à stocker et à utiliser avec précaution à l'ouverture.

La verrerie du laboratoire

Verrerie de contenance

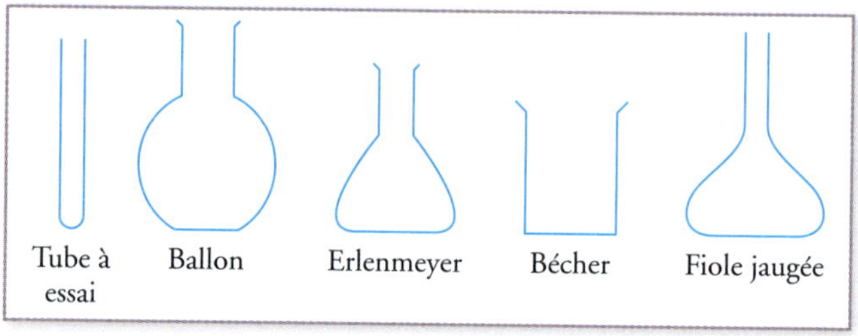

Verrerie de prélèvement

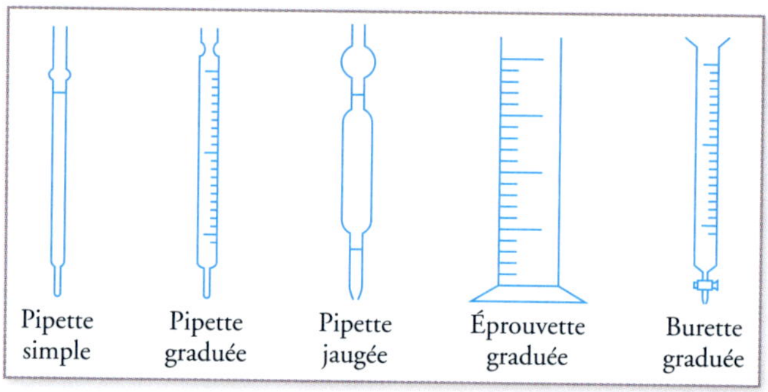

La verrerie jaugée est toujours plus précise qu'une verrerie graduée.

Autres instruments

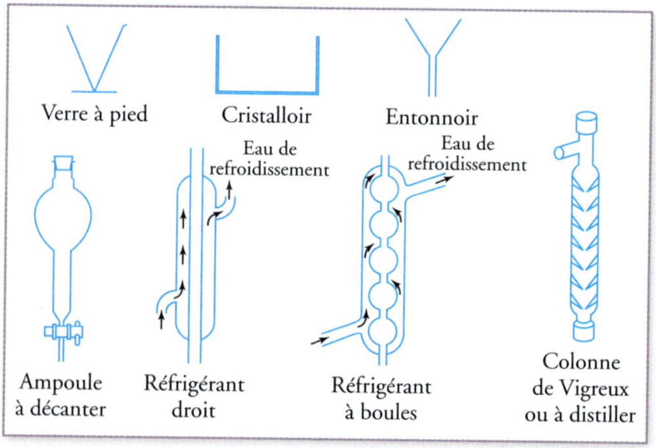

Les brassages génétiques au cours de la méiose

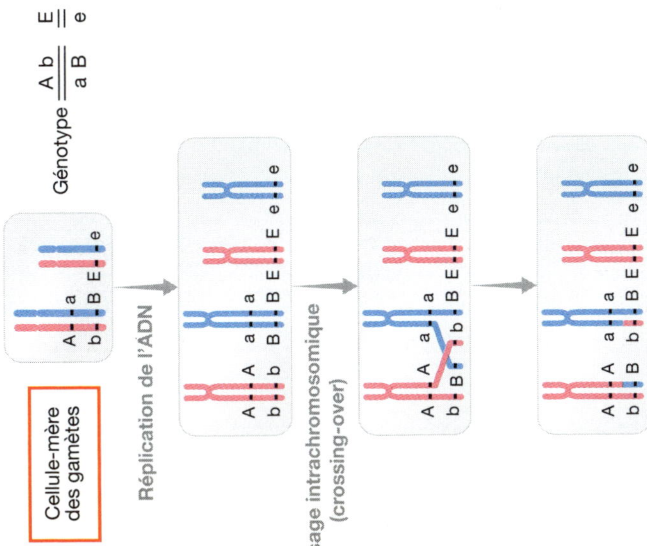

Suite du schéma au dos

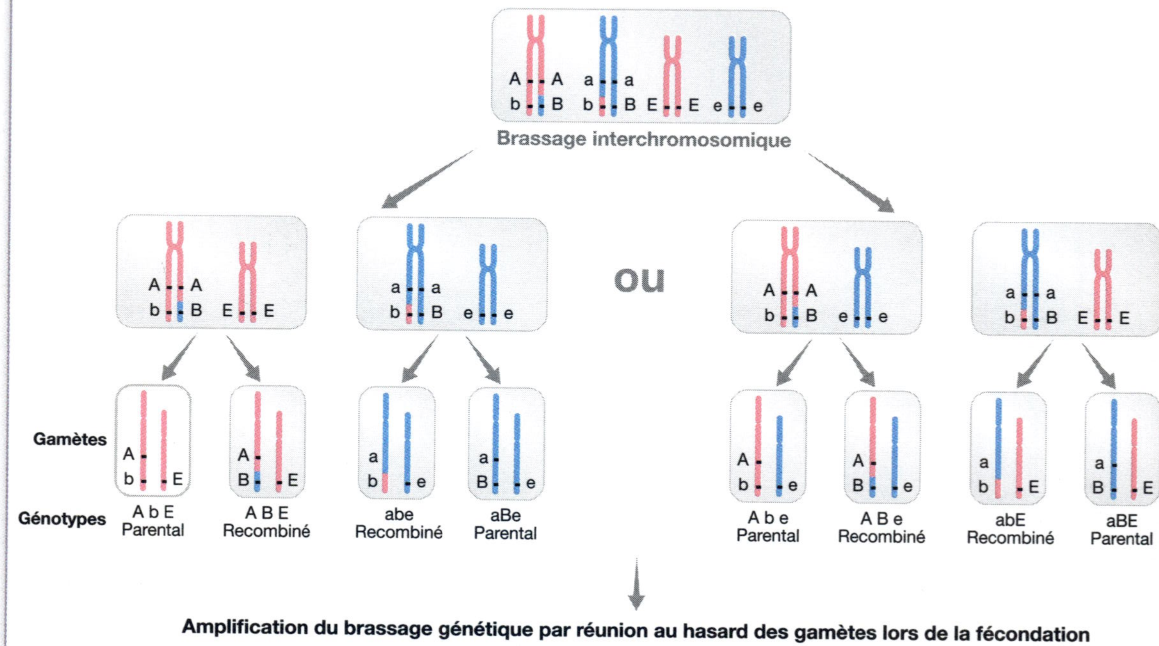
A A a a
b B b B E E e e
Brassage interchromosomique
ou
A A
b B E E
a a
b B e e
A A
b B e e
a a
b B E E
Gamètes
A b E
A B E
a b e
a B e
A b e
A B e
a b E
a B E
Génotypes
A b E
Parental
A B E
Recombiné
abe
Recombiné
aBe
Parental
A b e
Parental
A B e
Recombiné
abE
Recombiné
aBE
Parental
Amplification du brassage génétique par réunion au hasard des gamètes lors de la fécondation

Comparaison Homme-Chimpanzé

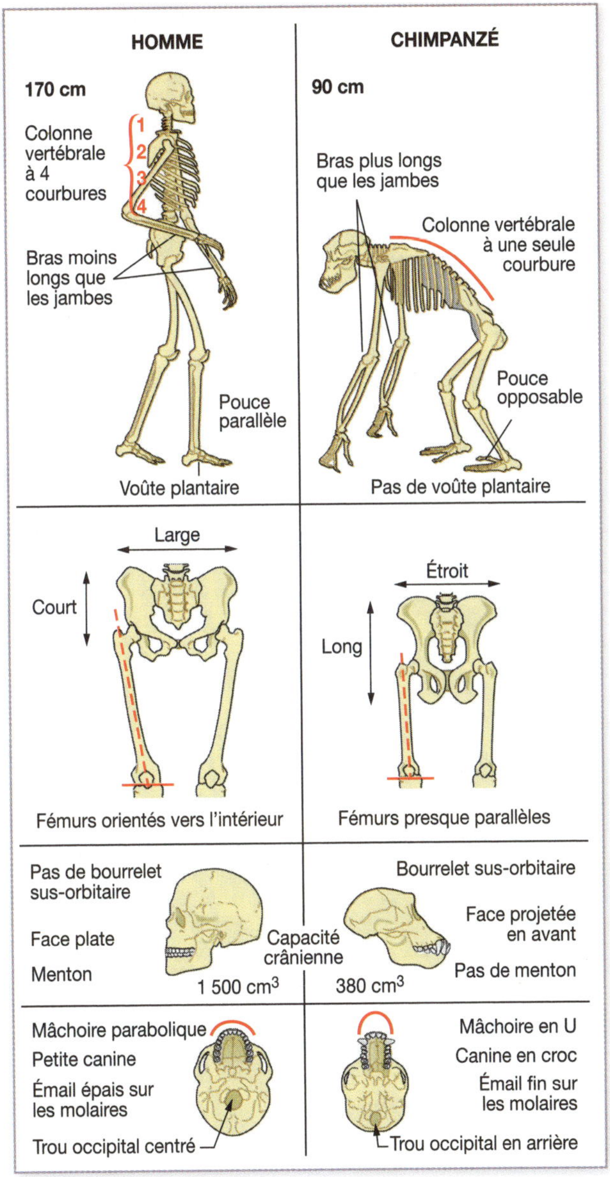

L'organisation fonctionnelle d'une plante

Contraintes (interface sol/air)	Structures et mécanismes
Milieu desséchant	• **Tissus externes imperméables** (cuticule) • **Stomates** dont l'ouverture régule les pertes d'eau par transpiration
Luminosité variable **Milieu pauvre en CO_2** (indispensable à la photosynthèse)	• **Grandes surfaces d'échanges gazeux et de réception de la lumière :** les feuilles. • **Structures spécialisées dans les échanges gazeux :** les stomates.
Conditions physico-chimiques air/sol différentes	**Systèmes conducteurs de matière** entre systèmes aériens et souterrains, permettant à chaque partie de la plante d'avoir les molécules et ions indispensables à sa vie
Milieu très dilué (avec des ions peu concentrés)	**Grande surface d'absorption** d'eau et d'ions

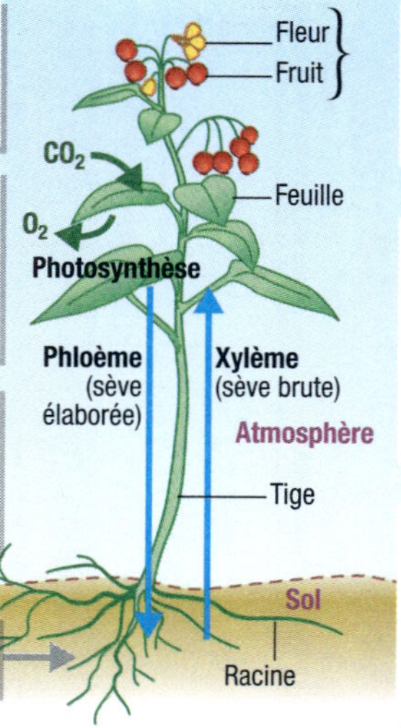

Structures et mécanismes	Contraintes (immobilité)
• **Pollinisation** par le vent ou un animal pollinisateur (attractivité des fleurs - coévolution) • Dispositifs de **dispersion des graines**	**Pas de rapprochement possible pour la reproduction**
• **Tissus** permettant de **résister aux variations saisonnières** (cuticule épaisse, espaces intercellulaire emplis d'air...) • **Développement et formation des fruits et des graines synchronisés aux variations saisonnières**	**Des conditions climatiques variables**
Développement de **systèmes de défenses :** • **Structures** (cuticule, épines) • **Mécanismes de défense** (productions de toxines) contre les agressions du milieu et les prédateurs	**Pas de fuite possible vis-à-vis des agresseurs et des prédateurs**

Les âges des roches à la surface du globe terrestre

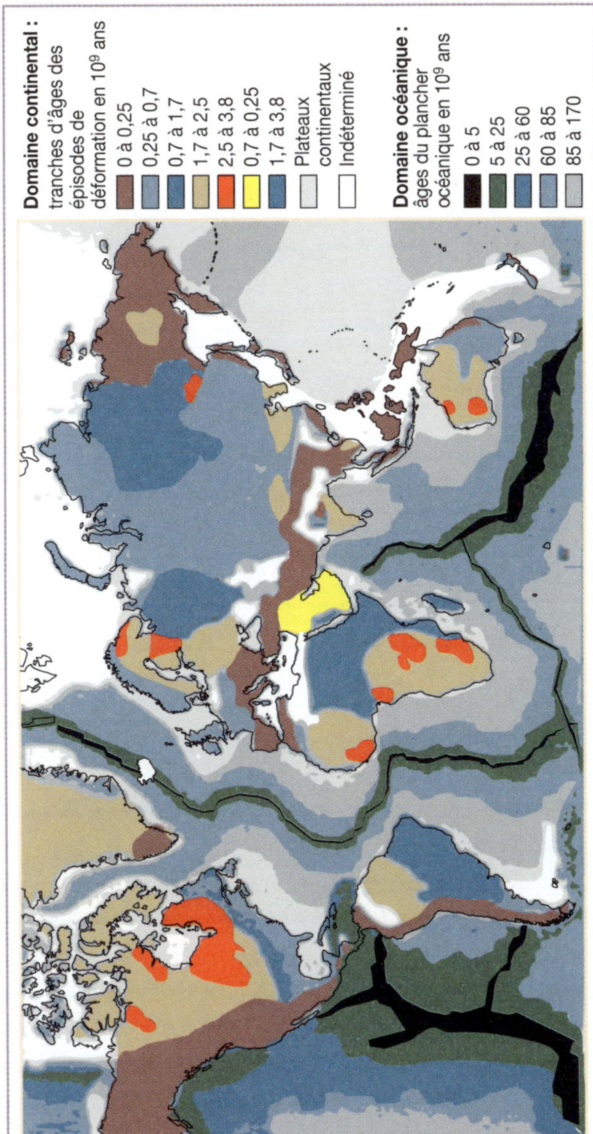

Les indices tectoniques du raccourcissement à l'origine de l'épaississement crustal

À l'échelle de l'affleurement

Coupe simplifiée du massif des Bauges.

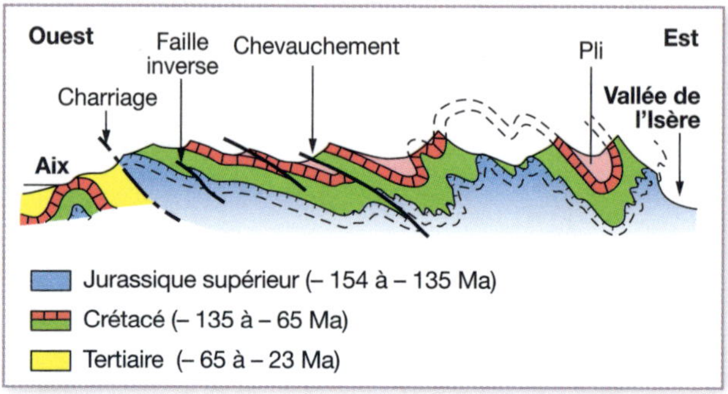

En profondeur

Profil sismique ECORS à travers les Alpes occidentales et son interprétation.

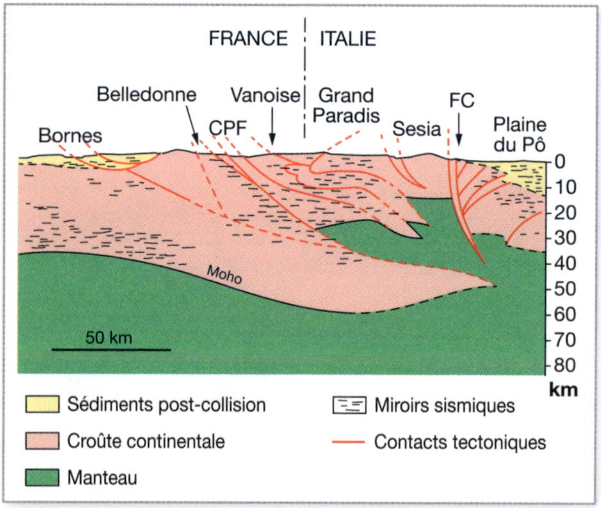

La disparition des reliefs et le recyclage de la croûte continentale

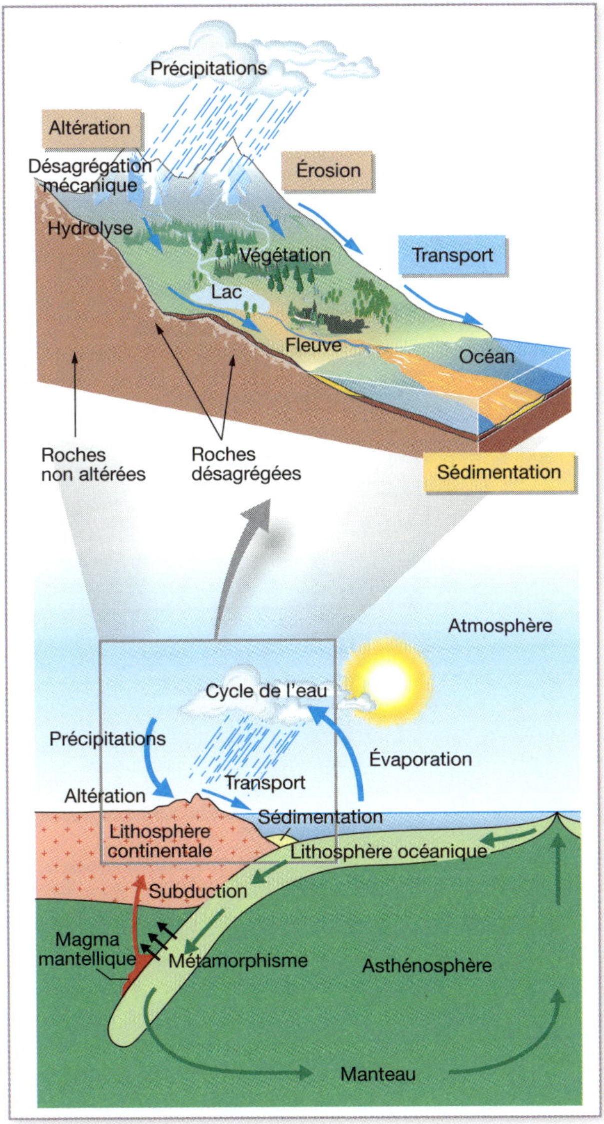

Un modèle de la convection du manteau dans le cadre de la tectonique globale

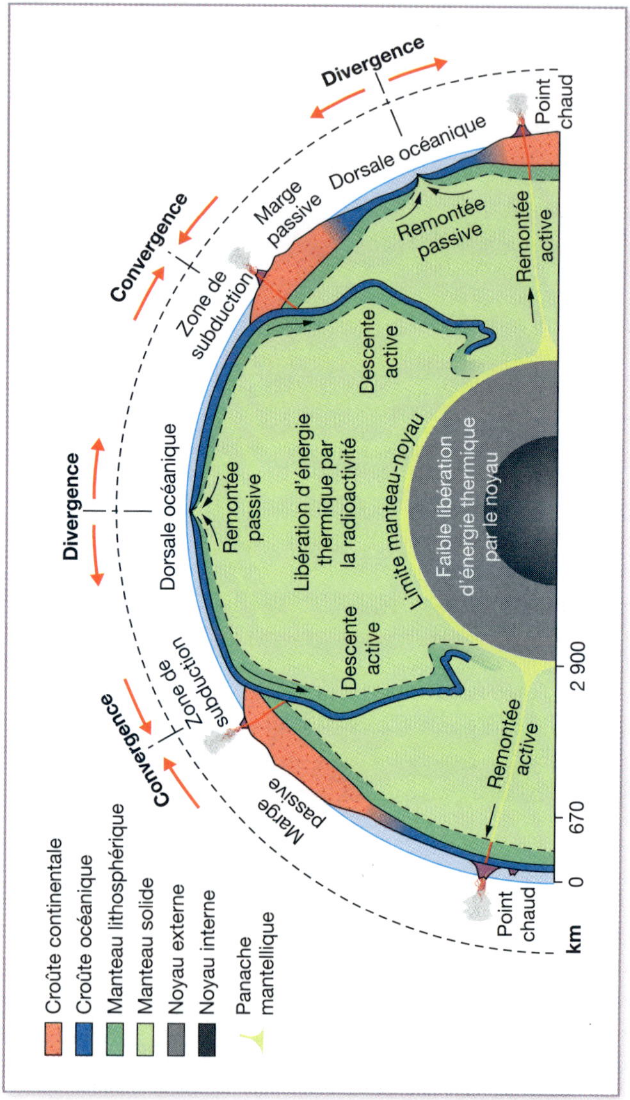

Les réserves géothermiques en France dans leur cadre géologique

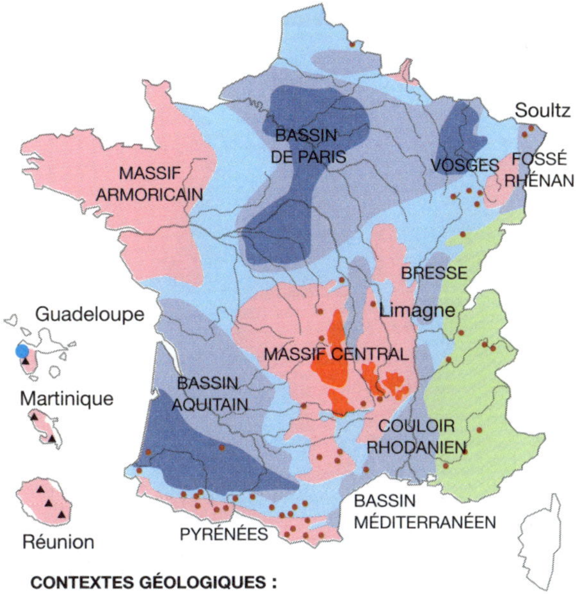

CONTEXTES GÉOLOGIQUES :

Avec ressources géothermiques aléatoires

- Massifs anciens
- Chaînes récentes
- Bassins sédimentaires peu profonds

Avec ressources géothermiques prouvées

- Massifs volcaniques récents ou actuels

GÉOTHERMIE MOYENNE ET BASSE ÉNERGIE

- Aquifères profonds, ressources prouvées ou probables (température > 70 °C)
- Bassins sédimentaires profonds (ressource possible)
- Source thermale 25 °C < T < 80 °C

GÉOTHERMIE HAUTE ÉNERGIE

- ▲ Site géothermique en cours d'étude
- Gisement de vapeur

Sélection clonale des lymphocytes spécifiques d'un antigène donné

a. Reconnaissance directe de l'antigène et sélection clonale de LB spécifiques.

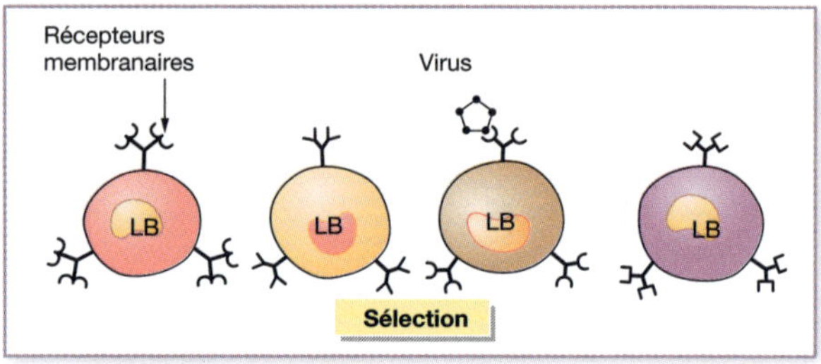

b. Reconnaissance d'une cellule présentatrice de l'antigène (CPAg) et sélection clonale de LT spécifiques.

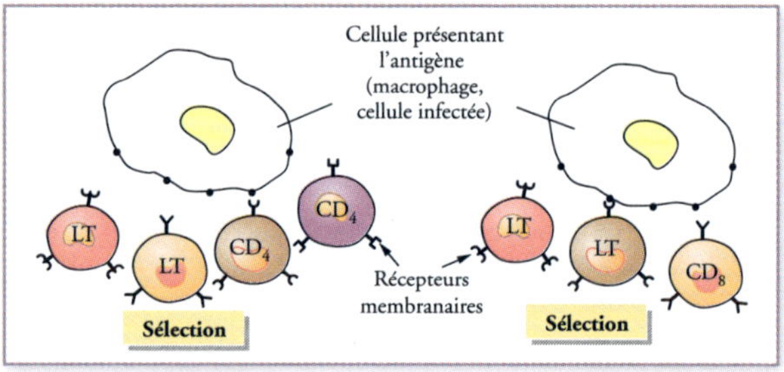

Neutralisation de l'antigène

▶ Structure d'un anti-corps

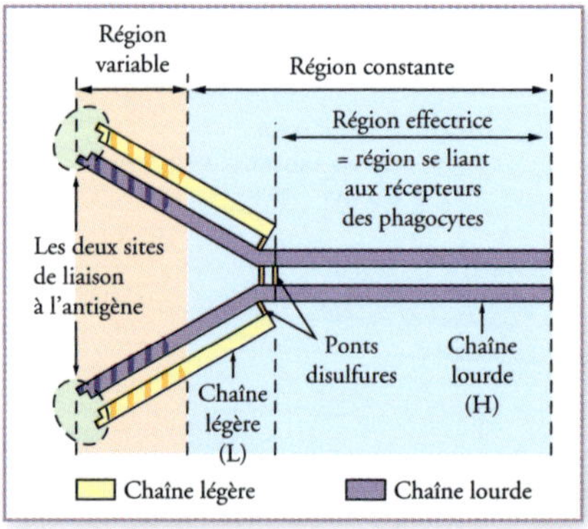

▶ Complexe immun et neutralisation de l'antigène

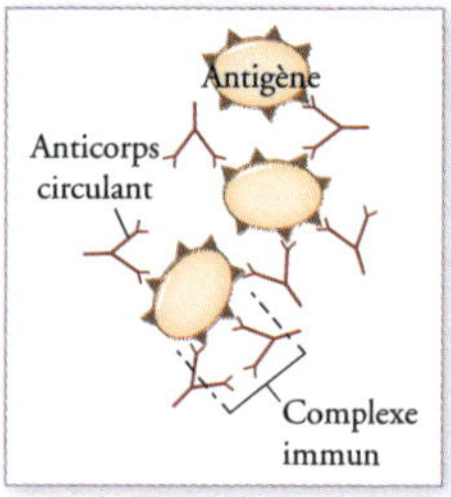

La réponse immunitaire après une infection par le VIH

Évolution de la charge virale, du nombre de lymphocytes T4 et des concentrations relatives de lymphocytes T cytotoxiques et d'anticorps dans le sang, après une infection par le virus de l'immunodéficience humaine (VIH).

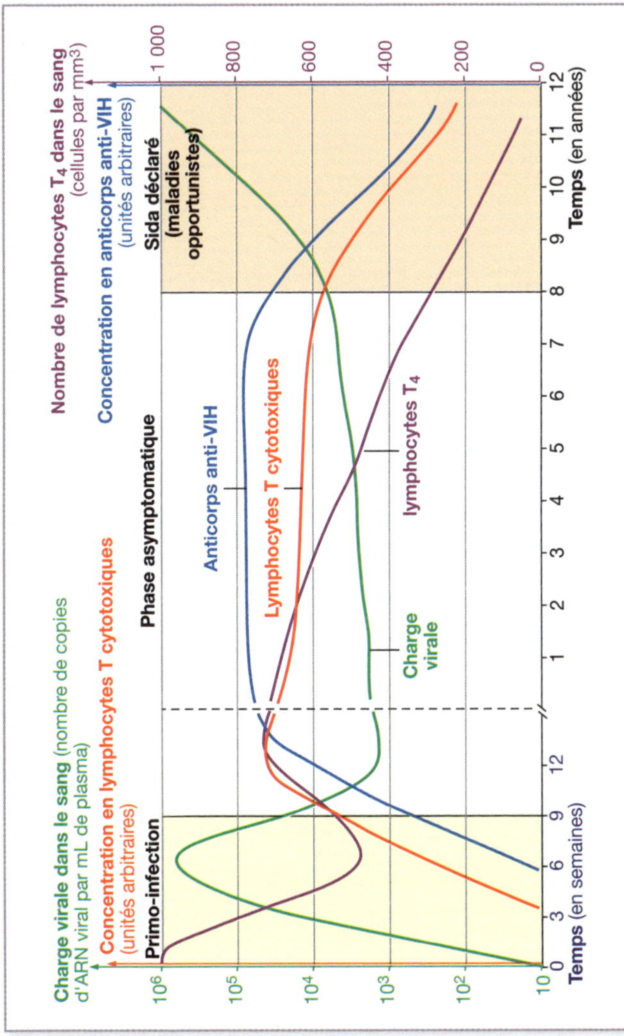

SVT

Schéma fonctionnel du réflexe myotatique

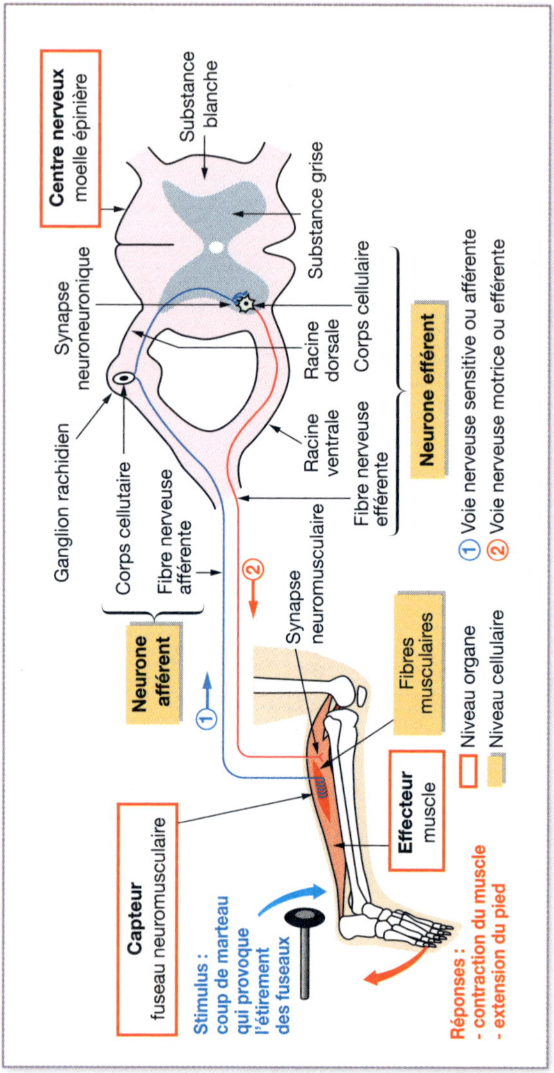

IMPRIM'VERT

PAPIER À BASE DE FIBRES CERTIFIÉES

Hatier s'engage pour l'environnement en réduisant l'empreinte carbone de ses livres. Celle de cet exemplaire est de :
1.5 kg éq. CO_2
Rendez-vous sur www.hatier-durable.fr

Achevé d'imprimer en France par Loire Offset Titoulet à Saint-Etienne
Dépôt légal n° 04448-7/01 - Décembre 2017